证券业从业人员专项业务类资格考试（专业资格考试）
考点解读与实战模拟

证券分析师胜任能力考试

发布证券研究报告业务

证券业从业人员资格考试研究中心　编著

中国发展出版社
CHINA DEVELOPMENT PRESS

图书在版编目（CIP）数据

发布证券研究报告业务/证券业从业人员资格考试研究中心编著．—北京：中国发展出版社，2019.5

ISBN 978-7-5177-0986-2

Ⅰ．①发…　Ⅱ．①证…　Ⅲ．①证券投资—投资分析—资格考试—自学参考资料　Ⅳ．①F830.91

中国版本图书馆 CIP 数据核字（2019）第 065185 号

书　　　名：发布证券研究报告业务
著作责任者：证券业从业人员资格考试研究中心
出 版 发 行：中国发展出版社
（北京市西城区百万庄大街 16 号 8 层　100037）
标 准 书 号：ISBN 978-7-5177-0986-2
经　销　者：各地新华书店
印　刷　者：河北鑫兆源印刷有限公司
开　　　本：710 mm×1000 mm　1/16
印　　　张：21.75
字　　　数：438 千字
版　　　次：2019 年 5 月第 1 版
印　　　次：2019 年 5 月第 1 次印刷
定　　　价：65.00 元
咨 询 电 话：（010）68990642　68990692
购 书 热 线：（010）68990682　68990686
网　　　址：http：//www.develpress.com.cn
电 子 邮 件：fazhanreader@163.com
fazhan02@drc.gov.cn

前　言

根据中国证券业协会在2015年7月发布的《关于证券业从业人员资格考试测试制度改革有关问题的通知》（中证协发〔2015〕147号），为适应资本市场创新发展，根据证券市场法规变化情况和从业人员管理工作的需要，中国证券业协会对证券业从业人员资格考试测试制度实施了改革。改革后的证券业从业资格考试测试划分为一般从业资格考试、专项业务类资格考试和管理类资格考试三种类别。证券从业资格专项业务类资格考试，主要面向已经进入证券业行业的人员，主要测试考生是否具备从事证券业务的专业人员履行法定职责所必备的专业知识、专业技能和专业操守。

“证券业从业人员专项业务类资格考试（专业资格考试）考点解读与实战模拟”系列丛书严格遵循改革后的考试制度，以最新的考试大纲为指导，结合最新的法律法规，由多位专家共同编写而成。

本套丛书包括证券分析师胜任能力考试：《发布证券研究报告业务》，证券投资顾问胜任能力考试：《证券投资顾问业务》，保荐代表人胜任能力考试：《投资银行业务》。具体的编写体例安排如下。

第一部分——教材解读　分章节按【考点归纳】【考点解读】【真题回顾】【典型习题】来阐述。

【考点归纳】　分条列明本节的主要考点及对考生的学习要求。

【考点解读】　将考试大纲对应的考点一一列出并进行详述，详细剖析大纲要求，深入推敲历年考题，准确定位命题规律，引导考生正确把握学习的方向，为考生节约学习时间，提高学习效率。

【真题回顾】　编者详尽收录考试制度改革后的相关考试题目，并按照章节顺序进行了归纳，每道题目都附有详尽的解析，力求帮助考生掌握考试重难点，提高考试分数。

【典型习题】　该部分是编者通过对考试大纲和历年考题的分析、

推敲、预测编写而成的，权威预测必考题目。通过这些习题的练习，有助于考生全面理解和掌握大纲的重点内容与题型结构，将所学知识融会贯通。

第二部分——实战模拟试卷 安排了两套实战模拟试卷，针对性强，贴近考试，帮助考生熟悉考试题型、掌握命题规律、提高解题能力。

本套丛书的独到之处是重点突出、通俗易懂、注重实效、把握题源、找出规律、理顺思路、引导学法、提高效率。

本套丛书是在作者团队的通力合作下完成的，若能对广大考生顺利通过资格考试有所帮助，我们将感到莫大的欣慰。祝所有参加证券业从业人员资格考试的考生取得优异成绩，成为合格的证券业从业人员。

参加本书编写的人员主要有高海静、葛新丽、江超、朱思光、梁燕、张蔷、吕君、李芳芳、张越、刘海明、魏文彪等，在此一并表示感谢！为了配合考生的复习备考，我们配备了专家答疑团队，开通了答疑 QQ3399671697，以便随时答复考生所提问题。由于时间和水平有限，书中难免有疏漏和不当之处，敬请广大读者批评指正。

编者

2019 年 4 月

目　录

第一部分　考点解读

第一章　发布证券研究报告业务监管 ………………………… 1
第一节　资格管理 ………………………… 1
第二节　主要职责 ………………………… 5
第三节　工作规程 ………………………… 7
第四节　执业规范 ………………………… 22
第二章　经济学 ………………………… 27
第一节　需求、供给和市场均衡 ………………………… 27
第二节　市场结构与博弈论分析 ………………………… 36
第三节　宏观经济均衡分析 ………………………… 47
第三章　金融学 ………………………… 59
第一节　利率、风险与收益 ………………………… 59
第二节　资本资产定价理论 ………………………… 66
第三节　有效市场和行为资产 ………………………… 75
第四章　数理方法 ………………………… 85
第一节　概率基础 ………………………… 85
第二节　统计基础 ………………………… 92
第三节　回归分析 ………………………… 97
第四节　时间序列分析 ………………………… 104
第五节　常用统计软件及其运用 ………………………… 108
第五章　基本分析 ………………………… 111
第一节　宏观经济分析 ………………………… 111
第二节　行业分析 ………………………… 136
第三节　公司分析 ………………………… 151
第四节　策略分析 ………………………… 180

第六章　技术分析 …………………………………………………………………… 190

第一节　基本概念 ………………………………………………………………… 190
第二节　主要理论及应用 ………………………………………………………… 194
第三节　技术分析方法及应用 …………………………………………………… 210

第七章　量化分析 …………………………………………………………………… 214

第一节　理论基础 ………………………………………………………………… 214
第二节　量化投资技术 …………………………………………………………… 218
第三节　量化分析的应用 ………………………………………………………… 221

第八章　股票 ………………………………………………………………………… 225

第一节　基本理论 ………………………………………………………………… 225
第二节　绝对估值法 ……………………………………………………………… 231
第三节　相对估值法 ……………………………………………………………… 242

第九章　固定收益证券 ……………………………………………………………… 250

第一节　基本理论 ………………………………………………………………… 250
第二节　债券定价 ………………………………………………………………… 254
第三节　债券评级 ………………………………………………………………… 267

第十章　衍生产品 …………………………………………………………………… 273

第一节　基本理论 ………………………………………………………………… 273
第二节　期货估值 ………………………………………………………………… 280
第三节　期权估值 ………………………………………………………………… 287
第四节　其他衍生产品估值 ……………………………………………………… 298

第二部分　实战模拟试卷

实战模拟试卷一 ……………………………………………………………………… 303

实战模拟试卷一参考答案 ……………………………………………………………… 320

实战模拟试卷二 ……………………………………………………………………… 322

实战模拟试卷二参考答案 ……………………………………………………………… 339

第一部分　考点解读

第一章　发布证券研究报告业务监管

第一节　资格管理

【考点归纳】

> - 了解证券分析师执业资格的取得方式。
> - 熟悉证券分析师的监管、自律管理和机构管理。
> - 了解证券分析师后续职业培训的要求

【考点解读】

考点一　证券分析师执业资格的取得方式（表1—1）

表1—1　证券分析师执业资格的取得方式

项　目	内　容
证券分析师内涵	证券投资是指投资者（法人或自然人）买卖股票、债券、基金券等有价证券以及这些有价证券的衍生品，以获取差价、利息及资本利得的投资行为和投资过程，是间接投资的重要形式。 证券分析师是依法取得证券投资咨询执业资格，并在证券经营机构就业，主要就与证券市场相关的各种因素进行研究和分析，包括证券市场、证券价值及变动趋势进行分析预测，并向投资者发布投资价值报告等，以书面或者口头的方式向投资者提供上述报告及分析、预测或建议等服务的专业人员。《证券分析师执业行为准则》第二条规定，证券分析师是指与证券公司、证券投资咨询机构签订劳动合同，并在中国证券业协会注册登记为证券分析师的人员
执业资格的取得	（1）《证券、期货投资咨询管理暂行办法》第十二条规定，从事证券、期货投资咨询业务的人员，必须取得证券、期货投资咨询从业资格并加入一家有从业资格的证券、期货投资咨询机构后，方可从事证券、期货投资咨询业务。

续表

项　目	内　容
执业资格的取得	任何人未取得证券、期货投资咨询从业资格的，或者取得证券、期货投资咨询从业资格，但是未在证券、期货投资咨询机构工作的，不得从事证券、期货投资咨询业务。 （2）《证券法》第一百七十条规定，投资咨询机构、财务顾问机构、资信评级机构从事证券服务业务的人员，必须具备证券专业知识和从事证券业务或者证券服务业务二年以上经验。认定其证券从业资格的标准和管理办法，由国务院证券监督管理机构制定。 （3）《发布证券研究报告暂行规定》第五条规定，在发布的证券研究报告上署名的人员，应当具有证券投资咨询执业资格，并在中国证券业协会注册登记为证券分析师。证券分析师不得同时注册为证券投资顾问。 （4）目前，在我国希望成为证券分析师的人员，首先须参加我国证券业协会组织的从业资格考试，再由所在的证券公司或咨询机构到我国证券业协会注册登记为执业人员，即成为证券分析师

考点二　证券分析师的监管、自律管理和机构管理（表1－2）

表1－2　　证券分析师的监管、自律管理和机构管理

相关管理	相关规定
监管	（1）《证券业从业人员资格管理办法》第五条规定，中国证券业协会（以下简称“协会”）依据本办法负责从业人员从业资格考试、执业证书发放以及执业注册登记等工作。 （2）《证券业从业人员资格管理办法》第十三条规定，取得执业证书的人员，连续三年不在机构从业的，由协会注销其执业证书；重新执业的，应当参加协会组织的执业培训，并重新申请执业证书。 （3）《证券业从业人员资格管理办法》第十四条规定，从业人员取得执业证书后，辞职或者不为原聘用机构所聘用的，或者其他原因与原聘用机构解除劳动合同的，原聘用机构应当在上述情形发生后十日内向协会报告，由协会变更该人员执业注册登记。 取得执业证书的从业人员变更聘用机构的，新聘用机构应当在上述情形发生后十日内向协会报告，由协会变更该人员执业注册登记。 （4）根据《证券投资顾问业务暂行规定》第四条规定，中国证监会及其派出机构依法对证券公司、证券投资咨询机构发布证券研究报告行为实行监督管理。中国证券业协会对证券公司、证券投资咨询机构发布证券研究报告行为实行自律管理，并依据有关法律、行政法规和本规定，制定相应的执业规范和行为准则
自律管理	（1）《证券业从业人员资格管理办法》第十八条规定，协会依据本办法及中国证监会有关规定制定的从业资格考试办法、考试大纲、执业证书管理办法以及执业行为准则等，应当报中国证监会核准。 （2）《证券业从业人员资格管理办法》第十九条规定，协会应当建立从业人员资格管理数据库，进行资格公示和执业注册登记管理。

续表

相关管理	相关规定
自律管理	（3）根据《证券投资顾问业务暂行规定》第三条规定，证券公司、证券投资咨询机构发布证券研究报告，应当遵守法律、行政法规和本规定，遵循独立、客观、公平、审慎原则，有效防范利益冲突，公平对待发布对象，禁止传播虚假、不实、误导性信息，禁止从事或者参与内幕交易、操纵证券市场活动。 （4）根据《证券投资顾问业务暂行规定》第七条规定，证券公司、证券投资咨询机构应当采取有效措施，保证制作发布证券研究报告不受证券发行人、上市公司、基金管理公司、资产管理公司等利益相关者的干涉和影响
机构管理	（1）《证券业从业人员资格管理办法》第十五条规定，机构不得聘用未取得执业证书的人员对外开展证券业务。 （2）《证券业从业人员资格管理办法》第十六条规定，从业人员在执业过程中违反有关证券法律、行政法规以及中国证监会有关规定，受到聘用机构处分的，该机构应当在处分后十日内向协会报告。 （3）《证券业从业人员资格管理办法》第十七条规定，协会、机构应当定期组织取得执业证书的人员进行后续职业培训，提高从业人员的职业道德和专业素质。 （4）根据《证券投资顾问业务暂行规定》第十二条规定，证券公司、证券投资咨询机构应当建立健全与发布证券研究报告相关的利益冲突防范机制，明确管理流程、披露事项和操作要求，有效防范发布证券研究报告与其他证券业务之间的利益冲突。 发布对具体股票作出明确估值和投资评级的证券研究报告时，公司持有该股票达到相关上市公司已发行股份1%以上的，应当在证券研究报告中向客户披露本公司持有该股票的情况，并且在证券研究报告发布日及第二个交易日，不得进行与证券研究报告观点相反的交易

考点三　证券分析师后续职业培训的要求

（1）《证券业从业人员资格管理办法》第十七条规定，协会、机构应当定期组织取得执业证书的人员进行后续职业培训，提高从业人员的职业道德和专业素质。

（2）后续职业培训的主要内容包括法律法规、执业操守、新产品和新业务的实施规则与操作要点等。

（3）各培训单位举办的下列培训为后续职业培训：

①由协会、会员公司和地方协会按照后续职业培训大纲组织实施的培训；

②由证券监管部门组织的法律法规等业务知识培训；

③由证券交易所和登记结算公司组织的业务准则、技术标准和操作规则等业务培训。

（4）会员公司和地方协会自行组织的培训，满足下列条件，可作为后续职业培训：

①培训内容为法律法规、职业操守、执业准则、操作规程及专业知识；

②培训项目有明确的师资、讲义，且时间为4个学时以上。

（5）从业人员的后续职业培训学时是指在年检期间应达到的培训学时。从业人员年检期间培训学时为20学时（简称总学时）。

【典型习题】

一、单项选择题（以下备选项中只有一项符合题目要求）

1. 投资者（法人或自然人）买卖股票、债券、基金券等有价证券以及这些有价证券的衍生品，以获取差价、利息及资本利得的投资行为和投资过程，是间接投资的重要形式指的是（　　）。

A. 证券投资　　B. 房地产投资

C. 实物投资　　D. 大宗商品投资

2. 根据《证券投资顾问业务暂行规定》第四条规定，（　　）对证券公司、证券投资咨询机构发布证券研究报告行为实行自律管理，并依据有关法律、行政法规和本规定，制定相应的执业规范和行为准则。

A. 中国银行业协会　　B. 中国证券业协会

C. 中国银行监督管理委员会　　D. 中国证券投资基金业协会

3. 根据《证券投资顾问业务暂行规定》第十二条规定，证券公司、证券投资咨询机构发布对具体股票作出明确估值和投资评级的证券研究报告时，公司持有该股票达到相关上市公司已发行股份1%以上的，应当在证券研究报告中向客户披露本公司持有该股票的情况，并且在证券研究报告发布日及第（　　）个交易日，不得进行与证券研究报告观点相反的交易。

A. 2　　B. 4

C. 5　　D. 7

二、组合型选择题（以下备选项中只有一项最符合题目要求）

1. 后续职业培训的主要内容包括（　　）。

Ⅰ. 法律法规　　Ⅱ. 执业操守

Ⅲ. 新产品和新业务的实施规则　　Ⅳ. 操作要点

A. Ⅰ、Ⅱ、Ⅲ　　B. Ⅰ、Ⅱ、Ⅲ、Ⅳ

C. Ⅰ、Ⅲ、Ⅳ　　D. Ⅰ、Ⅱ、Ⅳ

2. 下列关于证券分析师的描述，正确的是（　　）。

Ⅰ. 是依法取得证券投资咨询执业资格

Ⅱ. 主要就与证券市场相关的各种因素进行研究和分析，包括证券市场、证券价值及变动趋势进行分析预测，并向投资者发布投资价值报告

Ⅲ. 以书面或者口头的方式向投资者提供上述报告及分析、预测或建议等服

务的专业人员

Ⅳ. 在证券经营机构就业

A. Ⅰ、Ⅱ　　B. Ⅱ、Ⅲ

C. Ⅰ、Ⅱ、Ⅲ　　D. Ⅰ、Ⅱ、Ⅲ、Ⅳ

【参考答案】

一、单项选择题

1. A　2. B　3. A

二、组合型选择题

1. B　2. D

第二节　主要职责

【考点归纳】

➢ 熟悉证券公司、证券投资咨询机构及证券分析师在发布证券研究报告中应履行的职责

【考点解读】

考点　证券公司、证券投资咨询机构及证券分析师在发布证券研究报告中应履行的职责

根据《发布证券研究报告执业规范》的规定：

第二条　证券公司、证券投资咨询机构发布证券研究报告，应当遵循独立、客观、公平、审慎原则，加强合规管理，提升研究质量和专业服务水平。

第三条　证券公司、证券投资咨询机构发布证券研究报告，应当建立健全研究对象覆盖、信息收集、调研、证券研究报告制作、质量控制、合规审查、证券研究报告发布以及相关销售服务等关键环节的管理制度，加强流程管理和内部控制。

第四条　证券公司、证券投资咨询机构应当从组织设置、人员职责上，将证券研究报告制作发布环节与销售服务环节分开管理，以维护证券研究报告制作发布的独立性。

制作发布证券研究报告的相关人员，应当独立于证券研究报告相关销售服务人员；证券研究报告相关销售服务人员不得在证券研究报告发布前干涉和影响证券研究报告的制作过程、研究观点和发布时间。

第六条　证券公司、证券投资咨询机构应当建立证券研究报告的信息来源管

理制度，加强信息收集环节的管理，维护信息来源的合法合规性。

【真题回顾】

单项选择题（以下备选项中只有一项符合题目要求）

证券投资咨询机构发布证券研究报告应当遵守法律、行政法规相关规定，遵循(　　)的原则。

Ⅰ. 独立　　Ⅱ. 客观

Ⅲ. 公平　　Ⅳ. 审慎

A. Ⅱ、Ⅲ　　B. Ⅱ、Ⅲ、Ⅳ

C. Ⅰ、Ⅱ、Ⅲ、Ⅳ　　D. Ⅰ、Ⅳ

【答案】C

【解析】本题考核的是证券研究报告的撰写要求。根据《发布证券研究报告执业规范》第二条，证券公司、证券投资咨询机构发布证券研究报告，应当遵循独立、客观、公平、审慎的原则，加强合规管理，提升研究质量和专业服务水平。

【典型习题】

一、单项选择题（以下备选项中只有一项符合题目要求）

证券公司、证券投资咨询机构应当建立证券研究报告的信息来源管理制度，加强信息收集环节的管理，维护信息来源的(　　)。

A. 合法合规性　　B. 权威性

C. 公正性　　D. 精确性

二、组合型选择题（以下备选项中只有一项最符合题目要求）

证券公司、证券投资咨询机构发布证券研究报告，应当建立健全研究(　　)等关键环节的管理制度，加强流程管理和内部控制。

Ⅰ. 对象覆盖、信息收集

Ⅱ. 调研、证券研究报告制作

Ⅲ. 质量控制、合规审查

Ⅳ. 证券研究报告发布、相关销售服务

A. Ⅰ、Ⅱ、Ⅲ　　B. Ⅰ、Ⅱ、Ⅳ

C. Ⅱ、Ⅲ、Ⅳ　　D. Ⅰ、Ⅱ、Ⅲ、Ⅳ

【参考答案】

一、单项选择题

A

二、组合型选择题

D

第三节　工作规程

【考点归纳】

- 掌握证券投资咨询业务分类。
- 掌握证券研究报告的分类。
- 掌握证券研究报告的基本要素、组织结构和撰写要求。
- 熟悉证券研究报告对象覆盖的要求。
- 熟悉证券研究报告信息收集的要求。
- 熟悉对上市公司调研活动管理的规范要求。
- 熟悉证券研究报告制作的要求。
- 掌握证券研究报告的质量控制要求。
- 熟悉证券研究报告的合规审查要求。
- 熟悉发布研究报告的业务管理制度。
- 熟悉证券研究报告的销售服务要求。
- 掌握业务主体的主要职责、业务流程管理与合规管理

【考点解读】

考点一　证券投资咨询业务和证券研究报告分类（表1—3）

表1—3　证券投资咨询业务和证券研究报告分类

项　目	内　容
概念	证券投资咨询业务是指取得监管部门颁发的相关资格的机构及其咨询人员为证券投资者或客户提供证券投资的相关信息、分析、预测或建议，并直接或间接收取服务费用的活动
证券投资咨询业务分类	根据服务对象的不同，证券投资咨询业务可以分为：面向公众的投资咨询业务；为签订了咨询服务合同的特定对象提供的证券投资咨询业务；为本公司投资管理部门、投资银行部门的投资咨询服务
证券研究报告的分类	（1）按研究内容分类。 宏观研究、行业研究、策略研究、公司研究、量化研究等。 （2）按研究品种分类。 股票研究、基金研究、债券研究、衍生品研究等。 证券研究报告，是指证券公司、证券投资咨询公司基于独立、客观的立场，对证券及证券相关产品的价值或者影响其市场价格的因素进行分析，含有对具体证券及证券相关产品的价值分析、投资评级意见等内容的文件

考点二　证券研究报告的基本要素、组织结构和撰写要求（表1—4）

表1—4　　证券研究报告的基本要素、组织结构和撰写要求

基本要素	组织结构	撰写要求
根据《证券投资顾问业务暂行规定》第二条规定，发布证券研究报告，是证券投资咨询业务的一种基本形式，指证券公司、证券投资咨询机构对证券及证券相关产品的价值、市场走势或者相关影响因素进行分析，形成证券估值、投资评级等投资分析意见，制作证券研究报告，并向客户发布的行为。 基本要素包括：宏观经济、行业或上市公司的基本面分析；上市公司盈利预测、法规解读、估值及投资评级；相关信息披露和风险提示。其中，投资评级是基于基本面分析而作出的估值定价建议，不是具体的操作性买卖建议	根据《证券投资顾问业务暂行规定》第二条规定，证券研究报告主要包括涉及证券及证券相关产品的价值分析报告、行业研究报告、投资策略报告等	（1）形式：根据《证券投资顾问业务暂行规定》第二条规定，证券研究报告可以采用书面或者电子文件形式。 （2）基本原则：《发布证券研究报告执业规范》第二条规定，证券公司、证券投资咨询机构发布证券研究报告，应当遵循独立、客观、公平、审慎原则，加强合规管理，提升研究质量和专业服务水平。 （3）载明事项：根据《证券投资顾问业务暂行规定》第八条规定，证券公司、证券投资咨询机构发布的证券研究报告，应当载明下列事项： ①“证券研究报告”字样； ②证券公司、证券投资咨询机构名称； ③具备证券投资咨询业务资格的说明； ④署名人员的证券投资咨询执业资格证书编码； ⑤发布证券研究报告的时间； ⑥证券研究报告采用的信息和资料来源； ⑦使用证券研究报告的风险提示

考点三　证券研究报告对象覆盖的要求

（1）《发布证券研究报告执业规范》第五条规定，证券公司、证券投资咨询机构发布证券研究报告，应当加强研究对象覆盖范围管理。将上市公司纳入研究对象覆盖范围并作出证券估值或投资评级，或者将该上市公司移出研究对象覆盖范围的，应当由研究部门或者研究子公司独立作出决定并履行内部审核程序。

（2）《发布证券研究报告暂行规定》第十一条规定，证券公司、证券投资咨询机构应当公平对待证券研究报告的发布对象，不得将证券研究报告的内容或者观点，优先提供给公司内部部门、人员或者特定对象。

考点四　证券研究报告信息收集的要求

《发布证券研究报告执业规范》规定：

第七条　证券研究报告可以使用的信息来源包括：

（1）政府部门、行业协会、证券交易所等机构发布的政策、市场、行业以及企业相关信息；

（2）上市公司按照法定信息披露义务通过指定媒体公开披露的信息；

（3）上市公司及其子公司通过公司网站、新闻媒体等公开渠道发布的信息，以及上市公司通过股东大会、新闻发布会、产品推介会等非正式公告方式发布的信息；

（4）证券公司、证券投资咨询机构通过上市公司调研或者市场调查，从上市公司及其子公司、供应商、经销商等处获取的信息，但内幕信息和未公开重大信息除外；

（5）证券公司、证券投资咨询机构从信息服务机构等第三方合法取得的市场、行业及企业相关信息；

（6）经公众媒体报道的上市公司及其子公司的其他相关信息；

（7）其他合法合规信息来源。

第八条　证券公司、证券投资咨询机构发布证券研究报告，应当审慎使用信息，不得将无法确认来源合法合规性的信息写入证券研究报告，不得将无法认定真实性的市场传言作为确定性研究结论的依据。

第九条　证券公司、证券投资咨询机构发布证券研究报告，不得以任何形式使用或者泄露国家保密信息、上市公司内幕信息以及未公开重大信息。

考点五　对上市公司调研活动管理的规范要求

《发布证券研究报告执业规范》第十条规定，证券公司、证券投资咨询机构应当建立调研活动的管理制度，加强对调研活动的管理。

发布证券研究报告相关人员进行上市公司调研活动，应当符合以下要求：

（1）事先履行所在证券公司、证券投资咨询机构的审批程序；

（2）不得向证券研究报告相关销售服务人员、特定客户和其他无关人员泄露研究部门或研究子公司未来一段时间的整体调研计划、调研底稿，以及调研后发布证券研究报告的计划、研究观点的调整信息；

（3）不得主动寻求上市公司相关内幕信息或者未公开重大信息；

（4）被动知悉上市公司内幕信息或者未公开重大信息的，应当对有关信息内容进行保密，并及时向所在机构的合规管理部门报告本人已获知有关信息的事实，在有关信息公开前不得发布涉及该上市公司的证券研究报告；

（5）在证券研究报告中使用调研信息的，应当保留必要的信息来源依据。

考点六　证券研究报告制作的要求

（1）《发布证券研究报告暂行规定》第九条规定，制作证券研究报告应当合规、客观、专业、审慎。署名的证券分析师应当对证券研究报告的内容和观点负责，保证信息来源合法合规，研究方法专业审慎，分析结论具有合理依据。

（2）《发布证券研究报告执业规范》第十一条规定，证券公司、证券投资咨询机构制作证券研究报告应当秉承专业的态度，采用严谨的研究方法和分析逻辑，基于合理的数据基础和事实依据，审慎提出研究结论。

（3）《发布证券研究报告执业规范》第十二条规定，证券公司、证券投资咨询机构制作证券研究报告应当坚持客观原则，避免使用夸大、诱导性的标题或者用语，不得对证券估值、投资评级作出任何形式的保证。

证券公司、证券投资咨询机构应提示投资者自主作出投资决策并自行承担投资风险，任何形式的分享证券投资收益或者分担证券投资损失的书面或口头承诺均为无效。

(4)《发布证券研究报告执业规范》第十五条规定，证券分析师应当对其署名的证券研究报告的内容和观点负责。

参与制作证券研究报告，但尚未注册为证券分析师的研究部门或者研究子公司相关证券从业人员，如果已通过证券投资咨询从业资格考试，经署名证券分析师和研究部门或研究子公司同意，可以用“研究助理”等名义在证券研究报告中列示。

考点七　证券研究报告的质量控制要求

《发布证券研究报告执业规范》第十六条规定，证券公司、证券投资咨询机构应当建立健全证券研究报告发布前的质量控制机制，明确质量审核程序和审核人员职责，加强质量审核管理。

(1) 证券研究报告应当由署名证券分析师之外的证券分析师或者专职质量审核人员进行质量审核。

(2) 质量审核应当涵盖信息处理、分析逻辑、研究结论等内容，重点关注研究方法和研究结论的专业性和审慎性。

考点八　证券研究报告的合规审查要求

《发布证券研究报告执业规范》第十七条规定，证券公司、证券投资咨询机构应当建立健全证券研究报告发布前的合规审查机制，明确合规审查程序和合规审查人员职责。

(1) 证券研究报告应当由公司合规部门或者研究部门、研究子公司的合规人员进行合规审查。

(2) 合规审查应当涵盖人员资质、信息来源、风险提示等内容，重点关注证券研究报告可能涉及的利益冲突事项。

考点九　发布研究报告的业务管理制度

(1)《发布证券研究报告暂行规定》第六条规定，发布证券研究报告的证券公司、证券投资咨询机构，应当设立专门研究部门或者子公司，建立健全业务管理制度，对发布证券研究报告行为及相关人员实行集中统一管理。

从事发布证券研究报告业务的相关人员，不得同时从事证券自营、证券资产管理等存在利益冲突的业务。公司高级管理人员同时负责管理发布证券研究报告业务和其他证券业务的，应当采取防范利益冲突的措施，并有充分证据证明已经有效防范利益冲突。

(2)《发布证券研究报告执业规范》第十九条规定，证券公司、证券投资咨询机构应当通过公司规定的证券研究报告发布系统平台向发布对象统一发布证券研究报告，以保障发布证券研究报告的公平性。

在证券研究报告发布之前，制作发布证券研究报告的相关人员不得向证券研究报告相关销售服务人员、客户及其他无关人员泄露研究对象覆盖范围的调整、制作与发布研究报告的计划，证券研究报告的发布时间、观点和结论，以及涉及盈利预测、投资评级、目标价格等内容的调整计划。

(3)《发布证券研究报告执业规范》第二十条规定，证券公司、证券投资咨询机构发布证券研究报告，应当按照《发布证券研究报告暂行规定》及《证券公司信息隔离墙指引》的有关规定，建立健全信息隔离墙制度，并遵循下列静默期安排：

①担任发行人股票首次公开发行的保荐机构、主承销商或者财务顾问，自确定并公告发行价格之日起40日内，不得发布与该发行人有关的证券研究报告；

②担任上市公司股票增发、配股、发行可转换公司债券等再融资项目的保荐机构、主承销商或者财务顾问，自确定并公告公开发行价格之日起10日内，不得发布与该上市公司有关的证券研究报告；

③担任上市公司并购重组财务顾问，在证券公司、证券投资咨询机构的合规部门将该上市公司列入相关限制名单期间，按照合规管理要求限制发布与该上市公司有关的证券研究报告。

考点十　证券研究报告的销售服务要求

(1)《发布证券研究报告执业规范》第二十一条规定，证券公司、证券投资咨询机构应当建立合理的发布证券研究报告相关人员绩效考核和激励机制，以维护发布证券研究报告行为的独立性。

证券公司、证券投资咨询机构应当综合考虑研究质量、客户评价、工作量等多种因素，设立发布证券研究报告相关人员的考核激励标准。发布证券研究报告相关人员的薪酬标准不得与外部媒体评价单一指标直接挂钩。

与发布证券研究报告业务存在利益冲突的部门不得参与对发布证券研究报告相关人员的考核。证券分析师跨越信息隔离墙参与公司承销保荐、财务顾问业务等项目的，其个人薪酬不得与相关项目的业务收入直接挂钩。

(2)《发布证券研究报告执业规范》第二十二条规定，证券公司、证券投资咨询机构的研究部门或者研究子公司接受特定客户委托，按照协议约定就尚未覆盖的具体股票提供含有证券估值或投资评级的研究成果或者投资分析意见的，自提供之日起6个月内不得就该股票发布证券研究报告。

证券公司、证券投资咨询机构的研究部门或者研究子公司不得就已经覆盖的具体股票接受委托提供仅供特定客户使用的、与最新已发布证券研究报告结论不一致的研究成果或者投资分析意见。

证券公司、证券投资咨询机构的研究部门或者研究子公司接受特定客户委托的，应当要求委托方同时提供对委托事项的合规意见。

考点十一　业务主体的主要职责、业务流程管理与合规管理

1. 主要职责

专门研究部门来制作证券研究报告。研究部门的研究人员负责撰写、制作证券研究报告。

制作完成的证券研究报告，采用证券公司的证券研究报告发送系统或者电子邮件等方式，同时将其发送给基金、资产管理机构等机构客户和公司的投资顾问团队以及公司内部部门。研究部门向机构客户提供证券研究报告的报酬，包含在证券公司提供交易席位产生的佣金收入中；研究部门也会向机构客户直接销售证券研究报告，获取销售收入。

2. 业务流程管理

业务流程管理分为以下五个管理环节：

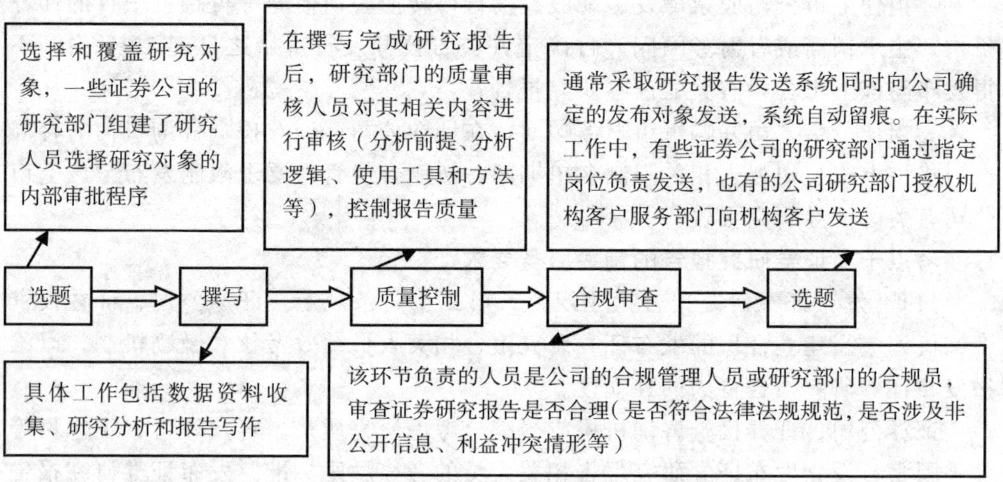

3. 合规管理

（1）执业资格及人员管理

①禁入门槛

《证券、期货投资咨询管理暂行办法》第十二条规定，从事证券、期货投资咨询业务的人员，必须取得证券、期货投资咨询从业资格并加入一家有从业资格的证券、期货投资咨询机构后，方可从事证券、期货投资咨询业务。任何人未取得证券、期货投资咨询从业资格的，或者取得证券、期货投资咨询从业资格，但是未在证券、期货投资咨询机构工作的，不得从事证券、期货投资咨询业务。

②申请执业资格的条件

《证券、期货投资咨询管理暂行办法》第十三条规定，证券、期货投资咨询人员申请取得证券、期货投资咨询从业资格，必须具备下列条件：具有中华人民共和国国籍；具有完全民事行为能力；品行良好、正直诚实，具有良好的职业道德；未受过刑事处罚或者与证券、期货业务有关的严重行政处罚；具有大学本科以上学历；证券投资咨询人员具有从事证券业务 2 年以上的经历，期货投资咨询人员具有从事期货业务 2 年以上的经历；通过中国证监会统一组织的证券、期货从业人员资格考试；中国证监会规定的其他条件。

③禁止兼职及挂靠

《证券、期货投资咨询管理暂行办法》第十八条规定，证券、期货投资咨询人员不得同时在两个或者两个以上的证券、期货投资咨询机构执业。

《证券公司内部控制指引》第八十一条规定，证券公司应当加强证券投资咨询执业人员的管理和执业资格（证书）的管理，确保不存在人员兼职和挂靠，对执业人员发生变动的应及时办理变更（包括离开咨询岗位）手续。

④特殊情形

《证券公司业务范围审批暂行规定》第三条规定，证券公司对其证券经纪业务客户提供证券投资咨询服务，不就该项服务与客户单独签订合同、单独收取费用，且收取的证券经纪业务佣金不超过规定上限的，无须取得证券投资咨询业务资格，但应当比照执行证券投资咨询业务的规则。

⑤变更报告

《证券、期货投资咨询管理暂行办法》第十条规定，证券、期货投资咨询机构的业务方式、业务场所、主要负责人以及具有证券、期货投资咨询从业资格的业务人员发生变化的，应当自发生变化之日起 5 个工作日内，向地方证管办（证监会）提出变更报告，办理变更手续。

（2）禁止行为

①一般禁止行为

《证券、期货投资咨询管理暂行办法》第二十四条规定，证券、期货投资咨询机构及其投资咨询人员，不得从事下列活动：代理投资人从事证券、期货买卖；向投资人承诺证券、期货投资收益；与投资人约定分享投资收益或者分担投资损失；为自己买卖股票及具有股票性质、功能的证券以及期货；利用咨询服务与他人合谋操纵市场或者进行内幕交易；法律、法规、规章所禁止的其他证券、期货欺诈行为。

②提供投资建议

《证券公司监督管理条例》第三十四条规定，证券公司向客户提供投资建议，不得对证券价格的涨跌或者市场走势做出确定性的判断。证券公司及其从业人员不得利用向客户提供投资建议而谋取不正当利益。

《证券、期货投资咨询管理暂行办法》第二十一条规定，证券、期货投资咨询机构及其投资咨询人员，不得以虚假信息、市场传言或者内幕信息为依据向投资人或者客户提供投资分析、预测或建议。

（3）信息隔离与防范利益冲突

①建立利益冲突防范机制

《证券公司内部控制指引》第十六条规定，证券公司主要业务部门之间应当建立健全隔离墙制度，确保经纪、自营、受托投资管理、投资银行、研究咨询等业务相对独立；电脑部门、财务部门、监督检查部门与业务部门的人员不得相互兼任，资金清算人员不得由电脑部门人员和交易部门人员兼任。

②保持提供咨询意见的一致性

《证券、期货投资咨询管理暂行办法》第二十五条规定，证券、期货投资咨询机构就同一问题向不同客户提供的投资分析或者建议应当一致。具有自营业务的证券经营机构在从事超出本机构范围的证券投资咨询业务时，就同一问题向社会公众和其自营部门提供的咨询意见应当一致，不得为自营业务获利的需要误导社会公众。

③公平对待客户

《发布证券研究报告暂行规定》第十一条规定，证券公司、证券投资咨询机构应当公平对待证券研究报告的发布对象，不得将证券研究报告的内容或者观点，优先提供给公司内部部门、人员或者特定对象。

④限制发布证券研究报告

《证券公司信息隔离墙制度指引》第十七条规定，对因保密侧业务而列入限制名单的公司或证券，证券公司应当禁止与其有关的发布证券研究报告、证券自营、直接投资等业务，但通过自营交易账户进行 ETF、LOF、组合投资、避险投资、量化投资，以及依法通过自营交易账户进行的事先约定性质的交易及做市交易除外。证券公司从事前款规定的交易，不得违反有关法律法规，不得进行内幕交易和任何形式的利益输送。

⑤信息披露及限制交易

《发布证券研究报告暂行规定》第十二条规定，证券公司、证券投资咨询机构应当建立健全与发布证券研究报告相关的利益冲突防范机制，明确管理流程、披露事项和操作要求，有效防范发布证券研究报告与其他证券业务之间的利益冲突。

⑥合规审查机制

根据《证券公司信息隔离墙制度指引》第十三条规定，证券公司应当建立观察名单和限制名单制度，明确设置名单的目的、有关公司或证券进入和退出名单的事由和时点、名单编制和管理的程序及职责分工、掌握名单的工作人员范围、对有关业务活动进行监控或限制的措施以及异常情况的处理办法等内容。

根据《证券公司信息隔离墙制度指引》第二十一条规定，证券公司应当对尚未公开发布的证券研究报告采取保密措施。除下列情形外，证券公司不得允许任何人在报告发布前接触报告或对报告内容产生影响。

公司内部有关工作人员对报告进行质量管理、合规审查和按照正常业务流程参与报告制作发布的；研究对象和公司保密侧业务工作人员为核实事实而仅接触报告草稿有关内容的。

证券公司不应在报告发布前向研究对象和公司保密侧业务部门提供研究摘要、投资评级或目标价格等内容。

⑦隔离墙制度、履行跨越隔离墙管理、限制发布证券研究报告

《发布证券研究报告暂行规定》第十四条规定，证券公司、证券投资咨询机构应当严格执行发布证券研究报告与其他证券业务之间的隔离墙制度，防止存在利益冲突的部门及人员利用发布证券研究报告谋取不当利益。

《发布证券研究报告暂行规定》第十五条规定，证券公司、证券投资咨询机构的证券分析师因公司业务需要，阶段性参与公司承销保荐、财务顾问等业务项目，撰写投资价值研究报告或者提供行业研究支持的，应当履行公司内部跨越隔离墙审批程序。

合规管理部门和相关业务部门应当对证券分析师跨越隔离墙后的业务活动实行监控。证券分析师参与公司承销保荐、财务顾问等业务项目期间，不得发布与该业务项目相关的证券研究报告。跨越隔离墙期满，证券分析师不得利用公司承销保荐、财务顾问等业务项目的非公开信息，发布证券研究报告。

⑧静默期制度及披露安排

《发布证券研究报告暂行规定》第十六条规定，证券公司、证券投资咨询机构从事发布证券研究报告业务，同时从事证券承销与保荐、上市公司并购重组财务顾问业务的，应当根据有关规定，按照独立、客观、公平的原则，建立健全发布证券研究报告静默期制度和实施机制，并通过公司网站等途径向客户披露静默期安排。

《关于规范面向公众开展的证券投资咨询业务行为若干问题的通知》证券投资咨询机构及其执业人员在与自身有利害冲突的下列情况下应当进行执业回避：经中国证监会核准的公开发行证券的企业的承销商或上市推荐人及其所属的证券投资咨询机构和证券投资咨询执业人员（包括自有关证券公开发行之日起 18 个月内调离的证券投资咨询执业人员），不得在公众传播媒体上刊登或发布其为客户撰写的投资价值分析报告，也不得以假借其他机构和个人名义等方式变相从事前述业务；证券公司的自营、受托投资管理、财务顾问和投资银行等业务部门的专业人员在离开原岗位后的 6 个月内不得从事面向社会公众开展的证券投资咨询业务；证券投资咨询机构或其执业人员在知悉本机构、本人以及财产上的利害关系人与有关证券有利害关系时，不得就该证券的走势或投资的可行性提出评价或建议；中国证监会根据合理理由认定的其他可能存在利益冲突的情形。

⑨绩效考评制度

《证券公司信息隔离墙制度指引》第二十二条，证券公司对研究部门及其研究人员的绩效考评和激励措施，不应与保密侧业务部门的业绩挂钩。保密侧业务部门及其分管负责人不应参与对研究人员的考评。

（4）证券研究报告

①质量要求

《证券分析师执业道德守则》第九条，证券分析师应当充分尊重知识产权，不得抄袭他人著作、论文或其他证券分析师的研究成果，在证券研究报告中引用他人著作、论文或研究成果时，应当加以注明。

②运用信息资料

《证券、期货投资咨询管理暂行办法》第二十条规定，证券、期货投资咨询机构及其投资咨询人员，应当完整、客观、准确地运用有关信息、资料向投资人或者客户提供投资分析、预测和建议，不得断章取义地引用或者篡改有关信息、资料；引用有关信息、资料时，应当注明出处和著作权人。

③内部使用的信息简报

《证券、期货投资咨询管理暂行办法》第二十六条规定，证券经营机构、期货经纪机构编发的供本机构内部使用的证券、期货信息简报、快讯、动态以及信息系统等，只能限于本机构范围内使用，不得通过任何途径向社会公众提供。

（5）与媒体合作（发布证券研究报告）

①合作备案

《证券、期货投资咨询管理暂行办法》第二十三条规定，证券、期货投资咨询机构与报刊、电台、电视台合办或者协办证券、期货投资咨询版面、节目或者与电信服务部门进行业务合作时，应当向地方证管办（证监会）备案，备案材料包括：合作内容、起止时间、版面安排或者节目时间段、项目负责人等，并加盖双方单位的印鉴。

②信息披露义务

《发布证券研究报告暂行规定》第二十条规定，证券分析师通过广播、电视、网络、报刊等公众媒体以及报告会、交流会等形式，发表涉及具体证券的评论意见，或者解读其撰写的证券研究报告，应当符合证券信息传播的有关规定以及下列要求：由所在证券公司或者证券投资咨询机构统一安排；说明所依据的证券研究报告的发布日期；禁止明示或者暗示保证投资收益。

（6）留痕、档案管理

①《证券公司内部控制指引》第八十二条规定，证券公司应当建立健全研究咨询业务档案和客户服务档案，包括客户服务记录、对公众荐股记录、研究报告及公开发表的研究咨询文章等，履行相关资料的备案义务。

②《证券分析师执业道德守则》第十五条规定，证券分析师的配偶、子女、父母担任其所研究覆盖的上市公司的董事、监事、高级管理人员的，证券分析师应当按照公司的规定进行执业回避或者在证券研究报告中对上述事实进行披露。

③《发布证券研究报告暂行规定》第十八条规定，证券公司、证券投资咨询机构发布证券研究报告，应当对发布的时间、方式、内容、对象和审阅过程实行

留痕管理。发布证券研究报告相关业务档案的保存期限自证券研究报告发布之日起不得少于5年。

【真题回顾】

一、单项选择题（以下备选项中只有一项符合题目要求）

1. 证券公司、证券投资咨询机构及其人员违反《发布证券研究报告执业规范》，(　　)根据自律规定，视情节轻重采取自律管理措施或纪律处分。

A. 证券业协会　　　　B. 证监会

C. 证券交易所　　　　D. 证券信用评级机构

【答案】A

【解析】本题考核的是对证券公司实行自律管理的规定。根据《发布证券研究报告执业规范》第二十七条，证券公司、证券投资咨询机构及其人员违反本执业规范的，中国证券业协会将根据自律规定，视情节轻重采取自律管理措施或纪律处分，并将纪律处分结果报送中国证监会。

2. 下列关于证券公司、证券投资咨询机构发布证券研究报告的说法中，不正确的是(　　)。

A. 应当审慎使用信息

B. 不得将无法确认来源合法性的信息写入证券研究报告

C. 对于市场传言，可以根据自己的分析作为研究结论的依据

D. 不得将无法确认来源合规性的信息写入证券研究报告

【答案】C

【解析】本题考核的是证券公司、证券投资咨询机构发布证券研究报告的说法。根据《发布证券研究报告执业规范》第八条，证券公司、证券投资咨询机构发布证券研究报告，应当审慎使用信息，不得将无法确认来源合法合规性的信息写入证券研究报告，不得将无法认定真实性的市场传言作为确定性研究结论的依据。

3. 对证券公司、证券投资咨询机构发布证券研究报告行为实行自律管理的是(　　)。

A. 中国证券业协会

B. 国务院证券监督管理机构分支机构

C. 中国证监会

D. 证券交易所

【答案】A

【解析】本题考核的是对证券公司、证券投资咨询机构发布证券研究报告行为实行自律管理。根据《发布证券研究报告暂行规定》第四条，中国证监会及其派出机构依法对证券公司、证券投资咨询机构发布证券研究报告行为实行监督管

理。中国证券业协会对证券公司、证券投资咨询机构发布证券研究报告行为实行自律管理，并依据有关法律、行政法规和本规定，制定相应的执业规范和行为准则。

4. 发布对具体股票做出明确估值和投资评级的证券研究报告时，公司持有该股票达到相关上市公司已发行股份（　　）以上的，应当在证券研究报告中向客户披露本公司持有该股票的情况。

A. 1%　　B. 5%　　C. 10%　　D. 3%

【答案】 A

【解析】 本题考核的是在证券研究报告中向客户披露本公司持有该股票的情况。根据《发布证券研究报告暂行规定》第十二条，发布对具体股票做出明确估值和投资评级的证券研究报告时，公司持有该股票达到相关上市公司已发行股份1%以上的，应当在证券研究报告中向客户披露本公司持有该股票的情况，并且在证券报告发布日及第二个交易日，不得进行与证券研究报告观点相反的交易。

5. 分析师发布证券研究报告相关业务案的保存期限自证券研究报告发布之日起不少于（　　）年。

A. 3　　B. 5

C. 1　　D. 2

【答案】 B

【解析】 本题考核的是留痕、档案管理。证券公司、证券投资咨询机构发布证券研究报告，应当对发布的时间、方式，内容，对象和审阅过程实行留痕管理。发布证券研究报告相关业务档案的保存期限自证券研究报告发布之日起不得少于5年。

6. 证券公司研究报告的撰写人是（　　）。

A. 证券分析师　　B. 保荐代表人

C. 证券投资顾问　　D. 经纪人

【答案】 A

【解析】 本题考核的是证券公司研究报告的撰写人。《发布证券研究报告暂行规定》第五条规定，在发布的证券研究报告上署名的人员，应当具有证券投资咨询执业资格，并在中国证券业协会注册登记为证券分析师。证券分析师不得同时注册为证券投资顾问。证券分析师基于独立、客观的立场，对证券及证券相关产品的价值进行研究分析，撰写发布研究报告。

二、组合型选择题（以下备选项中只有一项最符合题目要求）

1. 发布证券研究报告相关人员进行上市公司调研活动，应当符合的要求包括（　　）。

Ⅰ. 在证券研究报告中使用调研信息的，应当保留必要的信息来源依据

Ⅱ. 不得主动寻求上市公司相关内幕信息或者未公开重大信息

Ⅲ. 不得向证券研究报告相关销售服务人员、特定客户和其他无关人员泄露研究部门或研究子公司未来一段时间的整体调研计划

Ⅳ. 被动知悉上市公司内幕信息或者未公开重大信息的，应当及时发布涉及该上市公司的证券研究报告

A. Ⅰ、Ⅱ、Ⅲ　　B. Ⅰ、Ⅱ、Ⅳ

C. Ⅰ、Ⅲ、Ⅳ　　D. Ⅱ、Ⅲ、Ⅳ

【答案】 A

【解析】 本题考核的是发布证券研究报告相关人员进行上市公司调研活动，应当符合的要求。根据《发布证券研究报告执业规范》第十条，发布证券研究报告相关人员进行上市公司调研活动，应当符合的要求之一为：被动知悉上市公司内幕信息或者未公开重大信息的，应当对有关信息内容进行保密，并及时向所在机构的合规管理部门报告本人已获知有关信息的事实，在有关信息公开前不得发布涉及该上市公司的证券研究报告。

2. 为使证券研究报告发布符合合规管理要求，证券公司需要建立（　）。

Ⅰ. 内部控制　　Ⅱ. 隔离墙

Ⅲ. 证券研究报告合规审查　　Ⅳ. 证券分析师跨越隔离墙

A. Ⅰ、Ⅱ、Ⅳ　　B. Ⅰ、Ⅱ、Ⅲ、Ⅳ

C. Ⅱ、Ⅲ、Ⅳ　　D. Ⅰ、Ⅲ

【答案】 C

【解析】 本题考核的是证券研究报告发布符合合规管理。为使证券研究报告发布符合合规管理要求，证券公司需要建立Ⅱ、Ⅲ、Ⅳ项制度。

3. 研究报告撰写完成后，研究部门的质量审核人员对（　）等进行审核，控制报告质量。

Ⅰ. 分析前提　　Ⅱ. 分析逻辑

Ⅲ. 使用工具　　Ⅳ. 方法

A. Ⅰ、Ⅲ　　B. Ⅰ、Ⅱ、Ⅲ、Ⅳ

C. Ⅰ、Ⅲ、Ⅳ　　D. Ⅱ、Ⅲ、Ⅳ

【答案】 B

【解析】 本题考核的是证券研究报告的发布流程。证券研究报告的发布流程通常包括五个主要环节：选题、撰写、质量控制、合规审查和发布。其中，质量控制环节是指研究报告撰写完成后，研究部门的质量审核人员对分析前提、分析逻辑、使用工具和方法等进行审核，控制报告质量。

4. 证券研究报告合规审查应当涵盖（　）。

Ⅰ. 人员资质　　Ⅱ. 信息来源

Ⅲ. 风险提示　　Ⅳ. 交易类型

A. Ⅰ、Ⅱ、Ⅲ、Ⅳ　　B. Ⅰ、Ⅱ、Ⅲ

C. Ⅰ、Ⅲ、Ⅳ　　D. Ⅱ、Ⅳ

【答案】B

【解析】本题考核的是证券研究报告的合规审查要求。根据《发布证券研究报告执业规范》第十七条，证券公司、证券投资咨询机构应当建立健全证券研究报告发布前的合规审查机制，明确合规审查程序和合规审查人员职责。合规审查应当涵盖人员资质、信息来源、风险提示等内容，重点关注证券研究报告可能涉及的利益冲突事项。

【典型习题】

一、单项选择题（以下备选项中只有一项符合题目要求）

1. 证券公司、证券投资咨询机构发布的证券研究报告，应当载明的事项不包括(　　)。

A. 证券公司、证券投资咨询机构名称

B. 具备证券投资咨询业务资格的说明

C. 发布证券研究报告的时间

D. 证券所在地

2. 证券公司、证券投资咨询机构应当(　　)对待证券研究报告的发布对象，不得将证券研究报告的内容或者观点，优先提供给公司内部部门、人员或者特定对象。

A. 公平　　B. 公开

C. 公正　　D. 审慎

3. 证券公司、证券投资咨询机构制作证券研究报告应当坚持(　　)原则，避免使用夸大、诱导性的标题或者用语，不得对证券估值、投资评级作出任何形式的保证。

A. 客观　　B. 审慎

C. 公开　　D. 公正

4. 证券公司、证券投资咨询机构应当建立健全证券研究报告发布前的质量控制机制，明确质量审核程序和审核人员职责，加强质量审核管理。质量审核应当涵盖信息处理、分析逻辑、研究结论等内容，重点关注研究方法和研究结论的(　　)。

A. 客观性和审慎性　　B. 专业性和审慎性

C. 专业性和客观性　　D. 公平性和审慎性

5. 发布证券研究报告的证券公司、证券投资咨询机构，应当设立专门研究部门或者子公司，建立健全业务管理制度，对发布证券研究报告行为及相关人员实行(　　)管理。

A. 公开统一　　　　　　　　B. 分散

C. 集中统一　　　　　　　　D. 公正

6. 证券、期货投资咨询人员申请取得证券、期货投资咨询从业资格，必须具备的条件不包括(　　)。

A. 具有中华人民共和国国籍

B. 具有完全民事行为能力

C. 品行良好、正直诚实，具有良好的职业道德

D. 具有大学专科以上学历

二、组合型选择题（以下备选项中只有一项最符合题目要求）

1. 证券研究报告可以使用的信息来源包括(　　)。

Ⅰ. 政府部门、行业协会、证券交易所等机构发布的政策、市场、行业以及企业相关信息

Ⅱ. 上市公司按照法定信息披露义务通过指定媒体公开披露的信息

Ⅲ. 上市公司及其子公司通过公司网站、新闻媒体等公开渠道发布的信息，以及上市公司通过股东大会、新闻发布会、产品推介会等非正式公告方式发布的信息

Ⅳ. 证券公司、证券投资咨询机构通过上市公司调研或者市场调查，从上市公司及其子公司、供应商、经销商等处获取的信息，但内幕信息和未公开重大信息除外

A. Ⅰ、Ⅱ、Ⅳ　　　　　　　　B. Ⅰ、Ⅱ、Ⅲ、Ⅳ

C. Ⅱ、Ⅲ、Ⅳ　　　　　　　　D. Ⅰ、Ⅲ

2. 证券公司、证券投资咨询机构应当建立调研活动的管理制度，加强对调研活动的管理。发布证券研究报告相关人员进行上市公司调研活动，应当符合(　　)要求。

Ⅰ. 事先履行所在证券公司、证券投资咨询机构的审批程序

Ⅱ. 不得向证券研究报告相关销售服务人员、特定客户和其他无关人员泄露研究部门或研究子公司未来一段时间的整体调研计划、调研底稿

Ⅲ. 不得主动寻求上市公司相关内幕信息或者未公开重大信息

Ⅳ. 在证券研究报告中使用调研信息的，应当保留必要的信息来源依据

A. Ⅰ、Ⅱ、Ⅳ　　　　　　　　B. Ⅰ、Ⅱ、Ⅲ、Ⅳ

C. Ⅱ、Ⅲ、Ⅳ　　　　　　　　D. Ⅰ、Ⅲ

3. 证券、期货投资咨询机构及其投资咨询人员，不得从事(　　)活动。

Ⅰ. 代理投资人从事证券、期货买卖

Ⅱ. 向投资人承诺证券、期货投资收益

Ⅲ. 与投资人约定分享投资收益或者分担投资损失

Ⅳ. 为自己买卖股票及具有股票性质、功能的证券以及期货

A. Ⅰ、Ⅲ　　B. Ⅱ、Ⅲ、Ⅳ

C. Ⅰ、Ⅲ、Ⅳ　　D. Ⅰ、Ⅱ、Ⅲ、Ⅳ

【参考答案】

一、单项选择题

1. D　2. A　3. A　4. B　5. C　6. D

二、组合型选择题

1. B　2. B　3. D

第四节　执业规范

【考点归纳】

> ➢ 掌握发布证券研究报告业务的相关法规。
>
> ➢ 掌握证券公司、证券投资咨询机构及其人员从事发布证券研究报告业务，违反法律、行政法规和相关规定的法律后果、监管措施及法律责任

【考点解读】

考点一　发布证券研究报告业务的相关法规

(1)《中华人民共和国公司法》

(2)《中华人民共和国证券法》

(3)《证券、期货投资咨询管理暂行办法》

(4)《发布证券研究报告暂行规定》

(5)《中国证券业协会章程》

(6)《发布证券研究报告执业规范》

考点二　证券公司、证券投资咨询机构及其人员从事发布证券研究报告业务，违反法律、行政法规和相关规定的法律后果、监管措施及法律责任

(1) 根据《发布证券研究报告执业规范》第二十二条规定，证券公司、证券投资咨询机构及其人员违反法律、行政法规和本规定的，中国证监会及其派出机构可以采取责令改正、监管谈话、出具警示函、责令增加内部合规检查次数并提交合规检查报告、责令暂停发布证券研究报告、责令处分有关人员等监管措施；情节严重的，中国证监会依照法律、行政法规和有关规定作出行政处罚；涉嫌犯罪的，依法移送司法机关。

(2) 根据《发布证券研究报告执业规范》第二十七条规定，证券公司、证券

投资咨询机构及其人员违反本执业规范的，中国证券业协会将根据自律规定，视情节轻重采取自律管理措施或纪律处分，并将纪律处分结果报送中国证监会。

考点三 证券分析师执业行为准则

《证券分析师执业行为准则》规定：

第四条 证券分析师应当遵循独立、客观、公平、审慎、专业、诚信的执业原则。

第五条 证券分析师应当保持独立性，不因所在公司内部其他部门、证券发行人、上市公司、基金管理公司、资产管理公司等利益相关者的不当要求而放弃自己的独立立场。

第六条 证券分析师应当恪守诚信原则，其研究结论应当是证券分析师真实意思的表达，不得在提供投资分析意见时违背自身真实意思误导投资者。

第七条 证券分析师制作发布证券研究报告，应当自觉使用合法合规信息，不得以任何形式使用或泄露国家保密信息、上市公司内幕信息以及未公开重大信息，不得编造并传播虚假、不实、误导性信息。

第八条 证券分析师制作发布证券研究报告，应当基于认真审慎的工作态度、专业严谨的研究方法与分析逻辑得出研究结论。证券研究报告的分析与结论应当保持逻辑一致性。

第九条 证券分析师应当充分尊重知识产权，不得抄袭他人著作、论文或其他证券分析师的研究成果，在证券研究报告中引用他人著作、论文或研究成果时，应当加以注明。

第十条 证券分析师制作发布证券研究报告、提供相关服务，不得用以往推荐具体证券的表现佐证未来预测的准确性，也不得对具体的研究观点或结论进行保证或夸大。

第十一条 证券分析师制作发布证券研究报告、提供相关服务，应当向客户进行必要的风险提示。

第十二条 证券分析师应当通过公司规定的系统平台发布证券研究报告，不得通过短信、个人邮件等方式向特定客户、公司内部部门提供或泄露尚未发布的证券研究报告内容和观点，不得通过论坛、博客、微博等互联网平台对外提供或泄露尚未发布的证券研究报告内容和观点。

第十三条 证券分析师明知特定客户、公司内部其他部门的要求或拟委托的事项违反了法律、法规、中国证监会监管规定、行业自律规则以及公司管理制度的，应当予以拒绝，并及时向公司报告。

第十四条 证券分析师在执业过程中遇到自身利益与公司利益、客户利益存在冲突时，应当主动向公司报告。

第十五条 证券分析师的配偶、子女、父母担任其所研究覆盖的上市公司的董事、监事、高级管理人员的，证券分析师应当按照公司的规定进行执业回避或者在证券研究报告中对上述事实进行披露。

第十六条　证券分析师应当珍惜职业称号和职业声誉，以真实姓名执业。

第十七条　证券分析师只能与一家证券公司、证券投资咨询机构签订劳动合同，不得以任何形式同时在两家或两家以上的机构执业。证券分析师不得在公司内部或外部兼任有损其独立性与客观性的其他职务，包括担任上市公司的独立董事。

第十八条　证券分析师在执业过程中，不得向上市公司、证券发行人、基金管理公司、资产管理公司以及其他利益相关者提供、索要或接受任何贵重财物或可能对证券分析师独立客观执业构成不利影响的其他利益。证券分析师参加媒体组织的研究评价活动，应当经所在公司同意，秉承公平竞争的原则，不得以不正当手段争取较高的研究评价结果。

第十九条　证券分析师应当相互尊重，共同维护行业声誉，不得在公众场合及媒体上发表贬低、损害同行声誉的言论，不得以不正当手段与同行竞争。

第二十条　证券分析师通过广播、电视、网络、报刊等公众媒体以及报告会、交流会等形式，发表涉及具体证券的评论意见，应当严格执行证券信息传播及中国证监会的相关规定，准确地表述自己的研究观点，不得与其所在公司已发布证券研究报告的最新意见和建议相矛盾，也不得就所在研究机构未覆盖的公司发表证券估值或投资评级意见。证券分析师通过论坛、博客、微博等互联网平台发表评论意见的行为应当符合上述规定。

第二十一条　证券分析师应当遵守所在公司的管理制度，履行岗位职责，充分尊重和维护所在公司的合法权益。证券分析师离职后，应当履行与原所在公司所签署的劳动合同或协议的有关约定，承担相应的保密、竞业限制、培训赔偿等义务。

第二十二条　证券分析师应当按照中国证券业协会的相关规定参加后续执业培训，积极参加所在公司组织的业务培训及合规培训，不断提高专业能力、执业水平以及合规意识。

第二十三条　证券分析师违反本准则规定的，中国证券业协会将根据自律规定，视情节轻重采取自律管理措施或纪律处分，并将纪律处分结果报送中国证监会。

【真题回顾】

单项选择题（以下备选项中只有一项符合题目要求）

1. 以下说法中错误的是（　　）。

A. 证券分析师不得以客户利益为由作出有损社会公众利益的行为

B. 证券分析师可以依据未公开信息写分析报告

C. 证券分析不得在公众场合及媒体上发表低，损害同行声誉的言论

D. 证券分析必以真实姓名执业

【答案】B

【解析】根据《发布证券研究报告执业规范》第七条，证研究报告可以使用的信息来源包括证券公司、证券投资询机构通过上市公司调研或者市场调查，从上市公司及其子公司、供应商、经销商等处获取的信息，但内幕信息和未公开重大信息除外。因此B选项错误。《证券分析师执业行为准则》第十九条规定，证券分析师应当相互尊重，共同维护行业声誉，不得在公众场合及媒体上发表贬低、损害同行声誉的言论，不得以不正当手段与同行竞争。因此C选项正确。《证券分析师执业行为准则》第十六条规定，证券分析师应当珍惜职业称号和职业声誉，以真实姓名执业。因此D选项正确。证券分析师不得以客户利益为由作出有损社会公众利益的行为。因此A选项正确。

2. 下列关于证券分析师执业纪律的说法，不正确的是(　　)。

A. 证券分析师必须以真实姓名执业

B. 证券分析师的执业活动应当接受所在执业机构的管理，在执业过程中应充分尊重和维护所在执业机构的合法利益

C. 证券分析师及其执业机构不得在公共场合及媒体对其自身能力进行过度或不实的言传，更不得捏造事实以招揽业务

D. 证券分析师可以兼营或兼任与其执业内容有利害关系的其他业务或职务，但不得超过三家

【答案】D

【解析】本题考核的是证券分析师执业纪律。证券分析师不得兼营或兼任与其执业内容有利害关系的其他业务或职务，证券分析师不得以任何形式同时在两家或两家以上的机构执业。因此D选项不正确。

【典型习题】

一、单项选择题(以下备选项中只有一项符合题目要求)

1. 证券分析师应当保持(　　)，不因所在公司内部其他部门、证券发行人、上市公司、基金管理公司、资产管理公司等利益相关者的不当要求而放弃自己的立场。

A. 客观性　　　　B. 独立性

C. 公平性　　　　D. 专业性

2. 证券分析师制作发布证券研究报告、提供相关服务，应当向客户进行必要的(　　)。

A. 提供投资建议　　　　B. 合规审查

C. 信息披露　　　　D. 风险提示

3. 下列关于证券分析师制作发布证券研究报告的说法，不正确的有(　　)。

A. 证券研究报告的分析与结论在逻辑上可以不一致

B. 不得编造并传播虚假、不实、误导性信息

C. 应当基于认真审慎的工作态度、专业严谨的研究方法与分析逻辑得出研究结论

D. 应当自觉使用合法合规信息，不得以任何形式使用或泄露国家保密信息、上市公司内幕信息以及未公开重大信息

二、组合型选择题（以下备选项中只有一项最符合题目要求）

1. 证券分析师应当遵循（　　）的执业原则。

Ⅰ. 独立、专业　　Ⅱ. 客观、诚信

Ⅲ. 公平　　Ⅳ. 审慎

A. Ⅰ、Ⅱ、Ⅳ　　B. Ⅰ、Ⅱ、Ⅲ、Ⅳ

C. Ⅱ、Ⅲ、Ⅳ　　D. Ⅰ、Ⅲ

2. 以下属于发布证券研究报告业务的相关法规的是（　　）。

Ⅰ.《公司法》　　Ⅱ.《证券法》

Ⅲ.《中国证券业协会章程》　　Ⅳ.《发布证券研究报告暂行规定》

A. Ⅰ、Ⅱ、Ⅲ　　B. Ⅰ、Ⅱ、Ⅳ

C. Ⅰ、Ⅲ、Ⅳ　　D. Ⅰ、Ⅱ、Ⅲ、Ⅳ

【参考答案】

一、单项选择题

1. B　2. D　3. A

二、组合型选择题

1. B　2. D

第二章　经济学

第一节　需求、供给和市场均衡

【考点归纳】

> ➢ 熟悉需求函数、需求曲线和需求弹性的含义。
> ➢ 熟悉供给函数、供给曲线和供给弹性的含义。
> ➢ 掌握市场均衡原理

【考点解读】

考点一　需求函数、需求曲线和需求弹性

1. 需求函数

一种商品的市场需求量 Q_d 与该商品的价格 P 的关系是：降价使需求量增加，涨价使需求量减少，因此需求量 Q_d 可以看成是价格 P 的单调减少函数，称为需求函数，表示为：

$$Q_d = f\ (P)$$

一种商品的需求（有支付能力的需要）是指消费者在一定时期内在各种可能价格水平愿意而且能够购买的该商品数量。主要决定因素：商品的价格、消费者收入水平、相关商品的价格、消费者的偏好和消费者对该商品的价格预期等。

2. 需求曲线

需求曲线表示在每一价格下所需求的商品数量。需求曲线是显示价格与需求量关系的曲线，是指其他条件相同时，在每一价格水平上买主愿意购买的商品量的表或曲线。其中需求量是不能被观测的。需求曲线可以以任何形状出现，符合需求定理的需求曲线只可以是向右下方倾斜的，即它的斜率为负值。

通常以价格（P）为纵轴（y 轴），以需求量（Q）为横轴（x 轴），我们把需求和价格之间的关系用曲线表示出来，这条曲线被称为需求曲线，是一条从左上方向右下倾斜的。

3. 需求弹性（表 2－1）

表 2—1　　　　需求弹性

项　目		具体内容
价格弹性	公式	需求的价格弹性表示在一定时期内一种商品的需求量变动对于该商品的价格变动的反应程度，反映了需求量对价格变动的敏感程度。 我们通常用价格弹性系数加以表示：需求价格弹性系数＝需求量变动率/价格变动率
	需求价格的点弹性	需求价格的点弹性需求曲线上两点之间的变化量趋于无穷小时的弹性，它表示需求曲线上某一点上的微小价格变动所引起需求量变动的程度。点弹性适用于价格和需求变动小的场合。需求的价格点弹性的公式： $e_d=\lim_{\Delta P\to 0}-\frac{\Delta Q}{\Delta P}\cdot\frac{P}{Q}=-\frac{\mathrm{d}Q}{\mathrm{d}P}\cdot\frac{P}{Q}$ 通常来说，因为商品价格的下跌会导致需求数量的增加，所以一般情况下需求的价格弹性系数为负数。弹性沿着直线型需求曲线发生变化。当沿着曲线向上、向左等量移动时，需求量的百分比变化增加（基准数值变小），而价格的百分比变化下降（价格的基准数值变大）。因此，需求变得越来越有弹性
	需求价格的弧弹性	弧弹性一般公式： $E_d=-\frac{\frac{Q_2-Q_1}{Q_1}}{\frac{P_2-P_1}{P_1}}=-\frac{\frac{\Delta Q}{Q}}{\frac{\Delta P}{P}}=-\frac{\Delta Q}{\Delta P}\cdot\frac{P}{Q}$ 弧弹性是以某种商品需求曲线上两点之间的需求量的变动对于价格的变动的反应程度。简单地说，它表示需求曲线上两点之间的弹性。弧弹性适用于价格和需求量变动较大的场合
	分类	当需求量变动百分数大于价格变动百分数，需求弹性系数大于 1 时，叫做需求富有弹性或高弹性；当需求量变动百分数等于价格变动百分数，需求弹性系数等于 1 时，叫做需求单一弹性；当需求量变动百分数小于价格变动百分数，需求弹性系数小于 1 时，叫做需求缺乏弹性或低弹性
	需求价格弹性和总销售收入的关系	（1）需求缺乏弹性的商品：需求价格弹性系数 E_d 小于 1，价格上升会使销售收入增加；价格下降会使销售收入减少。销售收入和价格变动成同方向变动趋势。 （2）需求富有弹性的商品：需求价格弹性系数 E_d 大于 1 时，价格上升会使销售收入减少，价格下降会使销售收入增加。销售收入和价格变动成反方向变动趋势。企业实行薄利多销策略的一个主要理论基础，实行薄利多销策略的一般是富有弹性的商品，因为该种商品的价格下降时，需求量（从而销售量）增加的幅度大于价格下降的幅度，所以总收益增加。 （3）需求单位弹性的商品：需求价格弹性系数 E_d 等于 1，价格变动不会引起销售收入变动
	影响需求价格弹性的因素	（1）替代品的数量和相近程度。一种商品若有许多相近的替代品（比如可乐），那么这种商品的需求价格弹性就大。 （2）商品的重要性。基本必需品，需求弹性就小或缺乏弹性；非必需品，

续表

项目		具体内容
价格弹性	影响需求价格弹性的因素	需求弹性就大。 （3）商品用途的多少。一般来说，一种商品的用途越多，它的需求弹性就越大，反之就缺乏弹性。 （4）时间与需求价格弹性的大小至关重要。时间越短，商品的需求弹性就越小；时间越长，商品的需求弹性就越大
收入弹性		需求收入弹性是需求的相对变动与收入的相对变动的比值，用来表示一种商品的需求对消费者收入变动的反映程度或敏感程度。 一般公式：需求收入弹性＝需求变动百分比/收入变动百分比，即 $E_m=-(\Delta Q/Q)/(\Delta R/R)$ 需求收入弹性的类型： （1）高需求收入弹性（富有收入弹性）：这种情形下，需求增长比例大于收入增长比例。此时系数 $E_m>$ 单位 1。例：收入增长 10%，而需求增长 20%。$E_m>1$ 的商品称为高档品。 （2）单位需求收入弹性：这种情形下，需求增长比例等于收入增长比例。此时系数 $E_m=$ 单位 1。例：收入增长 10%，而需求增长 10%。 （3）低需求收入弹性（缺乏收入弹性）：这种情形下，需求增长比例小于收入增长比例。此时系数 $E_m<$ 单位 1。例：收入增长 10%，而需求增长 5%。$E_m<1$ 的商品称为必需品。 （4）零需求收入弹性：这种情形下，收入改变需求量保持恒定。此时系数 $E_m=0$。例：收入增长 10%，需求量不变。 （5）负需求收入弹性：这种情形下，伴随收入增长，需求量反而减少。此时系数 $E_m<0$。例：收入增长 10%，需求量降低 5%。$E_m<0$ 的商品称为第当铺
交叉弹性		需求交叉弹性表示一种商品的需求量变动对另一种商品价格变动的反应程度。需求交叉弹性大小是确定两种商品是否具有替代关系或互补关系的标准。若以 X、Y 代表两种商品，E_{xy} 表示需求交叉弹性系数，P_y 表示 Y 商品的价格，ΔP_y 表示 Y 商品价格的变动量，Q_x 表示 X 商品原来的需求量，ΔQ_x 表示因 Y 商品价格的变动所引起的 X 商品需求量的变动量，则需求交叉弹性系数的一般表达式为：$E_{xy}=(\Delta Q_x/Q_x)/(\Delta P_y/P_y)$ ＝X 商品需求量变化的百分比/Y 商品价格变化的百分比。 需求交叉弹性类型： （1）X、Y 两种商品为替代品时，则 $E_{xy}>0$，因为商品的需求量与替代品的价格呈同方向变化。 （2）X、Y 两种商品为互补品时，则 $E_{xy}<0$，因为商品的需求量与互补品的价格呈反方向变化。 （3）$E_{xy}=0$，说明 X、Y 商品是无关的

考点二　供给函数、供给曲线和供给弹性的含义（表 2－2）

表 2－2　　**供给函数、供给曲线和供给弹性的含义**

项　目		具体内容
供给函数		一种商品的供给是生产者在一定时期内在各种可能的价格下愿意而且能够提供出售的该种商品的数量。 一种商品的市场供给量 Q_s 与商品的价格 p 存在一一对应的关系，一般情况下，价格上涨使供给量沿供给曲线增加，价格下降使供给量沿供给曲线减少，因此供给量 Q_s 是价格 p 的单调递增函数，称为供给函数，表示为： $Q_s = f(p)$
供给曲线		供给曲线是以几何图形表示商品的价格和供给量之间的函数关系，是根据供给表中的商品的价格——供给量组合在平面坐标图上所绘制的一条曲线。所谓供给是指个别厂商在一定时间内，在一定条件下，对某一商品愿意并且有商品出售的数量。供给曲线需满足两个条件：一是厂商愿意出售；二是厂商有商品出售，二者缺一不可。 供给曲线的形状有曲线型和直线型两种类型。若供给函数是非线性函数，那么曲线形状就是曲线型，曲线型的曲线上每点的斜率不相等。若供给函数为线性函数，则曲线形状就是直线型，直线型的供给曲线上的每点的斜率相等。供给曲线的特征是向右上方倾斜，即供给曲线的斜率为正值。它们都表示商品的供给量和价格呈同方向变动
供给弹性	公式	供给价格弹性是指供给量相对价格变化作出的反应程度，即某种商品价格上升或下降百分之一时，对该商品供给量增加或减少的百分比。供给价格弹性是价格的相对变化与所引起的供给量的相对变化之间的比率。计算公式为： 供给价格弹性系数＝供给量的相对变动÷价格的相对变动
	影响供给价格弹性的因素	（1）时间是决定供给弹性的首要因素。在短期内，供给价格弹性一般较小。相反，在较长的时期内，供给价格弹性一般比较大。 （2）生产周期和自然条件的影响。 （3）投入品替代性大小和相似程度对供给价格弹性的影响也很大。如果用于生产某商品的投入品可由其他行业资源替代，那么该商品价格上涨（其他行业商品价格未变），其他行业的投入品就会转入该商品生产，从而使产量和供给量增加。反之，该商品价格下跌，又会使其投入品转入其他行业，从而使生产量和销售量减少。在上述情况下，该商品的供给有弹性。如果投入品难以加入或脱离某种特定行业，则其供给缺乏弹性
	供给的价格弹性的点弹性和弧弹性	供给的价格弹性分为点弹性和弧弹性。 供给的价格点弹性表示某商品供给曲线上某一点的价格变动所引起供给量变动的程度。供给的价格弹性表示某商品价格曲线上两点之间的价格变动所引起供给量变动的程度，假定供给函数为 $Q=f(P)$，以 e_s 表示的供给的价格弹性系数，则

续表

项目		具体内容
供给弹性	供给的价格弹性的点弹性和弧弹性	供给的价格点弹性公式：$e_s=\dfrac{\frac{dQ}{Q}}{\frac{dP}{P}}=\dfrac{dQ}{dP}\cdot\dfrac{P}{Q}$ 供给的价格弧弹性公式：$e_s=\dfrac{\frac{\Delta Q}{Q}}{\frac{\Delta P}{P}}=\dfrac{\Delta Q}{\Delta P}\cdot\dfrac{P}{Q}$
	供给的价格弹性类型	一般情况下，供给弹性介于0与1之间，或大于1。供给的价格弹性可以根据e_s值的大小分为五种类型： （1）如果供给量变动的百分比大于价格变动的百分比，在这种情况下，供给弹性大于1，则称这种产品有富有供给弹性，即$e_s>1$表示供给富于弹性，即供给价格弹性充足。 （2）如果供给量变动的百分比小于价格变动的百分比，在这种情况下，供给弹性位于0与1之间，则称这种产品有缺乏供给弹性，即$e_s<1$表示供给缺乏弹性，即供给价格弹性不充足。 （3）如果供给量变动的百分比恰好等于价格变动的百分比，那么，供给弹性等于1，则称这种产品有单位供给弹性，即$e_s=1$表示供给单一弹性或单位弹性。 （4）如果对微小的价格变动，供给量做出了无限大百分比的反应，那么，供给弹性是无限大的，则称这种产品完全富有供给弹性，即$e_s=\infty$表示供给完全有弹性。 （5）如果当价格变动时，供给量保持不变，那么，供给弹性为0，则称该种产品有完全缺乏供给弹性，即$e_s=0$表示供给完全无弹性。第（4）（5）种情形很少见

考点三　市场均衡原理（表2—3）

表2—3　　市场均衡原理

项　目	内　容
市场均衡的含义	市场交易行为中，当买者愿意购买的数量正好等于卖者所愿意出售的数量时，我们称之为市场均衡，也可以称之市场交易均衡量。在经济体系中，一个经济事务处在各种经济力量的相互作用之中，如果有关该经济事务各方面的各种力量能够相互制约或者相互抵消，那么该经济事务就处于相对静止状态，并将保持该状态不变，此时我们称该经济事务处于均衡状态
市场均衡的分类	市场均衡分为一般均衡和局部均衡。 一般均衡是指一个经济社会所有市场的供给和需求相等的一种状态。一般均衡的理论代表人物是瓦尔拉斯。 局部均衡是指单个市场或部分市场的供给和需求相等的一种状态。局部均衡理论的代表人物是马歇尔

续表

<table>
<tr><th colspan="2">项　目</th><th>内　容</th></tr>
<tr><td colspan="2">市场类型</td><td>微观经济学中的市场被划分为 4 个类型：完全竞争、垄断竞争、寡头、垄断。(后 3 个为不完全竞争)</td></tr>
<tr><td colspan="2">市场架构</td><td>市场是各个经济单位产生经济关系进行交易的制度框架。
行业是指同一个商品市场和提供产品所有厂商的总体</td></tr>
<tr><td colspan="2">市场划分</td><td>微观经济学根据市场竞争程度的强弱来划分市场类型，影响市场竞争程度的因素主要有：
(1) 市场上厂商数目；
(2) 厂商之间各自提供产品的差别程度；
(3) 单个厂商对市场价格的控制程度；
(4) 厂商进入或退出一个行业的难易程度</td></tr>
<tr><td colspan="2">市场均衡论</td><td>(1) 完全市场上的均衡。
(2) 完全垄断市场上的均衡。
(3) 垄断市场上的均衡。
(4) 寡头市场上的均衡</td></tr>
<tr><td rowspan="2">市场均衡价格</td><td>均衡价格和均衡数量含义</td><td>消费者和生产者根据市场价格决定愿意并且能够购买或者能够提供的商品数量。带着各自的盘算，消费者与生产者一起进入市场，最终决定市场的均衡。
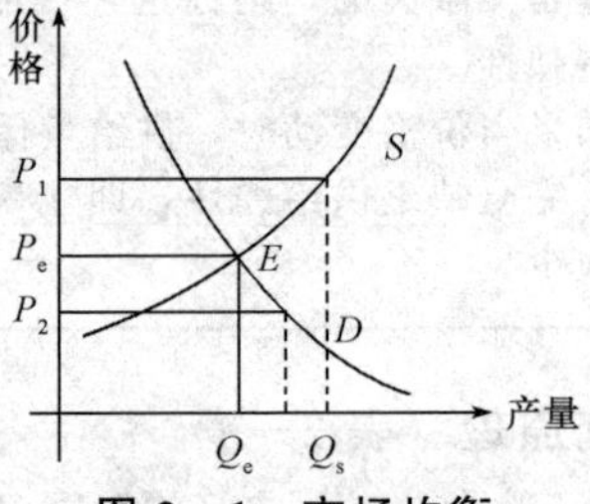

图 2—1　市场均衡
图 (2—1) D 线表示需求曲线，S 线表示供给曲线。我们把供求相等的点 E 定义为均衡点，把与 E 点相对应的价格水平定义为均衡价格 (P_e)，即供求平衡时的价格，就是市场供给力量和需求力量相互抵消时所达到的价格水平；把与 E 点相对应的产量定义为均衡产量或均衡数量 Q_e，即供求平衡的产量</td></tr>
<tr><td>需求和供给相互作用决定均衡价格和均衡数量的过程</td><td>(1) 假设市场价格 $P_1 > P_e$，如图 2—1 所示：此时，$Q_S > Q_D$，Q_D、Q_S 的距离为供大于求的产品数量即过剩的产品的数量。如果市场是充分竞争的，过剩产品的存在必然导致价格下降，随着价格下降需求量扩大，供给量减少，最后达到 E 点。所以，价格的下降可以减少市场的产品积压，使供求保持平衡。
(2) 假设市场价格 $P_2 < P_e$，如图 2—1 所示：此时，Q_D、Q_S 的距离即为短缺的量 (供不应求)。此时，价格的上升可以扩大生产的产量，同时抑制消费。所以价格的上升可以清除市场上的短缺现象，从而使供求保持一致</td></tr>
</table>

续表

项　目		内　容
市场均衡价格	需求曲线的移动	需求量的变动是指在其他条件不变时，由某商品的价格变动所引起的该商品的需求数量的变动。在几何图形中，需求量的变动表现为商品的价格—需求数量组合点沿着一条既定的需求曲线的运动。 需求的变动是指在某商品价格不变的条件下，由于其他因素变动所引起的该商品的需求数量的变动。在几何图形中，需求的变动表现为需求曲线的位置发生移动
	供给曲线的移动	供给量的变动是指在其他条件不变时，由某种商品的价格变动所引起的该商品供给数量的变动。在几何图形中，这种变动表现为商品的价格—供给数量组合点沿着一条既定的供给曲线的运动。 供给的变动是指在某商品价格不变的条件下，由于其他因素变动所引起的该商品的供给数量的变动。在几何图形中，供给的变动表现为供给曲线的位置发生移动
	需求、供给对均衡价格的影响	市场供给不变，由于需求增加，导致供给曲线向右移动，均衡价格上升，均衡数量增加；市场供给不变，由于需求减少，导致供给曲线向左移动，均衡价格下降，均衡数量都减少。所以，需求的变动将引起均衡价格和均衡数量同方向的变动。 市场需求不变，因供给增加，导致供给曲线向右移动，均衡价格下降；市场需求不变，因供给减少，导致供给曲线向左移动，均衡价格上升

【真题回顾】

一、单项选择题（以下备选项中只有一个符合题目要求）

假设有两家厂商，它们面临的是线性需求曲线 $P=A-BY$，每家厂商边际成本为 0，古诺均衡情况下的产量是(　　)。

A. $A/3B$　　B. $A/5B$　　C. $A/4B$　　D. $A/2B$

【答案】 A

【解析】 该市场仅有两家厂商，属于寡头垄断市场。根据市场的线性需求曲线 $P=A-BY$，完全垄断下，市场的总产量为：$Q_0=A/B$。寡头市场每个厂商的均衡产量相同，总产量为 $\frac{n}{n+1}Q_0$，因此，双头垄断每个厂商的均衡产量为 $A/3B$。

二、组合型选择题（以下备选项中只有一项最符合题目要求）

下列关于弹性的表达中，正确的有(　　)。

Ⅰ. 需求价格弹性是需求量变动对价格变动的敏感程度

Ⅱ. 需求价格弹性等于需求的变动量除以价格的变动量

Ⅲ. 收入弹性描述的是收入与需求量的关系

Ⅳ. 交叉弹性是一种商品的价格变化对另一种商品需求量的影响

A. Ⅰ、Ⅱ、Ⅲ　　B. Ⅰ、Ⅱ、Ⅳ

C. Ⅰ、Ⅲ、Ⅳ　　D. Ⅱ、Ⅲ、Ⅳ

【答案】C

【解析】本题考核的是弹性的相关内容。需求价格弹性是用来测度商品需求量变动对于商品自身价格变动反应的敏感性程度，它等于需求变动的百分比除以价格变动的百分比。

【典型习题】

一、单项选择题（以下备选项中只有一项符合题目要求）

1. 一种商品的用途越多，它的需求弹性就（　　）。

A. 越大　　B. 越小

C. 趋于零　　D. 趋于无穷

2. 需求价格弹性系数的公式是（　　）。

A. 需求价格弹性系数＝需求量/价格

B. 需求价格弹性系数＝需求量的变动/价格的变动

C. 需求价格弹性系数＝需求量的相对变动/价格

D. 需求价格弹性系数＝需求量的相对变动/价格的相对变动

3. 如果投入品难以加入或脱离某种特殊行业，则其供给（　　）。

A. 富有弹性　　B. 缺乏弹性

C. 单一弹性　　D. 无弹性

4. 一种商品的市场需求量 Q_d 与该商品的价格 P 的关系是：降价使需求量增加，涨价使需求量减少，因此需求量 Q_d 可以看成是价格 P 的单调减少函数，称为（　　）。

A. 需求函数　　B. 需求曲线

C. 需求弹性　　D. 供给函数

5. 可以用于判断两种商品或者服务是否具有替代关系或互补关系的指标是（　　）。

A. 需求价格弹性　　B. 需求交叉弹性

C. 供给价格弹性　　D. 需求收入弹性

6. 需求价格点弹性适用于（　　）。

A. 价格和需求量变动较大的场合

B. 价格和需求量变动较小的场合

C. 价格和供给量变动较大的场合

D. 价格和供给量变动较小的场合

7. 一般来说，（　　）的产品需求价格弹性较大。

A. 有许多相近的替代品　　B. 生活必需品

C. 垄断性　　D. 用途少

8. 弧弹性适用于(　　)的场合。

A. 价格和需求量变动较小

B. 价格变动较大，需求量变动较小

C. 价格和需求量变动较大

D. 价格变动较小，需求量变动较大

9. 某种商品的价格提高2%，供给增加1.5%，则该商品的供给价格弹性属于(　　)。

A. 供给弹性充足　　B. 供给弹性一般

C. 供给完全无弹性　　D. 供给弹性不充足

二、组合型选择题（以下备选项中只有一项最符合题目要求）

1. 微观经济学根据市场竞争程度的强弱来划分市场类型，影响市场竞争程度的因素主要有(　　)。

Ⅰ. 市场上厂商数目

Ⅱ. 厂商之间各自提供产品的差别程度

Ⅲ. 单个厂商对市场价格的控制程度

Ⅳ. 厂商进入或退出一个行业的难易程度

A. Ⅰ、Ⅱ、Ⅲ　　B. Ⅰ、Ⅱ、Ⅳ

C. Ⅰ、Ⅲ、Ⅳ　　D. Ⅰ、Ⅱ、Ⅲ、Ⅳ

2. 下列属于市场均衡论的是(　　)。

Ⅰ. 完全市场上的均衡　　Ⅱ. 完全垄断市场上的均衡

Ⅲ. 垄断市场上的均衡　　Ⅳ. 寡头市场上的均衡

A. Ⅰ、Ⅱ、Ⅲ　　B. Ⅰ、Ⅱ、Ⅳ

C. Ⅰ、Ⅲ、Ⅳ　　D. Ⅰ、Ⅱ、Ⅲ、Ⅳ

3. 供给曲线需满足的条件是(　　)。

Ⅰ. 厂商愿意出售　　Ⅱ. 厂商定价合理

Ⅲ. 厂商有商品出售　　Ⅳ. 厂商分配均匀

A. Ⅰ、Ⅲ　　B. Ⅱ、Ⅳ

C. Ⅲ、Ⅳ　　D. Ⅱ、Ⅲ

【参考答案】

一、单项选择题

1. A　2. D　3. B　4. A　5. B　6. B　7. A　8. C　9. D

二、组合型选择题

1. D　2. D　3. A

第二节　市场结构与博弈论分析

【考点归纳】

- 熟悉完全竞争市场的特征。
- 熟悉利润最大化与完全竞争企业的供给曲线的含义。
- 熟悉完全垄断市场的特征。
- 熟悉垄断企业的需求和边际收益曲线的含义。
- 熟悉垄断企业的短期均衡与利润最大化原理。
- 熟悉垄断企业供给曲线的含义。
- 熟悉垄断企业的长期均衡与利润最大化原理。
- 熟悉垄断竞争市场的特征。
- 熟悉垄断竞争企业的短期均衡原理。
- 熟悉垄断竞争企业的长期均衡原理。
- 熟悉寡头市场的特征。
- 熟悉古诺模型的原理。
- 熟悉纳什均衡的基本原理。
- 熟悉囚徒困境的基本原理

【考点解读】

考点一　完全竞争市场特征

竞争不受任何阻碍和干扰的市场结构被称为完全竞争型市场。其特征是：

（1）生产者众多，各种生产资料可以完全流动。

（2）产品不论是有形或无形的，都是同质的、无差别的。

（3）没有一个企业能够影响产品的价格，企业永远是价格的接受者而不是价格的制定者。

（4）企业的盈利基本上由市场对产品的需求来决定。

（5）生产者可自由进入或退出这个市场。

（6）市场信息对买卖双方都是畅通的，生产者和消费者对市场情况非常了解。

完全竞争是理论上的假设，完全竞争型市场得以形成的根本原因在于企业产品的无差异，所有的企业都无法控制产品的市场价格。在现实经济中，这种类型的市场类型是很少见的，初级产品（如农产品）的市场类型较类似于完全竞争。

考点二　利润最大化与完全竞争企业的供给曲线（表 2—4）

表 2—4　利润最大化与完全竞争企业的供给曲线

<table>
<tr><th colspan="2">项　目</th><th>内　容</th></tr>
<tr><td colspan="2">利润最大化</td><td>厂商从事生产或出售商品的目的是为了赚取利润。如果总收益大于总成本，就会有剩余，这个剩余就是利润。值得注意的是，这里讲的利润，不包括正常利润，正常利润包括在总成本中，这里讲的利润是指超额利润。如果总收益等于总成本，厂商不亏不赚，只获得正常利润，如果总收益小于总成本，厂商便要发生亏损。
厂商从事生产或出售商品不仅要求获取利润，而且要求获取最大利润，厂商利润最大化原则就是产量的边际收益等于边际成本的原则。边际收益是最后增加一单位销售量所增加的收益，边际成本是最后增加一单位产量所增加的成本。如果最后增加一单位产量的边际收益大于边际成本，就意味着增加产量可以增加总利润，于是厂商会继续增加产量，以实现最大利润目标。如果最后增加一单位产量的边际收益小于边际成本，那就意味着增加产量不仅不能增加利润，反而会发生亏损，这时厂商为了实现最大利润目标，就不会增加产量而会减少产量。只有在边际收益等于边际成本时，厂商的总利润才能达到极大值。所以 $MR=MC$ 成为利润极大化的条件，这一利润极大化条件适用于所有类型的市场结构</td></tr>
<tr><td rowspan="2">完全竞争企业的供给曲线</td><td>短期供给曲线</td><td>对于完全竞争厂商，有价格＝边际效益（$P=MR$）。在每一个给定的价格水平下，厂商应该选择最优的产量，使得 $P=MC(Q)$（短期边际成本），实现最大利润。这意味着在价格 P 和厂商的最优产量（厂商愿意且能够提供的产量）之间存在一一对应的关系，而厂商的 SMC（短期边际成本）表明了商品价格和厂商短期供给量之间的关系。
根据短期均衡条件（P 等于 SMC），在不同价格水平下会选择的不同的最优产量。只有当 P 大于 AVC，厂商才会去生产，P 小于 AVC 的时候，厂商停止生产。所以厂商的短期供给曲线用 SMC 曲线上大于和等于 AVC（短期平均可变成本）曲线最低部的部分来表示，即 SMC 曲线大于和等于停止营业点的部分来表示</td></tr>
<tr><td>长期供给曲线</td><td>短期供给曲线假定生产要素不变，但是长期情况下，当厂商进入或退出一个行业时，整个行业产量的变化可能对生产要素市场的需求产生影响，从而影响生产要素的价格。根据行业产量的变化对生产要素价格所可能产生的影响，将完全竞争行业分为成本不变行业、成本递增行业和成本递减行业</td></tr>
</table>

考点三　完全垄断市场的特征（表 2—5）

表 2—5　完全垄断市场的特征

项　目	具体内容
概念	完全垄断市场也叫做纯粹垄断市场，一般简称垄断市场。完全垄断是指整个行业只有唯一供给者的市场结构

续表

项　目	具体内容
类型	完全垄断可分为两种类型： （1）政府完全垄断：公共事业中居多（国有铁路、邮电等部门）。 （2）私人完全垄断：根据政府授予的特许经营，或根据专利生产的独家经营以及由于资本雄厚、技术先进而建立的排他性的私人垄断经营
特点	（1）市场被独家企业所控制，其他企业不可以或不可能进入该行业。 （2）产品没有或缺少相近的替代品。 （3）垄断者能够根据市场的供需情况制定理想的价格和产量，在高价少销和低价多销之间进行选择，以获取最大的利润。 （4）垄断者在制定产品的价格与生产数量方面的自由性是有限度的，要受到有关反垄断法和政府管制的约束。 完全垄断市场是一种极端的市场类型，都只是一种理论假定，是对实际中某些产品的一种抽象，现实中绝大多数产品都具有不同程度的替代性，因此在现实经济实践中几乎是不可能存在的。公用事业电力、固定电话（如发电厂、煤气公司、自来水公司、邮电通信）和某些资本、技术高度密集型或稀有金属矿藏的开采等行业属于接近完全垄断市场类型

考点四　垄断企业的需求和边际收益曲线（表 2－6）

表 2－6　垄断企业的需求和边际收益曲线

项　目	内　容
垄断企业的需求曲线	垄断企业的需求曲线是一条向右下方倾斜的曲线。表示垄断企业的销售量与市场价格反方向的变动，垄断企业可以采用改变销售量的办法来控制市场价格
平均收益曲线和边际收益曲线	（1）由于完全垄断市场上，厂商是价格的制定者，厂商每出售一单位商品所获得的收益等于商品的价格，即平均收益等于商品的价格，平均收益曲线与需求曲线重叠。厂商的平均收益随着产品销售量的增加而减少。 平均收益曲线：$AR=TR/Q=p(Q)\cdot Q/Q=p(Q)$。 垄断者的平均收益曲线就是企业的（逆）需求曲线本身，$p(Q)$ 是一个随着产量变化而变化的变量。 完全垄断企业进行产量和价格决策的基本原则是边际成本等于边际收益。 注意：完全垄断市场上，不存在供给曲线。 在完全垄断市场上，企业的平均收益仍然等于单位产品的价格。但是，完全垄断企业的边际收益不等于其平均价格收益，而是小于其平均收益。因为，单位产品价格随着销售量的增加而下降，这种情况下，边际收益就会小于平均收益。 （2）边际收益指企业增加一单位产品销售所获得的总收入的增量。边际收益的公式为： $$MR(Q)=\frac{\Delta TR(Q)}{\Delta Q}$$

续表

项　目	内　容
平均收益曲线和边际收益曲线	垄断企业的需求曲线和边际收益 *MR* 曲线如图 2－2（a）所示。垄断企业的 *MR* 曲线具有如下特征： ①垄断企业的 *MR* 曲线位于需求曲线（平均收益曲线）的左下方且比平均收益曲线陡峭，且 *MR* 曲线也向右下方倾斜。 ②由于每一销售量上的边际收益 *MR* 值就是相应的总收益 *TR* 曲线的斜率，所以在图 2－2（b）中，当 $MR>0$ 时，TR 曲线的斜率为正；当 $MR<0$ 时，TR 曲线的斜率为负；当 $MR=0$ 时，*TR* 曲线达最大值点。

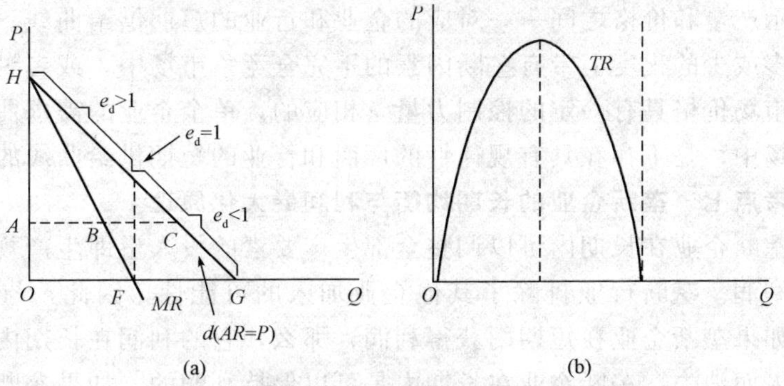

图 2—2　垄断企业的需求曲线和收益曲线

考点五　垄断企业的短期均衡与利润最大化原理

垄断企业为了获得最大的利润，必须遵循边际收益 $MR=$ 边际成本 MC 的原则。在短期内，垄断企业无法改变固定要素投入量。垄断企业是在既定的生产规模下通过对产量和价格的同时调整，来实现 $MR=SMC$ 的利润最大化的原则，如图 2－3 所示。利润极大化的充分条件：$P>MR=MC$。

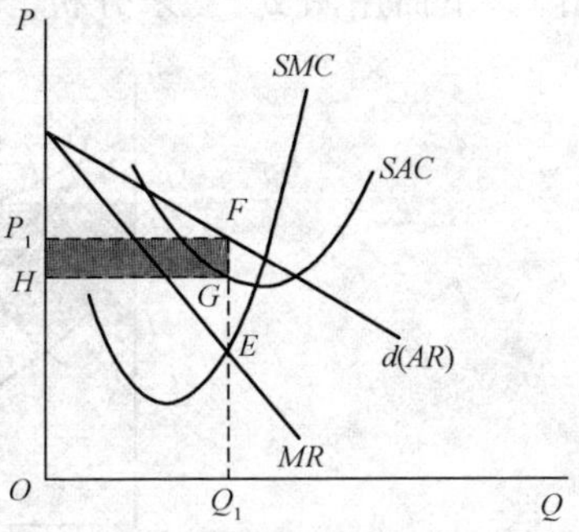

图 2—3　垄断企业的短期均衡

图中的 *SMC* 曲线和 *SAC* 曲线代表垄断企业的既定的生产规模，*d* 曲线和 *MR* 曲线代表垄断企业的需求和收益状况。垄断企业根据 $MR=SMC$ 的利润最大化的均衡条件，将产量和价格分别调整到 Q_1 和 P_1 的水平。在短期均衡点 E 上，垄断企业的平均收益为 FQ_1，平均成本为 GQ_1，平均收益大于平均成本，垄断企业获得利润。单位产品的平均利润为 FG，总利润量相当于矩形 P_1HGF 的面积。

只要 $MR>SMC$，垄断企业增加一单位产量所得到的收益增量就会大于所付出的成本增量。这时，企业增加产量是有利的。随着产量的增加，如图 2－3 所示，*MR* 会下降，而 *SMC* 会上升，两者之间的差额会逐步缩小，最后达到 $MR=$

SMC的均衡点，企业也由此得到了增加产量的全部好处。而$MR<SMC$时，情况正好相反。所以，垄断企业的利润在$MR=SMC$处达最大值。

由此可以得到垄断企业短期均衡条件为：

$$MR=SMC$$

垄断企业在短期均衡点上可以获得最大利润，可以利润为零，也可以蒙受最小亏损。

考点六　垄断企业供给曲线的含义

在垄断市场条件下，无法得到如同完全竞争市场条件下的具有规律性的，可以表示产量和价格之间一一对应的企业和行业的短期供给曲线。也就是说：凡是在或多或少的程度上带有垄断因素的不完全竞争市场中，或者说，凡是在单个企业对市场价格具有一定的控制力量，相应的，单个企业的需求曲线向右下方倾斜的市场中，是不存在具有规律性的厂商和行业的短期供给曲线的。

考点七　垄断企业的长期均衡与利润最大化原理

垄断企业在长期内可以调整全部生产要素的投入量即生产规模，从而实现最大的利润。垄断行业排除了其他企业加入的可能性，因此，与完全竞争企业不同，如果垄断企业在短期内获得利润，那么，它的利润在长期内不会因为新企业的加入而消失，垄断企业在长期内是可以保持利润的。如果垄断企业在长期内只能获得正常利润或存在亏损，在长期内企业可以通过调整规模来获得超额利润或者消除亏损。假如无论怎样调整都有亏损，垄断企业会离开该部门转移到有利的部门。下面用图2－4来分析。

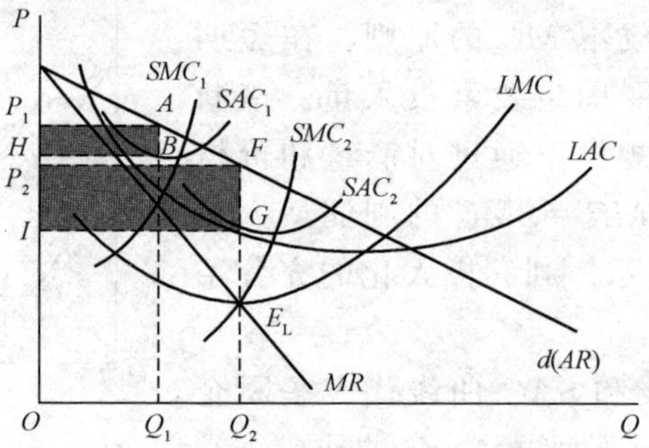

图2－4　垄断企业的长期均衡

图中的d曲线和MR曲线分别表示垄断企业所面临的市场需求曲线和边际收益曲线，LAC曲线和LMC曲线分别为垄断企业长期平均成本曲线和长期边际成本曲线。

假定开始时垄断企业是在由SAC_1曲线和SMC_1曲线所代表的生产规模上进行生产。在短期内，垄断企业只能按照$MR=SMC$的原则，在现有的生产规模上将产量和价格分别调整到Q_1和P_1。在短期均衡点E_S上，垄断企业获得的利润

为图中的矩形面积 HP_1AB。

在长期中，垄断企业通过对生产规模的调整，进一步增大利润。按照 $MR=LMC$ 的长期均衡原则，垄断企业的长期均衡点为 E_L，长期均衡产量和均衡价格分别为 Q_2 和 P_2，垄断企业所选择的相应的最优生产规模由 SAC_2 曲线和 SMC_2 曲线所代表。此时，垄断企业获得了更大的利润，其利润量相当于图中的矩形面积 IP_2FG。

由此可见，垄断企业之所以能在长期内获得更大的利润，其原因在于长期内企业的生产规模是可变的和市场对新加入的企业是完全关闭的。

从图 2－4 可知，在垄断企业的 $MR=LMC$ 的长期均衡产量上，代表最优生产规模的 SAC 曲线和 LAC 曲线相切，相应的 SMC 曲线、LMC 曲线和 MR 曲线相交于一点。所以，垄断企业的长期均衡条件为：

$$MR=LMC=SMC$$

垄断厂商在长期均衡点上可以获得利润。

考点八　垄断竞争市场的特征（表 2－7）

表 2－7　　垄断竞争市场的特征

特　征	具体内容
垄断竞争市场	是指既有垄断又有竞争的市场结构。在垄断竞争型市场上，每家企业都在市场上具有一定的垄断力，但它们之间又存在激烈的竞争
特征	(1) 生产者众多，各种生产资料可以流动。 (2) 生产的产品同种但不同质，即产品之间存在着差异。产品的差异性是指各种产品之间存在着实际或想象上的差异。这是垄断竞争与完全竞争的主要区别。 (3) 由于产品差异性的存在，生产者可以树立自己产品的信誉，从而对其产品的价格有一定的控制能力。 垄断竞争型市场结构中，造成垄断现象的原因是产品差别；造成竞争现象的是产品同种，即产品的可替代性。国民经济各行业中，制成品（如纺织、服装等轻工业产品）的市场类型一般都属于垄断竞争
垄断竞争市场中生产者的行为	企业的需求曲线是向右下方倾斜的。 与完全垄断市场相比：只是企业自身的而不是行业的需求曲线；在完全垄断市场中，行业和企业自身的需求曲线是一致的。垄断竞争企业面临的需求曲线具有更大的弹性。 短期均衡分析：短期也是按照边际成本 MC＝边际收益 MR 遵循利润最大化的原则。从长期看，竞争的结果必然会使有差别的产品价格下降

考点九　垄断竞争企业的短期均衡原理和长期均衡原理（表 2－8）

表 2－8　　　垄断竞争企业的短期均衡原理和长期均衡原理

原　理	内　容
垄断竞争企业的短期均衡	（1）垄断竞争企业的短期均衡：在短期内，垄断竞争企业是在现有生产规模下，能通过对产量和价格的同时调整，来实现 $MR=SMC$ 的均衡条件。在均衡点上可能获得最大利润，也可能是最小的亏损，这取决于均衡价格是大于还是小于 SAC。在企业亏损时，只要均衡价格大于 AVC，企业在短期内总是继续生产的；只要均衡价格小于 AVC，企业在短期内就会停产。 （2）垄断竞争企业短期均衡条件是：$MR=SMC$。 （3）在短期均衡的产量上，必定存在一个 d 曲线和 D 曲线的交点，它意味着此时市场上的供求是相等的，垄断竞争企业可能获得最大利润，可能利润为零，也可能蒙受最小亏损，如图 2－5 所示。 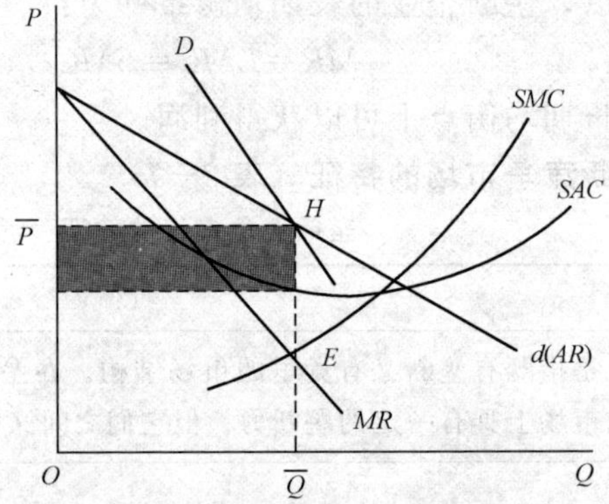 **图 2－5　垄断竞争企业的短期均衡**
垄断竞争企业的长期均衡	（1）垄断竞争企业的长期均衡：在长期内，垄断竞争企业不仅可以调整生产规模，还可以加入或退出生产集团，因此，垄断竞争企业在长期均衡时的利润一定为零。即在垄断竞争企业的长期均衡点上，如图 2－6 所示，d 需求曲线与 LAC 曲线相切，表示企业的利润为零；d 需求曲线与 D 需求曲线相交，表示市场的供求相等。 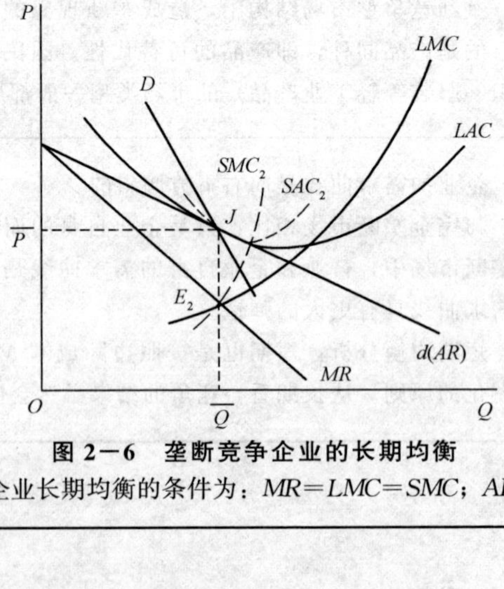 **图 2－6　垄断竞争企业的长期均衡** （2）垄断竞争企业长期均衡的条件为：$MR=LMC=SMC$；$AR=LAC=SAC$

考点十 寡头市场的特征

寡头市场是少数企业控制着某行业大部分产品的市场结构，是包含垄断因素与竞争因素而又更接近于完全垄断的一种市场结构。在现实经济中，寡头垄断常见于重工业部门，如汽车、钢铁、造船、石油化工、有色冶金、飞机制造、航空运输等部门。其特征有：①企业数极少，新的企业加入该行业比较困难；②产品既可同质，也可存在差别，企业之间同样存在激烈竞争；③企业之间相互依存；④企业行为的不确定性。

考点十一 古诺模型的原理、纳什均衡的基本原理和囚徒困境的基本原理（表2—9）

表2—9 古诺模型的原理、纳什均衡的基本原理和囚徒困境的基本原理

项目	基本原理
古诺模型的原理	古诺模型又称古诺双寡头模型，或双寡头模型，是早期的寡头模型。它是由法国经济学家古诺于1838年提出的。古诺模型是纳什均衡应用的最早版本，古诺模型通常被作为寡头理论分析的出发点。古诺模型的结论可以很容易地推广到三个或三个以上的寡头厂商的情况中去。 古诺模型假定一种产品市场只有两个卖者，并且相互间没有任何勾结行为，但相互间都知道对方将怎样行动，从而各自怎样确定最优的产量来实现利润最大化，因此，古诺模型又称为双头垄断理论。在古诺模型中，产量是决策变量。 古诺模型的假定是：①市场上只有A、B两个厂商生产和销售相同的产品，他们的生产成本为零，即MC=0；②他们共同面临的市场的需求曲线是线性的，A、B两个厂商都准确地了解市场的需求曲线；③A、B两个厂商都是在已知对方产量的情况下，各自确定能够给自己带来最大利润的产量，即每一个产商都是消极地以自己的产量去适应对方已确定的产量。 古诺模型价格和产量的决定：在古诺双头模型中，各厂商的均衡产量为市场总容量的1/3，市场的均衡产量为市场总容量的2/3。 若令寡头厂商数量为m，可得到一般的结论如下： 每个寡头厂商的均衡产量=市场总容量$\times\frac{1}{m+1}$ 行业的均衡总产量=市场总容量$\times\frac{m}{m+1}$ 当m越大，意味着厂商的数量越多，每个寡头厂商的均衡产量在总产量中所占的份额越微不足道，市场越接近竞争市场。 最终寡头市场可以更像垄断市场，也可以像竞争市场，这就取决于市场上的企业数量及这些企业的相互关系
纳什均衡的基本原理	纳什均衡是一种策略组合，使得每个参与人的策略是对其他参与人策略的最优反应。 含义是：假设有n个局中人参与博弈，如果某情况下无一参与者可以独自行动而增加收益（即为了自身利益的最大化，没有任何单独的一方愿意改变其策略的），则此策略组合被称为纳什均衡。所有局中人策略构成一个策略组合。纳什均衡，从实质上说，是一种非合作博弈状态。

续表

项　目	基本原理
纳什均衡的基本原理	纳什均衡达成时，并不意味着博弈双方都处于不动的状态，在顺序博弈中这个均衡是在博弈者连续的动作与反应中达成的。纳什均衡也不意味着博弈双方达到了一个整体的最优状态，需要注意的是，只有最优策略才可以达成纳什均衡，严格劣势策略不可能成为最佳对策，而弱优势和弱劣势策略是有可能达成纳什均衡的。在一个博弈中可能有一个以上的纳什均衡，而囚徒困境中有且只有一个纳什均衡。 经济学定义是：所谓纳什均衡，指的是参与人的这样一种策略组合，在该策略组合上，任何参与人单独改变策略都不会得到好处。换句话说，如果在一个策略组合上，当所有其他人都不改变策略时，没有人会改变自己的策略，则该策略组合就是一个纳什均衡。 在纳什均衡的定义中，需要注意两个问题： (1) 单独改变策略：是说任何一个参与人在所有其他人都不改变策略的情况下改变自己的策略，其他人也同时改变策略的情况不在考虑之列。 (2) 不会得到好处：是说任何一个参与人在单独改变策略之后自己的支付不会增加。包括另种情况：支付不减少或支付不变。 纳什均衡可以分成两类："纯战略纳什均衡"和"混合战略纳什均衡"
囚徒困境的基本原理	"囚徒困境"是1950年美国兰德公司提出的博弈论模型。两个共谋犯罪的人被关入监狱，不能互相沟通情况。如果两个人都不揭发对方，则由于证据不确定，每个人都坐牢一年；若一人揭发，而另一人沉默，则揭发者因为立功而立即获释，沉默者因不合作而入狱五年；若互相揭发，则因证据确凿，二者都判刑两年。由于囚徒无法信任对方，因此倾向于互相揭发，而不是同守沉默。 囚徒困境：两个被捕的囚徒之间的一种特殊博弈，说明为什么甚至在合作对双方都有利时，保持合作也是困难的。囚徒困境是博弈论的非零和博弈中具代表性的例子，反映个人最佳选择并非团体最佳选择。虽然困境本身只属模型性质，但现实中的价格竞争、环境保护等方面，也会频繁出现类似情况

【真题回顾】

一、单项选择题（以下备选项中只有一项符合题目要求）

1. 完全竞争型市场结构得以形成的根本原因在于（　　）。

A. 企业的盈利完全由市场对产品的需求来决定

B. 生产者或消费者可以自由进入或退出市场

C. 企业的产品无差异，所有企业都无法控制产品的市场价格

D. 生产者众多，生产资料可以完全流动

【答案】 C

【解析】 本题考核的是完全竞争型市场结构。完全竞争是一个理论上的假设，该市场结构得以形成的根本因素在于企业产品的无差异，所有的企业都无法控制

产品的市场价格。

2. 关于纳什均衡，下列说法错误的是(　　)。

A. 在囚徒困境中有且只有一个纳什均衡

B. 指一种策略组合，使得同一时间内每个参与人的策略是对其他参与人策略的最优反应

C. 给定别人策略的情况下，没有任何单个参与人有积极性选择其他策略，从而没有任何人打破这种均衡

D. 指这样一种均衡，局中每个人都选择其占优策略

【答案】D

【解析】本题考核的是纳什均衡。纳什均衡，是指参与人的这样一种策略组合，在该策略组合上，任何参与人单独改变策略都不会得到好处。即，如果在一个策略组合中，当所有其他人都不改变策略时，没有人会改变自己的策略，则该策略组合就是一个纳什均衡。如果存在占优策略的活，应该选择占优策略，因为占优策略是与他人选择无关的最优策略。在囚徒境中，只有在策略组合（坦白，坦白）上，这个博弈达到的纳什均衡，双方都不再有单独改变策略的倾向。

二、组合型选择题（以下备选项中只有一项最符合题目要求）

1. 完全垄断型市场结构的特点有(　　)。

Ⅰ. 垄断者根据市场情况制定理想的价格和产量

Ⅱ. 产品没有或缺少合适的替代品

Ⅲ. 垄断者在制定理想的价格与产量时不会受到政府的约束

Ⅳ. 市场被独家企业所控制

A. Ⅰ、Ⅱ、Ⅲ　　B. Ⅰ、Ⅱ、Ⅳ

C. Ⅱ、Ⅲ、Ⅳ　　D. Ⅰ、Ⅱ、Ⅲ、Ⅳ

【答案】B

【解析】本套考核的是完全垄断型市场结构的特点。完全垄断型市场结构的特点有：(1) 市场被独家企业所控制，其他企业不可以或不可能进入该行业；(2) 产品没有或缺少相近的替代品；(3) 垄断者能够根据市场的供需情况制定理想的价格和产量，在高价少销和低价多销之间进行选择，以获取最大的利润；(4) 垄断者在制定产品的价格与生产数量方面的自由性是有限度的，要受到反垄断法和政府管制的约束。

2. 完全竞争市场具有的特征有(　　)。

Ⅰ. 同一行业中有为数不多的生产者

Ⅱ. 同一行业中，各企业或生产者生产的同一种产品没有质量差别

Ⅲ. 买卖双方对市场信息都有充分的了解

Ⅳ. 各企业或生产者可自由进出市场

A. Ⅰ、Ⅱ、Ⅲ　　B. Ⅰ、Ⅱ、Ⅳ

C. Ⅱ、Ⅲ、Ⅳ　　D. Ⅰ、Ⅱ、Ⅲ、Ⅳ

【答案】 C

【解析】 本套考核的是完全竞争市场具有的特征。完全竞争市场具有的特征有：(1) 市场上有很多生产者与消费者，或买者和卖者，且生产者的规模都很小。每个生产者和消费者都只能是市场价格的接受者，不是价格的决定者；它们对市场价格没有任何控制的力量。(2) 企业生产的产品是同质的，即不存在产品差别。(3) 资源可以自由流动，企业可以自由进入或退出市场。(4) 买卖双方对市场信息都有充分的了解。

【典型习题】

一、单项选择题（以下备选项中只有一项符合题目要求）

1. 某些农产品如小麦、玉米等的市场属于近似的(　　)。

A. 完全垄断市场　　B. 垄断竞争市场

C. 完全竞争市场　　D. 寡头垄断市场

2. 垄断竞争厂商短期均衡时，(　　)。

A. 厂商一定能获得超额利润

B. 厂商一定不能获得超额利润

C. 只能得到正常利润

D. 取得超额利润，发生亏损及获得正常利润三种情况都可能发生

3. 生产者众多，各种生产资料可以完全流动属于(　　)特点。

A. 不完全竞争市场　　B. 寡头竞争市场

C. 完全竞争市场　　D. 完全垄断市场

4. 垄断竞争企业短期均衡条件是(　　)。

A. $MR=AVC$　　B. $MR=SAC$

C. $MR=SMC$　　D. $MR=LMC$

5. 一种策略组合，使得每个参与人的策略是对其他参与人策略的最优反应是指(　　)。

A. 寡头市场　　B. 古诺模型

C. 纳什均衡　　D. 囚徒困境

6. 在实际生活中，电力行业近似属于(　　)市场。

A. 完全竞争　　B. 垄断竞争

C. 寡头竞争　　D. 完全垄断

二、组合型选择题（以下备选项中只有一项最符合题目要求）

1. 某产品市场的需求曲线为 $Q=100-10P$，成本函数为 $C=40Q$，下列说法正确的有(　　)。

Ⅰ. 若该产品由一个垄断厂商生产，则利润最大化时产量是 300

Ⅱ. 若该产品由一个垄断厂商生产，则厂商最大利润为 9000

Ⅲ. 若要实现帕累托最优，相应的产量是 600，价格是 40

Ⅳ. 在垄断条件下，社会福利的净损失是 5000

A. Ⅰ、Ⅱ　　B. Ⅰ、Ⅲ、Ⅳ　　C. Ⅲ、Ⅳ　　D. Ⅰ、Ⅱ、Ⅲ

2. 给定需求函数 $P=2000-100y$，成本函数 $C=1000+4Y$，下列说法正确的是（　　）。

Ⅰ. 在完全竞争的市场条件下，价格是 4，产量是 19.96

Ⅱ. 在完全竞争的市场条件下，利润是 −1000

Ⅲ. 在垄断的市场条件下，价格是 4，产量是 9.98

Ⅳ. 在垄断的市场条件下，利润是 −1000

A. Ⅰ、Ⅱ、Ⅲ、Ⅳ　　B. Ⅰ、Ⅱ、Ⅲ

C. Ⅲ、Ⅳ　　D. Ⅰ、Ⅱ

【参考答案】

一、单项选择题

1. C　2. D　3. C　4. C　5. C　6. D

二、组合型选择题

1. D　2. D

第三节　宏观经济均衡分析

【考点归纳】

➢ 熟悉社会总需求、社会总供给的含义。

➢ 掌握宏观经济均衡的基本原理。

➢ 熟悉产品市场和货币市场的一般均衡。

➢ 掌握 IS-LM 模型。

➢ 熟悉可贷资金市场均衡、外汇市场均衡及可贷资金市场与外汇市场同时均衡

考点一　社会总需求（表 2－10）

表 2－10　社会总需求

项　目	具体内容
概念	总需求是经济社会需求产品和劳务的总量，这一需求总量通常以产出水平来表示

续表

项　目	具体内容
组成	在四门经济中，总需求包括消费需求、投资需求、政府需求和国外需求。在不考虑国外需求的情况下，经济社会的总需求是指价格收入和其他经济变量既定的条件下，家庭、企业和政府将要支出的数量。因此，总需求是经济中各种主体的总支出。影响总需求的变量因素包括价格水平、人们的收入、对未来的预期、税收、政府购买及货币供给等政策变量。 总需求＝消＋投资＋政府支出＋出口，即 AD＝C＋I＋G＋X
总需求曲线	总需求是指对应于既定的价格总水平的社会总支出水平或总需求量，表示经济中的需求总量与价格水平之间关系的曲线就是总需求曲线。总需求曲线代表了货币市场和商品市场同时达到均衡时的点的集合，即 IS—LM 模型的均衡点，我们可以由 IS—LM 模型推出总需求曲线。 总需求曲线的特性归纳： (1) 总需求曲线表示在某个给定的价格水平上所需要的 GDP 水平。 (2) 决定、影响总需求曲线的两个经济原理是收支平衡和货币供求相等。 (3) 总需求曲线是向右下方倾斜的。它表示，价格水平越低，需求总量越大；价格水平越高，需求总量越小，即价格水平和需求总量呈反方向变化的关系。价格水平的上升意味着实际货币余额的降低，因而实际利率会上升，从而使投资、GDP 和净出口减少。总需求曲线向右下方倾斜主要取决于实际余额效应、时际替代效应和国际替代效应三个因素。 (4) 总需求取决于真实货币供给。 (5) 一般说来，扩张性政策——如增加政府支出、减税和增加货币供给，使总需求曲线向右移动，消费者与投资者的信心也影响总需求曲线（信心增强时，AD 曲线向右移动；当信心削弱时，AD 曲线向左移动）

考点二　社会总供给（表 2－11）

表 2－11　　社会总供给

项　目	内　容
含义	社会总供给是指一个国家或地区在一定时期内（通常为 1 年）由社会生产活动实际可以提供给市场的可供最终使用的产品和劳务总量，即经济社会投入的基本资源所生产的产量
组成	由国内生产活动提供的产品和劳务，包括农林牧渔业、工业、建筑业等行业提供的产品，也包括由交通运输、邮电通讯、银行保险、商业服务业等行业提供的服务，即国内生产总值。 由国外提供的产品和劳务，即商品和劳务输入
计算	社会总供给＝本期国内生产总值＋本期进口－本期不可分配部分。 本期不可分配部分，是指国内生产总值中当年不能进行分配的部分，如人工培育正在生长过程中的牲畜、树木以及由于天灾人祸造成的损失等。 由于各时期的供求状况相互影响，在测算社会总供给时，应考虑各时期之间的衔接。其计算公式又可表示为： 社会总供给＝本期形成的社会总供给＋期末供给结余总额

续表

项　目	内　容
总供给曲线	总供给是指在其他条件不变的情况下，一定时期内在一定价格水平上，一个国家或地区的生产者愿意向市场提供的产品总量。 总供给的变动主要取决于企业的利润水平，而利润水平又决定于市场价格与生产成本，因而，决定总供给的基本因素就是价格与成本。其他因素，如技术进步、工资水平变动、能源及原材料价格变动等所谓的“外部冲击”因素都是通过成本的影响而影响企业利润水平从而影响总供给的。除了这两个基本因素，企业的预期也是一个重要因素。如果企业对未来利润的预期是下降的，企业就会减少生产，从而使总供给减少。 同总需求曲线一样，总供给曲线反映的是在其他因素不变的条件下，总供给与价格总水平，变动的关系。但是，由于决定供给的价格和成本中的工资在长期中具有灵活性，在短期具有黏性，或缺乏弹性。因而总供给曲线就充分为长期与短期两种形式，即长期总供给曲线与短期总供给曲线。 (1) 长期总供给曲线是一条与横轴 Y 相交的垂直线，即从长期看，总供给变动与价格总水平无关。长期总供给取决于劳动、资本与技术以及经济体制等因素。 (2) 短期总供给曲线一般为一条向右上方倾斜的曲线

考点三　宏观经济均衡（表 2－12）

表 2－12　　**宏观经济均衡**

项　目	内　容
含义	宏观经济均衡是社会总需求与社会总供给在总量与结构之间的基本平衡。宏观经济政策的基本目标是经济增长、物价稳定、国际收支平衡和充分就业。各种资源的利用程度反映宏观经济运行质量的高低。 宏观经济均衡指的是总体经济处于一种相对稳定的状态，这种稳定关系体现在各种宏观经济变量上，这些宏观经济变量相互作用，各个变量在其他变量的影响下发生变动，反过来，这种变动又对其他变量产生影响。当各种宏观经济变量之间的相互作用达到某种平衡、彼此不再变化时，总体经济就达到了均衡状态。 一国的宏观经济均衡包括两个方面：内部均衡和外部均衡。内部均衡主要是指一国国内经济出现充分就业、经济增长和物价稳定的局面。外部均衡主要是指一国国际收支的基本平衡。如果一国同时达到内部均衡与外部均衡，经济就处于宏观经济的全面均衡状态，即最适宜的发展状态。追求宏观经济的均衡是各国的发展目标
条件	在微观经济学中，如果某种商品的供给与需求相等，则供求关系就达到了均衡，此时该商品的价格和产量称为均衡价格和均衡产量。与此类似，当国民经济中的总供给等于总需求时，就实现了宏观经济均衡，此时的总体价格水平和产出水平称为均衡价格水平和均衡产出水平。 宏观经济均衡就是达到：意愿总需求等于意愿总供给的 GDP 水平。在均衡时，意愿的消费（C），政府支出（G），投资（I）和净出口（X）的总量正好等于在当前价格水平下企业所愿意出售的总量。 AD 是总需求曲线，AS 是总供给曲线，二者相交于 E_0 点，此时的均衡产

续表

<table>
<tr><th colspan="2">项　目</th><th>内　容</th></tr>
<tr><td colspan="2">条件</td><td>量为 y_f。y_f是充分就业的产量水平，此时宏观经济实现了均衡，如图 2—7 所示。
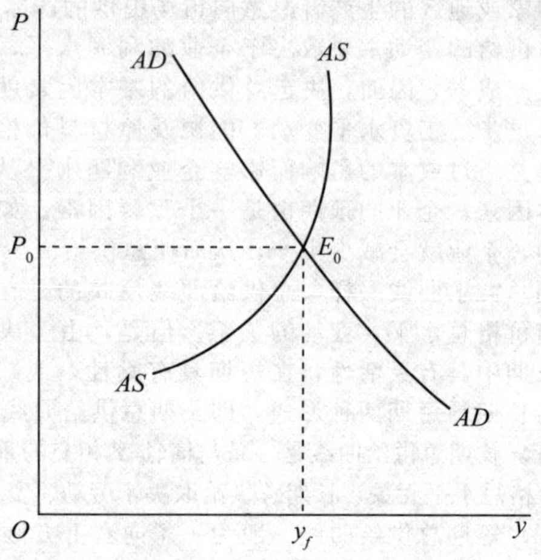

图 2—7　宏观经济的短期目标</td></tr>
<tr><td colspan="2">变量</td><td>研究宏观经济均衡需要考察的变量有总供给、总需求、总产出、总支出和总收入等。
总供给和总需求是一类的，属于理论概念；总产出、总支出和总收入是另一类的，属于统计概念。其中，总产出和总收入是总供给的度量指标，总支出是总需求的度量指标。
我们知道，GDP 也可以通过收入法得到。总产出是由各种要素生产出来的，产出的价值必然以工资、利息、地租、利润等形式支付给各种生产要素所有者，形成他们的收入，把所有人的收入加总起来就是国民经济中的总收入。总收入必然与总产出相等，总收入就是从另一个角度度量总供给的统计指标。当我们说总收入或者总产出时，就需要明白，它们代表的是总供给的意思。
总需求就是国民经济中对各种产品和劳务的有效需求之和，有效需求指既有需求的愿望，也有相应的支付能力。总支出是度量总需求的统计指标，总支出对应于用支出法核算的 GDP，包括家庭的消费 C、企业的投资 I、政府购买 G 和净出口 NX。家庭和政府需要购买产品和劳务，企业需要进行投资，这些都构成国民经济内部的需求，加上来自国外的需求构成国民经济中的总需求。总需求可以用总支出这个统计指标来度量</td></tr>
<tr><td>类型</td><td>短期宏观经济均衡</td><td>短期宏观经济均衡发生在总需求曲线和短期总供给曲线的交点处，在该点处，实际 GDP 的需求量等于实际 GDP 的供给量。如果实际 GDP 低于均衡 GDP，企业增加产量并提高价格；而如果实际 GDP 高于均衡 GDP，企业减少产量并降低价格。
短期宏观经济均衡可能出现三种状态：
(1) 充分就业均衡，当总需求曲线与短期总供给曲线相交时的产量恰好处在长期总供给曲线上时，我们称这时的宏观经济均衡为充分就业均衡。这时资源得到充分利用，失业率处于自然失业率的水平上，这是宏观经济的理想状态。</td></tr>
</table>

续表

项目		内容
类型	短期宏观经济均衡	（2）低于充分就业的均衡（失业均衡），是宏观经济均衡时决定的实际国内生产总值小于充分就业时的国内生产总值，从而企业开工不足，失业率高于自然失业率。 （3）通货膨胀均衡，是宏观经济均衡时决定的实际国内生产总值大于充分就业时的实际国内生产总值，实际产出超过了潜在 GDP 的水平，推动了价格的上升。 以上分析说明，宏观经济均衡很难实现充分就业均衡，由于市场机制的自发调节，出现了经济的短期波动和商业周期
	长期宏观经济均衡	长期宏观经济均衡发生在实际 GDP 等于潜在 GDP 的位置上。长期均衡时，总需求曲线和长期总供给曲线相交

考点四　产品市场和货币市场的一般均衡

1. 产品市场的均衡——*IS* 曲线

产品市场均衡指的是市场上总需求等于总产出的状态。

（1）*IS* 曲线

IS 曲线是描述产品市场均衡时，利率与国民收入之间存在反方向变动的关系的曲线，由于在两部门经济中产品市场均衡时 $I=S$，因此该曲线被称为 *IS* 曲线。该曲线是以纵轴代表利率，以横轴代表收入，得到就是一条反映收入和利率之间相互关系的曲线。

（2）两部门经济 *IS* 曲线

在两门经济中，产品市场达到均衡条件是总需求＝总供给，即在 *IS* 曲线上每一点都表示投资等于储蓄，即 $I=S$，故在 *IS* 曲线上的点表示产品市场均衡。两部门经济中产品市场的均衡模型可以表示为：

两部门经济产品市场均衡条件：$I=S$

投资量时利率的递减函数：$I=I(r)=e-dr$

e 是自发投资，r 是利率，d 是投资对利率的敏感程度

储蓄、消费是收入的递增函数：$S=S(y)=y-c=y-(\alpha-\beta y)=-\alpha+(1-\beta)y$，其中 α 是自发消费，β 是边际消费倾向，$c=\alpha+\beta y$

⇒ 可得：

$$r=\frac{\alpha+e}{d}-\frac{1-\beta}{d}y$$

$$y=\frac{\alpha+e-dr}{1-\beta}$$

从上式可以看出，储蓄＝投资是使产品市场保持均衡的必要条件，则均衡的国民收入与利率是反方向变动的关系。

两部门经济 *IS* 曲线的特征是：向右下方倾斜。

两部门经济 *IS* 曲线的移动：投资增加或者储蓄减少，*IS* 曲线向右上方移动；投资减少或者储蓄增加，*IS* 曲线向左下方移动。

(3) 三部门经济中的 *IS* 曲线

根据上述分析，三部门经济中产品市场的均衡模型可以表示为：

$$\begin{cases} y=c+i+g \\ c=\alpha+\beta\ (y-t_0-ty+tr) \\ i=e-dr \\ g=g_0 \end{cases}$$

得到

$$r=\frac{\alpha+e+g_0+\beta\ (tr-t_0)}{d}-\frac{1-\beta\ (1-t)}{d}y$$

IS 曲线的特征是：向右下方倾斜。

IS 曲线的移动：政府增加购买或者减少税收，IS 曲线向右上方移动；政府减少购买或者税收增加，IS 曲线向左下方移动。

产品市场的失衡：IS 曲线之外的点。IS 曲线左边的点：S＜I，Y 将增加；IS 曲线右边的点：S＞I，Y 将减少。

2. 货币市场的一般均衡——LM 曲线

所谓货币市场的均衡，是指货币市场上货币需求等于货币供给时的状况。货币均衡是一个动态的过程，指在一定利率水平下的货币供给与货币需求之间相互作用形成的一种状态。货币均衡的判断标志是商品市场上的物价稳定和金融市场上的利率稳定。货币供应量是指非银行部门持有的货币资产数量，即流通中的货币数量。货币市场上的供给和需求的均衡决定了利率，而货币的供给量是由货币当局控制的，假定它是一个外生变量，所以，货币市场的均衡只能通过调节对货币的需求来实现。

(1) 货币均衡原理

①货币供求均衡关系是在货币运动过程中实现的。货币的均衡过程是以原有的均衡状态为起始点，某一变量首先打破均衡，其他变量随之变动而达到新的均衡。

②货币均衡水平的决定。在宏观经济方面，总的要求是达到或保持社会总供给与总需求之间的平衡关系。在商品经济条件下，社会总供给总是以商品价格总额形态出现，表现为一定时期的国内生产总值（GDP）；社会总需求则是以货币形态出现表现为通过货币的多次周转而实现的社会购买力（MV）。因此，保持总需求与总供给的均衡关系，要求处理好货币数量与经济增长之间的关系。

(2) 产生货币需求的动机

货币需求是指在收入水平一定的条件下，愿意持有货币的数量，是有效需求，不是无条件地对货币的需求。货币供给是相对于货币需求面言的，它是指货币供给主体即一国或者货币区的很行系统向经济主体供给货币以满足其货币需求的过程。

凯恩斯主义认为人们持有货币的愿望是人们对货币的流动性偏好。因此，货币需求又称为“流动性偏好”。

凯恩斯认为，人们对货币的需求出于三种动机：

①交易动机：为从事日常的交易支付，人们必须持有货币；

②预防动机：又称谨慎动机，持有货币以应付一些未曾预料的紧急支付；

③投机动机：由于未来利息率的不确定，人们为避免资本损失或增加资本收益，及时调整资产结构而持有货币。

（3）LM 曲线

假定 m 是实际货币供给量，当货币市场实现均衡时，有 $m=L=L_1(y)+L_2(r)=ky-hr$。其中，L_1 是货币的交易需求（由交易动机和预防动机引起），L_2 是货币的投机需求。L_1 随着收入增加而增加，L_2 随着利率上升而减少。

当 m 给定时，表示满足货币市场达到均衡时的收入与利率的组合关系，这一关系的图形被称为 LM 曲线。因此 LM 曲线是一条用来描述在货币市场均衡状态下国民收入和利率之间相互关系的曲线。由于货币市场均衡时 $m=ky-hr$，因此有：

$$y=\frac{hr}{k}+\frac{m}{k}\text{或}r=\frac{ky}{h}-\frac{m}{h}$$

LM 曲线的代数表达式可用上述公式表示。LM 曲线图形的横坐标表示收入，纵坐标表示利率。LM 曲线表示在货币市场中，货币供给等于货币需求时收入与利率的各种组合的点的轨迹。LM 曲线的斜率为正，这表明 LM 曲线一般是向右上方倾斜的曲线。

考点五　IS-LM 模型

1. IS-LM 模型

IS-LM 模型是宏观经济分析的一个重要工具，是描述产品市场和货币之间相互联系的理论结构。在产品市场上，国民收入决定于消费 C、投资 I、政府支出 G 和净出口 $X-M$ 加合起来的总支出或者说总需求水平，而总需求尤其是投资需求要受到利率 r 影响，利率则由货币市场供求情况决定，就是说，货币市场要影响产品市场；另一方面，产品市场上所决定的国民收入又会影响货币需求，从而影响利率，这又是产品市场对货币市场的影响，可见，产品市场和货币市场是相互联系、相互作用的，而收入和利率也只有在这种相互联系、相互作用中才能决定。描述和分析这两个市场相互联系的理论结构，就称为 IS-LM，如图 2－8 所示。

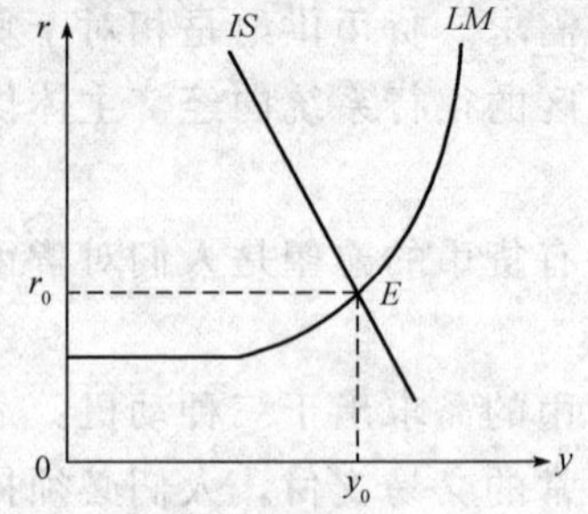

图 2-8　产品市场和货币市场的一般均衡

该模型要求同时达到下面的两个条件：

(1) $I(r)=S(Y)$ 即 IS，Investment-Saving

(2) $M/P=L_1(r)+L_2(Y)$ 即 LM，Liquidity preference-Money Supply

其中，I 为投资，S 为储蓄，M 为名义货币量，P 为物价水平，M/P 为实际货币量，Y 为总产出，r 为利率。

两条曲线交点处表示产品市场和货币市场同时达到均衡。

IS-LM 模型是宏观经济分析的一个重要工具，是描述产品市场和货币市场之间相互联系的理论结构。

IS 模型是描述产品市场均衡的模型，根据封闭经济中的等式：

Y（国民收入）$=C$（消费）$+I$（投资）$+G$（政府购买，经常被视为恒值）

其中 $C=C(Y)$，消费水平随收入正向变化；

$I=I(r)$，r 为利率

则可获得收入 Y 与利率 r 在产品市场均衡时的图像，斜率为负，斜率大小受投资与利率敏感度及投资乘数影响，曲线位置受自主性支出决定。LM 曲线是描述货币市场均衡的模型，根据等式：$M/P=L_1(r)+L_2(Y)$，其中，I 为投资，S 为储蓄，M 为名义货币量，P 为物价水平，M/P 为实际货币量，Y 为总产出，r 为利率，L 是货币需求。

通常将 M/P 视为由中央银行确定的定值，利率和货币量呈反向关系，而收入和货币量呈正向关系，从而得出一条收入 Y 与利率 r，斜率为正的直线，斜率大小由货币供应量对利率和收入分别的敏感度决定，而位置由货币供应量决定。

将 IS-LM 移至同一图上，二者交点便反映了产品市场和货币市场同时达到均衡时的利率水平和收入水平，对于分析宏观经济问题很有意义。

2. 产品市场和货币市场的均衡及调整

当 IS 曲线和 LM 曲线相交时，产品市场和货币市场就同时实现了均衡。如

图 2—9 所示，IS 曲线和 LM 曲线交于 E 点，在这个点同时实现两个市场的均衡，该点也是同时决定了均衡收入和均衡利率。

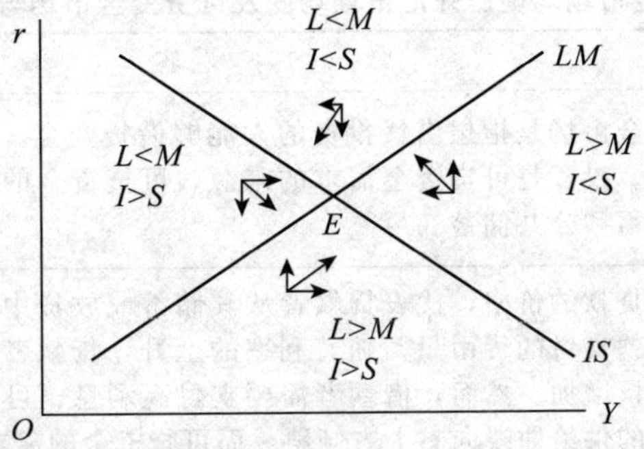

图 2—9　产品市场和货币市场的均衡图示

从不均衡到均衡的调节过程，就是利率与国民收入的变动过程。（均衡的稳定性）

（1）产品市场不均衡导致收入变动，若 $I>S$，则 Y 上升；若 $I<S$，则 Y 下降。

（2）货币市场不均衡导致利率变动，若 $L>M$，则 r 上升；若 $L<M$，则 r 下降。

通过上述数量调整，最终能使两个市场均衡，到其交点 E。这种自发调节过程计较费时，在均衡前容易造成经济波动。

3. 均衡国民收入和利率的影响

（1）LM 曲线不动，IS 曲线变动。无论是投资、储蓄、政府购买支出还是税收的变动都会引起 IS 曲线的移动，若 LM 曲线不变，IS 曲线右移会使均衡收入增加，均衡利率上升；IS 曲线左移会使均衡收入减少，均衡利率下降。

（2）IS 曲线不动，LM 曲线变动。若 IS 曲线不变，LM 曲线右移，使均衡收入增加，均衡利率下降；LM 曲线左移，使均衡收入减少，利率上升。

（3）IS 曲线和 LM 曲线同时移动。当投资与货币供给同时增加时，使利率不变。收入按投资乘数增加。如果政府采取恰当的财政和货币政策，能够使叨叨利率不变而收入增长。

4. LM 曲线向右上倾斜的假定条件

LM 曲线向右上倾斜的假定条件是货币需求随利率上升而减少，随收入上升而增加。

考点六　可贷资金市场均衡、外汇市场均衡及可贷资金市场与外汇市场同时均衡（表 2－13）

表 2－13　可贷资金市场均衡、外汇市场均衡及可贷资金市场与外汇市场同时均衡

项目		内容
可贷资金市场均衡	可贷资金市场的定义	可贷资金市场是指想借钱投资的人能够借贷资金、想储蓄的人可以提供资金的市场。投资是可贷资金需求的来源。可贷资金的供给来自国民储蓄，包括私人储蓄和公共储蓄
	可贷资金的供给和需求曲线	利率是贷款的价格，代表贷款者从其储蓄或放贷中得到的货币量以及借款者要为借款支付的货币量。随着利率的上升，贷款者可以获得高利息，可贷资金供给量增加。然而，借款者需要支付高利息，可贷资金需求量减少，即可贷资金的供给曲线向右上方倾斜，而可贷资金的需求曲线向右下方倾斜。 可贷资金市场的需求曲线和供给曲线相交时，可贷资金市场实现了均衡，交点决定了均衡利率和均衡货币量。利率调整会使可贷资金需求与供给达到均衡水平
外汇市场均衡		外汇市场均衡的条件是：资本净流出（*NCO*）＝净出口（*NX*）。 开放经济模型假设，这个恒等式的两边代表外汇市场上的双方。以美元代表外币，等式右边的代表外汇市场的需求方，表示为了购买美国物品与劳务的净出口而需要的美元量。等式左方的资本净流出代表外汇市场的供给方，表示为购买国外资产而供给的美元量。 需求曲线向右下方倾斜，即较低的真实汇率使美国的物品更加便宜，并增加了为购买这些物品而需求的美元量。供给曲线是垂直的，因为为资本净流出而供给的美元量并不取决于真实汇率。 外汇市场上的需求曲线与供给曲线相交时，交点决定的汇率是均衡汇率，此时外汇市场实现了均衡，人们为购买净出口而需求的美元数量正好等于为购买外国资产而供给的美元数量
可贷资金市场与外汇市场同时均衡		图 2－10（a）表示可贷资金市场。可贷资金需求主要来源于国内投资和资本净流出，可贷资金供给主要来源于国民储蓄，均衡的真实利率（r_1）使可贷资金需求量等于可贷资金供给量。 图 2－10（b）表示资本净流出。它说明从图 2－10（a）中得出的真实利率如何决定资本净流出。 国内真实利率低使国内资产更为便宜，而这增加了资本净流出。因此，图 2－10（b）中的资本净流出曲线向右下方倾斜。 图 2－10（c）表示外汇市场。对美元的需求来自净出口。外汇需求曲线向右下方倾斜，因为真实汇率上升减少了净出口。由于购买外国资产需要用外国通货，所以从图 2－10（b）中得出的资本净流出量决定了用于兑换外国通货的美元的供给。供给曲线是垂直的，因为真实汇率并不影响资本净流出。均衡的真实汇率（E_1）使外汇市场上美元的需求量等于供给量。 图 2－10 中所表示的两个市场决定了两个相对价格——真实汇率和真实利率。图 2－10（a）中可贷资金市场需求和供给决定的真实利率是相对于未来物品与劳务的现期物品与劳务的价格。图 2－10（c）中外汇市场需求和供给决定的真实汇率是相对于国外物品与劳务的国内物品与劳务的价格。这两个相对价格同时调整使可贷资金市场和外汇市场的供求达到均衡。当这两个相对价格调整时，它们就决定了国内投资、国民储蓄、净出口和资本净流出

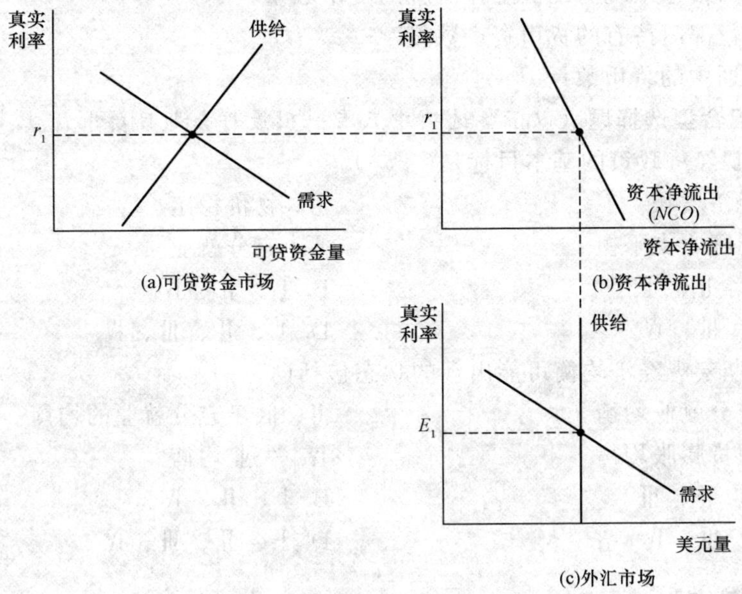

图 2—10　开放经济的实际均衡

【典型习题】

一、单项选择题（以下备选项中只有一项符合题目要求）

1. 关于总供给的描述，下列说法错误的是(　　)。

A. 总供给曲线描述的是总供给与价格总水平之间的关系

B. 决定总供给的基本因素是价格和成本

C. 企业的预期也是影响总供给的重要因素

D. 总供给曲线总是向右上方斜

2. 货币供给是(　　)。

A. 中央银行向经济主体供给货币以满足其货币需求的行为

B. 政府授权中央银行向经济主体供给货币以满足其货币需求的过程

C. 一国或货币区的银行系统向经济主体供给货币以满足其货币需求的过程

D. 现代经济中的商业银行向经济主体供给货币以满足其货币需求的行为

3. 保持总需求与总供给的均衡关系，要求处理好(　　)。

A. 货币数量与经济增长的关系

B. 货币数量与物价水平的关系

C. 经济增长与物价水平的关系

D. 货币数量与货币流通速度的关系

4. 货币供应量是(　　)。

A. 一国或货币区的经济主体持有的货币资产数量

B. 一国银行系统向经济主体供应的货币数量

C. 银行部门持有的货币资产数量

D. 流通中的货币数量

二、组合型选择题（以下备选项中只有一项最符合题目要求）

1. 宏观经济政策的基本目标是（　　）。

Ⅰ. 经济增长　　Ⅱ. 物价稳定

Ⅲ. 国际收支平衡　　Ⅳ. 充分就业

A. Ⅰ、Ⅱ、Ⅲ　　B. Ⅰ、Ⅱ、Ⅳ

C. Ⅱ、Ⅲ、Ⅳ　　D. Ⅰ、Ⅱ、Ⅲ、Ⅳ

2. 短期宏观经济均衡可能出现的状态包括（　　）。

Ⅰ. 充分就业均衡　　Ⅱ. 低于充分就业的均衡

Ⅲ. 通货膨胀均衡　　Ⅳ. 失业均衡

A. Ⅰ、Ⅱ、Ⅲ　　B. Ⅰ、Ⅱ、Ⅳ

C. Ⅱ、Ⅲ、Ⅳ　　D. Ⅰ、Ⅱ、Ⅲ、Ⅳ

【参考答案】

一、单项选择题

1. D　2. C　3. A　4. D

二、组合型选择题

1. D　2. D

第三章　金融学

第一节　利率、风险与收益

【考点归纳】

- 熟悉单利和复利的含义。
- 熟悉连续复利的含义。
- 熟悉终值、现值与贴现因子的含义。
- 掌握无风险利率和风险评价、风险偏好的概念。
- 熟悉无风险利率的度量方法及主要影响因素。
- 掌握风险溢价的度量方法及主要影响因素

【考点解读】

考点一　单利和复利的含义（表 3－1）

表 3－1　　**单利和复利的含义**

项　目		具体内容
单利	单利利息的计算公式	单利计息是指在计算利息额时，不论期限长短，仅按原本金和规定利率计算利息，所生利息不再加入本金重复计算利息的计息方法。单利利息的计算公式为： 利息（I）＝本金（PV）×01000 利率（i）×计息期数（t） $= PV(1+r\cdot t)-PV$ 式中：PV 为本金，又称期初金额或现值；i 为利率，通常指每年利息与本金之比；I 为利息；t 为计息期数，通常以年为单位。 在计算利息时，除非特别指明，给出的利率是指年利率。对于不足一年的利息，以一年等于 360 天来折算。利率按照计算利息的时间，可将利率分为年利率、月利率、日利率。其中，相关换算公式如下： 年利率＝月利率×12＝日利率×360
	单利终值的计算	单利终值即现在的一定资金在将来某一时点按照单利方式下计算的本利和。单利终值的计算公式为： $FV=PV+PV\times i\times t=PV\times(1+i\times t)$ 式中：FV 为本金与利息之和，又称本利和或终值

续表

<table>
<tr><th colspan="2">项　目</th><th>具体内容</th></tr>
<tr><td>单利</td><td>单利现值的计算</td><td>在现实经济生活中，有时需要根据终值来确定其现在的价值即现值。例如，在使用未到期的票据向银行申请贴现时，银行按一定利率从票据的到期值中扣除自借款日至票据到期日的应计利息，将余额付给持票人，该票据则转归银行所有。贴现时使用的利率称贴现率，计算出来的利息称贴现息，扣除贴现息后的余额称为现值。
单利现值的计算公式为：
$PV=FV-I=FV-PV\times i\times t=FV/(1+i\times t)\approx FV\times(1-i\times t)$</td></tr>
<tr><td rowspan="3">复利</td><td>概念</td><td>复利是指每经过一个计息期，要将所生利息加入本金再计利息的方法。计息期是指相邻两次计息的时间间隔，如年、月、日等。除非特别说明计息期为一年。我国债券通常一年付息一次。通常是一笔资金除本金产生利息外，在下一个计息周期内，以前各计息周期内产生的利息也计算利息的计息方法。复利俗称利滚利、驴打滚，就是将上期利息并入本金并一并计算利息的一种方法</td></tr>
<tr><td>复利终值的计算</td><td>是指本金在约定的期限内获得利息后，将利息加入本金再计利息，逐期滚算到约定期末的本金之和。计算公式是：
$FV=PV(1+i)^n$
式中：$(1+i)^n$ 称为复利终值系数。
注意：由于通胀率和利率密切关联，就像是一个硬币的正反两面，所以，复利终值的计算公式也可以用以计算某一特定资金在不同年份的实际价值。只需将公式中的利率换成通胀率即可</td></tr>
<tr><td>复利现值的计算</td><td>是指在计算复利的情况下，要达到未来某一特定的资金金额，现在必须投入的本金。所谓复利也称利上加利，是指一笔存款或者投资获得回报之后，再连本带利进行新一轮投资的方法。
$PV=FV\div(1+i)^n=FV\times(1+i)^{-n}$
式中：$(1+i)^{-n}$被称为复利现值系数</td></tr>
</table>

考点二　连续复利的含义

连续复利是指在期数趋于无限大的极限情况下得到的利率，此时不同期之间的间隔很短，可看作是无穷小量。

设本金为 P_0，年利率为 i，当每年含有 m 个复利结算周期（若一个月为一个复利结算周期，则 $m=12$，若以一季度为一个复利结算周期，则 $m=4$）时，则 n 年后的本利和为：

$$P_{nm}=P_0\left(1+\frac{1}{m}\right)^{mn}=P_0\left(1+\frac{1}{m}\right)^{\frac{1}{i/m}ni}$$

当复利结算的周期数 $m\to\infty$（这意味着资金运用率最大限度的提高）时，$\left(1+\frac{1}{m}\right)^{\frac{1}{i/m}}$ 的极限为 e，即

$$\lim_{m \to \infty}\left(1+\frac{1}{m}\right)^{\frac{1}{i/m}} = 2.7182818284590\cdots = e$$

所以当 $m \to \infty$ 连续复利本利和公式为：

$$P_n = \lim_{m \to \infty} P_0\left(1+\frac{i}{m}\right)^{mn} = P_0 \lim_{m \to \infty}\left[\left(1+\frac{i}{m}\right)^{\frac{1}{i/m}}\right]^{ni} = P_0 e^{ni}$$

即：

$$P_n = P_0 e^{ni}$$

式中，e^{ni} 成为瞬间复利系数，或称一元钱的瞬间复利本利和。

每年的计息次数越多，终值越大，随计息间隔时间的缩短，终值以递减的速度增加，最后等于连续复利的终值。

考点三　终值、现值与贴现因子的含义（表 3－2）

表 3－2　　终值、现值与贴现因子的含义

项　目	具体内容
终值	终值又称将来值或本利和，是指现在一定量的资金在未来某一时点上的价值。资金的时间价值一般都是按照复利方式进行计算的。用复利法计算时，每期期末计算的利息加入本金形成新的本金，再计算下期的利息，逐期滚利。 设现有一笔资金，共计金额为 P，存期为 n 年，年利率为 i，则 n 年后的终值 FV_n 为：$FV_n = PV(1+i)^n$。式中，$(1+i)^n$ 在财务管理学上称为复利终值系数，i 是计算货币价值的利息率，n 是货币到期长度
现值	会计计量中的现值，是指对未来现金流量以恰当的折现率折现后的价值，是考虑货币时间价值因素等的一种计量属性。在现值计量下，资产按照预计从其持续使用和最终处置中所产生的未来净现金流入量折现的金额。负债按照预计期限内需要偿还的未来净现金流出量折现的金额。 现值是在给定的利率水平下，未来的资金折现到现在时刻的价值，是资金时间价值的逆过程。当预期的现金流入需要待一个时期才能收到时，或预期的现金流出需要待一个时期才会支出时，这些收入或支出的现值要比收取或支付的实际数额为少。等待的时间越长，其现值也就越小。 由终值的一般计算公式 $FV_n = P(1+i)^n$，转求 PV，得一次性支付的现值计算公式为 $PV = FV \div (1+i)^n = FV \times (1+i)^{-n}$
贴现因子	所谓贴现因子，就是将来的现金流量折算成现值的介于 0～1 之间的一个数。 一般来说，当利率为 r 时，承诺 T 年之后支付 R 美元的现值是 R 美元/$(1+r)^T$。因此，即使没有通货膨胀，将来 1 美元的价值也小于现在 1 美元的价值，必须按某一数额贴现，该数额取决于利率的高低和收到货币的时间长短。其中 $1/(1+r)^T$ 被称为未来 T 时期的货币的贴现因子。 贴现因子 $\delta = 1/(1+r)$，$0 < \delta < 1$，r 是贴现率。贴现值为 $1/(1-\delta)$

考点四　无风险利率和风险评价、风险偏好的概念（表3—3）

表3—3　无风险利率和风险评价、风险偏好的概念

项　目	具体内容
无风险利率	无风险利率是指将资金投资于某一项没有任何风险的投资对象而能得到的利息率。这是一种理想的投资收益。一般受基准利率影响。利率是对机会成本及风险的补偿，其中对机会成本的补偿称为无风险利率。专业点说是对无信用风险和市场风险的资产的投资，指到期日期等于投资期的国债的利率。 无风险利率是期权价格的影响因素之一，无风险利率水平也会影响期权的时间价值和内在价值。当利率提高，期权的时间价值曲线右移；反之，当利率下降时，期权的时间价值曲线左移。无风险利率越高，看涨期权的价值越高
风险评价	风险评价是指风险在风险识别和风险估测的基础上，对风险发生的概率、损失程度，结合其他因素进行全面考虑，评估发生风险的可能性及其危害程度，并与公认的安全指标相比较，以衡量风险的程度，并决定是否需要采取相应的措施。处理风险需要一定费用，费用与风险损失之间的比例关系直接影响风险管理的效益。通过对风险的定性、定量分析和比较处理风险所支出的费用，来确定风险是否需要处理和处理程度，以判定为处理风险所支出的费用是否有效益
风险偏好	风险偏好是指企业在实现其目标的过程中愿意接受的风险的数量。风险偏好的概念是建立在风险容忍度概念基础上的。 风险容忍度是指在企业目标实现过程中对差异的可接受程度，是企业在风险偏好的基础上设定的对相关目标实现过程中所出现差异的可容忍限度。 企业的风险偏好与企业的战略直接相关，企业在制定战略时，应考虑将该战略的既定收益与企业的风险偏好结合起来，目的是要帮助企业的管理者在不同战略间选择与企业的风险偏好相一致的战略。 不同的行为者对风险的态度是存在差异的，一部分人可能喜欢大得大失的刺激，另一部分人则可能更愿意"求稳"。根据投资体对风险的偏好将其分为风险回避者、风险追求者和风险中立者。

考点五　无风险利率的度量方法及主要影响因素（表3—4）

表3—4　无风险利率的度量方法及主要影响因素

项　目	内　容
度量方法	在债券市场较为完善的发达国家，无风险利率的度量方法主要有三种：用短期国债利率作为无风险利率；用利率期限结构中的远期利率来估计远期的无风险利率；用即期的长期国债利率作为无风险利率。在国际上，一般采用短期国债利率作为市场无风险利率
主要影响因素	无风险利率的主要影响因素有资产市场化程度、信用风险因素以及流动性因素。资产市场化程度越高、信用风险越低、流动性越强，那么无风险利率越接近于实际情况

考点六　风险溢价的度量方法及主要影响因素（表 3－5）

表 3－5　　风险溢价的度量方法及主要影响因素

项　目		内　容
度量方法		风险溢价是指由于投资者承担了风险而相应可以获得高出无风险资产收益的收益，$r_m - r_f$ 为市场组合 M 的风险溢价。资产的市场风险溢价系数通常用 β 来表示。根据上述无风险利率的度量方法，可得到对应的三种风险溢价的度量方法
主要影响因素	信用风险因素	一般来说，国债、企业债、股票的信用风险依次升高，所要求的风险溢价也越来越高
	流动性因素	债券的流动性不同，所要求的风险溢价也不同。流动性越强，风险溢价越低；反之，则越高
	到期日因素	理论上来说，到期日不同的债券，其时间溢价也是不同的。到期日越长，风险溢价越高；反之，则越低

【真题回顾】

一、单项选择题（以下备选项中只有一个符合题目要求）

1. 在计算利息额时，按一定期限，将所生利息加入本金再计算利息的计息方法是(　　)。

A. 单利计息　　B. 存款计息　　C. 复利计息　　D. 贷款计息

【答案】 C

【解析】 本题考核的是复利计息的方法。复利计息是指在计算利息额时，要按一定期限（如一年），将所生利息加入本金再计算利息，逐期滚算的计息方法，俗称利滚利。

2. 某机构投资者计划进行为期 2 年的投资，预计第 2 年年末收回的现金流为 121 万元。如果按复利每年计息一次，年利率 10%，则第 2 年年末收回的现金流现值为(　　)万元。

A. 100　　B. 105　　C. 200　　D. 210

【答案】 A

【解析】 本题考核的是现值的计算。现值是指未来某一时点上的一定量现金折合到现在的价值，俗称“本金”。连续复利下的现值的计算公式为：$PV = \dfrac{A_n}{\left(1+\dfrac{r}{m}\right)^{nm}}$，式中，$A_n$ 表示第几年年末的现金流量，m 是年计息次数，r 是年贴现率。所以，第 2 年年末收回的现金流现值为 $121/(1+10\%)^2=100$（万元）。

3. 某人按 10% 的年利率将 1000 元存入银行账户，若每年计算 2 次复利（即每年付息 2 次），则两年后其账户的余额为(　　)。

A. 1464.10 元　　B. 1200 元　　C. 1215.51 元　　D. 1214.32 元

【答案】C

【解析】本题考核的是账户余额的计算。由于每年付息 2 次，则 $r=5\%. n=4$。因此，两年后账户的余额为：$S=P\ (1+r)^n=1000\times\ (1+5\%)^4\approx1215.51$（元）。

4. 某人在未来三年中，每年将从企业获得一次性劳务报酬 50000 元，企业支付报酬的时间既可在每年年初，也可在每年年末，若年利率为 10%，由于企业支付报酬时点的不同，则三年收入的现值差为(　　)。

A. 12434.26 元　　B. 14683. 49 元　　C. 8677.69 元　　D. 4545.45 元

【答案】A

【解析】本题考核的是现值的计算。企业在年初支付报酬的现值为：

$$S_1=50000+\frac{50000}{(1+10\%)^2}+\frac{50000}{(1+10\%)^2}\approx136776.86\ (元)$$

企业在年末支付报酬的现值为：

$$S_2=\frac{50000}{1+10\%}+\frac{50000}{(1+10\%)^2}+\frac{50000}{(1+10\%)^3}\approx124342.60\ (元)$$

所以，由于支付报酬时点的不同，三年收入的现值差为：

136776.86－124342.60＝12434.26（元）。

5. 某投资者投资一项目，该项目五年后，将一次性获得 1 万元收入，假定投资者希望的年利率为 5%，那么按单利计算，投资的现值为(　　)元。

A. 12500　　B. 8000

C. 10000　　D. 7500

【答案】B

【解析】本题考核的是单利计算。本题中，按单利计算，投资的现值 $PV=FV/(1+r\times t)=10000/(1+5\%\times5)=8000$(元)。

二、组合型选择题（以下备选项中只有一项最符合题目要求）

某人将 1000 元存入银行，若利率为 7%，下列结论正确的有(　　)。

Ⅰ. 若按单利计息，3 年后利息总额为 210 元

Ⅱ. 若按复利计息，3 年后利息总额为 1225.04 元

Ⅲ. 若按单利计息，5 年后其账户的余额为 1350 元

Ⅳ. 若按复利计息，5 年后其账户的余额为 1412.22 元

A. Ⅰ、Ⅲ　　B. Ⅱ、Ⅳ

C. Ⅰ、Ⅱ、Ⅲ、Ⅳ　　D. Ⅰ、Ⅱ、Ⅲ

【答案】A

【解析】本题考核的是单利计算。在Ⅰ项中，按单利计算时，3 年后利息总额为 $1000\times7\%\times3=210$（元），故Ⅰ项正确。在Ⅱ项中，按复利计息，3 年后利息总额为 $1000\times\times1.07^3-1000=225.04$(元)，故Ⅱ项错误。在Ⅲ项中，按单利

计息，5 年后账户总额为＝1000×(1＋7％×5)＝1350(元)，故Ⅲ项正确。在Ⅳ项中，按复利计息，5 年后账户总额为 $1000\times1.07^5=1402.55$（元），故Ⅳ项错误。正确结论是Ⅰ项、Ⅲ项。

【典型习题】

一、单项选择题（以下备选项中只有一项符合题目要求）

1. 某人拟存入银行一笔资金以备 3 年后使用，3 年后其所需资金总额为 11500 元，假定银行 3 年期存款利率为 5％，在单利计息的情况下，当前需存入银行的资金为(　　)元。

A. 9934.1　　B. 10000

C. 10500　　D. 10952.4

2. 投资者用 100 万元进行为期 5 年的投资，年利率为 5％，一年计息一次，按单利计算则 5 年年末投资者可得到的本息和为(　　)万元。

A. 110　　B. 120

C. 125　　D. 135

3. 某投资银行存入银行 1000 元，一年期利率是 4％，每半年结算一次利息，按复利计算，则这笔存款一年后税前所得利息是(　　)元。

A. 40.2　　B. 40.4

C. 80.3　　D. 81.6

4. 若本金为 P，年利率为 r，每年的计息次数为 m，则 n 年末该投资的终值计算公式为(　　)。

A. $FV_n=P\ (1+r)^n$　　B. $FV_n=P\left(1+\frac{r}{n}\right)^{nm}$

C. $FV_n=P\left(1+\frac{r}{m}\right)^{nm}$　　D. $FV_n=P\left(1+\frac{r}{m}\right)^{n}$

5. 单利计息是指在计算利息额时，不论期限长短，仅按原本金和(　　)计算利息。

A. 市场利率　　B. 浮动利率

C. 规定利率　　D. 中央银行利率

二、组合型选择题（以下备选项中只有一项最符合题目要求）

1. 风险溢价的主要影响因素有(　　)。

Ⅰ. 信用风险因素　　Ⅱ. 期限结构因素

Ⅲ. 流动性因素　　Ⅳ. 到期日因素

A. Ⅰ、Ⅱ、Ⅲ　　B. Ⅰ、Ⅱ、Ⅳ

C. Ⅱ、Ⅲ、Ⅳ　　D. Ⅰ、Ⅲ、Ⅳ

2. 根据投资体对风险的偏好将其分为(　　)。

Ⅰ. 风险回避者　　Ⅱ. 风险追求者

Ⅲ. 风险中立者　　Ⅳ. 风险转移者

A. Ⅰ、Ⅱ、Ⅲ　　B. Ⅰ、Ⅱ、Ⅳ

C. Ⅱ、Ⅲ、Ⅳ　　D. Ⅰ、Ⅲ、Ⅳ

【参考答案】

一、单项选择题

1. B　2. C　3. B　4. C　5. C

二、组合型选择题

1. D　2. A

第二节　资本资产定价理论

【考点归纳】

- 熟悉资本资产定价模型的假设条件。
- 熟悉资本市场线和证券市场线的定义和图形。
- 了解证券系数 β 的含义和应用。
- 熟悉资本资产定价模型的含义及应用。
- 掌握因素模型的含义及应用

【考点解读】

考点一　资本资产定价模型的假设条件

资本资产定价模型的假设条件有：

（1）投资者都依据的是期望收益率评价证券组合收益水平，依据方差或标准差评价证券组合风险水平，并且都是按照投资者共同偏好规则进行选择最优证券组合；

（2）投资者对证券的收益、风险、证券间关联性具有完全相同的预期；

（3）资本市场无摩擦，说的就是信息在市场中自由的流动，任何证券的交易单位均是无限可分的，市场只有一个无风险借贷利率，在借贷和卖空上没有限制。

上述假设中，对投资者的规范的假设：第（1）项、第（2）项。对现实市场简化的假设：第（3）项。

考点二　资本市场线和证券市场线的定义和图形

资本资产定价模型（CAPM）完整表达了两个部分，即资本市场线（CML）

和证券市场市场线（SML）。

1. 资本市场线

资本市场线是指表明有效组合的期望收益率和标准差之间的一种简单的线性关系的一条射线，即反映了有效资产组合的预期收益与总风险的关系。由于任何单个风险证券都不是有效投资组合，从而一定位于资本市场线的下方。

资本市场线是沿着投资组合的有效边界，由风险资产和无风险资产构成的投资组合。资本市场线是以预期收益和标准差为坐标轴的平面上，表示风险资产的最优组合与一种无风险资产再组合的组合线。资本市场线上的每一点都对应着某种由无风险资产和全市场组合 M 构成的新组合。资本市场线是在满足资本资产定价模型的假设条件下，所有投资者投资组合的有效界面。任何不利用全市场组合、或者不进行无风险借贷的其他投资组合都位于资本市场线的下方。资本市场线如图 3－1 所示。

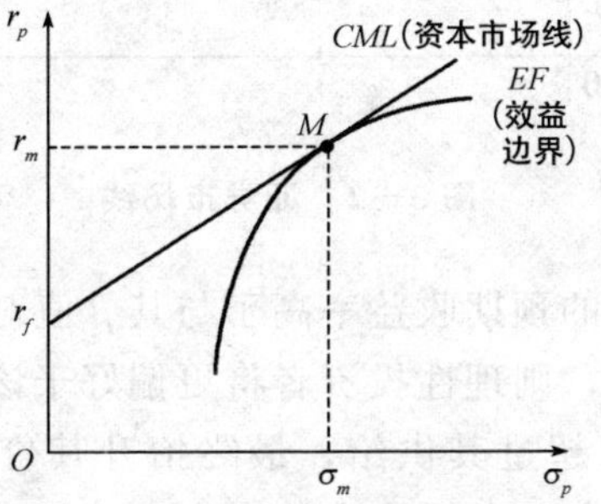

图 3－1　资本市场线（CML）

资本市场线揭示了有效组合的收益和风险之间的均衡关系，可以用资本市场线的方程来描述：

$$E(r_p) = r_F + \left[\frac{E(r_M) - r_F}{\sigma_M}\right]\sigma_p$$

式中：其中，$E(r_P)$ 为有效组合 P 的期望收益率；σ_P 为有效组合 P 的标准差；$E(r_M)$ 为市场组合 M 的期望收益率；σ_M 为市场组合 M 的标准差；r 为无风险证券收益率。$E(r_M) - r_f$ 为市场组合的风险报酬，以补偿其承担的风险；$\frac{E(r_M) - r_F}{\sigma_M}$ 是对单位风险的补偿，即单位风险的报酬，所以也称之为风险的价格。

由于 $E(r_p)$ 和 σ_P 正相关，因此，要谋求更高的投资收益，只能通过承担更大的风险来实现。由上式，可得风险溢价的决定公式：

$$E(r_p) - r_F = \left[\frac{E(r_M) - r_F}{\sigma_M}\right]\sigma_p$$

2. 证券市场线

证券市场线反映了单个证券与市场组合的协方差和其预期收益率之间的均衡关系，即任意单一资产或者资产组合的预期收益与系统风险之间的关系。在市场均衡状态下，单个证券或组合的收益 $E(r)$ 和风险系数 β 之间呈线性关系，为反映这种线性关系的在 $E(r)$ 为纵坐标、β 为横坐标的平面坐标系中的一条直线，就是证券市场线，如图 3－2 所示。

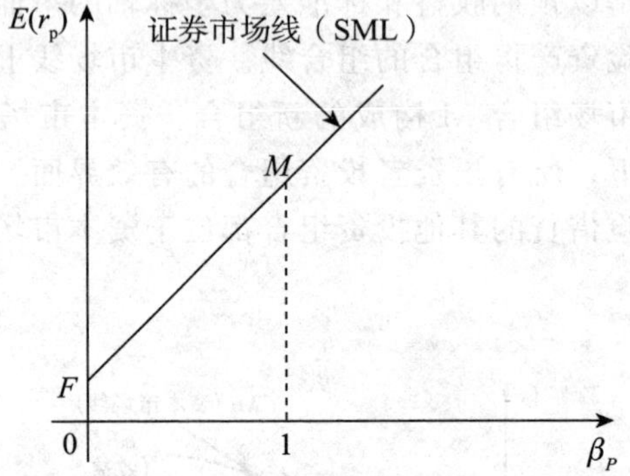

图 3－2　证券市场线

若某资产或资产组合的预期收益率高于与其 β 值对应的预期收益率，也就是说位于证券市场线的上方，则理性投资者将更偏好于该资产或资产组合，市场对该资产或资产组合的需求超过其供给，最终抬升其价格，导致其预期收益率降低，使其向证券市场线回归。若某资产或资产组合位于证券市场线的下方，则理性投资者将不愿意投资该资产或资产组合，导致市场对它供过于求，价格下降，预期收益率上升，最终该资产或资产组合也会向证券市场线回归。证券市场线方程式可表示为：$E(r_p)=r_F+[E(r_M)-r_F]\beta_P$，$E(r_p)=r_F+\beta_P E(r_M)-r_F\beta_P$，$r_P=\alpha_P+\beta_P r_M+\varepsilon_P$。

证券市场线的经济意义：证券市场线方程式对任意证券或组合的期望收益率和风险之间的关系提供了十分完整的阐述。任一证券或组合的期望收益率由无风险利率 r_F、风险溢价$[E(r_p)-r_F]\beta_P$ 构成。其中，无风险利率 r_F 指的是对放弃即期消费的补偿；风险溢价$[E(r_p)-r_F]\beta_P$ 指的是对承担风险的补偿（这里说的是风险价格），它与承担风险溢价 β_P 大小成正比。

考点三　证券系数β的含义和应用

1. 证券系数β的含义

β 系数也称为贝塔系数，是一种风险指数，用来衡量个别股票或股票基金相对于整个股市的价格波动情况。β 系数是一种评估证券系统性风险的工具，用以度量一种证券或一个投资证券组合相对总体市场的波动性，在股票、基金等投资术语中常见。

单个证券对整个市场组合风险的影响可用β系数来表示，在数值上等于资产i与包括资产i在内的市场组合m的协方差同市场组合m的方差之比：$\beta_i=\frac{\sigma_{i,m}}{\sigma_m^2}$。其中，$\beta_i$为第$i$种资产的市场风险溢价系数。

$|\beta|>1$，表明证券的波动幅度>市场组合，其被称为“激进型”的。$|\beta|=1$，表明证券的波动幅度与市场组合相当，其被称为具有“平均风险”。$|\beta|<1$，表明证券的波动幅度<市场组合，其被称为“防卫型”的。

（1）该风险指数是对证券或证券组合对市场组合方差的贡献率的反映。一般说来，在市场中每一证券（或组合）协方差加权平均值是市场组合方差，单一证券（或组合）的投资比例是加权值，那么β_P就可以可以作为单一证券（组合）的风险进行测定。

（2）该风险指数是对证券或组合的收益水平对市场平均收益水平变化的敏感性的反映。证券或组合收益与市场指数收益的关系式呈线性相关的，当β系数表示直线斜率时，反映的是证券或组合收益水平对市场平均收益水平变化的敏感性。当β系数值的绝对值越大，说明证券或组合对市场指数的敏感性越强。

（3）该风险指数是衡量证券承担系统风险水平的指数，即该风险指数可以用来衡量证券承担系统风险的大小。β系数的值在0～1之间。β值越大，证券的系统风险越大；当证券与市场负相关时，β系数为负数。

2. 证券系数β的应用（表3—6）

表3—6　　证券系数β应用

方　面	应　用
证券的选择	在证券的选择环节，一个重要环节就是证券估值。一般来说，当市场正处在牛市的时候，在估值优势相差不大的时候，投资者在选择股票时，通常会选择β系数较大的股票，以此期望获得较高的收益；反之，当市场正处于熊市的时候，投资者会在选择股票时，通常会选择β系数较小的股票，以免减少股票下跌的损失
风险控制	因为证券或组合系统风险的量度是β系数，故风险控制部门或投资者一般都会利用β系数对证券投资作风险控制，控制β系数过高的证券投资比例。除此之外，针对衍生证券的对冲交易，一般会利用β系数控制对冲的衍生证券头寸
投资组合绩效评价	评价组合业绩一般是对风险调整后的收益进行考量，这就是说既要考虑组合收益的高低，也要考虑组合所承担风险的大小

考点四　资本资产定价模型的含义及应用（表 3－7）

表 3－7　　**资本资产定价模型的含义及应用**

项目		内容
含义		资本资产定价模型（简称 CAPM）是关于在均衡条件下风险与预期收益率之间关系，即资产定价的一般均衡理论。所谓“均衡”是指所有价格调整过程都不会继续进行的一种状态。资本市场达到均衡时有如下特性：证券的价格使得对每种证券的需求量与供给量相等；无风险利率会调整到使市场对资金的借贷量相等；市场组合，即切点投资组合，是由市场上所有证券组成的组合。在这个证券组合中，投资于每一证券上的比例等于其市值占整个市场价值的比例。 CAPM 是研究证券市场中资产的预期收益率与风险资产之间的关系，以及均衡价格是如何形成的，是现代金融市场价格理论的支柱，广泛应用于投资决策和公司理财领域。 CAPM 假设所有投资者都按马克维茨的资产选择理论进行投资，对期望收益、方差和协方差等的估计完全相同，投资人可以自由借贷。基于这样的假设，资本资产定价模型研究的重点在于探求风险资产收益与风险的数量关系，即为了补偿某一特定程度的风险，投资者应该获得多少的报酬率
计算方法		当资本市场达到均衡时，风险的边际价格是不变的，任何改变市场组合的投资所带来的边际效果是相同的，即增加一个单位的风险所得到的补偿是相同的。按照 β 的定义，代入均衡的资本市场条件下，得到资本资产定价模型：$E(r_i)=r_j+\beta_{im}(E(r_m)-r_f)$，即预期回报率＝无风险利率＋$\beta$×市场风险溢价。其中，$E(r_i)$ 是资产 i 的预期回报率；r_f 是无风险利率；β_{im} 是 β 系数，即资产 i 的系统性风险；$E(r_m)$ 是市场 m 的预期市场回报率 $E(r_m)-r_f$ 是市场风险溢价，即预期市场回报率与无风险回报率之差。 CAPM 的说明如下：（1）单个证券的期望收益率由两个部分组成，无风险利率以及对所承担风险的补偿—风险溢价。（2）风险溢价的大小取决于 β 值的大小。β 值越高，表明单个证券的风险越高，所得到的补偿也就越高。（3）β 度量的是单个证券的系统风险，非系统性风险没有风险补偿。系统风险指市场中无法通过分散投资来消除的风险，也被称做为市场风险。比如说：利率、经济衰退、战争，这些都属于不可通过分散投资来消除的风险。非系统风险也被称做为特殊风险，这是属于个别股票的自有风险，投资者可以通过变更股票投资组合来消除的
应用	概述	CAPM 主要运用于资产估值、资金成本预算以及资源配置等方面
	资产估值	应用于资产估值的时候，该模型是进行用来判断证券是否被市场错误定价。 根据该模型，每一证券期望收益率应等于无风险利率加上该证券由 β 系数测定的风险溢价：$E(r_i)=r_F+[E(r_M)-r_F]\beta_i$。 我们可以在进行市场组合期望收益率的估计和该证券风险 β 的估计时，能够计算市场均衡状态下证券 i 的期望收益率 $E(r_i)$；还有就是市场对证券在未来所产生的收入流（股息加期末价格）有一个预期值，这个预期值与证券 i 的期初市场价格及其预期收益率 $E(r_i)$ 之间有如下关系：$E(r_i)=$

续表

项　目		内　　容
应用	资产估值	$\frac{E\text{（股息＋期末价格）}}{\text{期初价格}}-1$。于是可以推导出均衡的期初价格：均衡的期初价格$=\frac{E\text{（股息＋期末价格）}}{1+E(r_i)}$。我们将现行实际价格和均衡期初价格比较，如果说两者不等，那么就说明市场价格被误定了。被误定的价格应该回归到其理论价位，这样我们就可以据此获得超额收益。一般来说就是，当实际价格低于均衡价格的时候，就说明该证券是廉价证券，我们应该购买该证券；相反的话，那就就应卖出该证券，而把资金转向廉价证券。 当均衡的期初价格$=\frac{E\text{（股息＋期末价格）}}{1+E(r_i)}$这个公式中的期末价格视作未来现金流的贴现值时，那么该可以被用来判断证券市场价格是否被误定
	资产配置	应用于资产配置的时候，该模型可根据对市场走势的预测来选择具有不同β系数的证券或组合以获得较高收益或规避市场风险。 证券市场线说明β系数反映了证券或组合对市场变化的敏感性，所以当有很大把握牛市到来得时候，应当选择β系数高的证券或组合（β系数高的证券将会成倍的放大市场收益率，带来较高收益）。相反，当熊市到来的时候，应选择β系数低的证券或组合，以减少因市场下跌而造成的损失
CAPM的有效性		CAPM表明，β系数（作为衡量系统风险的指标）与收益水平呈正相关的，意思就是风险越大，收益越高。由于CAPM是建立在对现实市场简化的基础上，因此在现实市场中的β系数与收益是否呈正相关的关系，是否还有更合理的度量工具用以解释不同证券的收益差别，这就是资本资产定价模型的有效性问题
模型之性质		（1）任何风险性资产的预期报酬率＝无风险利率＋资产风险溢酬。 （2）资产风险溢酬＝风险的价格×风险的数量。 （3）风险的数量＝β（SML的斜率）。 （4）风险的价格＝$E(r_m)-r_f$。 （5）证券市场线（SML）的斜率等于市场风险贴现，当投资人的风险规避程度愈高，则SML的斜率愈大，证券的风险溢酬就愈大，证券的要求报酬率也愈高。 （6）当证券的系统性风险（用β来衡量）相同，则两者之要求报酬率亦相同，证券之单一价格法则

考点五　因素模型的含义及应用（表3－8）

表3－8　　**因素模型的含义及应用**

项　目	内　　容
含义	因素模型是建立在证券收益率对各种因素或指数变动具有一定敏感性的假设基础之上的一种模型。证券的收益率具有相关性，这种相关性是通过对模型中的一个或多个因素的共同反应而体现出来。证券收益率中不能被因素模型所解释的部分被认为是各种证券的个性，因而与其他证券无关。“因素模型”也被称为指数模型或夏普模型

续表

项目	内容
应用	假定除了证券市场风险（系统性风险）以外，还存在 n 个影响证券收益率的非市场风险因素（非系统性风险），则在资本资产定价模型的基础上可以得出多因素模型，其公式为： $\bar{r}_i = r_f + \beta_{i,M}(\bar{r}_M - r_f) + \beta_{i,f_1}(\bar{r}_{f_1} - r_f) + \beta_{i,f_2}(\bar{r}_{f_2} - r_f) + \cdots + \beta_{i,f_n}(\bar{r}_{f_n} - r_f)$ 式中 f_1、f_2，…，f_n——从 1 到 n 个非市场风险因素； $\beta_{i,M}$——第 i 种资产的市场风险溢价系数； β_{i,f_1}，β_{i,f_2}，…，β_{i,f_n}——第 1 到 n 个非市场风险因素的溢价系数； $\bar{r}_{f_1}$，$\bar{r}_{f_2}$，…，$\bar{r}_{f_n}$——因素 1 到 n 的期望收益率

【真题回顾】

一、单项选择题（以下备选项中只有一项符合题目要求）

1. 风险控制部门或投资者对证券投资进行风险控制时，通常会控制(　　)证券的投资比例。

A. β 系数过低　　B. β 系数过高

C. α 系数过低　　D. α 系数过高

【答案】 B

【解析】 本题考核的是 β 系数的应用。单个证券对整个市场组合风险的影响可以用 β 系数来表示，它是用来衡量证券市场风险（即系统性风险）的工具，风险控制部门或投资者通常会利用 β 系数对证券投资进行风险控制，控制 β 系数过高的证券投资比例，从而控制证券投资的系统性风险的大小。另外，针对衍生证券的对冲交易，通常会利用 β 系数控制对冲的衍生证券头寸。

2. 为组合业绩提供一种"既考虑收益高低又考虑风险大小"的评估理论依据的是(　　)。

A. 可变增长模型　　B. 公司财务分析

C. 资本资产定价模型　　D. 量价关系理论

【答案】 C

【解析】 本题考核的是资本资产定价模型。资本资产定价模型反映的是单个特定证券或证券组合的风险与其期望收益率之间的关系。而评价组合业绩正是基于对风险调整后的收益进行考量（既要考虑组合收益的高低，也要考虑组合所承担风险的大小）。

二、组合型选择题（以下备选项中只有一项最符合题目要求）

1. 下列关于证券市场线的叙述正确的有(　　)。

Ⅰ. 证券市场线是用标准差作为风险衡量指标

Ⅱ. 如果某证券的价格被低估，则该证券会在证券市场线的上方

Ⅲ. 如果某证券的价格被低估，则该证券会在证券市场线的下方

Ⅳ. 证券市场线说明只有系统风险才是决定期望收益率的因素

A. Ⅰ、Ⅱ　　B. Ⅰ、Ⅲ　　C. Ⅱ、Ⅳ　　D. Ⅲ、Ⅳ

【答案】C

【解析】本题考核的是证券市场线的内容。Ⅰ项，证券市场线是用贝塔系数作为风险衡量指标，即只有系统风险才是决定期望收益率的因素；Ⅲ项，如果某证券的价格被低估，意味着该证券的期望收益率高于理论水平，则该证券会在证券市场线的上方。

2. 资本资产定价模型的假设条件包括(　　)。

Ⅰ. 任何证券的交易单位都是不可分的

Ⅱ. 投资者对证券的收益和风险及证券间的关联性具有完全相同的预期

Ⅲ. 投资者都依据组合的期望收益率和方差选择证券组合

Ⅳ. 资本市场没有摩擦

A. Ⅲ、Ⅳ　　B. Ⅱ、Ⅲ、Ⅳ

C. Ⅰ、Ⅱ、Ⅲ　　D. Ⅰ、Ⅱ

【答案】B

【解析】本题考核的是资本资产定价模型的假设条件。资本资产定价模型的假设条件为：(1) 投资者都依据的是期望收益率评价证券组合收益水平，依据方差或标准差评价证券组合风险水平，并且都是按照投资者共同偏好规则进行选择最优证券组合。因此Ⅱ项正确。(2) 投资者对证券的收益、风险、证券间关联性具有完全相同的预期。因此Ⅲ项正确。(3) 资本市场无摩擦，说的就是信息在市场中自由的流动，任何证券的交易单位均是无限可分的，市场只有一个无风险借贷利率，在借贷和卖空上没有限制。因此Ⅳ项正确。故正确选项是B选项。

【典型习题】

一、单项选择题（以下备选项中只有一项符合题目要求）

1. 根据组合投资理论，在市场均衡状态下，单个证券或组合的收益 $E(r)$ 和风险系数 β 之间呈线性关系，反映这种线性关系的在 $E(r)$ 为纵坐标、β 为横坐标的平面坐标系中的直线被称为(　　)。

A. 压力线　　B. 证券市场线

C. 支持线　　D. 资本市场线

2. 下列关于 β 系数说法正确的是(　　)。

A. β 系数的值越大，其承担的系统风险越小

B. β 系数是衡量证券系统风险水平的指数

C. β 系数的值在 0～1 之间

D. β系数是证券总风险大小的度量

3. 市场组合方差是市场中每一证券（或组合）协方差的(　　)。

A. 加权平均值　　B. 调和平均值

C. 算术平均值　　D. 几何平均值

4. 用以度量一种证券或一个投资证券组合相对总体市场的波动性的是(　　)。

A. 资本市场线　　B. 证券市场线

C. β系数　　D. 资本资产定价

5. 根据资本资产定价模型，每一证券的期望收益率应等于无风险利率加上该证券由β系数测定的(　　)。

A. 期末价格　　B. 期初价格

C. 预期收益　　D. 风险溢价

二、组合型选择题（*以下备选项中只有一项最符合题目要求*）

1. 在资本资产定价模型中，资本市场没有摩擦的假设是指(　　)。

Ⅰ. 信息在市场中自由流动

Ⅱ. 任何证券的交易单位都是可无限细分

Ⅲ. 市场只有一个无风险借贷利率

Ⅳ. 不限制借贷和卖空

A. Ⅱ、Ⅲ　　B. Ⅰ、Ⅱ、Ⅳ

C. Ⅰ、Ⅲ、Ⅳ　　D. Ⅰ、Ⅱ、Ⅲ、Ⅳ

2. β系数的应用主要有以下(　　)等方面。

Ⅰ. 证券的选择　　Ⅱ. 风险控制

Ⅲ. 确定债券的久期和凸性　　Ⅳ. 投资组合绩效评价

A. Ⅰ、Ⅱ、Ⅲ　　B. Ⅰ、Ⅱ、Ⅳ

C. Ⅰ、Ⅲ、Ⅳ　　D. Ⅰ、Ⅱ、m、Ⅳ

3. 关于β系数的含义，下列说法中正确的有(　　)。

Ⅰ. β系数绝对值越大，表明证券或组合对市场指数的敏感性越弱

Ⅱ. β系数为曲线斜率，证券或组合的收益与市场指数收益呈曲线相关

Ⅲ. β系数为直线斜率，证券或组合的收益与市场指数收益呈线性相关

Ⅳ. β系数绝对值越大，表明证券或组合对市场指数的敏感性越强

A. Ⅰ、Ⅱ　　B. Ⅰ、Ⅲ

C. Ⅱ、Ⅳ　　D. Ⅲ、Ⅳ

4. 根据资本资产定价模型在资源配置方面的应用，以下说法正确的有(　　)。

Ⅰ. 牛市到来时，应选择那些低β系数的证券或组合

Ⅱ. 牛市到来时，应选择那些高β系数的证券或组合

Ⅲ. 熊市到来之际，应选择那些低 β 系数的证券或组合

Ⅳ. 熊市到来之际，应选择那些高 β 系数的证券或组合

A. Ⅰ、Ⅲ　　B. Ⅰ、Ⅳ

C. Ⅱ、Ⅲ　　D. Ⅱ、Ⅳ

5. 贝塔系数的经济学含义包括(　　)。

Ⅰ. 贝塔系数为 1 的证券组合，其均衡收益率水平与市场组合相同

Ⅱ. 贝塔系数反映了证券价格被误定的程度

Ⅲ. 贝塔系数是衡量系统风险的指标

Ⅳ. 贝塔系数反映证券收益率对市场收益率组合变动的敏感性

A. Ⅰ、Ⅱ　　B. Ⅰ、Ⅲ

C. Ⅰ、Ⅲ、Ⅳ　　D. Ⅱ、Ⅲ、Ⅳ

【参考答案】

一、单项选择题

1. B　2. B　3. A　4. C　5. D

二、组合型选择题

1. D　2. B　3. D　4. C　5. C

第三节　有效市场和行为资产

【考点归纳】

- 熟悉市场有效性和信息类型。
- 熟悉有效市场假说的含义、特征、应用和缺陷。
- 熟悉预期效用理论。
- 熟悉判断与决策中的认知偏差。
- 熟悉金融市场中的行为偏差的原理。
- 了解行为资产定价理论。
- 了解行为资产组合理论

【考点解读】

考点一　市场有效性和信息类型

1. 市场有效性

一个信息有效的市场，投资工具的价格应当能够反映所有可获得的信息，包

括基本面信息、价格与风险信息等。在股票市场，一个前景良好的公司应当有较高的股价，因为股价反映了未来分配给股东的利润。反之，一个前景不好的公司应当有较低的股价。如果市场有效，那么对股票的研究就没有多大意义，因为市场价格已经反映了所有信息。如果市场不完全有效，那么股价相对于公司的前景有可能被高估或者低估，投资管理人如能发现定价的偏离，就有可能从中获得超额收益。其他市场，如债券、衍生品也是如此。

2. 信息类型

美国芝加哥大学金融学教授尤金·法玛 1970 年决定为市场有效性建立一套标准。法玛根据时间维度，把信息划分为历史信息、公开可得信息以及内部信息。市场信息的分类见表 3－9。在此基础上，法玛界定了三种形式的有效市场：弱式有效市场、半强式有效市场、强式有效市场，其相关内容见表 3－10。三种形式的有效市场层次关系见图 3－3。市场反映内部信息达到强有效状态主要依赖两条假设：(1) 是信息泄露并迅速传播，从而导致未公开的信息已经“公开化”；(2) 是理性人的理性学习行为，即理性人总是能够从利用内部信息进行交易的知情者手中“学习”到该消息，并迅速采取行动，从而使得知情者无法进一步获利。

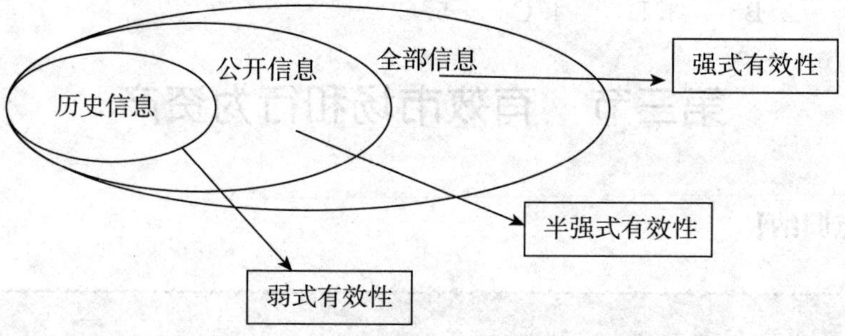

图 3－3　三种形式的有效市场层次关系

表 3－9　市场信息的分类

分　类	内　容
历史信息	指证券价格、交易量等与证券交易有关的历史信息，包括历史股价、成交量等
公开可得信息	指公司的财务报表、附表、补充信息等公司公布的信息，以及政府和有关机构公布的影响股价的信息，即一切可公开获得的有关公司财务及其发展前景等方面的信息
内部信息	指没有发布（未公开）的只有公司内幕人才能知悉的私人信息。这里所谓的“内幕者”一般定义为董事会成员、大股东、企业高层经理和有能力接触内部信息的人士

表 3－10　　三种形式的有效市场

形　　式	内　　容
弱式有效市场	弱式效率是证券市场效率的最低程度。弱式有效市场假说认为在弱式有效的情况下，市场价格已充分反映出所有过去历史的证券价格信息，包括股票的成交价、成交量等。 在一个弱式有效的证券市场上，任何为了预测未来证券价格走势而对以往价格、交易量等历史信息所进行的技术分析（移动平均线和 K 线图等手段）都是徒劳、无效的。在弱式有效市场中，投资者可以利用当期公开信息和内幕信息获得超额收益
半强式有效市场	半强式效率是证券市场效率的中等程度。半强式有效市场中，当前的证券价格不仅反映了历史价格包含的所有信息，而且反映了所有有关证券的能公开获得的信息。在这里，公开信息包括公司的财务报告、公司公告、有关公司红利政策的信息和经济形势等。假如投资者能迅速获得这些信息，股价应迅速作出反应。 如果市场是半强式有效的，那么仅仅以公开资料为基础的分析将不能提供任何帮助，因此针对当前已公开的资料信息，目前的价格是合适的，未来的价格变化依赖于新的公开信息。在这样的市场中，只有那些利用内幕信息者才能获得非正常的超额回报，这意味着基本面分析方法无效
强式有效市场	强式效率是证券市场效率的最高程度。强有效市场是指与证券有关的所有信息，包括公开发布的信息和未公开发布的内部信息，都已经充分、及时地反映到了证券价格之中。在强式有效市场中，由于所有信息均反应在证券价格上，投资者不可能获得超额收益。 强式有效市场表示信息处理能力最强的证券市场。在该市场上，有关证券产品的任何信息一经产生，就得以及时公开，一经公开就能得到及时处理，一经处理，就能在市场上得到反馈。对于强式有效证券市场来说，不存在因证券发行者和投资者的非理性所产生的供求失衡而导致的证券产品价格波动，证券的价格反映了所有即时信息。这是一种理想的经济状态，市场非常完善，证券价值和价格总是相等，随着新信息的出现而共同随机波动

考点二　有效市场假说的含义、特征、应用和缺陷（表 3－11）

表 3－11　　有效市场假说的含义、特征、应用和缺陷

项　　目	内　　容
含义	在信息有效的市场上，证券的价格应当能够反映该证券所有可获得的信息，包括基本面信息、风险信息等。证券在任一时点的价格都是对与证券相关的所有信息做出的即时、充分的反映称为有效市场假说
特征	将资本市场划分为弱式有效市场、半强式有效市场和强式有效市场三种形式。 证券的价格能充分反映该证券的所有可获得的信息，即“信息有效”。 证券的价格能够根据最新信息迅速做出调整

续表

项目		内容
应用	在高度有效的市场中	在高度有效的市场中，证券的价格应该与其预期价值一致，不存在偏离的情形；但是如果出现价格与价值偏离的情况，理性的投资者会立即掌握这一信息，迅速买进或卖出，使价格与价值趋于一致。 因此，在高度有效的市场中，所有投资者都不可能获得超额收益。此时正确的投资策略是：与市场同步，取得和市场一致的投资收益。具体做法是：按照市场综合价格指数组织投资
	在弱有效市场中	如果市场是弱有效的，即存在信息高度不对称，那么提前掌握大量消息或内部消息的投资者就可以比其他投资者更准确地识别证券的价值，并在价格与价值有较大偏离的情况下，通过买进或卖出的交易行为，获取超额收益。 此时正确的策略或做法是：设法得到第一手的有效信息，确定价格被高估或者低估的证券，并作卖出或者买进的处理
缺陷	理性人假设缺陷	经济行为人为完全意义上的理性人是有效市场假说的一个重要假设。但限于先天的心智结构、后天的知识储备等，理性是不完备的，是有限的，人们往往不能够做出实现效用最大化的理性行为
	完全信息假设缺陷	所有投资者都可以获得与证券相关的所有信息是有效市场的另一个重要假设。在实践中，大部分投资者并不能获得包括内部信息在内的所有信息，所以他们并不能做出理性自利的行为
	投资者均为风险厌恶者假设缺陷	现实中，并非所有的投资者都是保守型的，也有部分投资者是激进型的，他们偏好风险

考点三　预期效用理论（表3—12）

表3—12　预期效用理论

项目	内容
定义	预期效用理论亦称期望效用函数理论，是20世纪50年代冯·纽曼和摩根斯坦在公理化假设的基础上，运用逻辑和数学工具，建立了不确定条件下对理性人选择进行分析的框架
期望效用函数	如果某个随机变量 X 以概率 P_i 取值 x_i（$i=1, 2, \cdots, n$），而某人在确定地得到 x_i 时的效用为 $u(x_i)$，那么，该随机变量给他的效用便是： $U(X)=E[u(X)]=P_1u(x_1)+P_2u(x_2)+...+P_nu(x_n)$ 其中，$E[u(X)]$ 表示关于随机变量 X 的期望效用
预期效用理论的缺陷	（1）预期效用理论描述了“理性人”在风险条件下的决策行为。但实际上投资者并不是理性的，决策和行为还受到心理因素和复杂的外部条件的影响。 （2）在实验经济学的发展过程中，预期效益理论在一系列选择实验中收到悖论的挑战

考点四　判断与决策中的认知偏差（表 3－13）

表 3－13　判断与决策中的认知偏差

项　目	内　容
概念	所谓认知偏差是指人们根据一定表现的现象或虚假的信息而对他人作出判断，从而出现判断失误或判断本身与判断对象的真实情况不相符合
投资者在判断与决策中出现认知偏差的原因	(1) 人性存在包括自私、趋利避害等弱点。 (2) 投资者的认知中存在诸如有限的短时记忆容量，不能全面了解信息等生理能力方面的限制。 (3) 投资者的认知中存在信息获取、加工、输出、反馈等阶段的行为、心理偏差的影响

考点五　金融市场中的行为偏差的原理（表 3－14）

表 3－14　金融市场中的行为偏差的原理

行为偏差原理	具体内容
处置效应	所谓处置效应，是指投资人在处置股票时，倾向卖出赚钱的股票、继续持有赔钱的股票，也就是所谓的“出赢保亏”效应。 投资者盈利时，面对确定的收益和不确定的未来走势时，为了避免价格下跌而带来的后悔，倾向于风险回避而做出获利了结的行为。当投资者出现亏损时，面对确定的损失和不确定的未来走势，为避免立即兑现亏损而带来的后悔，倾向于风险寻求而继续持有股票
过度交易	无论是成熟的证券市场还是新兴的证券市场，股票交易的年换手率都相当高。也就是说，投资者在证券交易过程中，出现了过度交易。 过度交易的表现：男性通常比女性在投资活动中更趋向于“过度交易”；网络交易者比现场交易者的交易更频繁；与西方国家的文化相比，亚洲的文化使投资者更容易产生过度自信当市场比较低迷的时候投资者过度交易的程度要比市场繁荣时低。频繁交易对投资收益不利：交易成本高、买（卖）错股票。 过度自信动过度交的解释：(1) 在投资者的心理偏差中，过度自信往往产生过度交易。理性投资者交易的基本原则是卖出预期表现较差的股票买进预期收益较好的股票，如果投资者对自己的信息处理能力和决策能力过度自信，就会进行一些非理性交易。(2) 过度自信投资者缩小了自己对股价的概率分布范围，因此他们会错误地认为明天价格的分布达到了交易发生所需的条件。于是他们就在信息不足的情况下做出了交易决策。当然，过度自信投资者犯错的概率也随之增加
注意力驱动交易	人类在不确定性决策中，存在有限注意力偏差，人难以同时处理多项信息，有限注意力使得人对一事物的注意必然牺牲以另一事物的注意为代价。 在“信息泛滥”的条件下，人倾向于关注显著刺激而忽视模糊刺激。有限注意力会影响投资者对信息的反应，进而影响股票价格。如有限注意的投资者会把更多的注意力放在处理宏观经济面和行业水平面的信息上，而忽视对特定公司的信息的注意

续表

行为偏差原理	具体内容
羊群效应	“羊群效应”是证券市场的一种异象，它是指投资者在信息环境不确定的情况下，行为受到其他投资者的影响，模仿他人决策，或者过度依赖于舆论，而不考虑自己的信息的行为。这种行为会使价格剧烈波动，甚至产生价格泡沫或导致市场崩盘。 产生原因：（1）投资者信息不对称、不完全。模仿他人的行为以节约自己搜寻信息的成本。（2）推卸责任的需要。后悔厌恶心理使投资者选择与其他人相同的策略，或听从一些投资经理和股评人士的建议。（3）减少恐惧的需要。人类属于群体动物，偏离大多数人往往会产生一种孤单和恐惧感。（4）缺乏知识经验以及某些个性方面的特征。如知识水平、智力水平、接受信息的能力、思维的灵活性、自信心等都是产生羊群行为的影响因素。一般高焦虑的人从众性比较强；女性比男性更具有从众心理与行为
本土偏差	投资者倾向投资于本国、距离自己较近或自己任职的公司股票，因为这样好像是比较熟悉、易于获得信息、易于控制，实际上并非如此。本土偏差主要由熟悉性偏好、模糊偏差造成。 本土偏差的表现：投资于国内股票；投资于距离近的公司；投资于自己就职的公司
恶性增资	决策者往往出于对沉没成本的眷顾，倾向于继续投入资源，提升原方案的承诺，而随着投入资源的增加，决策者又表现出越来越强的“自我坚持”，从而导致更深的陷入。恶性增资行为主要由过度自信、损失厌恶、后悔厌恶、证实偏差造成

考点六　行为资产定价理论（表 3—15）

表 3—15　行为资产定价理论

项　目	内　容
概念	行为资产定价模型（BAPM）是谢弗林和斯塔曼在 1994 年挑战资本资产定价模型的基础上提出来的。BAPM 是对现代资本资产定价模型（CAPM）的扩展
BAPM 模型和 CAPM 模型的不同之处	（1）在 BAPM 模型中，投资者被划分为信息交易者和噪声交易者两类。 信息交易者是“理性投资者”，他们通常支持现代 CAPM 模型，在避免出现认识性错误的同时具有均值方差偏好。 噪声交易者通常跳出 CAPM 模型，不仅易犯认识性错误，而且没有严格的均值方差偏好。 当信息交易者占据交易的主体地位时，市场是有效率的；而当噪声交易者占据交易的主体地位时，市场是无效率的。 （2）在 BAPM 模型中，证券的预期收益是由其“行为贝塔”决定的，行为资产组合（行为贝塔组合）中成长型股票的比例要比市场组合中的高。因此，在 BAPM 中，虽然均值方差有效组合会随时间而改变，但是资本市场组合的

续表

项　目	内　容
BAPM模型和CAPM模型的不同之处	问题仍然存在。 (3) CAPM模型只包括了人们的功利主义考虑，而BAPM把功利主义考虑和价值表达考虑都包括了进来。功利主义考虑（如产品成本，替代品价格）和价值表达考虑（如个人品位，特殊偏好）是由供求决定的。 (4) BAPM在噪声交易者存在的条件下，对市场组合回报的分布、风险溢价、期限结构、期权定价等问题进行了全面研究。BAPM模型既有限度地接受了市场有效性观点，也秉承了行为金融学所奉行的有限理性、有限控制力和有限自利观点

考点七　行为资产组合理论

行为资产组合理论是在现代资产组合理论的基础上发展起来的，行为资产组合理论是斯塔曼和谢弗林借鉴马可维茨的现代资产组合理论于2000年首创性地提出的，它针对均值－方差方法以及以其为基础的投资决策行为分析理论的缺陷，从投资人的最优投资决策实际上是不确定条件下的心理选择的事实出发，确立了以 $E(w)$ 和 $\text{Prob}(\omega \leqslant s) \leqslant \alpha$（其中 $E(w)$ 为预期财富，α 为某一预先确定的概率）来进行组合与投资选择的方法根基，以此来研究投资者的最优投资决策行为。

行为组合理论包括单一心理账户和多个心理账户，其中单一心理账户投资者关心投资组合中各资产的相关系数，所以他们会将投资组合整个放在一个心理账户中，而多个心理账户投资者会将投资组合分成不同的账户，忽视各个账户之间的相关关系。与现代资产组合理论认为投资者最优的投资组合应该在均值方差的有效前沿上不同的是，行为组合理论实际构建的资产组合是基于对不同资产的风险程度的认识以及投资目的所形成的一种金字塔式的资产组合。金字塔的每一层都对应着投资者特定的投资目的和风险特征。投资者通过综合考察现有财富、投资的安全性、期望财富水平、达到期望水平的概率等几个因素来选择符合个人愿望的最优投资组合。

【真题回顾】

一、单项选择题（以下备选项中只有一项符合题目要求）

如果当前的证券价格反映了历史价格信息和所有公开的价格信息，则该市场属于(　　)。

A. 弱式有效市场　　B. 半弱式有效市场

C. 强式有效市场　　D. 半强式有效市场

【答案】 D

【解析】 本题考核的是有效市场假说的内容。半强式有效市场假说是指当前的证券价格不仅反映了历史价格包含的所有信息，而且反映了所有有关证券的能公开获得的信息。

二、组合型选择题（以下备选项中只有一项最符合题目要求）

1. 根据资产定价理论中的有效市场假说，有效市场的类型包括（　　）。

Ⅰ. 弱式有效市场　　Ⅱ. 半弱式有效市场

Ⅲ. 半强式有效市场　　Ⅳ. 强式有效市场

A. Ⅰ、Ⅱ　　B. Ⅰ、Ⅳ

C. Ⅰ、Ⅲ、Ⅳ　　D. Ⅰ、Ⅱ、Ⅲ、Ⅳ

【答案】 C

【解析】 本题考核的是有效市场的类型。有效市场假说奠定了对资产价值的认知基础，该假说认为，相关的信息如果不受扭曲且在证券价格中得到充分反映，市场就是有效的。有效市场的类型包括：(1) 弱式有效市场；(2) 半强式有效市场；(3) 强式有效市场。

2. 在强势有效市场中，下列描述正确的是（　　）。

Ⅰ. 任何人都不可能通过对公开或内幕信息的分析获取额外收益

Ⅱ. 证券价格总是能及时充分地反映所有相关信息

Ⅲ. 每一位投资者都掌握了有关证券产品的所有公开可得信息

Ⅳ. 基本面分析是无效的

A. Ⅰ、Ⅱ、Ⅳ　　B. Ⅰ、Ⅱ、Ⅲ

C. Ⅰ、Ⅱ、Ⅲ、Ⅳ　　D. Ⅱ、Ⅲ、Ⅳ

【答案】 C

【解析】 本题考核的是强式有效市场的内容。在强式有效市场上，证券的价格反映了与证券相关的所有公开的和不公开的信息，证券价格能及时充分地反映所有相关信息，所以，基本分析无效，投资者无法利用公开或者内幕信息获取额外收益。

【典型习题】

一、单项选择题（以下备选项中只有一项符合题目要求）

1. 当（　　）时，投资者将选择高 β 值的证券组合。

A. 市场组合的实际预期收益率小于无风险利率

B. 市场组合的实际预期收益率等于无风险利率

C. 预期市场行情上升

D. 预期市场行情下跌

2. 法玛根据时间维度，把信息划分的分类不包括（　　）。

A. 历史信息　　B. 公开可得信息

C. 内部信息　　D. 文件式信息

3. 在(　　)中，当前的证券价格不仅反映了历史价格包含的所有信息，而且反映了所有有关证券的能公开获得的信息。

A. 半弱式有效市场　　B. 弱式有效市场

C. 半强式市场　　D. 强式有效市场

4. 弱式有效市场假说认为，市场价格已充分反映出所有过去历史的证券价格信息。下列说法中，属于弱式有效市场所反映出的信息是(　　)。

A. 成交量　　B. 财务信息

C. 内幕信息　　D. 公司管理状况

5. 下列关于市场有效性与获益情况说法错误的是(　　)。

A. 在弱式有效市场中，投资者不能根据历史价格信息获得超额收益

B. 在半强式有效市场中，投资者可以根据公开市场信息获得超额收益

C. 在半强式有效市场中，投资者可以获得超额收益

D. 在强式有效市场中，不能获得超额收益

6. (　　)是在公理化假设的基础上，运用逻辑和数学工具，建立的不确定条件下对理性人选择进行分析的框架。

A. 预期效用理论　　B. 预期效用函数

C. 概率理论　　D. 前景理论

二、组合型选择题（以下备选项中只有一项最符合题目要求）

1. 下列关于弱式有效市场的描述中，正确的有(　　)。

Ⅰ. 证券价格完全反映过去的信息

Ⅱ. 技术分析无效

Ⅲ. 投资者不可能获得超额收益

Ⅳ. 当前的价格变动不包含未来价格变动的信息

A. Ⅰ、Ⅱ　　B. Ⅰ、Ⅲ

C. Ⅰ、Ⅱ、Ⅳ　　D. Ⅰ、Ⅲ、Ⅳ

2. 在半强式有效市场中，证券当前价格反映的信息有(　　)。

Ⅰ. 公司的财务报告　　Ⅱ. 公司公告

Ⅲ. 有关公司红利政策的信息　　Ⅳ. 内幕信息

A. Ⅰ、Ⅱ、Ⅲ　　B. Ⅰ、Ⅲ、Ⅳ

C. Ⅱ、Ⅲ、Ⅳ　　D. Ⅰ、Ⅱ、Ⅲ、Ⅳ

3. 羊群效应应产生原因包括(　　)。

Ⅰ. 投资者信息不对称、不完全

Ⅱ. 推卸责任的需要

Ⅲ. 减少恐惧的需要

Ⅳ. 缺乏知识经验以及某些个性方面的特征

A. Ⅰ、Ⅱ、Ⅲ　　B. Ⅰ、Ⅲ、Ⅳ

C. Ⅱ、Ⅲ、Ⅳ　　　　　　　　　　　　D. Ⅰ、Ⅱ、Ⅲ、Ⅳ

【参考答案】

一、单项选择题

1. C　2. D　3. C　4. A　5. B　6. A

二、组合型选择题

1. C　2. A　3. D

第四章　数理方法

第一节　概率基础

【考点归纳】

> ➢ 熟悉概率与随机变量的含义、计算和原理。
> ➢ 熟悉多元分布函数及其数字特征。
> ➢ 掌握对数正态分布等统计分布的特征和计算。
> ➢ 熟悉随机变量的函数

【考点解读】

考点一　概率与随机变量的含义、计算和原理（表 4－1）

表 4－1　　概率与随机变量的含义、计算和原理

项　　目	内　　容
概率	概率，又称或然率、机会率、机率（几率）或可能性，是概率论的基本概念。概率是对随机事件发生的可能性的度量，一般以一个在 0 到 1 之间的实数表示一个事件发生的可能性大小。越接近 1，该事件更可能发生；越接近 0，则该事件更不可能发生。人们常说某人有百分之多少的把握能通过这次考试，某件事发生的可能性是多少，这都是概率的实例。 条件概率：在给定事件 B 已经发生的条件下事件 A 发生的概率为条件概率，记为 $P(A\mid B)$，$P(A\mid B)=\frac{P(A\cap B)}{P(B)}$。 事件独立：如果 $P(A\cap B)=P(A\mid B)P(B)=P(A)P(B)$，那么事件 A 和事件 B 是相互独立的。否则，事件 A 和事件 B 是相互依赖的
随机变量	随机变量表示随机试验各种结果的实值单值函数。例如某一时间内公共汽车站等车乘客人数，电话交换台在一定时间内收到的呼叫次数等等，都是随机变量的实例。 离散型随机变量及其概率分布函数：设随机变量 X 取值为有限个或者可列无限多个，则随机变量 X 为离散型随机变量，$P(X=x_i)=P_i$，$i=1, 2, \cdots, n$ 称为随机变量 X 的（概率）分布。 连续型随机变量与概率密度函数：

续表

<table>
<tr><th colspan="2">项　目</th><th>内　容</th></tr>
<tr><td colspan="2">随机变量</td><td>（1）连续型随机变量。
如果对于随机变量 X 的分布函数 $F(x)$，存在非负可积函数 $f(x)$，使对于任意实数 x 有：
$$F(x)=\int_{-\infty}^{x}f(t)\mathrm{d}t$$
则称 X 为连续型随机变量，f（x）称为 X 的概率密度函数，简称概率密度。
（2）概率密度函数的性质。
对于所有的 $x\in R$,有 $f(x)\geqslant 0$；
$\int_{-\infty}^{\infty}f(x)\mathrm{d}x=1$；
对于任意两个实数 a、b，$-\infty<a\leqslant b<\infty$，有 $P(a<X\leqslant b)=\int_{a}^{b}f(x)\mathrm{d}x$；
若 $f(x)$ 在点 x 处连续，则有 $f(x)=\frac{\mathrm{d}F(x)}{\mathrm{d}x}=F'(x)$</td></tr>
<tr><td rowspan="2">随机变量的数字特征</td><td>数学期望</td><td>（1）定义。
如果 X 为离散随机变量，它的分布为 $P(X=x_i)=p_i$，$i=1$，2，…，n，它的期望值为 $E(X)=\sum_{i=1}^{n}x_ip_i$。如果 X 是一个连续的随机变量，它的概率密度函数为 $f(x)$，那么它的期望值为 $E(X)=\int_{-\infty}^{\infty}xf(x)dx$。
（2）性质。
①如果 a 和 b 是两个常数，那么 $E[aX+b]=aE[X]+b$。
②对于 X 的某个函数 $g(x)$ 的数学期望，如果 X 是一个离散的随机变量，那么 $E[g(X)]=\sum_{x}g(x)p_i$；如果 X 是一个连续的随机变量，那么 $E[g(X)]=\int_{-\infty}^{\infty}g(x)f(x)dx$</td></tr>
<tr><td>方差和标准差</td><td>X 的方差记为 σ^2 或 VAR（X），并且有 $\sigma^2=E[(X-E[X])^2]=E(X)^2-(E[X])^2$。
方差的平方根称为标准差，标准差可用于衡量随机变量波动程度</td></tr>
</table>

考点二　多元分布函数（表 4－2）

表 4－2　　**多元分布函数**

<table>
<tr><th>项　目</th><th>内　容</th></tr>
<tr><td>离散型随机变量</td><td>如果 X 和 Y 是两个离散型随机变量，其所有可能取值为 (x_1, y_1)，i，$j=1$，2，…，记 $P\{X=x_i, y=y_j\}=P_{ij}$，i，$j=1$，2，…，则由概率的定义有：$P_{ij}\geqslant 0$，$\sum_{i=1}^{\infty}\sum_{j=1}^{\infty}P_{ij}=1$。称 $P\{X=x_i, Y=y_j\}=P_{ij}$，i，$j=1$，2，…为二维离散型随机变量 (X, Y) 的分布律，或称为随机变量 X 和 Y 的联合</td></tr>
</table>

续表

项目	内容
离散型随机变量	分布律。 离散型随机变量 X 和 Y 的联合分布函数为 $F(x, y)=\sum_{x_i \leqslant x} \sum_{y_j \leqslant y} P_{ij}$，其中求和式是对一切满足 $x_i \leqslant x$，$y_j \leqslant y$ 的 i，j 来求和的
连续型随机变量的分布	(1) 如果 X 和 Y 是两个连续型随机变量，那么满足下列性质的二元函数 $f(x, y)$ 被称为 X 和 Y 的联合概率密度函数： ① $f(x, y) \geqslant 0$； ②设 A 是 xOy 平面上的区域，点 (X, Y) 落在 A 内的概率为：$P\{(X, Y) \in A\}=\iint_A f(x,y)\mathrm{d}x\mathrm{d}y$。 ③ $\int_{-\infty}^{\infty}\int_{-\infty}^{\infty} f(x,y)\mathrm{d}x\mathrm{d}y=1$。 (2) 相应的联合累积分布函数为： $$F(x,y)=P(X \leqslant x, Y \leqslant y)=\int_{-\infty}^{x}\int_{-\infty}^{y} f(x,y)\mathrm{d}x\mathrm{d}y$$ (3) 如果 $F(x, y)$ 的偏导数存在，那么联合密度函数为： $$f(x,y)=\frac{\partial^2 F(x,y)}{\partial x \partial y}$$ (4) X 和 Y 的边际概率密度函数为： $$g(x)=\int_{-\infty}^{\infty} f(x,y)\mathrm{d}y$$ $$h(y)=\int_{-\infty}^{\infty} f(x,y)\mathrm{d}y$$ (5) 当两个随机变量相互独立时，联合概率密度是各个边际概率密度的乘积，即 $f(x, y)=g(x) \cdot h(y)$

考点三 多元分布函数的特征（表 4—3）

表 4—3 **多元分部函数的特征**

函数	特征
协方差	在概率论和统计学中，协方差用于衡量两个变量的总体误差。而方差是协方差的一种特殊情况，即当两个变量是相同的情况。 期望值分别为 $E(X)=\mu$ 与 $E(Y)=v$ 的两个实数随机变量 X 与 Y 之间的协方差定义为： $$\mathrm{cov}(X, Y)=E[(X-\mu)(Y-v)]$$ 其中，E 是期望值。它也可以表示为： $$\mathrm{cov}(X, Y)=E(X, Y)-\mu\nu$$ 直观上来看，协方差表示的是两个变量总体的误差，这与只表示一个变量误差的方差不同。 如果两个变量的变化趋势一致，也就是说如果其中一个大于自身的期望值，另外一个也大于自身的期望值，那么两个变量之间的协方差就是正值。 如果两个变量的变化趋势相反，即其中一个大于自身的期望值，另外一个

续表

函　　数	特　　征
协方差	却小于自身的期望值，那么两个变量之间的协方差就是负值。 如果 X 与 Y 是统计独立的，那么二者之间的协方差就是0。这是因为： $E(X\cdot Y)=E(X)\cdot E(Y)=\mu\nu$ 但是，反过来并不成立。即如果 X 与 Y 的协方差为0，二者并不一定是统计独立的。 协方差 cov（X，Y）的度量单位是 X 的协方差乘以 Y 的协方差。而取决于协方差的相关性，是一个衡量线性独立的无量纲数。 协方差为0的两个随机变量称为是不相关的
协方差矩阵	分别为 m 与 n 个标量元素的列向量随机变量 X 与 Y，二者对应的期望值分别为 μ 与 v，这两个变量之间的协方差定义为 $m\times n$ 矩阵。 $\text{cov}(X,Y)=E[(X-\mu)(Y-v)]^T$ 两个向量变量的协方差 cov（X，Y）与 cov（Y，X）互为转置矩阵。 协方差有时也称为是两个随机变量之间“线性独立性”的度量，但是这个含义与线性代数中严格的线性独立性不同
相关关系	X 和 Y 之间的相关关系记为 ρ_{XY}，$\rho_{XY}=\dfrac{\text{cov}(X,Y)}{\sqrt{\text{var}(X)}\sqrt{\text{var}(Y)}}$。相关系数的性质有：$\rho_{XY}$ 的取值一定在-1和1之间；如果 X 和 Y 相互独立，$\rho_{XY}=0$；如果 $Y=aX+b(a,b\neq0)$，那么 $\lvert\rho_{XY}\rvert=1$，此时 X 和 Y 是完全相关的。X 和 Y 的值越接近线性关系，$\lvert\rho_{XY}\rvert$ 越大

考点四　随机变量的函数（表4—4）

表4—4　　随机变量的函数

函　　数	内　　容
线性关系	如果 a_1，a_2，…，a_n 是常数，X_1，X_2，…，X_n 是随机变量，就有 $\text{var}[a_0+a_1X_1+\cdots+a_nX_n]=\sum_{i=1}^{n}a_i^2\text{var}(X_i)+2\sum\sum_{i<j}\alpha_i\alpha_j\text{cov}(X_i,X_j)$ $\text{var}(a_0+a_1)=a_1^2\text{var}(X_1)$ $\text{var}(X_1+X_2)=\text{var}(X_1)+\text{var}(X_2)\pm2\text{cov}(X_1,X_2)$
加权和	如果 $\alpha'=(\alpha_1,\alpha_2,\cdots,\alpha_n)$ 是常数向量，就有 $E[\alpha'X]=\alpha'\mu=\alpha_1\mu_1+\alpha_2\mu_2+\cdots+\alpha_n\mu_n$ $\text{var}(\alpha'X)=\sum_{i=1}^{n}\alpha_i^2\sigma_i^2+2\sum\sum_{i<j}\alpha_i\alpha_j\sigma_{ij}$ 若 α 是资产组合的权重，μ 是资产组合收益率，σ_i 是资产组合波动率，上述结果就是资产组合收益率的期望和方差计算公式，可用于计算组合风险价值

续表

函　　数	内　　容
积	对于随机变量 $Y=X_1X_2$，它的期望值是：$E(X_1X_2)=E(X_1)E(X_2)+Cov(X_1, X_2)$
变换（函数）的分布	假设 X 是一个连续随机变量，概率密度函数为 $f(x)$，$g(x)$ 是一个单调函数，就有 $Y=g(X)$是一个新的随机变量。把 X 表述成 Y 的函数为 $X=W(Y)$，就有 Y 的概率密度函数是 $h(y)=f(w(y))\cdot\lvert\partial w(y)/\partial y\rvert$

考点五　对数正态分布等统计分布的特征和计算（表 4－5）

表 4－5　　对数正态分布等统计分布的特征和计算

统计分布	特征和计算
对数正太分布	设 X 是取值为正数的连续随机变量，若 $lnX\sim N(\mu, \sigma^2)$。 X 的概率密度为 $f(x, \mu, \sigma)=\begin{cases}\frac{1}{\sqrt{2\pi}\sigma x}exp\left[-\frac{1}{2\sigma^2}(lnx-\mu)^2\right], & x>0\\ 0, & x\leqslant 0\end{cases}$。 则称随机变量 X 服从对数正态分布，记为 $X\sim N(\mu, \sigma^2)$。 设 x 服从对数正态分布，其密度函数为：$p(x)=\frac{1}{x\sigma\sqrt{2\pi}}e^{\frac{(\ln x-\mu)^2}{2\sigma^2}}$ 数学期望和方差分别为： $E(X)=e^{\mu+\sigma^2/2}$ $\mathrm{var}(X)=e^{2\mu+\sigma^2}(e^{\sigma^2}-1)$ 如果资产的对数收益率是独立同分布，且都服从均值 μ 和方差 σ^2 的正太分布，就有简单收益率是独立同分布的对数正态分布的随机变量，均值和方差分别是：$E(R_t)=e^{\mu+\sigma^2/2}-1$，$\mathrm{var}(R_t)=e^{2\mu+\sigma^2}(e^{\sigma^2}-1)$。 与之相反的是，假设简单收益率服从对数正态分布，均值为 m_1，方差为 m_2，则对应的对数收益率 r_t 的均值和方差分别是：$E(r_i)=\ln\left[\frac{m_1+1}{\sqrt{1+\frac{m_2}{(1+m_1)^2}}}\right]$，$\mathrm{var}(r_i)=\ln\left[1+\frac{m_2}{(1+m_1)^2}\right]$
卡方（χ^2）分布	一个标准正态随机变量的平方服从自由度为 1 的 χ^2 分布。就是如果 $Z\sim N(0,1)$，$Z^2\sim N^2(0, 1)$。若 Z_1，Z_2，…，Z_n，就有 $Y=Z_1^2+Z_2^2+\cdots+Z_2^2\sim\chi^2_{(n)}$
t 分布	由于在实际工作中，往往 σ 是未知的，常用 s 作为 σ 的估计值，为了与 u 变换区别，称为 t 变换，统计量 t 值的分布称为 t 分布。 假设 X 服从标准正态分布 $N(0, 1)$，Y 服从 $\chi^2(n)$ 分布，那么 $z=\frac{X}{\sqrt{Y/n}}$的分布称为自由度为 n 的 t 分布，记为 $Z\sim t(n)$。 分布密度函数：$fz(x)=\frac{\mathrm{Gam}\left(\frac{n+1}{2}\right)}{\sqrt{n\pi}\mathrm{Gam}\left(\frac{n}{2}\right)}\left(1+\frac{x^2}{n}\right)^{-\frac{n+1}{2}}$，其中，$\mathrm{Gam}(x)$ 为伽马函数。

续表

统计分布	特征和计算
t分布	性质：以0为中心，左右对称的单峰分布，即t分布的图像关于y轴对称随着自由度逐渐增大，t分布逐渐接近标准正态分布；t分布是一簇曲线，其形态变化与n（确切地说与自由度df）大小有关。自由度df越小，t分布曲线越低平；自由度df越大，t分布曲线越接近标准正态分布（u分布）曲线
F分布	若$\chi^2_{(r_1)}$和$\chi^2_{(r_2)}$是相互独立的自由度分别为r_1和r_2的卡方随机变量，那么$F=\frac{\chi^2_{(r_1)}/r_1}{\chi^2_{(r_2)}/r_2}$，服从自由度为$r_1$和$r_2$的$F$分布，记为$F(r_1,r_2)$

【真题回顾】

一、单项选择题（以下备选项中只有一项符合题目要求）

1. 设随机变量$X-N$（3，2^2），且P（$X>a$）$=P$（$X<a$），则常数a为(　　)。

A. 0　　B. 2

C. 3　　D. 4

【答案】 C

【解析】 本题考核的是随机变量的计算。由于X为连续型随机变量，所以P（$X=a$）$=0$，已知P（$X>a$）$=P$（$X<a$），可得P（$X<a$）$=P$（$X>a$）$=0.5$，即a处在正态分布的中心位置，根据题干中的条件可知该分布关于$\mu=3$轴对称，所以$a=3$。

2. 离散型随机变量的概率分布为$P(X=K)=\frac{K+1}{10}K=0，1，2，3$，则$E$（$X$）为(　　)。

A. 2.4　　B. 1.8

C. 2　　D. 1.6

【答案】 C

【解析】 本题考核的是离散型随机变量期望值的计算。离散型随机变量期望值为$E[(X)]=\sum_{i=1}^{\infty}x_iP_i$。根据$P(X=K)=\frac{K+1}{10}$，得：$P(x=0)=\frac{1}{10}$，$P(X=1)=\frac{2}{10}$，$P(X=2)=\frac{3}{10}$，$P(X=3)=\frac{4}{10}$。所以，$E(X)=0\times\frac{1}{10}+1\times\frac{2}{10}+2\times\frac{3}{10}+3\times\frac{4}{10}=2$。

3. 如果X是服从正态分布的随机变量，则$\exp(x)$服从(　　)。

A. 正态分布　　B. x^2分布

C. t分布　　D. 对数正态分布

【答案】D

【解析】本题考核的是对数正态分布。如果一个随机变量X的对数形式$Y=\ln(X)$是正态分布，则称这一变量服从对数正态分布。所以，如果X服从正态分布，则e^X服从对数正态分布。

二、组合型选择题（以下备选项中只有一项最符合题目要求）

下列属于二维连续随机变量（X，Y）概率密度$f(x, y)$的性质是(　　)。

Ⅰ. $f(x, y) > 0$

Ⅱ. $\int_{-\infty}^{\infty}\int_{-\infty}^{\infty} f(x, y)\,dxdy = F(-\infty, +\infty) = 1$

Ⅲ. 若（x，y）在点（X，Y）处连续，则有$f(x,y)=\dfrac{\partial^2 F(x,y)}{\partial x\partial y}$

Ⅳ. 设D是xOy平面的一个区域，则点（X，Y）落在D内的概率为$P\{(X,Y)\in D\}=\iint\limits_D f(x,y)\,dxdy$

A. Ⅰ、Ⅱ、Ⅲ　　B. Ⅰ、Ⅲ、Ⅳ

C. Ⅱ、Ⅲ、Ⅳ　　D. Ⅰ、Ⅱ、Ⅳ

【答案】C

【解析】本题考核的是二维连续随机变量的性质。Ⅰ项，二维连续随机变量（x，y）概率密度$f(x, y) \geqslant 0$。

【典型习题】

一、单项选择题（以下备选项中只有一项符合题目要求）

1. 如果X和Y是两个连续型随机变量，二元函数$f(x, y)$被称为X和Y的联合概率密度函数，那么下列性质不需要满足的是(　　)。

A. $f(x, y) \geqslant 0$

B. 设A是xOy平面上的区域，点（X，Y）落在A内的概率为：P｛（X，Y）$P\{(X,Y)\in A\}=\iint\limits_A f(x,y)\,dxdy$

C. $\int_{-\infty}^{\infty}\int_{-\infty}^{\infty} f(x,y)\,dxdy = 1$

D. $F(x,y)=P(X\leqslant x, Y\leqslant y)=\int_{-\infty}^{x}\int_{-\infty}^{y} f(x,y)\,dxdy$

2. 设随机变量ζ的概率密度为$f(x)=\dfrac{1}{2\sqrt{\pi}}e^{-\frac{(x-3)^2}{4}}$（$-\infty<x<+\infty$），则$\eta=$(　　)$\sim N(0, 1)$。

A. $\frac{\zeta+3}{2}$ B. $\frac{\zeta-3}{\sqrt{2}}$

C. $\frac{\zeta-3}{2}$ D. $\frac{\zeta+3}{\sqrt{2}}$

二、组合型选择题（以下备选项中只有一项最符合题目要求）

1. 下列关于随机变量描述正确的是（　　）。

Ⅰ. 随机变量表示随机试验各种结果的实值单值函数

Ⅱ. 某一时间内公共汽车站等车乘客人数可以称为一个随机变量

Ⅲ. 设随机变量 X 取值为有限个或者可列无限多个，则随机变量 X 为离散型随机变量

Ⅳ. 随机变量是对随机事件发生的可能性的度量

A. Ⅰ、Ⅱ、Ⅲ B. Ⅰ、Ⅲ、Ⅳ

C. Ⅱ、Ⅲ、Ⅳ D. Ⅰ、Ⅱ、Ⅲ、Ⅳ

2. 若随机向量（X，Y）服从二维正态分布，则（　　）。

Ⅰ. X，Y 一定相互独立

Ⅱ. 若 $\rho_{XY}=0$，则 X，Y 一定相互独立

Ⅲ. X 和 Y 都服从一维正态分布

Ⅳ. 若 X，Y 相互独立，则 $\mathrm{Cov}(X, Y)=0$

A. Ⅰ、Ⅲ B. Ⅰ、Ⅲ、Ⅳ

C. Ⅱ、Ⅲ、Ⅳ D. Ⅱ、Ⅳ

【参考答案】

一、单项选择题

1. D　2. B

二、组合型选择题

1. D　2. C

第二节　统计基础

【考点归纳】

- 熟悉总体、样本和统计量的含义。
- 熟悉统计推断的参数估计。
- 熟悉统计推断的假设检验

【考点解读】

考点一 总体、样本和统计量的含义（表 4—6）

表 4—6　总体、样本和统计量的含义

<table>
<tr><th colspan="2">项　目</th><th>内　容</th></tr>
<tr><td colspan="2">总体与样本</td><td>总体：研究对象的全体；样本：样本是从总体中抽取的一部分个体的集合（总体的子集）；样本容量：样本中所含个体的数量。
对于一次抽样调查，总体是唯一确定的，但是样本是不确定的，一个总体可能抽出多个样本，样本的个数主要与总体容量和样本容量有关</td></tr>
<tr><td colspan="2">参数和统计量</td><td>总体指标：根据总体各单位的变量值计算的，反映总体特征的指标。样本指标：根据样本各单位变量值计算出来反映样本特征的指标。在抽样推断中，由于总体是唯一确定的，所以总体指标也是唯一确定的，但是又是未可知的，因此称之为参数。在抽样推断中，因样本是不确定的，因此样本指标是不确定的随机变量，称之为统计量。抽样推断的基本思想是用样本指标去估计总体指标。
总体指标与样本指标见表 4—7</td></tr>
<tr><td colspan="2">样本容量和总体容量</td><td>总体容量：指的是总体单位数，用 N 表示；样本容量：指的是样本单位数，用 n 表示；抽样比：样本容量占总体容量的比例，用 f 表示，如果总体为无线总体，则没有意义。注意：一般涞水，样本容量远小于总体容量，在抽样推断中，样本容量大于 30 的样本为大样本。</td></tr>
<tr><td rowspan="4">抽样方法</td><td>简单随机抽样</td><td>简单随机抽样分为重复抽样和不重复抽样。重复抽样，又称放回式抽样，每次抽中的单位仍放回总体，样本中的单位可能不止一次被抽中。不重复抽样，又称不放回式抽样，抽中的单位不再放回总体，样本中的单位只能抽中一次</td></tr>
<tr><td>分层抽样</td><td>将总体分成若干层，在各层分别按照一定的比例随机抽取单位构成样本</td></tr>
<tr><td>系统抽样</td><td>将总体单位排列后相隔一定的间隔抽取一个单位构成样本</td></tr>
<tr><td>整群抽样</td><td>将总体分成群，从中随机抽取若干群，群中的所有单位构成本样本</td></tr>
</table>

表 4—7　总体指标与样本指标

指　标	总　体	样　本
单位数	N	n
均值	$\overline{X}=\dfrac{\sum X}{N}$	$\overline{x}=\dfrac{\sum x}{n}$
方差	$\sigma^2=\dfrac{\sum(X-\overline{X})^2}{N}$	$s^2=\dfrac{\sum(x-\overline{x})^2}{n-1}$

续表

指　　标	总　　体	样　　本
比例	P	p
比例方差	$\sigma_P^2 = P(1-P)$	$s_p^2 = p(1-p)$

考点二　统计推断的参数估计（表4—8）

表4—8　　统计推断的参数估计

项　　目	内　　容
点估计	（1）设 $X_1, X_2, \cdots, X_n$ 为总体 X 的样本，总体 X 的分布函数 $F(x,\theta)$ 形式已知，θ 为待估参数，x_1，x_2，…，x_n 为对应的样本观测值。点估计问题就是构造一个适当的统计量 $\hat{\theta}(X_1, X_2, \cdots, X_n)$，用其观测值 $\hat{\theta}(x_1, x_2, \cdots, x_n)$ 来估计待估参数 θ 的取值。这里 $\hat{\theta}(X_1, X_2, \cdots, X_n)$ 称为 θ 的估计量，$\hat{\theta}(x_1, x_2, \cdots, x_n)$ 称为 θ 的估计值，两者统称 θ 的估计。这种对未知参数的定点估计称为未知参数的点估计。 （2）以样本的各阶原点矩作为总体的各阶原点矩得到的估计量，以样本的各阶原点矩的连续函数作为总体的各阶原点矩的连续函数的估计量的估计方法称为矩估计法。 （3）设总体 X 具有分布率 $p(x;\theta)$ 或概率密度 $f(x;\theta)$，$\theta \in \Theta$ 为未知参数向量，设 $X_1, X_2, \cdots, X_n$ 为来自 X 的样本，则（$X_1, X_2, \cdots, X_n$）的联合分布率（或联合概率密度）： $L(x_1, x_2, \cdots, x_n; \theta) = \Pi_{i=1}^n p(x_i;\theta)$ 或 $\Pi_{i=1}^n f(x_i;\theta)$ 称为样本的似然函数。 对样本的任何观测值（$x_1, x_2, \cdots, x_n$），若 $L(x_1, x_2, \cdots, x_n; \hat{\theta})\ \sup\limits_{\theta\in\Theta} L(x_1, x_2, \cdots, x_n; \theta)$ 则称 $\hat{\theta}(x_1, x_2, \cdots, x_n)$ 为参数 θ 的最大似然估计值，$\hat{\theta}(X_1, X_2, \cdots, X_n)$ 为参数 θ 的最大似然估计量。 若 $p(x;\theta)$ 或 $f(x;\theta)$ 关于 θ 可微，则参数 θ 的最大似然估计 $\hat{\theta}$ 可以通过方程： $$\frac{\partial L(\theta)}{\partial \theta} = 0$$ 得到。又 $Ln(x)$ 为 x 的单调函数，因此参数 θ 的最大似然估计 $\hat{\theta}$ 亦可通过方程： $$\frac{\partial LnL(\theta)}{\partial \theta} = 0$$ 得到，后一方程的求解往往较前者方便得多
区间估计	设总体 X 的分布函数 $F(x,\theta)$ 形式已知，$\theta \in \Theta$ 为未知参数，若对于给定 $\alpha(0 < \alpha < 1)$，存在两个统计量 $\hat{\theta}_1 = \hat{\theta}_1(X_1, X_2, \cdots, X_n)$ 与 $\hat{\theta}_2 = \hat{\theta}_2(X_1, X_2, \cdots, X_n)$，对于任意 $\theta \in \Theta$，满足： $$p\{\hat{\theta}_1(X_1, X_2, \cdots, X_n) < \theta < \hat{\theta}_2(X_1, X_2, \cdots, X_n)\} \geqslant 1-\alpha$$ 则称随机区间（$\hat{\theta}_1, \hat{\theta}_2$）为参数 θ 的置信水平为 $1-\alpha$ 的双侧置信区间，$\hat{\theta}_1$ 和 $\hat{\theta}_2$ 分别称为对应置信区间的置信下限和置信上限，$1-\alpha$ 称为置信水平，α 称为显著性水平

考点三　统计推断的假设检验（表 4—9）

表 4—9　统计推断的假设检验

项　目	内　容
概念	假设检验是数理统计学中根据一定假设条件由样本推断总体的一种方法。具体做法是：根据问题的需要对所研究的总体作某种假设，记作 H_0；选取合适的统计量，这个统计量的选取要使得在假设 H_0 成立时，其分布为已知；由实测的样本，计算出统计量的值，并根据预先给定的显著性水平进行检验，作出拒绝或接受假设 H_0 的判断
基本思想	假设检验的基本思想是小概率反证法思想。小概率思想是指小概率事件（$P<0.01$ 或 $P<0.05$）在一次试验中基本上不会发生。反证法思想是先提出假设（检验假设 H_0），再用适当的统计方法确定假设成立的可能性大小，如可能性小，则认为假设不成立，若可能性大，则还不能认为不假设成立
假设检验规则与两类错误	确定检验规则：检验过程是比较样本观察结果与总体假设的差异。差异显著，超过了临界点（即 $\lvert \overline{X}-\mu_0 \rvert \geqslant c$），拒绝 H_0；反之，差异不显著，未超过临界点（即 $\lvert \overline{X}-\mu_0 \rvert < c$），接受 H_0。 两类错误：接受或拒绝 H_0，都可能犯错误。 Ⅰ类错误（概率）——弃真错误，发生的概率为 α。指的是原假设成立，而错误地加以拒绝。 Ⅱ类错误（概率）——取伪错误，发生的概率为 β。指的是原假设不成立，而错误地接受它
基本步骤	（1）根据实际情况提出原假设和备择假设； （2）根据假设的特征，选择合适的检验统计量； （3）根据样本观察值，计算检验统计量的观察值； （4）选择许容显著性水平，并根据相应的统计量的统计分布表查出相应的临界值； （5）根据检验统计量观察值的位置决定原假设取舍

【真题回顾】

组合型选择题（以下备选项中只有一项最符合题目要求）

1. 统计假设检验决策结果可能包括的情形有（　　）。

Ⅰ. 原假设是真实的，判断结论接受原假设

Ⅱ. 原假设是不真实的，判断结论拒绝原假设

Ⅲ. 原假设是真实的，判断结论拒绝原假设

Ⅳ. 原假设是不真实的，判断结论接受原假设

A. Ⅰ、Ⅱ　　B. Ⅰ、Ⅳ　　C. Ⅱ、Ⅲ　　D. Ⅲ、Ⅳ

【答案】 A

【解析】本题考核的是统计假设检验决策结果。Ⅲ、Ⅳ两项，假设检验中的两类错误：第一类错误（概率）即原假设成立，而错误地加以拒绝；第二类错误（概率）即原假设不成立，而错误地接受它。

2. 简单随机样本的获得方法，可以分为(　　)。

Ⅰ. 有放回抽样　　Ⅱ. 随机抽样

Ⅲ. 不放回抽样　　Ⅳ. 连续抽样

A. Ⅲ、Ⅳ　　B. Ⅰ、Ⅲ

C. Ⅰ、Ⅱ、Ⅳ　　D. Ⅱ、Ⅳ

【答案】B

【解析】本题考核的是简单随机抽样。简单随机抽样分为重复抽样和不重复抽样。重复抽样（又称放回式抽样），每次抽中的单位仍放回总体，样本中的单位可能不止一次被抽中。不重复抽样，又称不放回式抽样，抽中的单位不再放回总体，样本中的单位只能抽中一次。

【典型习题】

一、单项选择题（以下备选项中只有一项符合题目要求）

1. 抽中的单位不再放回总体，样本中的单位只能抽中一次被称为(　　)。

A. 不重复抽样　　B. 重复抽样

C. 分层抽样　　D. 系统抽样

2. 统计推断的假设检验确定检验规则：检验过程是比较样本观察结果与总体假设的差异。差异显著，(　　)。

A. 超过了临界点（即 $|\overline{X}-\mu_0|\geqslant c$），接受 H_0

B. 未超过临界点（即 $|\overline{X}-\mu_0|<c$），接受 H_0

C. 超过了临界点（即 $|\overline{X}-\mu_0|\geqslant c$），拒绝 H_0

D. 未超过临界点（即 $|\overline{X}-\mu_0|<c$），拒绝 H_0

二、组合型选择题（以下备选项中只有一项最符合题目要求）

1. 下列关于统计推断的假设检验的基本步骤说法正确的是(　　)。

Ⅰ. 根据实际情况提出原假设和备择假设

Ⅱ. 根据假设的特征，选择合适的检验统计量

Ⅲ. 根据样本观察值，计算检验统计量的观察值

Ⅳ. 根据检验统计量观察值的位置决定原假设取舍

A. Ⅰ、Ⅱ、Ⅲ　　B. Ⅰ、Ⅱ、Ⅳ

C. Ⅱ、Ⅲ、Ⅳ　　D. Ⅰ、Ⅱ、Ⅲ、Ⅳ

2. 下面几个关于样本均值分布的陈述中，正确的是（　　）。

Ⅰ. 当总体服从正态分布时，样本均值一定服从正态分布

Ⅱ. 当总体服从正态分布时，只要样本容量足够大，样本均值就服从正态

分布

Ⅲ. 当总体不服从正态分布时，无论样本容量多大，样本均值都不会近似服从正态分布

Ⅳ. 当总体不服从正态分布时，在小样本情况下，样本均值不服从正态分布

A. Ⅰ、Ⅲ　　B. Ⅰ、Ⅳ

C. Ⅱ、Ⅲ　　D. Ⅱ、Ⅳ

【参考答案】

一、单项选择题

1. A　　2. C

二、组合型选择题

1. D　　2. B

第三节　回归分析

【考点归纳】

- 熟悉一元线性回归模型的含义和特征。
- 熟悉多元线性回归模型的含义和特征。
- 掌握非线性模型线性化的原理。
- 掌握回归模型常见问题和处理方法

【考点解读】

考点一　回归函数（表 4－10）

表 4－10　回归函数

项　目	内　容
一元线性回归模型	对于具有线性关系的两个变量，可以用一个线性方程来表示它们之间的关系。描述因变量 y 如何依赖于自变量 x 和误差项 u 的方程称为回归模型。只涉及一个自变量的一元线性回归模型可表示为： $y_i = \alpha + \beta x_i + u_i, (i = 1,2,3,\cdots,n)$ 式中　y——因变量或被解释变量； x——自变量或解释变量； u——随机变量，称为随机（扰动）项； α、β——两个常数，称为回归参数； i——变量的第 i 个观察值或者随机项

续表

项　目	内　容
随机项 u_i 和自变量 x_i 满足的统计假定	(1) 每个 u_i 均为独立同分布，服从正态分布的随机变量，且 $E(u_i)=0$，$V(u_i)=\sigma^2$ 常数。 (2) 随机项 u_i 与自变量的任一观察值 x_i 不相关，即 Cov（u_i，x_i）＝0
样本回归函数	从总体中抽取一定样本数据进行观测，对于解释变量 x 的一定值，取得的被解释变量 y 的样本观测值也可计算其条件均值，y 的样本观测值的条件均值随解释变量 x 而变动的轨迹，称为样本回归线。样本回归函数如为线性函数，可表示为： $$y_i = \hat{\alpha} + \hat{\beta}x_i + \varepsilon_i$$ 式中　$\hat{\alpha}$、$\hat{\beta}$——α、β 的估计量； ε_i——剩余项，或残差。 ε_i 是实际观测的被解释变量值 y_i 与样本条件均值二者之差，即 $\varepsilon_i = y_i - \hat{y}_i$。$\varepsilon_i$ 在概念上类似于总体回归的随机扰动项 u_i，作为 u_i 估计量的残差 ε_i 是供观察的
可决系数（拟合优度）与总离差平方和分解	(1) 可决系数：反映回归直线与样本观察值拟合程度的量是拟合优度，又称样本“可决系数”，常用 R^2 表示，其计算公式为：$R^2=\frac{ESS}{TSS}=\frac{\Sigma(\hat{y}_i-\bar{y})^2}{\Sigma(y_i-\bar{y})^2}=1-\frac{RSS}{TSS}$。拟合优度越大，表明回归直线与样本观察值拟合的越好，反之就是越差。通过分析，$0\leqslant R^2\leqslant 1$，越接近 1，拟合效果越好。 (2) 总离差平方和分解。y_i 的总离差＝$y_i-\bar{y}$。总离差平方和（TSS）及其分解如下： ①总离差平方和（TSS）：公式为 $TSS=\sum_{i=1}^{n}(y_i-\bar{y})^2$，是反映全部总离差变化最好的量。$TSS=RSS+ESS$。 ②回归平方和（$ESS$）：公式为 $ESS=\sum_{i=1}^{n}(\hat{y}_i-\bar{y})^2$，反映 TSS 中被 y 对 x 回归说明的部分。 ③残差平方和（RSS）：公式为 $RSS=\sum_{i=1}^{n}\varepsilon_i^2$，是反映 TSS 中除了被 y 对 x 回归之外的一切随机因素构成的部分。 三个平方和的自由度之间的关系：$f_T=f_R+f_E$。 对于一元回归问题，$f_T=n-1$，$f_R=1$，$f_E=n-2$，其中 n 为样本容量

考点二 回归参数（表 4－11）

表 4－11 **回归参数**

项 目	内 容
回归参数 OLS 估计	为了使样本回归函数尽可能接近总体回归函数，就要使样本回归函数估计的 $\hat{y}_i$ 与实际的 Y_i 的误差尽量小，即使残差占 ε_i 越小越好。可是 ε_i 有正有负，其简单代数和会相互抵消而趋于零。为了在数学上便于处理，可采用剩余平方和 $\sum\varepsilon_i^2$；最小的准则，就是最小二乘准则，即： $\min\sum_{i=1}^{n}\varepsilon_i^2=\min\sum_{i=1}^{n}(y_i-\hat{y}_i)^2=\min\sum_{i=1}^{n}[y_i-(\hat{\alpha}+\hat{\beta}x_i)]^2$ 利用最小二乘准则估计回归参数的方法称为普通最小二乘法（简记 OLS），$\hat{\alpha}$、$\hat{\beta}$ 称为普通最小二乘估计量。 根据微积分的极值定理，对上式求相应于 $\hat{\alpha}$、$\hat{\beta}$ 的偏导数，并令其等于 0，便可求出 $\hat{\alpha}$、$\hat{\beta}$，即： $\begin{cases}\hat{\beta}=\dfrac{n\sum_{i=1}^{n}x_iy_i-\sum_{i=1}^{n}x_i\sum_{i=1}^{n}y_i}{n\sum_{i=1}^{n}x_i^2-(\sum_{i=1}^{n}x_i)^2}\\ \hat{\alpha}=\bar{y}-\hat{\beta}\bar{x}\end{cases}$
回归参数显著性检验	假定 Y 关于 x 的回归 μ（x）具有形式 $a+bx$，在处理实际问题时，μ（x）是否为 x 的线性函数，首先要根据有关专业知识和实践来判断，其次就要根据实际观察得到的数据运用假设检验的方法来判断。这就是说，求得的线性回归方程是否具有实用价值，一般来说，需要经过假设检验才能确定。若线性假设符合实际，则 b 不应为零，因为若 $b=0$。则 E（Y）$=\mu$（x）就不依赖于 x 了

考点三 多元线性回归模型（表 4－12）

表 4－12 **多元线性回归模型**

项 目	内 容
表达式	多元线性回归模型，在实际经济问题中，一个变量往往受到多个变量的影响。 多元线性回归模型的一般形式为： $Y_i=\beta_0+\beta_1X_{1i}+\beta_2X_{2i}+\cdots+\beta_kX_{ki}+\mu_i \quad (i=1,2,\cdots,n)$ 其中 k 为解释变量的数目，β_j（$j=1$，2，…，k）称为回归系数。上式也被称为总体回归函数的随机表达式。它的非随机表达式为： $E(Y\mid X_{1i},X_{2i},\cdots,X_{ki})=\beta_0+\beta_1X_{1i}+\beta_2X_{2i}+\cdots+\beta_kX_{ki}$ β_j 也被称为偏回归系数

续表

项　目	内　容
计算模型	一元线性回归是一个主要影响因素作为自变量来解释因变量的变化，在现实问题研究中，因变量的变化往往受几个重要因素的影响，此时就需要用两个或两个以上的影响因素作为自变量来解释因变量的变化，这就是多元回归亦称多重回归。当多个自变量与因变量之间是线性关系时，所进行的回归分析就是多元性回归。设 y 为因变量 X_1，X_2，…，X_k 为自变量，并且自变量与因变量之间为线性关系时，则多元线性回归模型为： $Y=b_0+b_1x_1+\cdots+b_kx_k+e$ 其中，b_0 为常数项，b_1，b_2，…，b_k 为回归系数，b_1 为 X_1，X_2，…，X_k 固定时，x_1 每增加一个单位对 y 的效应，即 x_1 对 y 的偏回归系数；同理 b_2 为 X_1，$X_2\cdots X_k$ 固定时，x_2 每增加一个单位对 y 的效应，即，x_2 对 y 的偏回归系数，等等。如果两个自变量 x_1，x_2 同一个因变量 y 呈线相关时，可用二元线性回归模型描述为： $y=b_0+b_1x_1+b_2x_2+e$
线性回归模型的特征	通过引入随机误差项，将变量之间的关系用一个线性随机方程来描述，并用随机数学的方法来估计方程中的参数；在线性回归模型中，被解释变量的特征由解释变量与随机误差项共同决定

考点四　非线性模型线性化的原理

当变量 y 与 x 之间可能不存在线性关系时，有一部分可以通过变量的替换，转化为线性的回归模型处理。线性关系只是要求参数和随机扰动项是线性的，而并不要求变量之间是线性关系。典型的对数线性模型是经常使用的一个模型。它的表达式为：

$$y = e^{\beta_1} X_2^{\beta_2} X_2^{\beta_3} \cdots X_K^{\beta_K} e^{\varepsilon}$$

两边取自然对数可得：

$$\ln y = \beta_1 + \beta_2 \ln X_2 + \beta_3 \ln X_3 + \cdots + \beta_K \ln X_K + \varepsilon$$

考点五　回归模型多重共线性（表 4－13）

表 4－13　　多重共线性

项　目	内　容
概念	所谓多重共线性是指线性回归模型中的解释变量之间由于存在精确相关关系或高度相关关系而使模型估计失真或难以估计准确。一般来说，由于经济数据的限制使得模型设计不当，导致设计矩阵中解释变量间存在普遍的相关关系。 完全共线性的情况并不多见，一般出现的是在一定程度上的共线性，即近似共线性
产生原因	（1）经济变量相关的共同趋势。 （2）滞后变量的引入。 （3）样本资料的限制

续表

项　目	内　容
产生影响	(1) 完全共线性下参数估计量不存在。 (2) 近似共线性下 OLS 估计量非有效。 (3) 参数估计量经济含义不合理。 (4) 变量的显著性检验失去意义，可能将重要的解释变量排除在模型之外。 (5) 模型的预测功能失效。变大的方差容易使区间预测的“区间”变大，使预测失去意义
解决方法	(1) 排除引起共线性的变量。 找出引起多重共线性的解释变量，将它排除出去，以逐步回归法得到最广泛的应用。 (2) 差分法。 时间序列数据、线性模型：将原模型变换为差分模型。 (3) 减小参数估计量的方差：岭回归法

考点六　回归模型异方差（表 4－14）

表 4－14　异方差

项　目	内　容
概念	设线性回归模型为： $y_t = b_0 b_1 x_{1t} + b_2 x_{2t} + \cdots + b_k x_{kt} + u_t$ 经典回归中所谓同方差是指不同随机误差项 $u_t(t = 1,2,\cdots,n)$ 的方差相同。 如果随机误差项的方差不是常数，则称随机项具有异方差性
产生原因	(1) 模型中遗漏了某些解释变量。 (2) 模型函数形式的设定误差。 (3) 样本数据的测量误差。 (4) 随机因素的影响
产生影响	(1) 对模型参数估计值无偏性的影响。 (2) 对模型参数估计值有效性的影响。 (3) 对模型参数估计值显著性检验的影响
解决方法	(1) 图示检验法。 ①相关图分析；②残差图分析。 (2) Goldfeld－Quandt 检验法。 (3) 怀特检验。 (4) 帕克检验和格里奇检验

【真题回顾】

一、单项选择题（以下备选项中只有一项符合题目要求）

1. 一元线性回归模型的总体回归直线可表示为（　　）。

A. $E(y_i)=\alpha+\beta x_i$　　B. $\hat{y}_i=\hat{\alpha}+\hat{\beta}x_i$

C. $\hat{y}_i=\hat{\alpha}+\hat{\beta}x_i+e_i$　　D. $y_i=\alpha+\beta x_i+\mu_i$

【答案】A

【解析】本题考核的是总体回归直线的表示方式。对一元线性回归方程 $y_i=\alpha+\beta x_i$。两边同时求期望，则有 $E(y_i)=\alpha+\beta x_i$。表明点 $[x_i, E(y_i)]$ 在 $E(y_i)=\alpha+\beta x_i$ 对应的直线上，这条直线即为总体回归直线（或理论回归直线）。

2. 一元线性回归模型中，回归估计的标准误差越小，表明投资组合的样本回归线的离差程度（　　）。

A. 越大　　B. 不确定　　C. 相等　　D. 越小

【答案】D

【解析】本题考核的是估计标准误差。估计标准误差是说明实际值与其估计值之间相对偏离程度的指标，所以，回归估计的标准误差越小，表明投资组合的样本回归线的离差程度越小。

3. 关于多元线性回归模型的说法，正确的是（　　）。

A. 如果模型的 R^2 很接近 1，可以认为此模型的质量较好

B. 如果模型的 R^2 很接近 0，可以认为此模型的质量较好

C. R^2 的取值范围为 $R^2>1$

D. 调整后的 R^2 测度多元线性回归模型的解释能力没有 R^2 好

【答案】A

【解析】本题考核的是多元线性回归模型。R^2 表示总离差平方和中线性回归解释的部分所占的比例，其取值范围为：$0\leqslant R^2\leqslant 1$，$R^2$ 越接近于 1，线性回归模型的解释力越强。当利用 R^2 来度量不同多元线性回归模型的拟合优度时，存在一个严重的缺点：R^2 的值随着解释变量的增多而增大，即便引入一个无关紧要的解释变量，也会使得 R^2 变大。为了克服这个缺点，一般采用调整后的 R^2 来测度多元线性回归模型的解释能力。

【典型习题】

一、单项选择题（以下备选项中只有一项符合题目要求）

1. 以 y 表示实际观测值，表示回归估计值，则普通最小二乘法估计参数的准则是使（　　）最小。

A. $\Sigma(y_i-\hat{y}_i)$　　B. $\Sigma(y_i-\hat{y}_i)^2$

C. $\Sigma(y_i - \hat{y}_i)^3$　　D. $\Sigma(y_i - \hat{y}_i)^4$

2. 样本判定系数 R^2 的计算公式是(　　)。

A. $R^2 = \frac{ESS}{RSS}$　　B. $R^2 = \frac{ESS}{TSS}$

C. $R^2 = 1 - \frac{ESS}{RSS}$　　D. $R^2 = \frac{RSS}{TSS}$

二、组合型选择题（以下备选项中只有一项最符合题目要求）

1. 下列属于多重共线性产生的影响的是(　　)。

Ⅰ. 完全共线性下参数估计量不存在

Ⅱ. 近似共线性下 OLS 估计量非有效

Ⅲ. 参数估计量经济含义不合理

Ⅳ. 变量的显著性检验失去意义，可能将重要的解释变量排除在模型之外

A. Ⅰ、Ⅱ、Ⅲ　　B. Ⅰ、Ⅱ、Ⅳ

C. Ⅱ、Ⅲ、Ⅳ　　D. Ⅰ、Ⅱ、Ⅲ、Ⅳ

2. 多重共线性的解决方法有(　　)。

Ⅰ. 排除法　　Ⅱ. 差分法

Ⅲ. 岭回归法　　Ⅳ. 图示检验法

A. Ⅰ、Ⅱ、Ⅲ　　B. Ⅰ、Ⅱ、Ⅳ

C. Ⅱ、Ⅲ、Ⅳ　　D. Ⅰ、Ⅱ、Ⅲ、Ⅳ

3. 多重共线性产生的原因主要有(　　)。

Ⅰ. 经济变量相关的共同趋势　　Ⅱ. 滞后变量的引入

Ⅲ. 样本资料的限制　　Ⅳ. 初步估计失真

A. Ⅰ、Ⅱ、Ⅲ　　B. Ⅰ、Ⅱ、Ⅳ

C. Ⅱ、Ⅲ、Ⅳ　　D. Ⅰ、Ⅱ、Ⅲ、Ⅳ

4. 异方差产生的原因主要有(　　)。

Ⅰ. 模型中遗漏了某些解释变量

Ⅱ. 模型函数形式的设定误差

Ⅲ. 样本数据的测量误差

Ⅳ. 随机因素

A. Ⅰ、Ⅱ、Ⅲ　　B. Ⅰ、Ⅱ、Ⅳ

C. Ⅱ、Ⅲ、Ⅳ　　D. Ⅰ、Ⅱ、Ⅲ、Ⅳ

5. 异方差产生的影响是(　　)。

Ⅰ. 对模型参数估计值无偏性的影响

Ⅱ. 对模型参数估计值有效性的影响

Ⅲ. 对模型参数估计值显著性检验的影响

Ⅳ. 参数估计量经济含义不合理

A. Ⅰ、Ⅱ、Ⅲ　　B. Ⅰ、Ⅱ、Ⅳ

C. Ⅱ、Ⅲ、Ⅳ　　D. Ⅰ、Ⅱ、Ⅲ、Ⅳ

【参考答案】

一、单项选择题

1. B　2. B

二、组合选择题

1. D　2. A　3. A　4. D　5. A

第四节　时间序列分析

【考点归纳】

- 了解时间序列的基本概念。
- 了解平稳时间序列模型的含义和应用。
- 了解非平稳时间序列模型的含义和应用。
- 熟悉协整分析和误差修正模型

【考点解读】

考点一　时间序列的基本概念（表 4－15）

表 4－15　时间序列

项　目	内　容
数列形态分类	时间序列是指将同一统计指标的数值按其先后发生的时间顺序排列而成的数列。根据指标变量的性质和数列形态不同，时间序列可分为随机性、非随机性时间数列（又分为平稳性、趋势性、季节性时间数列）
自相关系数与数列的识别	自相关系数 r_1 和 r_2 的简化公式为： $r_1=\frac{\sum_{t=1}^{n-1}(y_t-\bar{y})(y_{t+1}-\bar{y})}{\sum_{t=1}^{n}(y_t-\bar{y})^2}$　　$r_2=\frac{\sum_{t=1}^{n-2}(y_t-\bar{y})(y_{t+2}-\bar{y})}{\sum_{t=1}^{n}(y_t-\bar{y})^2}$ 时间延迟为 k 的自相关系数 r_k 为：$r_k=\frac{\sum_{t=1}^{n-k}(y_t-\bar{y})(y_{t+k}-\bar{y})}{\sum_{t=1}^{n}(y_t-\bar{y})^2}$，自相关系数取值－1～1，即 $\lvert r_k\rvert\leqslant 1$

考点二　平稳时间序列 ARMA 模型（表 4－16）

表 4－16　　　　　　　平稳时间序列 ARMA 模型

项　目	内　容
自回归模型（AR）	由于经济系统惯性的作用，经济时间序列往往存在着前后依存关系。最简单的一种前后依存关系就是变量当前的取值主要与其前一时期的取值状况有关。用数学模型来描述这种关系就是如下的一阶自回归模型：
自回归模型（AR）	$X_t = \varphi X_{t-1} + \varepsilon_t$ 常记作 AR（1）。其中 $\{X_t\}$ 为零均值（即已中心化处理）平稳序列，φ 为 X_t 对 X_{t-1} 的依赖程度，ε_t 为随机扰动项序列（外部冲击）。 如果 X_t 与过去时期直到 X_{t-p} 的取值相关，则需要使用包含 X_{t-1}，…，X_{t-p} 在内的 p 阶自回归模型来加以刻画。P 阶自回归模型的一般形式为： $X_t = \varphi_1 X_{t-1} + \varphi_2 X_{t-2} + \cdots + \varphi_P X_{t-p} + \varepsilon_t$ 为了简便运算和行文方便，我们引入滞后算子来简记模型。设 B 为滞后算子，即 $BX_t = X_{t-1}$，则 $B(B^{k-1}X_t) = B^k X_t = X_{t-k}$，$B(C) = C$（$C$ 为常数）。利用这些记号，上式可化为： $X_t = \varphi_1 BX_t + \varphi_2 B^2 X_t + \varphi_3 B^3 X_t + \cdots + \varphi_P B^P X_t + \varepsilon_t$ 从而： $(1 - \varphi_1 B - \varphi_2 B^2 - \cdots\cdots - \varphi_P B^P) X_t = \varepsilon_t$ 记算子多项式 $\varphi(B) = (1 - \varphi_1 B - \varphi_2 B^2 - \cdots\cdots - \varphi_P B^P)$，则模型可以表示为： $\varphi(B) X_t = \varepsilon_t$
滑动平均模型（MA）	有时，序列 X_t 的记忆是关于过去外部冲击值的记忆，在这种情况下，X_t 可以表示成过去冲击值和现在冲击值的线性组合，即： $X_t = \varepsilon_t - \theta_1 \varepsilon_{t-1} - \theta_2 \varepsilon_{t-2} - \cdots\cdots - \theta_q \varepsilon_{t-q}$ 此模型常称为序列 X_t 的滑动平均模型，记为 MA（q），其中 q 为滑动平均的阶数，θ_1，θ_2，…，θ_q 为参滑动平均的权数。相应的序列 X_t 称为滑动平均序列。 使用滞后算子记号，上式可写成： $X_t = (1 - \theta_1 B - \theta_2 B^2 - \cdots\cdots - \theta_q B^q) q_t = \theta(B) \varepsilon_t$
自回归滑动平均模型	如果序列 $\{X_t\}$ 的当前值不仅与自身的过去值有关，而且还与其以前进入系统的外部冲击存在一定依存关系，则在用模型刻画这种动态特征时，模型中既包括自身的滞后项，也包括过去的外部冲击，这种模型叫做自回归滑动平均模型，其一般结构为： $X_t = \varphi_1 X_{t-1} + \varphi_2 X_{t-2} + \cdots\cdots + \varphi_p X_{t-p} + \varepsilon_t - \theta_1 \varepsilon_{t-1} \theta_2 \varepsilon_{t-2} - \cdots\cdots - \theta_q \varepsilon_{t-q}$ 简记为 ARMA（p，q）。利用滞后算子，此模型可写为： $\varphi(B) X_t = \theta(B) \varepsilon_t$

考点三　非平稳时间序列 ARIMA 模型

ARIMA 模型全称为自回归积分滑动平均模型（Autoregressive Integrated

Moving Average Model，简记 ARIMA），是由博克思（Box）和詹金斯（Jenkins）于20世纪70年代初提出的著名时间序列（Time-series Approach）预测方法，所以又称为 Box-Jenkins 模型、博克思－詹金斯法。其中 ARIMA（p，d，q）称为差分自回归移动平均模型，AR是自回归，p为自回归项；MA为移动平均，q为移动平均项数，d为时间序列成为平稳时所做的差分次数。所谓 ARIMA 模型，是指将非平稳时间序列转化为平稳时间序列，然后将因变量仅对它的滞后值以及随机误差项的现值和滞后值进行回归所建立的模型。ARIMA模型根据原序列是否平稳以及回归中所含部分的不同，包括移动平均过程（MA）、自回归过程（AR）、自回归移动平均过程（ARMA）以及 ARIMA 过程。所谓 ARIMA 模型，是指将非平稳时间序列转化为平稳时间序列，然后将因变量仅对它的滞后值以及随机误差项的现值和滞后值进行回归所建立的模型。ARIMA 模型根据原序列是否平稳以及回归中所含部分的不同，包括移动平均过程（MA）、自回归过程（AR）、自回归移动平均过程（ARMA）以及 ARIMA 过程。

1. 平稳过程与非平稳过程

要考虑下列过程：$\gamma_t=\gamma_{t-1}+x_t$，这里 x_t 是一个平稳过程，均值 $\mu\neq0$，假设 $y_0=0$，就有 $\gamma_t=(\gamma_{t-2}+x_{t-1})+x_t=\cdots=x_1+x_2+\cdots+x_t$，因此 $E(y_t)=t\mu\neq0$，因此，$\{y_t\}$ 就有一个时间序列，它不是一个平稳过程。为了消除这个时间序列，考虑 y_t 的一阶拆分 $x_t=y_t-y_{t-1}$，它是一个平稳过程。作差分是把非平稳过程转换成平稳过程常用的方法。

如果上述模型中 x_t 是一个 ARIMA（p，q）过程，则称上述模型的 y_t 是一个自回归融合移动平均过程，记为 ARIMA（p，1，q）。若 x_t 是经过 d 阶差分后的一个 ARIMA（p，q）过程，那么 y_t 是一个 ARIMA（p，d，q）。

2. 非平稳时间序列模型的特点

不具有特定的长期均值；方差和自协方差不具有时间不变性；理论上，序列自相关函数不随滞后阶数的增加而衰减。

考点四　协整分析和误差修正模型（表 4－17）

表 4－17　　协整分析和误差修正模型

项　目	内　容
协整分析	协整是指某些时间序列是非平稳时间序列，但其线性组合却存在长期的均衡关系。具体来讲，对于两个时间序列 $\{x_t\}$ 和 $\{y_t\}$ 均为一阶单整序列（一阶单整序列是指非平稳时间序列经过一阶差分之后变为平稳序列），即 $x_t\sim I(1)$，$y_t\sim I(1)$，若存在一组非零常数 α_1 和 α_2，使得 $\alpha_1x_t+\alpha_2y_t\sim I(0)$，则称 x_t 和 y_t 之间存在协整关系
误差修正模型	误差修正模型是一种具有特定形式的计量经济学模型。误差修正模型的基本思想是，若变量间存在协整关系，则表明这些变量间存在着长期均衡关系，而这种长期均衡关系是在短期波动过程的不断调整下得以实现的。

续表

项　目	内　容
误差修正模型	由于大多数金融时间序列的一阶差分是平稳序列，受长期均衡关系的支配，这些变量的某些线性组合也可以是平稳的。即所研究变量中的各长期分量相互抵消，产生了一个平稳的时间序列，这是由于一种调节机制——所谓的误差修正机制在起作用，它防止长期均衡关系出现较大的偏差。因此，任何一组相互协整的时间序列变量都存在误差修正机制，通过短期调节行为，达到变量间长期均衡关系的存在。 如果 x_t 和 y_t 是协整的，则误差修正模型有以下基本形式： $\Delta X = m_1 + \rho_1 \mu_{t-1} + \sum_{i=1}^{K}(\alpha_{1i}\Delta X_{t-i} + \beta_{1i}\Delta Y_{t-i}) + v_{1t}$ $\Delta Y = m_2 + \rho_2 \mu_{t-1} + \sum_{i=1}^{K}(\alpha_{2i}\Delta X_{t-i} + \beta_{2i}\Delta Y_{t-i}) + v_{2t}$ 其中，v_{1t}，v_{2t} 是白噪声，ρ_1 和 ρ_2 是调节均衡偏差的幅度，同时它们中至少有一个不为零，k 为滞后期

【真题回顾】

单项选择题（以下备选项中只有一项符合题目要求）

为建立回归模型，将非稳定时间序列转换为稳定序列，需要(　　)。

A. 分差　　　　B. 差分

C. 分解　　　　D. 函数

【答案】 B

【解析】 本题考核的是非平稳时间序列 ARIMA 模型。作差分是把非平稳过程转换成平稳过程常用的方法。非平稳时间序列模型的特点：不具有特定的长期均值；方差和自协方差不具有时间不变性；理论上，序列自相关函数不随滞后阶数的增加而衰减。

【典型习题】

一、单项选择题（以下备选项中只有一项符合题目要求）

1. 对于两个时间序列 $\{x_t\}$ 和 $\{y_t\}$ 均为一阶单整序列（一阶单整序列是指非平稳时间序列经过一阶差分之后变为平稳序列），即 $x_t \sim I(1)$，$y_t \sim I(1)$，若存在一组非零常数 α_1 和 α_2，使得 $\alpha_1 x_t + \alpha_2 y_t \sim I(0)$，则称 x_t 和 y_t 之间存在(　　)。

A. 互补关系　　　　B. 协整关系

C. 依存关系　　　　D. 互修关系

2. 将同一统计指标的数值按其先后发生的时间顺序排列而成的数列是指(　　)。

A. 随机性时间序列　　B. 时间序列

C. 非随机性时间数列　　D. 平稳性时间序列

二、组合型选择题（以下备选项中只有一项最符合题目要求）

ARIMA 模型根据原序列是否平稳以及回归中所含部分的不同，包括（　）。

Ⅰ. 移动平均过程（MA）　　Ⅱ. 自回归过程（AR）

Ⅲ. 自回归移动平均过程（ARMA）　　Ⅳ. ARIMA 过程

A. Ⅰ、Ⅱ、Ⅲ　　B. Ⅰ、Ⅱ、Ⅳ

C. Ⅱ、Ⅲ、Ⅳ　　D. Ⅰ、Ⅱ、Ⅲ、Ⅳ

【参考答案】

一、单项选择题

1. B　　2. B

二、组合型选择题

D

第五节　常用统计软件及其应用

【考点归纳】

➢ 熟悉常用统计软件及其应用

【考点解读】

考点　常用统计软件及其应用（表 4－18）

表 4－18　　常用统计软件及其应用

项　目	内　容
SAS	SAS 系统具有十分完备的数据访问、数据管理、数据分析功能。SAS 系统是一个模块组合式结构的软件系统，共有 30 多个功能模块，其基本部分是 BASE SAS 模块。SAS 是用汇编语言编写而成的，通常使用 SAS 需要编写程序，比较适合统计专业人员使用
SPSS	SPSS 系统特点是操作比较方便，统计方法比较齐全，绘制图形、表格比较方便，输出结果比较直观。SPSS 是用 FORTRAN 语言编写而成，适合进行从事社会学调查中的数据分析处理

续表

项　目	内　容
EXCEL	EXCEL 电子表格是 Microsoft 公司推出的 Office 系列产品之一，是一个功能强大的电子表格软件。特点是对表格的管理和统计图制作功能强大，容易操作。Excel 的数据分析插件 XLSTAT，也能进行数据统计分析，但不足的是运算速度慢，统计方法不全
Minitab	Minitab 的特点是简单易懂，很方便进行试验设计及质量控制功能
Statistica	Statistica 为一套完整的统计资料分析、图表、资料管理、应用程式发展系统；美国 StatSoft 公司开发。能提供使用者所有需要的统计及制图程序，制图功能强大，能够在图表视窗中显示各种统计分析和作图技术
Eviews	使用 Eviews 可以迅速地从数据中寻找出统计关系，并用得到的关系去预测数据的未来值。Eviews 的应用范围包括：科学实验数据分析与评估、金融分析、宏观经济预测、仿真、销售预测和成本分析等

【真题回顾】

组合型选择题（以下备选项中只有一项最符合题目要求）

下列属于常用统计软件的有(　　)。

Ⅰ. SAS　　Ⅱ. SPSS

Ⅲ. Eviews　　Ⅳ. Minitab

A. Ⅲ、Ⅳ　　B. Ⅰ、Ⅲ、Ⅳ

C. Ⅰ、Ⅱ、Ⅲ、Ⅳ　　D. Ⅰ、Ⅱ

【答案】 C

【解析】 本题考核的是常用统计软件类型。常用的统计软件包括：Excel、SPSS、SAS、Minitab、Statistica、Eviews 等。

【典型习题】

一、单项选择题（以下备选项中只有一项符合题目要求）

EXCEL 电子表格的特点是(　　)。

A. 适合统计专业人员使用

B. 统计方法比较齐全

C. 运算速度慢，统计方法不全

D. 能提供使用者所有需要的统计及制图程序

二、组合型选择题（以下备选项中只有一项最符合题目要求）

SPSS 系统特点是(　　)。

Ⅰ. 操作比较方便　　Ⅱ. 统计方法比较齐全

Ⅲ. 绘制图形、表格较有方便　　　　Ⅳ. 输出结果比较直观

A. Ⅲ、Ⅳ　　　　B. Ⅰ、Ⅲ、Ⅳ

C. Ⅰ、Ⅱ、Ⅲ、Ⅳ　　　　D. Ⅰ、Ⅱ

【参考答案】

一、单项选择题

C

二、组合选择题

C

第五章　基本分析

第一节　宏观经济分析

【考点归纳】

- 熟悉宏观经济分析的信息来源。
- 熟悉宏观经济分析所需信息和数据的内容。
- 熟悉宏观经济分析信息和数据的质量要求。
- 熟悉宏观经济分析信息的收集与处理方法。
- 熟悉宏观经济分析的总量分析法和结构分析法。
- 熟悉长期分析和短期分析的应用与局限。
- 掌握国内生产总值的概念及计算方法。
- 掌握经济增长率的概念及计算方法。
- 掌握固定资产投资的概念及分类。
- 熟悉工业增加值、社会消费品零售总额的概念。
- 熟悉失业率与通货膨胀率的概念及衡量方式。
- 掌握居民消费价格指数与生产者价格指数的概念及计算方法。
- 掌握采购经理指数（PMI）的概念及应用。
- 掌握国际收支中商品贸易、资本流动的概念。
- 掌握主要的宏观经济政策。
- 熟悉宏观调控的手段和目标。
- 熟悉宏观调控对证券市场的影响。
- 熟悉主要的产业政策工具及其对证券市场的影响。
- 掌握主要的货币政策工具。
- 掌握货币供应量的三个层次。
- 掌握社会融资总量的含义与构成。
- 熟悉我国货币政策的传导机制。
- 掌握货币政策变动对实体经济和证券市场的影响。
- 掌握汇率的概念。

> ➢ 熟悉汇率制度及汇率变动对证券市场的影响。
> ➢ 熟悉外汇储备与外汇占款的含义。
> ➢ 了解货币当局和金融机构资产负债表的构成及含义。
> ➢ 了解利率和汇率市场化改革的方向。
> ➢ 了解资本账户改革方向。
> ➢ 掌握主要的财政政策工具。
> ➢ 掌握扩张性财政政策、中性财政政策和紧缩性财政政策对实体经济和证券市场的影响。
> ➢ 熟悉财政收支以及财政赤字或结余的概念。
> ➢ 熟悉主权债务的概念。
> ➢ 熟悉主权债务相关的分析预警指标。
> ➢ 掌握主要的税收制度。
> ➢ 掌握影响证券市场供给和需求的主要因素。
> ➢ 熟悉股市制度改革的方向。
> ➢ 熟悉股市制度变革对股市运行的影响。
> ➢ 熟悉国际金融市场环境对我国证券市场的影响

【考点解读】

考点一　宏观经济分析的信息来源、所需信息和数据的内容及意义（表5—1）

表5—1　宏观经济分析的信息来源、所需信息和数据的内容及意义

项　目	内　容
信息来源	（1）通过媒体（电视、广播、报纸、杂志等）了解世界经济动态与国内经济大事。 （2）政府部门与经济管理部门，省、市、自治区公布的各种经济政策、计划、统计资料和经济报告，各种统计年鉴等。如《中国统计年鉴》《中国经济年鉴》《经济白皮书》等。 （3）各主管公司、行业管理部门搜集和编制的统计资料。 （4）部门与企业内部的原始记录。 （5）各预测、情报和咨询机构公布的数据资料。 （6）国家领导人和有关部门、省市领导报告或讲话中的统计数字和信息等
所需信息和数据的内容	宏观分析信息包括政府的重点经济政策与措施、一般生产统计资料、金融物价统计资料、贸易统计资料、每年国民收入统计与景气动向、突发性非经济因素等。宏观经济分析指标具体包括：①国内生产总值；②失业率；③通货膨胀；④利率；⑤汇率等

续表

项　　目	内　　容
意义	包括：①判断证券市场的总体变动趋势；②把握整个证券市场的投资价值；③掌握宏观经济政策对证券市场的影响力度与方向；④了解转型背景下宏观经济对股市的影响不同于成熟市场经济，了解中国股市表现和宏观经济相背离的原因

考点二　宏观经济分析信息和数据的质量要求（表5—2）

表5—2　　宏观经济分析信息和数据的质量要求

项　　目		内　　容
宏观经济分析信息		数据资料是宏观分析与预测，尤其是定量分析预测的基础，无论是对历史与现状的总结，还是对未来的预测，都必须以它为依据
数据的质量要求	准确性	数据资料必须准确可靠，虚假的数据资料将导致得出不真实的结论
	系统性	数据资料要连续和系统，要有历史各期的统计数据资料。连续而系统的信息资料是分析比较、掌握经济运行规律的基础。支离破碎、零零散散的数据资料对于分析价值不大
	时间性	数据资料要新，要有近期和最新的数据资料。某些数据资料的时效性很强，搜集或处理不及时就会失去利用价值
	可比性	由于社会变革、经济变革、统计制度的变化、物价涨落，及行政区划、企业归属、市场供应范围的改变等原因，常使历史统计数据不可比，直接使用这些数据将造成很大的误差。因此必须对不可比数据调整口径或进行单位换算，使之具有可比性
	适用性	许多数据资料虽然符合上述四项标准，但与分析目标无关，如果把它们搜集进来，不仅浪费时间和精力，而且不利于提高分析的效率与精确度

考点三　宏观经济分析信息的收集与处理方法（表5—3）

表5—3　　宏观经济分析信息的收集与处理方法

项　　目	内　　容
宏观经济分析信息的收集	进行宏观分析时，各项数据必须口径一致，否则就不能用于直接比较，因此必须对这些数据进行处理。另外，由于一些特殊原因，在搜集到的数据中往往包含一些异常数据，如果直接把这些异常数据用于分析，就会影响分析的结果，得出不确切的结论，不能反映在正常情况下经济运行的规律，因而也需要进行处理加工

续表

项目		内容
宏观经济分析信息的处理方法	对不可比数据的处理方法	(1) 由于国家政策法规造成数据统计口径不一致，可以更换分析指标或舍弃部分信息。 (2) 因价格因素造成的统计数据不可比，通过价格折算剔除价格影响
	对异常数据的处理方法	在进行分析时应将异常值剔除。 当数据较少时，不适合采用剔除法。可以利用平均值法，即将异常值前后相邻两期数据的算术平均值作为当期修正值

考点四　宏观经济分析的总量分析法和结构分析法（表5—4）

表5—4　宏观经济分析的总量分析法和结构分析法

项目	内容
总量分析法	总量分析法就是指对宏观经济运行总量指标的影响因素及其变动规律进行分析，如对国民生产总值、消费额、投资额、银行贷款总额及物价水平的变动规律的分析等，进而说明整个经济的状态和全貌。总量分析主要是一种动态分析，因为它主要研究总量指标的变动规律。同时，也包括静态分析，因为总量分析包括考察同一时期内各总量指标的相互关系，如投资额、消费额和国民生产总值的关系等
结构分析法	结构分析法是指对经济系统中各组成部分及其对比关系变动规律的分析。如国民生产总值中三种产业的结构及消费和投资的结构分析、经济增长中各因素作用的结构分析等。结构分析主要是一种静态分析，即对一定时间内经济系统中各组成部分变动规律的分析。如果对不同时期内经济结构变动进行分析，则属动态分析
总量分析法和结构分析法的联系	二者是相互联系的。总量分析侧重于总量指标速度的考察，侧重分析经济运行的动态过程；结构分析侧重于对一定时期经济整体中组成部分相互关系的研究，侧重分析经济现象的相对静止状态。总量分析方法重要，但它需要结构分析来深化和补充，而结构分析要服从于总量分析指标。为使经济正常运行，需要对经济运行进行全面把握，将总量分析方法与结构分析方法结合起来使用

考点五　长期分析和短期分析的应用与局限（表5—5）

表5—5　长期分析和短期分析的应用与局限

项目		内容
凯恩斯把预期分为两种形式	短期预期	短期预期，也就是对于价格的预期，即“制造者在开始一生产过程，以生产某产品时预测此产品制成时，其售价为何”
	长期预期	长期预期，是关于未来报酬之预期。凯恩斯对长期预期又作了进一步分析，研究了长期预期状态

续表

项　目	内　容
应用与局限	凯恩斯认为人们用以推测未来收益者，一部分为现有事实，这一部分容易为人们确知；另一部分为未来发展，未来发展只能预测，作此预测的信心也有大小不同。而长期预期状态系指这样一些心理预期状态的总称："未来资本之类型与数量、消费者之嗜尚、有效需求之强度、工资单位（以货币计算）之大小——这种种因素，在目前考虑中的投资品之寿命这段时间以内，可能有些什么变化"

考点六　国内生产总值的概念、表现形态及计算方法（表5－6）

表5－6　国内生产总值的概念、表现形态及计算方法

项　目		内　容
概念		国内生产总值是指一个国家或地区所有常住居民在一定时期内生产活动的最终成果。常住居民是指居住在本国的公民、暂居外国的本国公民和长期居住在本国但未加入本国国籍的居民
表现形态		国内生产总值有3种表现形态，即价值形态、收入形态和产品形态。从价值形态看，它是所有常住单位在一定时期内所生产的全部货物和服务价值超过同期投入的全部非固定资产货物和服务价值的差额；从收入形态看，它是所有常住单位在一定时期内所创造并分配给常住单位和非常住单位的初次分配收入之和；从产品形态看，它是所有常住居民在一定时期内最终使用的货物和服务价值与货物和服务净出口价值之和
计算方法	生产法	GDP＝劳动者报酬＋生产税净额＋固定资产折旧＋营业盈余
	收入法（较为常用）	GDP＝工资＋利息＋利润＋租金＋间接税和企业转移支付＋折旧 或　GDP＝生产要素的收入＋非生产要素的收入
	支出法（较为常用）	$GDP=C+I+G+(X-M)$ 式中：C为消费（即常住居民的个人消费。其中，所有房屋，包括居民住房的购买，都属于固定资本形成，而不属于消费性支出）；I为投资（包括净投资与折旧）；G为政府支出（包括政府购买，但不包括政府转移支付，以避免重复计算）；X为出口；M为进口；$(X-M)$为净出口

考点七　经济增长率的概念及计算方法

经济增长率是指国民收入的增长率，尤其是国内生产总值（GDP）的增长率。用Y_t表示t时期的总产量，Y_{t-1}表示（$t-1$）时期的总产量，则增长率公式为：

$$g_Y=\frac{Y_t-Y_{t-1}}{Y_{t-1}}$$

考点八　固定资产投资的概念及分类（表5－7）

表5－7　固定资产投资的概念及分类

项目		内容
概念		固定资产投资是建造和购置固定资产的经济活动，即固定资产再生产活动
分类	按类型分类	全社会固定资产投资按经济类型可分为国有经济单位投资、城乡集体经济单位投资、其他各种经济类型的单位投资和城乡居民个人投资
	按现行管理体制分类	按照现行管理体制，全社会固定资产投资总额分为基本建设、更新改造、房地产开发投资和其他固定资产投资四个部分

考点九　工业增加值、社会消费品零售总额（表5－8）

表5－8　工业增加值、社会消费品零售总额

评价宏观经济形势的指标	具体内容
工业增加值	是指工业行业在报告期内以货币表现的工业生产活动的最终成果，是衡量国民经济的重要统计指标之一。 计算方法：生产法、收入法
社会消费品零售总额	是指在国民经济各行业通过多种商品流通渠道向城乡居民和社会集团供应的消费品总额。按销售对象划分，有对居民的、对社会集团的消费品零售额

考点十　失业率与通货膨胀率的概念及衡量方式（表5－9）

表5－9　失业率与通货膨胀率的概念及衡量方式

项目	内容
失业率	失业率是指劳动力人口中失业人数所占的百分比。劳动力人口是指年龄在16岁以上具有劳动能力的人的全体。 城镇登记失业率＝城镇登记失业人数/（城镇从业人数＋城镇登记失业人数）
通货膨胀率	通货膨胀是指一般物价水平持续、普遍、明显的上涨。对通货膨胀的衡量可以通过对一般物价水平上涨幅度的衡量来进行。一般说来，常用的指标有：零售物价指数、生产者价格指数、国民生产总值物价平减指数等。零售物价指数又称消费物价指数（CPI）或生活费用指数，反映消费者为购买消费品而付出的价格的变动情况；生产者价格指数（PPI）是衡量工业企业产品出厂价格变动趋势和变动程度的指数，是反映某一时期生产领域价格变动情况的重要经济指标；国民生产总值物价平减指数则是按当年不变价格计算的国民生产总值与按基年不变价格计算的国民生产总值的比率。一般说来，在衡量通货膨胀时，零售物价指数使用得最多、最普遍。 根据通货膨胀率的不同分为：温和的（通货膨胀率低于10%）、严重的（两

续表

项　　目	内　容
通货膨胀率	位数的通货膨胀）、恶性的（三位数以上的通货膨胀）通货膨胀。 传统理论解释通货膨胀产生的原因有三种：需求拉上的通货膨胀、成本推进的通货膨胀、结构性通货膨胀。通货膨胀一般通过收入和财产的再分配以及通过改变产品产量与类型影响经济等方式影响到经济。通货膨胀对社会经济产生的影响主要有：引起收入和财富的再分配，扭曲商品相对价格，降低资源配置效率，引发泡沫经济乃至损害一国的经济基础和政权基础。治理通货膨胀的方法：紧缩性货币政策、收入政策和收入指数化政策

考点十一　居民消费价格指数与生产者价格指数的概念及计算方法（表 5—10）

表 5—10　　居民消费价格指数与生产者价格指数的概念及计算方法

项　　目	内　　容
居民消费价格指数（CPI）	CPI 是反映消费者为购买消费品而付出的价格的变动情况。 计算 CPI 是确定一个固定的代表平均水平的一篮子商品和服务，并根据其当前价值除以基准年份的价值，则 t 年 CPI 表示为： $$\mathrm{CPI}_t = \frac{\sum_i^N P_{it} \times q_i^*}{\sum_i^N P_i^* \times q_i^*}$$ 式中　P_{it}——t 年第 i 最终商品或服务的价格； q_i^*——一篮子中第 i 最终商品或服务的数量； P_i^*——基准年第 i 最终商品或服务的价格； 通货膨胀率（π_i^{CPI}）是 CPI 在两个时期之间的变化率： $$\pi_i^{\mathrm{CPI}} = \frac{\mathrm{CPI}_t - \mathrm{CPI}_{t-1}}{\mathrm{CPI}_{t-1}}$$ CPI 的修正与补充： （1）对基期和权重进行调整。 （2）计算核心 CPI。核心 CPI 被认为是衡量通货膨胀的最佳指标，是指将受气候和季节因素影响较大的产品价格剔除之后的居民消费物价指数，由美国经济学家戈登于 1975 年提出，其含义代表消费价格长期趋势。 （3）计算不同消费层次的物价指数。 PPI 的上涨反映了生产者价格的提高，相应地生产者的生产成本增加，其最终会转嫁到消费者身上，导致 CPI 的上涨。 PPI 向 CPI 的传导途径：①以工业品为原材料的生产，存在“原材料—生产资料—生活资料”的传导；②以农产品为原料的生产，存在“农业生产资料—农产品—食品”的传导
生产者价格指数（PPI）	生产者价格指数（PPI）是衡量工业企业产品出厂价格变动趋势和变动程度的指数，是反映某一时期生产领域价格变动情况的重要经济指标。 我国生产者价格指数（PPI）的计算方法采用国际通行的链式拉氏公式，与 CPI 的计算方法一致。PPI 是衡量通货膨胀的潜在性指标

考点十二　采购经理指数（PMI）的概念及应用（表5—11）

表5—11　　采购经理指数（PMI）的概念及应用

项　目	内　容
概念	采购经理指数（PMI）是根据企业采购与供应经理的问卷调查数据而编制的月度公布指数
应用	制造业PMI是一个综合指数，由5个扩散指数（分类指数）加权计算而成。5个分类指数及其权数是依据其对经济的先行影响程度确定的，具体包括：①新订单指数，权数为30%；②生产量指数，权数为25%；③从业人员指数，权数为20%；④供应商配送指数，权数为15%；⑤原材料库存指数，权数为10%。中国制造业采购经理人指数（PMI）由国家统计局和中国物流与采购联合会合作编制，在每月的第1个工作日定期发布。 PMI具有明显的先导性，是经济先行指标，是国际上通行的宏观经济监测指标体系之一，对国家经济活动的监测和预测具有重要作用。通常以50%作为经济强弱的分界点，PMI高于50%，反映制造业经济扩张；低于50%，则反映制造业经济衰退

考点十三　国际收支中商品贸易、资本流动的概念（表5—12）

表5—12　　国际收支中商品贸易、资本流动的概念

项　目	内　容
国际收支中商品贸易	国际收支一般是一国居民在一定时期内与非本国居民在政治、经济、军事、文化及其他往来中所产生的全部交易的系统记录。国际收支主要反映如下： （1）一国与他国之间的商品、劳务和收益等交易行为； （2）该国持有的货币、黄金、特别提款权的变化以及与他国债权、债务关系的变化； （3）凡不需要偿还的单方转移项目和相应的科目，由于会计上必须用来平衡的尚未抵消的交易
资本流动	国际收支包括经常项目和资本项目。经常项目主要反映一国的贸易和劳务往来状况，包括贸易收支（也就是通常的进出口）、劳务收支（如运输、港口、通讯和旅游等）和单方面转移（如侨民汇款、无偿援助和捐赠、国际组织收支等），是最具综合性的对外贸易的指标。资本项目则集中反映一国同国外资金往来的情况，反映一国利用外资和偿还本金的执行情况。资本项目一般分为长期资本和短期资本。长期资本是指合同规定偿还期超过1年的资本或未定偿还期的资本（如公司股本），其主要形式有直接投资、政府和银行的长期借款及企业信贷等。短期资本指即期付款的资本和合同规定借款期为1年或1年以下的资本

考点十四　主要的宏观经济政策

宏观经济政策是指政府有意识有计划地运用一定的政策工具，调节控制宏观经济运行，以达到一定的政策目标。严格地说，宏观经济政策是指财政政策和货币政策，以及收入分配政策和对外经济政策。

考点十五　宏观调控的手段和目标（表 5－13）

表 5－13　　宏观调控的手段和目标

项　目	内　容
财政政策手段	主要包括国家预算、税收、园债、财政补贴、财政管理体制、转移支付制度等
货币政策手段	货币政策是政府重要的宏观经济政策，中央银行通常采用存款准备金制度、再贴现政策、公开市场业务等货币政策手段调控货币供应量，从而实现发展经济、稳定货币等政策目标。
目标	宏观经济政策的主要目标有四个：促进经济增长，增加就业，稳定物价，保持国际收支平衡。其中各目标之间的关系：促进经济增长对增加就业、保持国际收支平衡有着决定性意义；增加就业、稳定物价、保持国际收支平衡可以促进经济的发展，保持社会稳定，维护国家独立和主权；促进经济增长是国家宏观调控的最主要的任务和目标

考点十六　宏观调控对证券市场的影响（表 5－14）

表 5－14　　宏观调控对证券市场的影响

项　目		内　容
宏观经济运行对证券市场的影响	企业经济效益	无论从长期看还是从短期看，宏观经济环境是影响公司生存、发展的最基本因素。公司的经济效益会随着宏观经济运行周期、宏观经济政策、利率水平和物价水平等宏观经济因素的变动而变动
宏观经济运行对证券市场的影响	居民收入水平	在经济周期处于上升阶段或在提高居民收入政策的作用下，居民收入水平提高将会在一定程度上拉动消费需求，从而增加相关企业的经济效益。另外，居民收入水平的提高也会直接促进证券市场投资需求的提高
宏观经济运行对证券市场的影响	投资者对股价的预期	当宏观经济趋好时，投资者预期公司效益和自身的收入水平会上升，证券市场自然人气旺盛，从而推动市场平均价格走高；反之，则会令投资者对证券市场信心下降
宏观经济运行对证券市场的影响	资金成本	当国家经济政策发生变化，如采取调整利率水平、实施消费信贷政策、征收利息税等政策，居民、单位的资金持有成本将随之变化。如利率水平的降低和征收利息税的政策，将会促使部分资金由银行储蓄变为投资，从而影响证券市场的走向
宏观经济变动对证券市场的影响	国内生产总值（GDP）变动	国内生产总值（GDP）是一国经济成就的根本反映。从长期看，在上市公司的行业结构与该国产业结构基本一致的情况下，股票平均价格的变动与 GDP 的变化趋势是相吻合的。证券市场一般提前对 GDP 的变动作出反应。也就是说，证券市场是反映预期的 GDP 变动，而 GDP 的实际变动被公布时，证券市场只反映实际变动与预期变动的差别，因而对 GDP 变动进行分析时必须着眼于未来。这是最基本的原则

续表

项目		内容
宏观经济变动与证券市场波动的关系	经济周期变动	经济周期是一个连续不断的过程，表现为扩张和收缩的交替出现。经济总是处在周期性运动中；收集有关宏观经济资料和政策信息，随时注意经济发展动向；把握经济周期，认清经济形势
	通货变动	通货变动包括通货膨胀和通货紧缩。 （1）通货膨胀对证券市场的影响。通货膨胀对证券市场特别是个股的影响，没有一成不变的规律可循，完全可能产生反方向影响，所以应具体情况具体分析。 （2）通货紧缩对证券市场的影响。通货紧缩将损害消费者和投资者的积极性，造成经济衰退和经济萧条，与通货膨胀一样不利于币值稳定和经济增长。通货紧缩带来的经济负增长，使得股票、债券及房地产等资产价格大幅下降，银行资产状况严重恶化，同时经济危机与金融萧条的出现反过来又大大影响了投资者对证券市场走势的信心

考点十七　主要的产业政策工具及其对证券市场的影响（表 5—15）

表 5—15　　主要的产业政策工具及其对证券市场的影响

项目		内容
产业结构政策	概念	产业结构政策是选择行业发展重点的优先顺序的政策措施，其目标是促使行业之间的关系协调、社会资源配置更合理，使产业结构高级化
	产业结构长期构想	根据现阶段发展水平和进一步发展的要求，遵循产业发展演变的规律，提出在较长一段时期内产业发展的目标和方向
	对战略产业的保护和扶植	对战略产业的保护和扶植政策是产业结构政策的重点。所谓战略产业，一般是指具有较高需求弹性和收入弹性、能够带动国民经济其他部门发展的产业
	对衰退产业的调整和援助	对衰退产业的调整和援助政策主要包括限制进口、财政补贴、减免税等。对衰退产业及时进行救援和调整，有利于减少经济损失、避免社会动乱
产业组织政策	概念	产业组织政策是调整市场结构和规范市场行为的政策，以“反对垄断、促进竞争、规范大型企业集团、扶持中小企业发展”为主要核心，其目的在于实现同一产业内企业组织形态和企业间关系的合理化。所谓同一产业是指具相同使用功能和替代功能的产品或劳务的集合，实质上就是具有竞争关系的卖方企业的集合
	市场秩序政策	其目的在于鼓励竞争、限制垄断
	产业合理化政策	其目的在于确保规模经济的充分利用，防止过度竞争
	产业保护政策	其目的在于减小国外企业对本国幼稚产业的冲击。我国有关外商投资的产业政策中，对外商投资方式的限制规定在一定程度上起到了对本国部分产业内的现有企业进行保护的作用

续表

项　　目	内　　容
产业技术政策	产业技术政策是促进产业技术进步的政策，是产业政策的重要组成部分。它主要包括两方面内容： (1) 产业技术结构的选择和技术发展政策。主要涉及制定具体的技术标准，规定各产业的技术发展方向，鼓励采用先进技术等方面； (2) 促进资源向技术开发领域投入的政策。主要包括技术引进政策、促进技术开发政策和基础技术研究的资助与组织政策
产业布局政策	产业布局是产业存在和发展的空间形式。产业布局政策的目标是实现产业布局的合理化。产业布局政策一般遵循以下原则： (1) 经济性原则，即保证那些投资效率高、经济效益好、发展速度快的地区优先发展； (2) 合理性原则，即鼓励各地区根据自身资源、经济、技术条件，发展具有相对优势的产业； (3) 协调性原则，即促进地区间的经济、技术交流，形成合理的分工协作体系； (4) 平衡性原则，即在加快先进地区发展的同时，逐步缩小先进地区与落后地区的差距

考点十八　主要的货币政策工具（表 5—16）

表 5—16　主要的货币政策工具

项　　目		内　　容
概念		货币政策工具是指中央银行为实现货币政策目标所采用的政策手段。货币政策工具可分为一般性政策工具（包括法定存款准备金率、再贴现政策、公开市场业务）和选择性政策工具（包括直接信用控制、间接信用指导等）
一般性政策工具	法定存款准备金率	法定存款准备率是指中央银行规定的金融机构为保证客户提取存款和资金清算需要而准备的在中央银行的存款占其存款总额的比例。当中央银行提高法定存款准备金率时，商业银行可运用的资金减少，贷款能力下降，货币乘数变小，市场货币流通量便会相应减少。所以，在通货膨胀时，中央银行可提高法定准备金率；反之，则降低法定准备金率
一般性政策工具	再贴现政策	再贴现政策是指中央银行对商业银行用持有的未到期票据向中央银行融资所作的政策规定。再贴现政策一般包括再贴现率的确定和再贴现的资格条件。再贴现率主要着眼于短期政策效应
一般性政策工具	公开市场业务	在多数发达国家，公开市场业务操作是中央银行吞吐基础货币、调节市场流动性的主要货币政策工具，通过中央银行与指定交易商进行有价证券和外汇交易，实现货币政策调控目标。中国公开市场业务包括人民币操作和外汇操作两部分

续表

项目		内容
选择性政策工具	直接信用控制	直接信用控制是指以行政命令或其他方式，直接对金融机构尤其是商业银行的信用活动进行控制。其具体手段包括：规定利率限额与信用配额、信用条件限制，规定金融机构流动性比率和直接干预等
	间接信用指导	间接信用指导是指中央银行通过道义劝告、窗口指导等办法间接影响商业银行等金融机构行为的做法

考点十九　货币供应量的三个层次（表5—17）

表5—17　货币供应量的三个层次

项目	内容
货币供应量	货币供应量是单位和居民个人在银行的各项存款和手持现金之和，其变化反映了中央银行货币政策的变化，对企业生产经营、金融市场尤其是证券市场的运行和居民个人的投资行为有着重大的影响。中央银行一般根据宏观监测和宏观调控的需要，根据流动性的大小将货币供应量划分为不同的层次
货币供应量的三个层次	我国现行货币统计制度将货币供应量划分为三个层次： （1）流通中现金（M_0），指单位库存现金和居民手持现金之和，其中“单位”指银行体系以外的企业、机关、团体、部队、学校等单位； （2）狭义货币供应量（M_1），指 M_0 加上单位在银行的可开支票进行支付的活期存款； （3）广义货币供应量（M_2），指 M_1 加上单位在银行的定期存款和城乡居民个人在银行的各项储蓄存款以及证券公司的客户保证金

考点二十　社会融资总量的含义与构成（表5—18）

表5—18　社会融资总量的含义与构成

项目	内容
概念	社会融资总量是全面反映金融与经济关系，以及金融对实体经济资金支持的总量指标。社会融资总量是指一定时期内（每月、每季或每年）实体经济从金融体系获得的全部资金总额
内涵	（1）金融机构通过资金运用对实体经济提供的全部资金支持。 （2）实体经济利用规范的金融工具、在正规金融市场、通过金融机构服务所获得的直接融资。 （3）其他融资
构成	社会融资总量＝人民币各项贷款＋外币各项贷款＋委托贷款＋信托贷款＋银行承兑汇票＋企业债券＋非金融企业股票＋保险公司赔偿＋保险公司投资性房地产＋其他

考点二十一 我国货币政策的传导机制（表5—19）

表5—17 我国货币政策的传导机制

项目	内容
利率传递途径	货币供应量M↑→实际利率水平i↓→投资I↑→总产出Y↑
信用传递途径	货币供应量M↑→贷款供给L↑→投资I↑→总产出Y↑
非货币资产价格传递途径	货币供应量M↑→实际利率i↓→资产（股票）价格P↑→投资I↑→总产出Y↑
汇率传递途径	货币供应量M↑→实际利率i↓→汇率E↓→净出口NX↑→总产出Y↑

考点二十二 货币政策变动对实体经济和证券市场的影响（表5—20）

表5—20 货币政策变动对实体经济和证券市场的影响

项目	内容
货币政策变动对实体经济的影响	（1）通过调控货币供应总量保持社会总供给与总需求的平衡。 （2）通过调控利率和货币总量控制通货膨胀，保持物价总水平的稳定。 （3）调节国民收入中消费与储蓄的比例。 （4）引导储蓄向投资的转化并实现资源的合理配置
货币政策变动对证券市场的影响	（1）利率。中央银行调整基准利率的高低，对证券价格产生影响。一般来说，利率下降时，股票价格就上升；而利率上升时，股票价格就下降。 （2）中央银行的公开市场业务对证券价格的影响。当政府倾向于实施较为宽松的货币政策时，会推动股票价格上涨；当政府实施较为紧缩的货币政策时，股票价格将下跌。 （3）调节货币供应量对证券市场的影响。中央银行可以通过法定存款准备金率和再贴现政策调节货币供应量。中央银行降低法定存款准备金率或降低再贴现率，通常都会导致证券市场行情上扬，反之，会导致证券市场下跌。 （4）选择性货币政策工具对证券市场的影响。当直接信用控制或间接信用指导降低贷款限额、压缩信贷规模时，证券市场行情呈下跌走势，但如果在从紧的货币政策前提下，实行总量控制，通过直接信用控制或间接信用指导区别对待，紧中有松，那么一些优先发展的产业和国家支柱产业以及农业、能源、交通、通信等基础产业及优先重点发展的地区的证券价格则可能不受影响，甚至逆势而上

考点二十三 汇率的概念

汇率是指一国货币兑换另一国货币的比率，两种不同货币之间的折算比率。

考点二十四　汇率制度及汇率变动对证券市场的影响（表5－21）

表5－21　　汇率制度及汇率变动对证券市场的影响

项　目		内　容
汇率制度	自由浮动汇率	自由浮动汇率制度是指汇率由货币的供求关系决定，央行不对外汇市场实施任何干预措施，市场参与者根据物价水平变化、利差、经济增长和其他相关的变量决定买卖外汇。在自由浮动汇率制度下，汇率往往很不稳定
	有管理的浮动汇率	我国的汇率制度为有管理的浮动汇率制度。央行干预是避免汇率大幅度波动的手段，主要有三种干预措施：①一些中央银行的干预目标是平滑日常的波动，它们偶尔进入市场，但不会尝试干预货币的基本趋势。②逆经济风向而行。这种干预意在推延而非抵抗货币的基本趋势。③非官方盯住，指的是央行通过对市场的干预使汇率变化不得超出官方非公开的汇价上下限
	目标区间管理	在该种制度下，一个国家的中央银行将调整其货币政策以保持汇率在一个以中心汇率为基准上下浮动的区间内。该制度降低了由汇率波动造成的不稳定性。该制度的可信性是中央银行在面临偏离目标区间的威胁时维护汇率的意愿和能力
	固定汇率	在该制度下，政府将汇率维持在某一个目标水平。该体系说明各国货币政策必须保持一致，其缺点是缺乏灵活性，优点是经济活动的不确定性减少了，一个想稳定其物价的高通货膨胀国家可以选择加入固定汇率体系来恢复央行的信誉
汇率变动对证券市场的影响		一国的经济越开放，证券市场的国际化程度越高，证券市场受汇率的影响越大。这里汇率用单位外币的本币标值来表示。 （1）以外币为基准，汇率上升，本币贬值，本国产品竞争力强，出口型企业将增加收益，因而企业的股票和债券价格将上涨；相反，依赖于进口的企业成本增加，利润受损，股票和债券的价格将下跌。 （2）汇率上升，本币贬值，将导致资本流出本国，资本的流失将使得本国证券市场需求减少，从而市场价格下跌。 （3）汇率上升时，本币表示的进口商品价格提高，进而带动国内物价水平上涨，引起通货膨胀。通货膨胀对证券市场的影响需根据当时的经济形势和具体企业以及政策行为进行分析

考点二十五　外汇储备与外汇占款的含义（表5－22）

表5－22　　外汇储备与外汇占款的含义

项　目	内　容
外汇储备	外汇储备是一国对外债权的总和，用于偿还外债和支付进口，是国际储备的一种。一国当前持有的外汇储备是以前各时期一直到现期为止的国际收支顺差的累计结果。一国的国际储备除了外汇储备外，还包括黄金储备、特别提款权和在国际货币基金组织（IMF）的储备头寸。我国后两者所占比例较低，国际储备主要由黄金和外汇储备构成。在一个时期内，国际储备中可能

续表

项　目	内　容
外汇储备	发生较大变动的主要是外汇储备。外汇储备的变动是由国际收支产生差额引起的。在国际收支账户中，经常账户和资本账户都会产生差额，但如果两者方向不同，就会相互抵消。只有在国际收支账户上的所有项目综合起来产生综合差额，才会引起国际储备变动特别是外汇储备变动
外汇占款	外汇占款是指受资国中央银行收购外汇资产而相应投放的本国货币。 外汇占款具有的含义：一是中央银行在银行间外汇市场中收购外汇所形成的人民币投放；二是统一考虑银行柜台市场与银行间外汇市场两个市场的整个银行体系（包括央行和商业银行）收购外汇所形成的向实体经济的人民币资金投放。其中前一种外汇占款属于央行购汇行为，反映在中央银行资产负债表中。后一种外汇占款属于整个银行体系（包括中央银行与商业银行）的购汇行为，反映在全部金融机构人民币信贷收支表中。两种含义的外汇占款对国内的人民币货币、资金各有不同的影响。具体表现为： （1）中央银行购汇→形成央行所持有的外汇储备→投放基础货币； （2）整个银行体系购汇→形成全社会外汇储备→形成社会资金投放

考点二十六　货币当局和金融机构资产负债表的构成及含义（表5－23）

表5－23　　货币当局和金融机构资产负债表的构成及含义

项　目	内　容
货币当局的资产负债表	与一般的微观经济体相比，银行机构的自有资金占其总资产形成比率极低，由此，银行机构的资金来源业务统称负债业务。 在中央银行（亦称货币当局）的资产负债表中，资产项下的主要容是：①国外资产：外汇（储备）、货币黄金、其他国外资产；②对政府债权：对中央政府债权；③对其他存款性公司债权；④对其他金融性公司债权；⑤对非金融性公司债权；⑥其他资产。 而其负债项下的主要内容是：①储备货币：货币发行、金融性公司存款（其他存款性公司、其他金融性公司）；②不计入储备货币的金融性公司存款；③发行债券；④国外负债；⑤政府存款；⑥自有资金；⑦其他负债
金融机构资产负债表	资产负债表是反映企业在某一特定日期财务状况的会计报表，它表明权益在某一特定日期所拥有或控制的经济资源、所承担的现有义务和所有者对净资产的要求权。我国资产负债表按账户式反映，即资产负债表分为左方和右方，左方列示资产各项目，右方列示负债和所有者权益各项目。总资产＝负债＋净资产（资本、股东权益、所有者权益），即资产各项目的合计等于负债和所有者权益各项目的合计。通过账户式资产负债表，可以反映资产、负债和所有者权益之间的内在关系，并达到资产负债表左方和右方平衡。同时，资产负债表还提供年初数和期末数的比较资料

考点二十七 利率和汇率市场化改革的方向（表5—24）

表5—24 利率和汇率市场化改革的方向

项目	内容
利率市场化改革	(1) 在利率制度方面，国家应尽早建立并完善利率决定机制以及利率风险管理制度，保证利率决定机制在最大程度的灵活性和自主性的基础上实现利率风险水平的最小化。 (2) 在金融市场方面，国家应努力朝着建立统一、开放、竞争、有序的金融体系的目标迈进，为市场上的各类竞争主体提供一个尽可能公平、公正的投融资环境，从而为利率市场化改革的最终实现创造条件。 (3) 在规范微观主体行为方面，应首先解决长期以来困扰我国经济发展的问题，加速国有企业改革，逐步建立和完善现代企业管理制度，同时进一步推进国有商业银行的改革进程，在产权制度和银行治理结构等方面加大改革力度
汇率市场化改革	(1) 人民币汇率浮动幅度要提高，汇率变化的频率要增加。 (2) 培育新颖的外汇市场，将外汇储备疏导到外汇市场，推进藏汇于民。 (3) 外汇管理政策从“奖入限出”改为“限入奖出”
我国利率市场化改革的总体思路	先放开货币市场利率和债券市场利率，再逐步推进存、贷款利率市场化。存、贷款利率放开的顺序为“先外币、后本币；先贷款、后存款；先长期、大额，后短期、小额”

考点二十八 资本账户改革方向

资本金账户是记录资本的国际流动。资本账户是指用以核算和监督投资者投入的资本或留存收益的增减变动及其结存情况的账户。

资本账户改革的方向为资本项目可兑换。资本账户开放意味着更少的政府干预，但并不是完全取消所有的管制。

考点二十九 主要的财政政策工具（表5—25）

表5—25 主要的财政政策工具

项目	内容
国家预算	国家预算是财政政策的主要手段。作为政府的基本财政收支计划，国家预算能够全面反映国家财力规模和平衡状态，并且是各种财政政策手段综合运用结果的反映，因而在宏观调控中具有重要的作用。国家预算收支的规模和收支平衡状态可以对社会供求的总量平衡产生影响。在一定时期，当其他社会需求总量不变时，财政赤字具有扩张社会总需求的功能，财政采用结余政策和压缩财政支出具有减少社会总需求的功能。 国家预算的支出方向可以调节社会总供求的结构平衡。财政投资主要运用于能源、交通及重要的基础产业、基础设施的建设，财政投资的多少和投资方向直接影响和制约国民经济的部门结构，因而具有造就未来经济结构框架的功能，也有矫正当期结构失衡状态的功能

续表

项　目	内　容
税收	税收是国家凭借政治权力参与社会产品分配的重要形式。税收具有强制性、无偿性和固定性的特征，它既是筹集财政收入的主要工具，又是调节宏观经济的重要手段。税制的设置可以调节和制约企业间的税负水平。税收还可以根据消费需求和投资需求的不同对象设置税种或在同一税种中实行差别税率，以控制需求数量和调节供求结构。进口关税政策和出口退税政策对于国际收支平衡具有重要的调节功能
国债	国债是国家按照有偿信用原则筹集财政资金的一种形式，也是实现政府财政政策、进行宏观调控的重要工具。国债可以调节国民收入的使用结构和产业结构，用于农业、能源、交通和基础设施等国民经济的薄弱部门和瓶颈产业的发展，调整固定资产投资结构，促进经济结构的合理化。政府还可以通过发行国债调节资金供求和货币流通量。另外，国债的发行对证券市场资金的流向格局也有较大影响。如果一段时间内，国债发行量较大且具有一定的吸引力，将会分流证券市场的资金
财政补贴	财政补贴是国家为了某种特定需要，将一部分财政资金无偿补助给企业和居民的一种再分配形式。我国财政补贴主要包括价格补贴、企业亏损补贴、财政贴息、房租补贴、职工生活补贴和外贸补贴等
财政管理体制	财政管理体制是中央与地方、地方各级政府之间以及国家与企事业单位之间资金管理权限和财力划分的一种根本制度，其主要功能是调节各地区、各部门之间的财力分配
转移支付制度	转移支付制度是中央财政将集中的一部分财政资金，按一定的标准拨付给地方财政的一项制度。其主要功能是调整中央政府与地方政府之间的财力纵向不平衡，调整地区间财力横向不平衡

考点三十　财政政策的种类及对实体经济和证券市场的影响

财政政策分为扩张性财政政策、紧缩性财政政策和中性财政政策。紧缩财政政策将使得过热的经济受到控制，证券市场也将走弱，预示着未来经济将减速增长或走向衰退；而扩张性财政政策将刺激经济发展，证券市场则将走强，预示着未来经济将加速增长或进入繁荣阶段。

实施积极财政政策对证券市场的影响有：

（1）减少税收，降低税率，扩大减免税范围。

（2）扩大财政支出，加大财政赤字。

（3）减少国债发行（或回购部分短期国债）。

（4）增加财政补贴。

紧缩财政政策的经济效应及其对证券市场的影响与上述情况相反。

考点三十一　财政收支以及财政赤字或结余的概念（表5—26）

表5—26　财政收支以及财政赤字或结余的概念

项　目	内　容
财政收入	财政收入指国家财政参与社会产品分配所取得的收入，是实现国家职能的财力保证。财政收入的内容几经变化，目前主要包括： （1）各项税收：增值税、营业税、消费税、土地增值税、城市维护建设税、资源税、城市土地使用税、印花税、个人所得税、企业所得税、关税、农牧业税和耕地占用税等。 （2）专项收入：征收排污费收入、征收城市水资源费收入、教育费附加收入等。 （3）其他收入：基本建设贷款归还收入、基本建设收入、捐赠收入等。 （4）国有企业计划亏损补贴。这项为负收入，冲减财政收入
财政支出	财政支出是指国家财政将筹集起来的资金进行分配使用，以满足经济建设和各项事业的需要。主要包括：基本建设支出、企业挖潜改造资金、地质勘探费用、科技三项费用（即新产品试制费、中间试验费、重要科学研究补助费）、支援农村生产支出、农林水利气象等部门的事业费用、工业交通商业等部门的事业费、文教科学卫生事业费、抚恤和社会福利救济费、国防支出、行政管理费和价格补贴支出。 上述财政支出可归类为两部分：一部分是经常性支出，包括政府的日常性支出、公共消费产品的购买、经常性转移等；另一部分是资本性支出，就是政府的公共性投资支出，包括政府在基础设施上的投资、环境改善方面的投资以及政府储备物资的购买等。这两部分支出的变化对国内总供需的影响是不同的
财政赤字或结余	财政收入与财政支出的差额即为赤字（差值为负时）或结余（差值为正时）。核算财政收支总额主要是为了进行财政收支状况的对比。财政收入大于支出表现为结余，财政收不抵支则出现赤字。如果财政赤字过大，就会引起社会总需求的膨胀和社会总供求的失衡。 财政发生赤字的时候有两种弥补方式：一是通过举债即发行国债来弥补，二是通过向银行借款来弥补

考点三十二　主权债务的概念及其相关的分析预警指标（表5—27）

表5—27　主权债务的概念及其相关的分析预警指标

项　目	内　容
主权债务概念	主权债务是指一国以自己的主权为担保向外（不管是向国际货币基金组织，还是向世界银行或其他国家）借来的债务。因此，从概念上讲，主权债是一国对国外的负债。一国适度举债，可以利用国外资本发展本国经济，但过度举债，超越国家的财政偿还能力就会引发主权债务危机

续表

项　目	内　容
主权债务预警指标	(1) 主权债务危机的实质是国家债务信用危机。一般对债务风险的判断都是基于国债负担率、赤字率、债务依存度、偿债率这样一些指标。 (2) 国债负担率又称国民经济承受能力，是指国债累计余额占国内生产总值（GDP）的比重。这一指标着眼于国债存量，反映了整个国民经济对国债的承受能力。国际公认的国债负担率的警戒线为发达国家不超过60％，发展中国家不超过45％。 (3) 债务依存度是指当年的债务收入与财政支出的比例关系。其计算公式是：债务依存度＝（当年债务收入额÷当年财政支出额）×100％。我国该指标的计算有两种不同的口径：一个是用当年的债务收入额除以当年的全国财政支出额，再乘以100％，习惯上被称为国家财政的债务依存度；另一个是用当年的债务收入额除以当年的中央财政总支出，再乘以100％，被称为中央财政的债务依存度。 (4) 偿债率是指当年的还本付息额与当年出口创汇收入额之比，它是分析、衡量外债规模和一个国家偿债能力大小的重要指标。国际上一般认为，一般国家的偿债率的警戒线为20％，发展中国家为25％，危险线为30％。当偿债率超过25％时，说明该国外债还本付息负担过重，有可能发生债务危机。 (5) 在《马斯特里赫特条约》中，财政赤字占GDP的比例（赤字率）不得超过3％，国债负担率（公共部门债务率）不得超过GDP的60％。这被认为是目前国际上通行的一国政府债务风险的警戒线指标。 (6) 主权债务危机一般会产生以下的负面影响：①导致新的贸易保护；②危机国财政紧缩、税收增加和失业率增加，社会矛盾激化；③危机国货币贬值，资金外流；④危机国国债收益率上升，筹资成本大幅度增加，甚至无法发行国债

考点三十三　主要的税收制度

税收制度简称“税制”，它是国家以法律形式确定的各种税收法律法规总和，反映国家与纳税人之间的经济关系，是国家财政制度的主要内容，是国家以法律形式规定的各种税收法令和征收管理办法的总称。税收制度的内容包括税种的设计、各个税种的具体内容，如征税对象、纳税人、税率、纳税环节、纳税期限、违章处理等。广义的税收制度还包括税收管理制度和税收征收管理制度。一个国家制定什么样的税收制度，是生产力发展水平、生产关系性质、经济管理体制以及税收应发挥的作用决定的。

考点三十四　影响证券市场供给和需求的主要因素（表 5－28）

表 5－28　　影响证券市场供给和需求的主要因素

项目		内容
证券市场供给的决定因素与变动特点	上市公司质量	上市公司的质量状况影响到证券市场的前景、投资者的收益及投资热情、个股价格及大盘指数变动，这些因素将直接或间接影响证券市场的供给。质量高的上市公司易于为证券市场所接受，因而有利于股票供给的增加；反之，质量低的上市公司，其股票很难被市场接受，对股票的供给增加不利。上市公司的质量和业绩情况也影响到公司本身的再筹资功能和筹资规模，从而影响股票的供给。因此，上市公司质量与经济效益状况是影响证券市场供给的最根本因素
	上市公司数量	与上市公司质量相比，上市公司数量直接决定证券市场供给。而影响公司数量的主要因素包括：①宏观经济环境；②制度因素；③市场因素
证券市场需求的决定因素与变动特点	宏观经济环境	如果宏观经济运行良好，会增加对股票的需求
	政策因素	包括市场准入政策、融资融券政策、金融监管政策甚至货币与财政政策在内的一系列政策，将对证券市场的需求产生影响
	居民金融资产结构的调整	居民的金融资产主要由银行存款、证券投资基金、股票、债券及信托资产等构成。中国居民以前金融资产的绝大部分是银行储蓄，证券投资尤其股票和证券投资基金投资占金融资产的比例相当小。但是，随着人民生活水平的不断提高、金融投资意识的加强，不断有居民将原先的银行储蓄转化为股票和基金投资。股票与基金投资占个人金融资产的比例不断提高，而且这种变化趋势是长期的
	机构投资者的培育和壮大	我国证券市场机构投资者的发展大致可以分为三个阶段： 第一阶段是 1991～1997 年。该阶段的机构投资者为证券公司、信托公司、老基金和非专业证券投资的企业法人。 第二阶段是 1998～2000 年。该阶段的特点是管理层开始有计划、有步骤地推出一系列旨在培育机构投资者的政策措施。 第三阶段是 2001 年至今，开放式基金的出现是该阶段的特点。2001 年 9 月 22 日，第一只华安创新开放式基金宣告成立，从而使基金的发展跨入新的历史时期，标志着我国证券市场真正开始步入机构投资者时代。 目前，我国证券市场机构投资者已经形成了以证券投资基金、券商、保险公司、社会保障基金、QFII、信托公司、财务公司、企业法人以及私募投资机构等为主体的多元化格局
	资本市场的逐步对外开放	资本市场服务性开放是金融服务业开放的主要内容之一，它主要包括以下两个方面：①允许投资银行、可以经营证券的商业银行、资产管理公司、各种基金（如养老基金、对冲基金、保险基金等）及基金管理公司、律师事务所、投资咨询公司等外国资本市场中介机构在本国资本市场上为证券投融资提供各种服务。②允许本国资本市场中介机构在其他国家的资本市场上为证券投融资提供各种服务。 资本市场的投资性开放包括两方面的含义：①融资的开放，即允许本国居民在国际资本市场上融资和外国居民在本国资本市场上融资。②投资的开放，即允许外国居民投资于本国的资本市场和允许本国居民投资于国际资本市场。投资性开放的结果是资本可在全球范围内充分配置，使全球任何地方的资本资产的价格趋于一致

考点三十五　股市制度改革的方向和股市制度变革对股市运行的影响（表 5—29）

表 5—29　　股市制度改革的方向和股市制度变革对股市运行的影响

项目		内容
股市制度改革的方向	第一阶段	股权分置问题的形成。我国证券市场在设立之初，对国有股流通问题总体上采取搁置的办法，在事实上形成了股权分置的格局
	第二阶段	通过国有股变现解决国有企业改革和发展资金需求的尝试，开始触动股权分置问题。1998 年下半年到 1999 年上半年，为了推进国有企业改革发展的资金需求和完善社会保障机制，开始国有股减持的探索性尝试。但由于实施方案与市场预期存在差距，试点很快被停止。2001 年 6 月 12 日，国务院颁布《减持国有股筹集社会保障资金管理暂行办法》也是该思路的延续。但同样由于市场效果不理想，于当年 10 月 22 日宣布暂停
	第三阶段	作为推进资本市场改革开放和稳定发展的一项制度性变革，股权分置问题正式被提上日程。2004 年 1 月 31 日，国务院发布《国务院关于推进资本市场改革开放和稳定发展的若干意见》，明确提出“积极稳妥解决股权分置问题”
股市制度变革对股市运行的影响		（1）不同股东之间的利益行为机制在股改后趋于一致化。 （2）股权分置改革有利于上市公司定价机制的统一，市场的资源配置功能和价值发现功能进一步得到优化。 （3）股权分置改革完成后，大股东违规行为将被利益牵制，理性化行为趋于突出。 （4）股权分置改革有利于建立和完善上市公司管理层的激励和约束机制。 （5）股权分置改革后上市公司整体目标趋于一致，长期激励将成为战略规划的重要内容。 （6）股权分置改革之后金融创新进一步活跃，上市公司重组并购行为增多。 （7）股权分置改革之后市场供给增加，流动性增强

考点三十六　国际金融市场环境对我国证券市场的影响（表 5—30）

表 5—30　　国际金融市场环境对我国证券市场的影响

国际金融市场动荡通过人民币汇率预期影响证券市场	从趋势上看，由于中国经济的持续高速发展，人民币渐进升值对股票市场的影响主要体现在两个层面：①将全面提升人民币资产升值，对内外资投资于中国资本市场都将产生极大的吸引力，特别是伴随金融业的全面开放、合格境外机构投资者（QFII）投资额度放宽、市场扩容和金融衍生工具的增加等，我国资本市场正在迎来一个加速发展的时期；②拥有人民币资本类的行业或企业将特别受到投资者的青睐，比如零售商业、房地产业、金融业等。这类行业在 2006 年和 2007 年伴随人民币升值，成为股指上扬的龙头 改革开放以来，我国国民经济的对外依存度大大提高，国际金融市场动荡会导致出口增幅下降、外商直接投资下降，从而影响经济增长率。宏观经济环境的恶化导致上市公司业绩下降和投资者信心下降，最终使证券市场行情下跌。其中，国际金融市场的动荡对外向型上市公司和外贸行业上市公司的业绩影响最大，对其股价的冲击也最大

续表

国际金融市场动荡通过微观面直接影响我国证券市场	随着中国经济实力的不断壮大，国内企业的国际竞争能力也在不断增强。一些大型企业最近几年通过跨国兼并参与国际竞争。国内主要上市公司通过购买境外企业的股份，以达到参股或控股的目的。另外一些大型上市公司通过购买境外企业债券进行组合投资套期保值。国际金融市场的动荡造成境外企业的股票和债券价格大幅度缩水，严重影响了上述公司的业绩

【真题回顾】

一、单项选择题（以下备选项中只有一项符合题目要求）

1. 外汇占款是指(　　)收购外汇资产而相应投放的本国货币。

A. 受资国中央银行　　B. 出资国商业银行

C. 出资国中央银行　　D. 受资国商业银行

【答案】 A

【解析】 本题考核的是外汇占款。外汇占款是指受资国中央银行收购外汇资产而相应投放的本国货币。

2. 国际公认的偿债率的警戒线为(　　)。

A. 一般国家20%，发展中国家30%

B. 一般国家25%，发展中国家30%

C. 一般国家20%，发展中国家25%

D. 一般国家25%，发展中国家25%

【答案】 C

【解析】 本题考核的是主权债务相关的分析预警指标。国际上一般认为，一般国家的偿债率的警戒线为20%，发展中国家为25%，危险线为30%；当偿债率超过25%时，说明该国外债还本付息负担过重，有可能发生债务危机。

3. 反映公司在某一特定日期财务状况的会计报表是(　　)。

A. 利润分配表　　B. 现金流量表

C. 利润表　　D. 资产负债表

【答案】 D

【解析】 本题考核的是资产负债表。资产负债表是反映企业在某一特定日期财务状况的会计报表，它表明权益在某一特定日期所拥有或控制的经济资源、所承担的现有义务和所有者对净资产的要求权。

4. 我国中央银行根据流动性的大小将货币供应量划分为(　　)。

Ⅰ. 流动中现金　　Ⅱ. 狭义货币供应量

Ⅲ. 广义货币供应量　　Ⅳ. 准货币

A. Ⅱ、Ⅲ、Ⅳ　　B. Ⅰ、Ⅱ、Ⅲ

C. Ⅰ、Ⅲ、Ⅳ　　D. Ⅰ、Ⅳ

【答案】B

【解析】本题考核的是货币供应量划分的层次。我国现行货币统计制度根据流动性将货币供应量划分为：流通中现金（M_0）、狭义货币供应量（M_1）、广义货币供应量（M_2）。

5. 宏观经济学的总量分析方法是（　　）的分析方法。

A. 从微观分析的加总中引出宏观　　B. 从宏观分析的分拆中引出微观

C. 从个量分析的加总中引出总量　　D. 从总量分析的分拆中引出个量

【答案】C

【解析】本题考核的是宏观经济学的总量分析方法。总量分析法是指为了说明整个经济的状态和全貌，对影响宏观经济运行总量指标的因素及其变动规律进行分析。总量分析法侧重于总量指标速度的考察，侧重分析经济运行的动态过程总量分析。

二、组合型选择题（以下备选项中只有一项最符合题目要求）

1. 以下属于宏观经济指标中的主要经济指标的是（　　）。

Ⅰ. 失业率　　Ⅱ. 货币供应量

Ⅲ. 国内生产总值　　Ⅳ. 价格指数

A. Ⅰ、Ⅱ　　B. Ⅰ、Ⅲ

C. Ⅱ、Ⅲ、Ⅳ　　D. Ⅰ、Ⅲ、Ⅳ

【答案】D

【解析】本题考核的是宏观经济指标中的主要经济指标。宏观经济指标中的主要经济指标包括：（1）国内生产总值；（2）失业率、非农就业数据；（3）消费者价格指数、生产者价格指数；（4）采购经理人指数。Ⅱ项，货币供应量属于货币金融指标。

2. 宏观分析所需的有效材料一般包括（　　）等。

Ⅰ. 金融物价统计资料　　Ⅱ. 贸易统计资料

Ⅲ. 一般生产统计资料　　Ⅳ. 国民收入统计与景气动向

A. Ⅰ、Ⅳ　　B. Ⅰ、Ⅲ、Ⅳ

C. Ⅰ、Ⅱ、Ⅲ　　D. Ⅰ、Ⅱ、Ⅲ、Ⅳ

【答案】D

【解析】本题考核的是宏观分析所需的有效材料。宏观分析信息包括政府的重点经济政策与措施、一般生产统计资料、金融物价统计资料、贸易统计资料、每年国民收入统计与景气动向、突发性非经济因素等。

3. 进行宏观经济分析有利于（　　）。

Ⅰ. 把握证券市场的总体变动趋势

Ⅱ. 判断证券市场的整体投资价值

Ⅲ. 把握宏观经济政策对证券市场的影响力度和方向

Ⅳ. 提高投资者的技术分析水平

A. Ⅰ、Ⅳ　　B. Ⅰ、Ⅱ、Ⅲ

C. Ⅰ、Ⅲ、Ⅳ　　D. Ⅱ、Ⅲ、Ⅳ

【答案】 B

【解析】 本题考核的是宏观经济分析的意义。宏观经济分析的意义还包括：了解转型背景下宏观经济对股市的影响不同于成熟市场经济，了解中国股市表现和宏观经济相背离的原因。

【典型习题】

一、单项选择题（以下备选项中只有一项符合题目要求）

1. 失业率是指(　　)中失业人数所占的百分比。

A. 健康成年人　　B. 16 岁以上的全部人口

C. 具有劳动能力的全部人口　　D. 劳动力人口

2. 国内生产总值（CDP）是指一介国家（或地区）(　　)在一定时期内生产活动的最终成果。

A. 所有居民　　B. 所有本国公民

C. 所有常住居民　　D. 所有公民

3. 1975 年，美国经济学家戈登（Robert J. Gordon）提出的衡量通货膨胀的最佳指标是(　　)。

A. 生活费用指数　　B. 生产者价格指数

C. 综合物价指数　　D. 核心消费价格指数

4. 央行采取降低准备金率政策，其政策效应是(　　)。

A. 商业银行体系创造派生存款的能力上升

B. 商业银行可用资金减少

C. 证券市场价格下跌

D. 货币乘数变小

5. 计算 CPI 是确定一个固定的代表平均水平的一篮子商品和服务，并根据其(　　)除以基准年份的价值。

A. 当前净值　　B. 当前价值

C. 当前市值　　D. 历史价值

二、组合型选择题（以下备选项中只有一项最符合题目要求）

1. 下列关于中国物流与采购联合会发布的制造业 PMI 的扩散指数（分类指数）及其权数对应的有(　　)。

Ⅰ. 新订单指数，权数为 25%

Ⅱ. 原材料库存指数，权数为 15%

Ⅲ. 从业人员指数，权数为 20%

Ⅳ.供应商配送指数，权数为15%

A.Ⅰ、Ⅱ　　B.Ⅰ、Ⅱ、Ⅲ

C.Ⅲ、Ⅳ　　D.Ⅱ、Ⅲ、Ⅳ

2.下列各项中，通常可用于衡量通货膨胀的指数有(　　)。

Ⅰ.零售物价指数　　Ⅱ.生产者物价指数

Ⅲ.国民生产总值物价平减指数　　Ⅳ.基准利率

A.Ⅱ、Ⅲ、Ⅳ　　B.Ⅰ、Ⅲ、Ⅳ

C.Ⅰ、Ⅱ　　D.Ⅰ、Ⅱ、Ⅲ

3.计算国内生产总值所确认的“常住居民”包括(　　)。

Ⅰ.居住在本国的公民

Ⅱ.暂居外国的本国公民

Ⅲ.常居外国的本国公民

Ⅳ.长期居住在本国但未加入本国国籍的居民

A.Ⅰ、Ⅱ、Ⅳ　　B.Ⅱ、Ⅲ、Ⅳ

C.Ⅰ、Ⅲ　　D.Ⅰ、Ⅲ、Ⅳ

4.国际收支主要反映的内容包括一国与他国之间的(　　)。

Ⅰ.商品交易行为　　Ⅱ.劳务交易行为

Ⅲ.债权关系　　Ⅳ.债务关系

A.Ⅱ、Ⅲ、Ⅳ　　B.Ⅰ、Ⅱ、Ⅲ、Ⅳ

C.Ⅰ、Ⅲ、Ⅳ　　D.Ⅰ、Ⅱ

5.下列属于宏观经济分析中数据资料的质量要求的是(　　)。

Ⅰ.准确性　　Ⅱ.系统性

Ⅲ.实践性　　Ⅳ.适用性

A.Ⅰ、Ⅱ、Ⅲ　　B.Ⅱ、Ⅲ、Ⅳ

C.Ⅰ、Ⅱ、Ⅳ　　D.Ⅰ、Ⅲ、Ⅳ

6.按我国现行管理体制划分，全社会固定资产投资包括(　　)投资。

Ⅰ.保障房开发　　Ⅱ.更新改造

Ⅲ.商品房开发　　Ⅳ.基本建设

A.Ⅰ、Ⅱ、Ⅲ　　B.Ⅰ、Ⅲ、Ⅳ

C.Ⅱ、Ⅲ、Ⅳ　　D.Ⅰ、Ⅱ、Ⅲ、Ⅳ

【参考答案】

一、单项选择题

1.D　2.C　3.D　4.A　5.B

二、组合型选择题

1.C　2.D　3.A　4.B　5.C　6.D

第二节　行业分析

【考点归纳】

> ➢ 熟悉行业分析的信息来源。
> ➢ 熟悉行业分析所需信息和数据的内容。
> ➢ 熟悉行业分析信息和数据的质量要求。
> ➢ 熟悉行业分析信息的收集与处理方法。
> ➢ 了解对所获得的行业部门、行业内部竞争、部门需求和供给数据进行分析的方法。
> ➢ 掌握行业分类方法。
> ➢ 掌握描述行业基本状况的各种指标。
> ➢ 掌握行业的市场结构。
> ➢ 掌握行业供需分析方法。
> ➢ 熟悉行业盈利模式。
> ➢ 熟悉行业集中度的概念。
> ➢ 掌握以行业集中度为划分标准的产业市场结构分类。
> ➢ 了解产业价值链概念。
> ➢ 熟悉价值链上不同环节的各种特征及竞争策略。
> ➢ 熟悉各类行业的运行状态与经济周期的变动关系、具体表现、产生原因及投资者偏好等。
> ➢ 熟悉行业生命周期的含义、发展顺序、表现特征与判断标准。
> ➢ 掌握行业兴衰的实质及影响因素。
> ➢ 熟悉技术进步的行业特征及影响。
> ➢ 了解政府和行业监管、货币政策、财政政策对行业的影响。
> ➢ 熟悉重组、并购等对行业的影响

【考点解读】

考点一　行业分析的信息来源

行业分析是指根据经济学原理，综合应用统计学、计量经济学等分析工具对行业经济的运行状况、产品生产、销售、消费、技术、行业竞争力、市场竞争格局、行业政策等行业要素进行深入的分析，从而发现行业运行的内在经济规律，进而进一步预测未来行业发展的趋势。

行业分析的信息来源主要有：

（1）统计年鉴及其他政府部门公开公布的统计数据。

（2）专门行业协会编制的本行业相关信息。

（3）专门咨询机构发布的专门咨询报告。

（4）工商行政管理部门的企业报表。

（5）报纸、杂志、学术论文、学术著作归纳或转载的行业相关信息。

（6）国家专利部门公布的行业相关专利信息。

（7）国家制订并公布的行业、产业政策。

（8）中国海关、国家发展改革委公布的倾销、反倾销调查信息及相关政策。

（9）行业内专家或资深从业人士对行业内某话题的归纳、观点或分析结论。

（10）IPO招股说明书等公开披露资料中归纳汇总的行业相关信息。

（11）政府内参及其他信息来源。

考点二　行业分析相关内容（表5－31）

表5－31　行业分析相关内容

项　目	内　容
行业分析所需信息和数据的内容	行业分析包括：基本状况分析、一般特征分析、行业结构分析
行业分析所需信息和数据的质量要求	行业分析信息和数据的质量要求包括：完整性；一致性；准确性；及时性
行业分析信息的信息收集	信息收集工作的好坏，直接关系到整个信息管理工作的质量。为了保证信息收集的质量，应遵循以下原则：准确性；全面性；时效性。 信息收集方法包括：调查法；观察法；实验方法；文献检索；网络信息收集
行业分析信息的处理方法	信息处理就是对信息的接收、存储、转化、传送和发布等。信息处理的目的主要是：提高有效性；提高抗干扰性；改善主观感觉的效果；对信息进行识别和分类；分离和选择信息
行业分析方法	行业分析方法包括：历史资料研究法；调查研究法；归纳与演绎法；比较研究法；数理统计法

考点三　对所获得的行业部门、行业内部竞争、部门需求和供给数据进行分析的方法（表5－32）

表5－32　对所获得的行业部门、行业内部竞争、部门需求和供给数据进行分析的方法

项　目	内　容
历史资料研究法	历史资料研究法是通过对已有资料的深入研究，寻找事实和一般规律，然后根据这些信息去描述、分析和解释过去的过程；同时，揭示当前的状况，

续表

项目	内容
历史资料研究法	并依照这种一般规律对未来进行预测。这种方法的优点是省时、省力并节省费用。缺点是只能被动地囿于现有资料，不能主动地去提出问题并解决问题。只要是追溯事物发展轨迹，探究发展轨迹中某些规律性的东西，就不可避免地需要采用历史资料研究法
调查研究法	调查研究法是一项非常古老的研究技术，也是科学研究中一个常用的方法，在描述性、解释性和探索性的研究中都可以运用调查研究的方法。它一般通过抽样调查、实地调研、深度访谈等形式，通过对调查对象的问卷调查、访查、访谈获得资讯，并对此进行研究。调查研究是收集第一手资料用以描述一个难以直接观察的群体的最佳方法。当然，也可以利用他人收集的调查数据进行分析，即所谓的二手资料分析方法，这样可以节约费用。这种方法的优点是可以获得最新的资料和信息，并且研究者可以主动提出问题并获得解释，适合对一些相对复杂的问题进行研究时采用。缺点是这种方法的成功与否取决于研究者和访问者的技巧和经验。在向相关部门的官员咨询行业政策、向特定企业了解特定事件、与专家学者探讨重大话题的时候，特别适用这种方法
归纳与演绎法	归纳法是从个别出发以达到一般性，从一系列特定的观察中发现一种模式，在一定程度上代表所有给定事件的秩序。值得注意的是，这种模式的发现并不能解释为什么这个模式会存在。演绎法是从一般到个别，从逻辑或者理论上预期的模式到观察检验预期的模式是否确实存在。演绎法是先推论后观察，归纳法则是从观察开始
比较研究法	在进行行业分析的时候，比较研究法是一种较为常用的分析方法。比较研究又可以分为横向比较和纵向比较两种方法。横向比较一般是取某一时点的状态或者某一固定时段（比如1年）的指标，在这个横截面上对研究对象及其比较对象进行比较研究。比如将行业的增长情况与国民经济的增长进行比较，从中发现行业增长速度快于还是慢于国民经济的增长；或者将不同的行业进行比较，研究本行业的成长性；或者将不同国家或者地区的同一行业进行比较，研究行业的发展潜力和发展方向等等。纵向比较主要是利用行业的历史数据，如销售收入、利润、企业规模等，分析过去的增长情况，并据此预测行业的未来发展趋势。利用比较研究法可以直观和方便地观察行业的发展状态和比较优势
数理统计法	数理统计和计量经济学的理论和方法将会被越来越多地应用到行业分析中来。这里介绍最常用的相关分析、一元线性回归和时间数列。 相关分析主要用于探索两个数量指标之间的依存关系，比如行业产品的销售总量和销售价格之间的关系、行业发展速度与国民经济发展速度之间的关系等等。 一元线性回归是对两个具有相关关系的数量指标进行线性拟合获得最佳直线回归方程，从而在相关分析的基础上进行指标预测。 时间数列则比较常见，比如行业的年度或者月度指标按时间顺序排列形成的数列即是一个时间数列，根据数列的特征就可以用多种方法来预测未来一期或若干期的指标

考点四　行业分类方法（表5—33）

表5—33　　行业分类方法

项　目	内　容
道·琼斯分类法	道·琼斯分类法将大多数股票分为三类：工业、运输业和公用事业，然后选取有代表性的股票。虽然入选的股票并不涵盖这类行业中的全部股票，但所选择的这些股票足以表明行业的一种趋势。 在道·琼斯指数中，工业类股票取自工业部门的30家公司，包括采掘业、制造业和商业；运输业类股票取自20家交通运输业公司，包括航空、铁路、汽车运输与航运业；公用事业类股票取自6家公用事业公司，主要包括电话公司、煤气公司和电力公司等
标准行业分类法	为便于汇总各国的统计资料并进行互相对比，联合国经济和社会事务统计局曾制定了一个《全部经济活动国际标准行业分类》（简称《国际标准行业分类》），建议各国采用。它把国民经济划分为10个门类：农业、畜牧狩猎业、林业和渔业；采矿业及土石采掘业；制造业；电、煤气和水；建筑业；批发和零售业、饮食和旅馆业；运输、仓储和邮电通信业；金融、保险、房地产和工商服务业；政府、社会和个人服务业；其他

考点五　描述行业基本状况的指标（表5—34）

表5—34　　描述行业基本状况的指标（行业景气分析）

项　目	内　容
行业景气基本内涵	当行业处于不同的周期节点时呈现不同的市场景象，称之为行业景气
行业景气指数	景气指数又称为景气度，它是采用定量的方法综合反映某一特定调查群体或某一社会经济现象所处的状态或发展趋势的一种指标。 景气指数通常以100为临界值，范围在0～200点之间，景气指数高于100，表明调查对象的状态趋于上升或改善，处于景气状态；景气指数低于100，表明其处于下降或恶化，处于不景气状态。 行业景气指数是将能综合反映行业的各种指标进行加权编制而成的能够反映行业变动趋势的一种综合指数
影响行业景气的几个重要因素	影响行业景气的外因是宏观经济指标波动、经济周期、上下游产业链的供应需求变动，内因是行业的产品需求变动、生产能力变动、技术水平变化及产业政策的变化等。在分析行业景气变化时，通常会关注到以下几个重要因素：需求、供应、产业政策、价格
中经产业景气指数	中经产业景气指数是目前我国比较成熟和权威的行业类景气指数，其是经济日报社中经产业指数研究中心与国家统计局中国经济景气监测中心共同研究编制而成。该指数是一个指数体系。各产业指数都包括景气指数，预警指数，以及用红、黄、绿、浅蓝和蓝色灯号直观描述行业经济冷热状况的行业预警灯号

考点六　行业的市场结构（表 5－35）

表 5－35　　　　　　**行业的市场结构**

<table>
<tr><th colspan="2">市场结构类型</th><th>内　　容</th></tr>
<tr><td colspan="2">完全竞争</td><td>完全竞争型市场是指竞争不受任何阻碍和干扰的市场结构。其特点是：
（1）生产者众多，各种生产资料可以完全流动；
（2）产品不论是有形或无形的，都是同质的、无差别的；
（3）没有一个企业能够影响产品的价格，企业永远是价格的接受者而不是价格的制定者；
（4）企业的盈利基本上由市场对产品的需求来决定；
（5）生产者可自由进入或退出这个市场；
（6）市场信息对买卖双方都是畅通的，生产者和消费者对市场情况非常了解。
从上述特点可以看出，完全竞争是一个理论上的假设，该市场结构得以形成的根本因素在于企业产品的无差异，所有的企业都无法控制产品的市场价格。在现实经济中，完全竞争的市场类型是少见的，初级产品（如农产品）的市场类型较类似于完全竞争</td></tr>
<tr><td colspan="2">垄断竞争</td><td>垄断竞争型市场是指既有垄断又有竞争的市场结构。在垄断竞争型市场上，每家企业都在市场上具有一定的垄断力，但它们之间又存在激烈的竞争。其特点是：
（1）生产者众多，各种生产资料可以流动。
（2）生产的产品同种但不同质，即产品之间存在着差异。产品的差异性是指各种产品之间存在着实际或想象上的差异。这是垄断竞争与完全竞争的主要区别。
（3）由于产品差异性的存在，生产者可以树立自己产品的信誉，从而对其产品的价格有一定的控制能力。可以看出，垄断竞争型市场中有大量企业，但没有一个企业能有效影响其他企业的行为。该市场结构中，造成垄断现象的原因是产品差别；造成竞争现象的是产品同种，即产品的可替代性。在国民经济各行业中，制成品（如纺织、服装等轻工业产品）的市场类型一般都属于垄断竞争</td></tr>
<tr><td colspan="2">寡头垄断</td><td>寡头垄断型市场是指相对少量的生产者在某种产品的生产中占据很大市场份额，从而控制了这个行业的供给的市场结构。
该市场结构得以形成的原因有：
（1）这类行业初始投入资本较大，阻止了大量中小企业的进入；
（2）这类产品只有在大规模生产时才能获得好的效益，这就会在竞争中自然淘汰大量的中小企业</td></tr>
<tr><td rowspan="2">完全垄断</td><td>概念</td><td>完全垄断型市场是指独家企业生产某种特质产品的情形，即整个行业的市场完全处于一家企业所控制的市场结构。特质产品是指那些没有或缺少相近的替代品的产品</td></tr>
<tr><td>分类</td><td>（1）政府完全垄断。通常在公用事业中居多，如国有铁路、邮电等部门。
（2）私人完全垄断。如根据政府授予的特许专营，或根据专利生产的独家经营以及由于资本雄厚、技术先进而建立的排他性的私人垄断经营</td></tr>
</table>

续表

市场结构类型		内　　容
完全垄断	特点	（1）市场被独家企业所控制，其他企业不可以或不可能进入该行业。 （2）产品没有或缺少相近的替代品。 （3）垄断者能够根据市场的供需情况制定理想的价格和产量，在高价少销和低价多销之间进行选择，以获取最大的利润。 （4）垄断者在制定产品的价格与生产数量方面的自由性是有限度的，要受到有关反垄断法和政府管制的约束。 在当前的现实生活中没有真正的完全垄断型市场，每个行业都或多或少地引进了竞争。公用事业（如发电厂、煤气公司、自来水公司和邮电通信等）和某些资本、技术高度密集型或稀有金属矿藏的开采等行业属于接近完全垄断的市场类型

考点七　行业供需分析方法与盈利模式（表 5－36）

表 5－36　　行业供需分析方法与盈利模式

项　　目	内　　容
行业供需分析方法	行业供需分析方法，是利用行业内供给和需求情况来对行业进行分析预测的方法。在实际的行业分析中，供需分析主要包括： （1）供给与市场价格的关系。包括供给法则、供给弹性、供给量的构成和影响供给的一般因素。 （2）需求与市场价格的关系。包括需求法则、需求弹性、需求量构成和影响需求的因素
行业盈利模式	盈利模式指按照利益相关者划分的企业的收入结构、成本结构以及相应的目标利润。 盈利模式是对企业经营要素进行价值识别和管理，在经营要素中找到盈利机会，即探求企业利润来源、生产过程以及产出方式的系统方法。还有观点认为，它是企业通过自身以及相关利益者资源的整合并形成的一种实现价值创造、价值获取、利益分配的组织机制及商业架构。 盈利模式分为自发的盈利模式和自觉的盈利模式两种，前者的盈利模式是自发形成的，企业对如何赢利，未来能否赢利缺乏清醒的认识，企业虽然盈利，但赢利模式不明确不清晰，其赢利模式具有隐蔽性、模糊性、缺乏灵活性的特点；后者，也就是自觉的赢利模式，是企业通过对赢利实践的总结，对赢利模式加以自觉调整和设计而成的，它具有清晰性、针对性、相对稳定性、环境适应性和灵活性的特征

考点八　行业集中度的概念与产业市场结构分类（表 5－37）

表 5－37　　行业集中度的概念与产业市场结构分类

项　　目	内　　容
行业集中度的概念	行业集中度又称行业集中率或市场集中度，是指某行业相关市场内前 N 家最大的企业所占市场份额（产值、产量、销售额、销售量、职工人数、资产

续表

项　目	内　容
行业集中度的概念	总额等）的总和。行业集中度（CR）一般以某一行业排名前4位的企业的销售额（或生产量等数值）占行业总的销售额的比例来度量，表示为CR_4。CR_4越大，说明这一行业的集中度越高，市场越趋向于垄断；反之，集中度越低，市场越趋向于竞争。集中度是衡量行业市场结构的一个重要指标。 已知该行业的企业的产值、产量、销售额、销售量、职工人数、资产总额等的情况下，其计算公式为： $$CR_n=\frac{\sum(X_i)_n}{\sum(X_i)_N}(N>n)$$ 式中　CR_n——规模最大的前几家企业的行业集中度； X_i——第i家企业的产值、产量、销售额、销售量、职工人数、资产总额等； n——产业内规模最大的前几家企业数； N——产业内的企业总数
以行业集中度为划分标准的产业市场结构分类	根据美国经济学家贝恩和日本通产省对产业集中度的划分标准，产业市场结构粗分为寡占型（$CR_8\geqslant40\%$）和竞争型（$CR_8<40\%$）两类。其中，寡占型又细分为极高寡占型（$CR_8\geqslant70\%$）和低集中寡占型（$40\%\leqslant CR_8<70\%$）；竞争型又细分为低集中竞争型（$20\%\leqslant CR_8<40\%$）和分散竞争型（$CR_8<20\%$）

考点九　产业价值链概念及不同环节的各种特征及竞争策略（表5－38）

表5－38　产业价值链概念及不同环节的各种特征及竞争策略

项　目	内　容
产业价值链概念	企业内部各业务单元的联系构成了企业的价值链，一般企业都可以视为一个由管理、设计、采购、生产、销售、交货等一系列创造价值的活动所组成的链条式集合体
产业价值链不同环节的各种特征及竞争策略	产业链分析有利于不同国家或地区的企业和行业根据自己独特的比较优势和竞争优势进行相应产业价值链环节的选择，进而一方面因正确的产业定位和选择而形成自己独特的产业竞争力，另一方面也促使不同国家或地区的生产者在同一产业价值链上不同环节间的有效协作和分工的形成。因此，从价值链的角度来看，对不同国家或地区间产业竞争力的比较，并不一定需要建立在最终产品或服务的比较上，只需要就产业价值链条上的某几个价值环节的经济效益进行比较或对其中间产品或半成品进行比较

考点十　各类行业的运行状态与经济周期的分析（表5—39）

表5—39　　**各类行业的运行状态与经济周期的分析**

项　目	内　容
增长型行业	增长型行业的运行状态与经济活动总水平的周期及其振幅并不紧密相关。这些行业收入增长的速率并不会总是随着经济周期的变动而出现同步变动，因为它们主要依靠技术的进步、新产品推出及更优质的服务，从而使其经常呈现出增长形态。 高增长行业提供了一种财富套期保值的手段。在经济高涨时，高增长行业的发展速度通常高于平均水平；在经济衰退时期，其所受影响较小甚至仍能保持一定的增长。然而，这种行业增长的形态却使得投资者难以把握精确的购买时机，因为这些行业的股票价格不会明显地随着经济周期的变化而变化
周期型行业	周期型行业的运行状态与经济周期紧密相关。当经济处于上升时期，这些行业会紧随其扩张；当经济衰退时，这些行业也相应衰落，且该类型行业收益的变化幅度往往会在一定程度上夸大经济的周期性。产生这种现象的原因是，当经济上升时，对这些行业相关产品的购买相应增加；当经济衰退时，这些行业相关产品的购买被延迟到经济改善之后。典型的周期性行业有消费品业、耐用品制造业及其他需求收入弹性较高的行业
防守型行业	防守型行业的经营状况在经济周期的上升和下降阶段都很稳定。这种运动形态的存在是因为该类型行业的产品需求相对稳定，需求弹性小，经济周期处于衰退阶段对这种行业的影响也比较小。甚至有些防守型行业在经济衰退时期还会有一定的实际增长。该类型行业的产品往往是生活必需品或是必要的公共服务，公众对其产品有相对稳定的需求，因而行业中有代表性的公司盈利水平相对较稳定

考点十一　行业生命周期分析（表5—40）

表5—40　　**行业生命周期分析**

行业生命周期	内　容
幼稚期	在该阶段，由于新行业刚刚诞生或初建不久，只有为数不多的投资公司投资于这个新兴的行业。另外，创业公司的研究和开发费用较高，而大众对其产品尚缺乏全面了解，致使产品市场需求狭小，销售收入较低，因此这些创业公司财务上可能不但没有盈利，反而出现较大亏损。 同时，较高的产品成本和价格与较小的市场需求之间的矛盾使得创业公司面临很大的市场风险，而且还可能因财务困难而引发破产风险。因此，这类企业更适合投机者和创业投资者。 在幼稚期后期，随着行业生产技术的成熟、生产成本的降低和市场需求的扩大，新行业逐步由高风险、低收益的幼稚期迈入高风险、高收益的成长期

续表

<table>
<tr><th colspan="2">行业生命周期</th><th>内　容</th></tr>
<tr><td colspan="2">成长期</td><td>判断一个行业的成长能力，可以从以下几个方面考察：①需求弹性；②生产技术；③产业关联度；④市场容量与潜力；⑤行业在空间的转移活动；⑥产业组织变化活动。
在成长期的初期，企业的生产技术逐渐成形，市场认可并接受了行业的产品，产品的销量迅速增长，市场逐步扩大，然而企业可能仍然处于亏损或者微利状态，需要外部资金注入以增加设备、人员，并着手下一代产品的开发。进入加速成长期后，企业的产品和劳务已为广大消费者接受，销售收入和利润开始加速增长，新的机会不断出现，但企业仍然需要大量资金来实现高速成长。在这一时期，拥有较强研究开发实力、市场营销能力、雄厚资本实力和畅通融资渠道的企业逐渐占领市场。这个时期的行业增长非常迅猛，部分优势企业脱颖而出，投资于这些企业的投资者往往获得极高的投资回报，所以成长期阶段有时被称为投资机会时期。
这一时期企业的利润虽然增长很快，但所面临的竞争风险也非常大，破产率与被兼并率相当高。由于市场竞争优胜劣汰规律的作用，市场上生产厂商的数量会在一个阶段后出现大幅度减少，之后开始逐渐稳定下来。由于市场需求趋向饱和，产品的销售增长率减慢，迅速赚取利润的机会减少，整个行业便开始进入成熟期</td></tr>
<tr><td rowspan="2">成熟期</td><td>表现</td><td>①产品的成熟；②技术上的成熟；③生产工艺的成熟；④产业组织上的成熟</td></tr>
<tr><td>特点</td><td>(1) 企业规模空前、地位显赫，产品普及程度高。
(2) 行业生产能力接近饱和，市场需求也趋于饱和，买方市场出现。
(3) 构成支柱产业地位，其生产要素份额、产值、利税份额在国民经济中占有一席之地。但通常在短期内很难识别一个行业何时真正进入成熟期</td></tr>
<tr><td colspan="2">衰退期</td><td>行业衰退是客观的必然，是行业经济新陈代谢的表现。行业衰退可以分为自然衰退和偶然衰退。衰退期出现在较长的稳定期之后。由于大量替代品的出现，原行业产品的市场需求开始逐渐减少，产品的销售量也开始下降，某些厂商开始向其他更有利可图的行业转移资金，因而原行业出现了厂商数目减少、利润水平停滞不前或不断下降的萧条景象。至此，整个行业便进入了衰退期。但在很多情况下，行业的衰退期往往比行业生命周期的其他三个阶段的总和还要长，大量的行业都是衰而不亡，甚至会与人类社会长期共存。</td></tr>
</table>

续表

<table>
<tr><th>行业生命周期</th><th>内　容</th></tr>
<tr><td>行业生命周期情况图</td><td>
在一个行业生命周期的不同阶段会表现出不同特点（见图 5－1）。
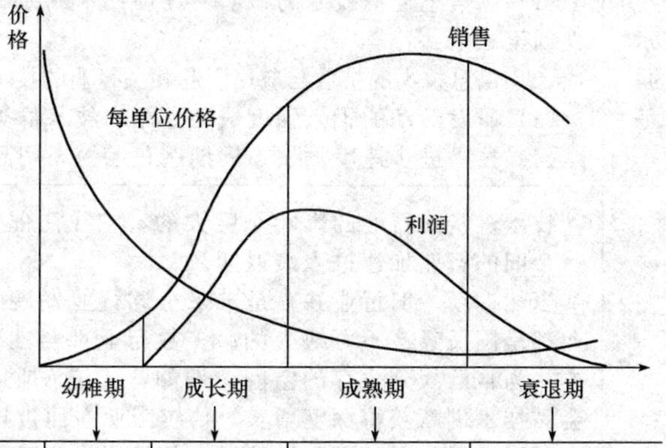

<table>
<tr><td>公司数量</td><td>少</td><td>增加</td><td>减少</td><td>少</td></tr>
<tr><td>产品价格</td><td>高</td><td>下降</td><td>稳定</td><td></td></tr>
<tr><td>利润</td><td>亏损</td><td>增加</td><td>高</td><td>减少→亏损</td></tr>
<tr><td>风险</td><td>高</td><td>高</td><td>降低</td><td>增大</td></tr>
</table>
图 5－1　行业生命周期各阶段“价格—销售—利润—风险”情况图
根据投资者不同偏好的，分析师的投资建议应有不同。对于收益型的投资者，可以建议优先选择处于成熟期的行业（因行业基础稳定，盈利丰厚，市场风险较小）。
分析师在具体判断某个行业所处的实际生命周期阶段的时候，往往会从以下几个方面进行综合考察：①行业规模；②产出增长率；③利润率水平；④技术进步和技术成熟程度；⑤开工率；⑥从业人员的职业化水平和工资福利收入水平；⑦资本进退
</td></tr>
</table>

考点十二　行业兴衰的实质及影响因素（表 5－41）

表 5－41　　行业兴衰的实质及影响因素

项　目	内　容
实质	行业兴衰的实质是行业在整个产业体系中的地位变迁，也就是行业经历“幼稚产业——先导产业——主导产业——支柱产业——夕阳产业”的过程，是资本在某一行业领域“形成——集中——大规模聚集——分散”的过程，是新技术的“产生——推广——应用——转移——落后”的过程
影响因素	一个行业的兴衰受到技术进步、产业政策、产业组织创新、社会习惯改变和经济全球化等因素影响

考点十三　技术进步的行业特征及影响（表 5—42）

表 5—42　　技术进步的行业特征及影响

项　目	内　容
当前技术进步的行业特征	（1）以信息通信技术为核心的高新技术成为 21 世纪国家产业竞争力的决定性因素之一。 （2）信息技术的扩散与应用引起相关行业的技术革命，并加速改造着传统产业。 （3）研发活动的投入强度成为划分高技术群类和衡量产业竞争力的标尺。 （4）技术进步速度加快，周期明显缩短，产品更新换代频繁
当前技术进步的影响	技术进步对行业的影响是巨大的，它往往催生了一个新的行业，同时迫使一个旧的行业加速进入衰退期。 当然，新、旧行业并存是未来全球行业发展的基本规律和特点，大部分行业都是国民经济不可缺少的。多数行业都会在竞争中发生变化，以新的增长方式为自己找到生存的空间。例如，传统农业已经遍布全世界，未来农业还会靠技术创新获得深度增长。传统工业在通过技术创新获得深度增长的同时，还可以通过行业的国际转移，在其他相对落后的国家获得广度增长的机会

考点十四　政府和行业监管、货币政策、财政政策对行业的影响（表 5—43）

表 5—43　　政府和行业监管、货币政策、财政政策对行业的影响

项　目	内　容
技术进步	技术进步对行业的影响是巨大的，它往往催生了一个新的行业，同时迫使一个旧的行业加速进入衰退期。 新兴行业能够很快超过并代替旧行业，或严重地威胁原有行业的生存。未来优势行业将伴随新的技术创新而到来，处于技术尖端的基因技术、纳米技术等将催生新的优势行业
产业政策	政府对于行业的管理和调控主要是通过产业政策来实现的。产业政策是国家干预或参与经济的一种形式，是国家（政府）系统设计的有关产业发展的政策目标和政策措施的总和。一般认为，产业政策可以包括产业结构政策、产业组织政策、产业技术政策和产业布局政策等部分。其中，产业结构政策与产业组织政策是产业政策的核心
产业组织创新	产业组织是指同一产业内企业的组织形态和企业间的关系，包括市场结构、市场行为、市场绩效三方面内容。因此，所谓产业组织创新，是指同一产业内企业的组织形态和企业间关系的创新。产业组织的创新过程（活动）实际上是对影响产业组织绩效的要素进行整合优化的过程，是使产业组织重新获取竞争优势的过程
社会习惯的改变	社会观念、社会习惯、社会趋势的变化对企业的经营活动、生产成本和收益等方面都会产生一定的影响，足以使一些不再适应社会需要的行业在衰退的同时激发新兴行业的发展
经济全球化	经济全球化导致产业的全球性转移。 国际分工的基础出现了重要变化。 经济全球化导致贸易理论与国际直接投资理论一体化

考点十五 重组、并购等对行业的影响（表 5－44）

表 5－44 重组、并购等对行业的影响

项目		内容
重组对行业的影响	对组织结构和权力的影响	对企业的冲击是巨大的，现代企业的职能部门数量及级别会大大压缩，因人设岗将被打破。企业的组织机构不再是多级管理而是呈现扁平化趋势。以专业技术组织的职能部门仍将存在但部门之间的边界大大淡化。部门经理权力有限但主要只是制订战略、培训及管理人员，员工直接服务对象是顾客而不是上司
	对企业管理体系的影响	按照一定的流程组成的团队活跃在企业经营活动中，团队可以是临时的也可以是永久的。一个团队可以跨越许多专业部门，如在一个 IT 公司内为了一个项目可以由市场部、销售部、技术部、客户服务部、财务部等多部门共同组成一个临时的团队。这样企业以一个整体共同面向用户避免了在销售时同一公司的不同部门络绎不绝地出现在同一个用户面前，而在系统维护时用户则不知道去找谁的局面
	对企业人事管理岗位、绩效考核和薪酬制度的影响	由于采用流程为工作重点对以官本位为基础的专业职能及人事管理体制产生了极其猛烈甚至是残酷无情的冲击，分析并量化工作流程将是一项复杂及崭新的挑战。对各级管理人员的评定将不再是各种行政级别整个流程的执行结果，将是人员的考核、薪酬评定的标准，一切以事实和数据说话是根本
	对企业员工的影响	在运作中员工将分为具有领导及沟通能力的流程领导者和各类应用专家，每个人可以根据自身特点选择自己的发展方向，这样只要认真努力自然会拥有名誉及地位
并购对行业的影响		行业并购包含行业内部企业的整合性并购以及行业外企业的进入性并购。然而不管以哪一类企业作为并购目标，都必须以价值的最大化为原则进行产业链的重构，也就是说首先应该以生产相同或相近产品的企业集合所在产业为单位形成价值链，然后由承担着不同的价值创造职能的相互联系的产业围绕核心产业展开活动。构建产业链包括接通产业链和延伸产业链两个层面，接通产业链是将一定地域空间范围内的产业链的断环和孤环借助某种产业合作形式串联起来；延伸产业链则是将一条已经存在的产业链尽可能地向上游延伸或下游拓展。产业链向上游延伸一般使得产业链进入到基础产业环节或技术研发环节，向下游拓展则进入到市场销售环节

【真题回顾】

一、单项选择题（*以下备选项中只有一项符合题目要求*）

1. 在经济周期的四阶段下，大类行业的板块轮动规律基本符合投资时钟的内在逻辑。一般来说，在衰退阶段表现较好的是（　　）。

A. 医疗保健、公共事业、日常消费　B. 能源、金融、可选消费

C. 能源、材料、金融　　D. 电信服务、日常消费、医疗保健

【答案】 A

【解析】 本题考核的是衰退阶段的表现。经济周期的上升和下降对防守型行业的经营状况的影响很小。有些防守型行业甚至在经济衰退时期还会有一定的实际增长。该类型行业的产品往往是必要的公共服务或是生活必需品，公众对其产品有相对稳定的需求，因而行业中有代表性的公司盈利水平相对较稳定。典型代表行业有食品业和公用事业。

2. 根据美国经济学家贝恩和日本通产省对产业集中度（CR）的划分标准，产业市场结构可粗分为寡占型和竞争型，其相对应的集中度值分别为(　　)。

A. $CR_8 \geqslant 40\%$，$CR_8 < 40\%$　　B. $CR_4 \geqslant 40\%$，$CR_4 < 40\%$

C. $CR_4 \geqslant 50\%$，$CR_4 < 50\%$　　D. $CR_8 \geqslant 50\%$，$CR_8 < 50\%$

【答案】 A

【解析】 本题考核的是产业集中度的划分。根据美国经济学家贝恩和日本通产省对产业集中度的划分标准，市场结构可以粗分为寡占型（$CR_8 \geqslant 40\%$）和竞争型（$CR_8 < 40\%$）。

3. 下列属于周期型行业的是(　　)。

A. 公用事业　　B. 信息技术行业

C. 耐用品制造业　　D. 食品业务

【答案】 C

【解析】 本题考核的是周期型行业的内容。周期型行业的运行状态与经济周期紧密相关。典型的周期性行业有消费品业、耐用品制造业及其他需求收入弹性较高的行业。

4. 通常影响行业景气的几个重要因素是(　　)。

A. 需求、供应、产业政策、消费习惯

B. 需求、供应、产业政策、价格

C. 需求、供应、国际市场、价格

D. 需求、供应、国际市场、行业技术

【答案】 B

【解析】 本题考核的是影响行业景气的重要因素。影响行业景气的外因是经济周期、宏观经济指标波动、上下游产业链的供需变动；内因是行业的产品需求变动、技术水平变化、生产能力变动、产业政策的变化等。分析行业景气变化时，通常会关注以下重要因素：供应、需求、价格、产业政策。

二、组合型选择题（以下备选项中只有一项最符合题目要求）

1. 行业分析方法包括(　　)。

Ⅰ. 历史资料研究法　　Ⅱ. 调查研究法

Ⅲ. 归纳与演绎法　　Ⅳ. 比较分析法

A. Ⅰ、Ⅱ、Ⅲ　　B. Ⅰ、Ⅲ、Ⅳ

C. Ⅱ、Ⅲ、Ⅳ　　D. Ⅰ、Ⅱ、Ⅲ、Ⅳ

【答案】D

【解析】本题考核的是行业分析方法。除Ⅰ、Ⅱ、Ⅲ、Ⅳ四项外，行业分析的方法还包括数理统计法。

2. 行业生命周期可分为(　　)。

Ⅰ. 幼稚期　　Ⅱ. 成长期

Ⅲ. 成熟期　　Ⅳ. 衰退期

A. Ⅰ、Ⅱ、Ⅲ、Ⅳ　　B. Ⅰ、Ⅲ、Ⅳ

C. Ⅱ、Ⅲ、　　D. Ⅰ、Ⅱ、Ⅳ

【答案】A

【解析】本题考核的是行业的生命发展周期的发展阶段。行业的生命发展周期主要包括四个发展阶段：幼稚期、成长期、成熟期和衰退期。

3. 关于防守型行业，下列说法错误的是(　　)。

Ⅰ. 该类型行业的产品需求相对稳定，需求弹性大

Ⅱ. 该类型行业的产品往往是生活必需品或是必要的公共服务

Ⅲ. 有些防守型行业甚至在经济衰退时期还是会有一定的实际增长

Ⅳ. 投资于防守型行业一般属于资本利得型投资，而非收入型投资

A. Ⅰ、Ⅲ　　B. Ⅰ、Ⅳ　　C. Ⅱ、Ⅲ、Ⅳ　　D. Ⅰ、Ⅲ、Ⅳ

【答案】B

【解析】本题考核的是防守型行业的内容。防守型行业的产品需求相对稳定，需求弹性小；投资于防守型行业一般属于收入型投资，而非资本利得型投资。

【典型习题】

一、单项选择题(以下备选项中只有一项符合题目要求)

1. (　　)指数是目前我国比较成熟和权威的行业景气指数。

A. 上证治理　　B. 中经产业景气

C. 晨星　　D. 中国制造业采购经理

2. 在国民经济各行业中，制成品的市场类型一般都属于(　　)。

A. 完全垄断　　B. 垄断竞争

C. 完全竞争　　D. 寡头垄断

3. 在道·琼斯指数中，公用事业类股票取自(　　)家公用事业公司。

A. 6　　B. 10

C. 15　　D. 30

4. 在行业分析方法中，归纳法是从(　　)的研究方法。

A. 整体到一般　　B. 一般到个别

C. 一般到整体　　　　　　　　　　D. 个别到一般

5. 高增长行业的股票价格与经济周期的关系是(　　)。

A. 同经济周期及其振幅密切相关

B. 同经济周期及其振幅并不紧密相关

C. 大致上与经济周期的波动同步

D. 有时候相关，有时候不相关

6. 对于收益型的投资者，证券分析师可以建议其优先选择处于(　　)的行业。

A. 幼稚期　　　　　　　　　　　　B. 衰退期

C. 成熟期　　　　　　　　　　　　D. 成长期

二、组合型选择题（以下备选项中只有一项最符合题目要求）

1. 依据“价值链”理论，企业的产业价值链包括(　　)。

Ⅰ. 管理　　　　　　　　　　　　Ⅱ. 设计

Ⅲ. 销售　　　　　　　　　　　　Ⅳ. 交货

A. Ⅰ、Ⅱ、Ⅲ　　　　　　　　　　B. Ⅰ、Ⅲ、Ⅳ

C. Ⅱ、Ⅲ、Ⅳ　　　　　　　　　　D. Ⅰ、Ⅱ、Ⅲ、Ⅳ

2. 分析师在分析判断某个行业所处的实际生命周期阶段时，综合考察的内容包括(　　)。

Ⅰ. 从业人员工资福利收入水平　　Ⅱ. 行业股价表现

Ⅲ. 开工率　　　　　　　　　　　Ⅳ. 资本进退

A. Ⅰ、Ⅱ、Ⅲ　　　　　　　　　　B. Ⅰ、Ⅲ、Ⅳ

C. Ⅱ、Ⅲ、Ⅳ　　　　　　　　　　D. Ⅰ、Ⅱ、Ⅲ、Ⅳ

3. 影响行业景气的外因包括(　　)。

Ⅰ. 宏观经济指标波动　　　　　　Ⅱ. 经济周期

Ⅲ. 上下游产业链的供应需求变动　Ⅳ. 行业的产品需求变动

A. Ⅰ、Ⅱ、Ⅲ　　　　　　　　　　B. Ⅰ、Ⅲ、Ⅳ

C. Ⅱ、Ⅲ、Ⅳ　　　　　　　　　　D. Ⅰ、Ⅱ、Ⅲ、Ⅳ

4. 以下(　　)属于道·琼斯分类法下的工业部门。

Ⅰ. 采掘业　　　　　　　　　　　Ⅱ. 商业

Ⅲ. 电力公司　　　　　　　　　　Ⅳ. 制造业

A. Ⅰ、Ⅱ、Ⅲ　　　　　　　　　　B. Ⅰ、Ⅲ、Ⅳ

C. Ⅱ、Ⅲ、Ⅳ　　　　　　　　　　D. Ⅰ、Ⅱ、Ⅳ

【参考答案】

一、单项选择题

1. B　2. B　3. A　4. D　5. B　6. C

二、组合型选择题

1. D　2. B　3. A　4. D

第三节　公司分析

【考点归纳】

➢ 熟悉上市公司调研的目的和对象。

➢ 熟悉上市公司调研的分类内容和重点。

➢ 熟悉上市公司调研的流程。

➢ 熟悉公司分析所需信息和数据的来源。

➢ 熟悉公司分析所需信息和数据的内容。

➢ 熟悉公司分析信息和数据的质量要求。

➢ 熟悉公司分析信息的收集与处理方法。

➢ 掌握公司法人治理结构、股权结构规范和相关利益者的含义。

➢ 熟悉健全的法人治理机制的具体体现和独立董事制度的有关要求。

➢ 熟悉监事会的作用及责任。

➢ 熟悉公司盈利能力和成长性分析的内容。

➢ 掌握公司盈利预测的主要假设及实际预测方法。

➢ 熟悉影响公司收益或增长预测的因素。

➢ 了解经营战略的含义、内容和特征。

➢ 熟悉公司规模变动特征和扩张潜力与公司成长性的关系。

➢ 熟悉公司基本分析在上市公司调研中的实际运用。

➢ 熟悉资产负债表、利润分配表、现金流量表和股东权益变动表的含义、内容、格式、编制方式以及资产、负债和股东权益、现金流量的内在关系。

➢ 熟悉使用财务报表的主体、目的以及报表分析的功能、方法和原则。

➢ 熟悉比较分析法和因素分析法。

➢ 熟悉财务比率的含义与分类。

➢ 掌握公司变现能力、营运能力、长期偿债能力、盈利能力、投资收益和现金流量的含义、影响因素及其计算。

➢ 熟悉或有负债的概念及内容。

➢ 熟悉影响企业存货结构及周转速度的指标。

➢ 熟悉资产负债率与产权比率、有形资产净值债务率与产权比率的关系。

> ➢ 熟悉融资租赁与经营租赁在会计处理方式上的区别。
> ➢ 熟悉流动性与财务弹性的含义。
> ➢ 了解本期到期债务的统计对象。
> ➢ 熟悉财务指标的评价作用、变动特征与对应的财务表现以及各变量之间的关系。
> ➢ 熟悉公司会计报表附注项目的主要项目。
> ➢ 掌握会计报表附注对基本财务比率的影响。
> ➢ 熟悉预测公司潜在收益的方法。
> ➢ 熟悉公司经营的安全边际。
> ➢ 熟悉公司资产重组和关联交易的主要方式、具体行为、特点、性质以及与其相关的法律规定。
> ➢ 熟悉资产重组和关联交易对公司业绩和经营的影响。
> ➢ 熟悉会计政策的含义以及会计政策与税收政策变化对公司的影响。
> ➢ 熟悉运用市场价值法、重置成本法、收益现值法评估公司资产价值的步骤和优缺点

【考点解读】

考点一　上市公司调研的目的和对象（表 5－45）

表 5－45　　上市公司调研的目的和对象

项　　目	内　　容
目的	（1）核实公司公开信息中披露的信息，如重要项目的进展、融资所投项目等是否与信息披露一致。 （2）对公司公开信息中披露的对其利润有重大影响的会计科目或对主营业务发生重大改变的事项进行实地考察和咨询。 （3）通过与公司管理层的对话与交谈，深入了解公司管理层对公司未来战略的设想（包括新的融资计划等），并对其基本素质有一个基本的判断。 （4）通过对车间或工地的实地考察，对公司的开工率和员工精神面貌有比较清醒的认识。 （5）深入了解公司可能面临的风险。 （6）提高公司盈利预测模型中相关参数确定的准确性
对象	（1）公司管理层及员工。 （2）公司本部及子公司。 （3）公司车间及工地。 （4）公司所处行业协会。 （5）公司供应商。 （6）公司客户。 （7）公司产品零售网点

考点二 上市公司调研的分类内容与重点及流程（表5—46）

表5—46 上市公司调研的分类内容与重点及流程

项 目	内 容
调研分类	根据调研所涉及问题的广度不同，可以分为全面调查和专项调查。
调研重点	具体来看，调研重点有：公司基本情况（包括重大股权变动、重大重组、主要股东及相关利益人情况、历史沿革及独立情况、商业信用等）、业务与技术（包括行业优势与竞争、购产销环节、核心技术与研发情况等）、同业竞争与关联交易（包括关联方情况）、高级管理人员信息（包括高级管理人员变动及持股投资情况等）、组织结构与内部控制、财务与会计信息、业务发展目标（包括发展战略、经营理念及模式、发展计划执行及实现情况、募集资金投向及使用情况等），以及公司风险因素及其他重要事项，在结合特定或非特定的公司调研目标下，将不同程度地成为公司调研的重点内容
调研流程	（1）调研前的室内案头工作，包括资料收集和分析。 （2）编写调研计划，计划内容包括：调研目的、调研对象、调研内容、调研参与人员、调研时间、调研费用等。该计划得到研究主管批准后开展室外调研。 （3）实地调研，包括访谈、考察、笔录。 （4）编写调研报告，主要包括调研成果和投资建议。 （5）报告发表。报告发表应当遵循相关的法律法规

考点三 公司分析所需数据和信息的来源、内容、质量要求及收集与处理方法（表5—47）

表5—47 公司分析所需数据和信息的来源、内容、质量要求及处理方法

项 目	内 容
来源	包括：①行业咨询报告；②市场调查报告；③上市公司财务报表；④媒体报道；⑤公开来源，如统计局、财政税务、海关等官方数据；⑥非正式来源，如实地考察、公司内部人员的告知等
信息内容	（1）基本分析，包括以下六个方面：①公司行业地位分析；②公司经济区位分析；③公司产品竞争能力分析；④公司经营能力分析；⑤公司盈利能力和公司成长性分析；⑥公司偿债能力分析。 （2）财务分析，包括公司主要的财务报表分析、公司财务比率分析、会计报表附注分析和财务状况综合分析。 （3）重大事项分析，包括《上市公司信息披露管理办法》规定的重大事件、公司的资产重组、公司的关联交易、会计政策和税收政策的变化
质量要求	质量要求为：①精度；②准确性；③关联性；④及时性；⑤一致性；⑥最低成本
信息收集与处理方法	（1）信息收集是指通过各种方式获取所需要的信息。收集方法有：①调查法，包括普查和抽样调查；②观察法，通过开会、深入现场、参加生产和经营、实地采样、进行现场观察并准确记录；③实验法，通过实验获取与管理或经济相关的信息；④文献检索；⑤网络信息收集。 （2）信息处理是指获取信息并对它进行加工处理，使之成为有用信息并发布出去的过程，主要包括信息的获取、储存、转化、传送和发布等

考点四　公司法人治理结构、股权结构规范和相关利益者的含义（表5—48）

表5—48　公司法人治理结构、股权结构规范和相关利益者的含义

项　目	含　义
公司法人治理结构	狭义上的公司法人治理结构是指有关公司董事会的功能、结构和股东的权利等方面的制度安排；广义上的法人治理结构是指有关企业控制权和剩余索取权分配的一整套法律、文化和制度安排，包括人力资源管理、收益分配和激励机制、财务制度、内部制度和管理等等
公司股权结构规范	规范的股权结构包括三层含义：①降低股权集中度，改变"一股独大"局面；②流通股股权适度集中，发展机构投资者、战略投资者，发挥他们在公司治理中的积极作用；③股权的流通性
相关利益者	相关利益者包括员工、供应商、债权人和客户等主要利益相关者。相关利益者共同参与的共同治理机制可以有效建立公司外部治理机制，弥补公司内部治理机制的不足

考点五　公司法人治理机制、独立董事制度及监事会（表5—49）

表5—49　公司法人治理机制、独立董事制度及监事会

项　目		相关要点
公司法人治理机制		健全的公司法人治理机制至少体现在以下七个方面： ①规范的股权结构；②有效的股东大会制度；③董事会权力的合理界定与约束；④完善的独立董事制度；⑤监事会的独立性和监督责任；⑥优秀的职业经理层；⑦相关利益者的共同治理
独立董事制度	概念	独立董事制度是指在董事会中设立独立董事，以形成权力制衡与监督的一种制度。独立董事是指不在公司担任除董事外的其他职务，并与其所受聘的上市公司及其主要股东不存在可能妨碍其进行独立客观判断的关系的董事。独立董事对上市公司及全体股东负责
	担任条件	担任独立董事应当符合下列基本条件： （1）根据法律、行政法规及其他有关规定，具备担任上市公司董事的资格； （2）具有《指导意见》所要求的独立性； （3）具备上市公司运作的基本知识，熟悉相关法律、行政法规、规章及规则； （4）具有5年以上法律、经济或者其他履行独立董事职责所必需的工作经验； （5）公司章程规定的其他条件
监事会的作用和责任		监事有权了解公司经营情况，并承担相应的保密义务。监事会应当制定规范的监事会议事规则，经股东会审议通过。监事会对公司财务以及公司董事、经理层人员履行职责的合法合规性进行监督，并向股东会负责。监事会可以检查公司财务，监督董事会、经理层履行职责的情况，对董事及经理层人员的行为进行质询，要求董事、经理层人员纠正其损害公司和客户利益的行为，提议召开临时股东会，组织对高级管理人员进行离任审计以及行使法律法规和公司章程规定的其他职权。监事会可根据需要对公司财务情况、合规情况进行专项检查，必要时可聘请外部专业人士协助，其合理费用由公司承担

考点六　公司盈利能力和成长性分析（表5—50）

表5—50　　**公司盈利能力和成长性分析**

<table>
<tr><th colspan="2">项　目</th><th>内　容</th></tr>
<tr><td rowspan="5">公司盈利预测假设内容</td><td>销售收入预测</td><td>包括销售收入的历史数据和发展趋势、公司产品的需求变化、市场占有率和销售网络、主要产品的存货情况、销售收入的明细等方面。销售收入预测的准确性也是公司盈利预测中最为关键的因素</td></tr>
<tr><td>生产成本预测</td><td>包括生产成本的结构、主要原材料的价格走势和每年所需原材料的总量、成本变动和销售情况变动、能否将上涨的成本转嫁给下游、毛利率的变化情况等</td></tr>
<tr><td>管理和销售费用预测</td><td>包括销售费用和销售费用占销售收入的比例、管理费用的变化、新市场的拓展、每年的研究和开发费用占销售收入的比例等</td></tr>
<tr><td>财务费用预测</td><td>包括新增长期贷款和短期贷款等</td></tr>
<tr><td>其他</td><td>包括主营业务利润占税前利润的百分比、非经常项目及其他利润占税前利润的比例、到目前为止利润的完成情况等</td></tr>
<tr><td colspan="2">公司经营战略分析</td><td>经营战略是企业面对激烈的市场变化与严峻挑战，为求得长期生存和不断发展而进行的总体性谋划。它是企业战略思想的集中体现，是企业经营范围的科学规定，也是制订规划的基础。经营战略是在符合和保证实现企业使命的条件下，在充分利用环境中存在的各种机会和创造新机会的基础上，确定企业同环境的关系，规定企业从事的经营范围、成长方向和竞争对策，合理地调整企业结构和分配企业的资源。经营战略具有全局性、长远性和纲领性的特征</td></tr>
<tr><td colspan="2">公司规模变动特征及扩张潜力分析</td><td>公司规模变动特征和扩张潜力一般与其所处的行业发展阶段、市场结构、经营战略密切相关，它是从微观方面具体考察公司的成长性，可以从以下几个方面进行分析：
（1）公司规模的扩张是由供给推动还是由市场需求拉动引致，是通过公司的产品创造市场需求还是生产产品去满足市场需求，是依靠技术进步还是依靠其他生产要素等等，以此找出企业发展的内在规律；
（2）纵向比较公司历年的销售、利润、资产规模等数据，把握公司的发展趋势是加速发展、稳步扩张，还是停滞不前；
（3）将公司销售、利润、资产规模等数据及其增长率与行业平均水平及主要竞争对手的数据进行比较，了解其行业地位的变化；
（4）分析预测公司主要产品的市场前景及公司未来的市场份额，分析公司的投资项目，预计其销售和利润水平；
（5）分析公司的财务状况以及公司的投资和筹资潜力</td></tr>
<tr><td colspan="2">公司盈利能力和成长性分析的内容</td><td>公司盈利预测（盈利预测是建立在对公司深入了解和判断之上的，通过对公司基本面进行分析，进而对公司的预测作出假设）、公司经营战略分析、公司规模变动特征及扩张潜力分析</td></tr>
</table>

续表

项　目	内　容
影响公司收益或增长预测的因素	收益预测是整体资产评估的基础，而任何预测都是在一定假设条件下进行的，对企业未来收益预测建立在以下条件的基础上。 一般假设：①公司所在地及中国的社会经济环境不产生大的变更，所遵循的国家现行法律、法规、制度及社会政治和经济政策与现时无重大变化。②针对评估基准日资产的实际状况、假设企业持续经营。③假设公司的经营者是负责的，且公司管理层有能力担当其职务。④除非另有说明，假设公司完全遵守所有有关的法律和法规。⑤假设公司提供的历年财务资料所采取的会计政策和编写此份报告时所采用的会计政策在重要方面基本一致。 特殊假设：①假设公司在现有的管理方式和管理水平的基础上，经营范围、方式与现时方向保持一致。②假设其资产使用效率得到有效发挥。③有关信贷利率、汇率、赋税基准及税率、政策性征收费用等不发生重大变化。④消费市场需求将保持一定同幅度增长。⑤假设折现年限内将不会遇到重大的销售货款回收方面的问题（即坏账情况）。⑥无其他人力不可抗拒因素及不可政见因素对企业造成重大不利影响。 收益预测的主要决定因素：产品的需求因素；产品的经营、销售能力；新产品的开发能力；如果产品需求量大，生产所需要的资金、设备、运输、电力等能否满足；职工队伍的素质；行业、政府及社会的各项政策保证状况等
公司基本分析在上市公司调研中的实际运用	公司调研的目的。 公司调研的对象。 公司调研的分类内容及重点。 公司调研的流程。 公司调研所涉及的防止内幕信息及分析师职业道德问题

考点七　财务报表（表 5－51）

表 5－51　财务报表

财务报表	相关要点
资产负债表	资产负债表是反映企业在某一特定日期财务状况的会计报表，它表明权益在某一特定日期所拥有或控制的经济资源、所承担的现有义务和所有者对净资产的要求权
利润表	利润表是反映企业一定期间生产经营成果的会计报表，表明企业运用所拥有的资产进行获利的能力。利润表把一定期间的营业收入与其同一会计期间相关的营业费用进行配比，以计算企业一定时期的净利润（或净亏损）。我国通常采用多步式利润表格形式。 利润表主要反映以下七个方面的内容：①构成营业收入的各项要素。②构成营业利润的各项要素。③构成利润总额（或亏损总额）的各项要素。④构成净利润（或净亏损）的各项要素。⑤每股收益。⑥其他综合收益。⑦综合收益总额

续表

财务报表	相关要点
现金流量表	反映企业一定期间现金的流入和流出，主要分经营活动、投资活动和筹资活动产生的现金流三部分。通过对现金流量表的分析，分析者可以更深入地了解企业当前和未来获得现金和现金等价物的能力及现金组成项目的变化趋势，有助于对诸如融资、股利分配和投资方面做出重要的决策
所有者权益变动表	又称股东权益变动表，是反映公司本期（年度或中期）内截至期末所有者权益各组成部分变动情况的报表。该表应当全面反映一定时期所有者权益变动的情况，包括所有者权益总量的增减变动、所有者权益增减变动的重要结构性信息、直接计入所有者权益的利得和损失。 股东权益增减变动表的各项内容包括： （1）净利润； （2）直接计入所有者权益的利得和损失项目及其总额； （3）会计政策变更和差错更正的累积影响金额； （4）所有者投入资本和向所有者分配利润等； （5）按照规定提取的盈余公积； （6）实收资本（或股本）、资本公积、盈余公积、未分配利润的期初和期末余额及其调节情况

考点八 财务报表的使用（表5－52）

表5－52 **财务报表的使用**

项 目	内 容
使用目的	财务报表分析的一般目的可以概括为：评价过去的经营业绩，衡量现在的财务状况，预测未来的发展趋势
报表分析的功能	（1）通过账户式资产负债表，可以反映资产、负债和所有者权益之间的内在关系。同时，资产负债表还提供年初数和期末数的比较资料。 （2）现金流量表通过单独反映经营活动产生的现金流量，可以了解企业在不动用企业外部筹得资金的情况下，凭借经营活动产生的现金流量是否足以偿还负债、支付股利和对外投资。 所有者权益变动表全面反映了企业的股东权益在年度内的变化情况，便于会计信息使用者深入分析企业股东权益的增减变化情况，并进而对企业的资本保值增值情况作出正确判断，提供对决策有用的信息
报表分析方法	①比较分析法是指对两个或几个有关的可比数据进行对比，揭示财务指标的差异和变动关系，是财务报表分析中最基本的方法。最常用的比较分析方法有：单个年度的财务比率分析、对公司不同时期的财务报表比较分析、与同行业其他公司之间的财务指标比较分析。②因素分析法则是依据分析指标和影响因素的关系，从数量上确定各因素对财务指标的影响程度

续表

项目		内容
报表分析原则	坚持全面原则	报表要坚持全面原则，将多个指标、比率综合在一起得出对公司全面客观的评价
	坚持考虑个性原则	在对公司进行财务分析时，要考虑公司的特殊性，不能简单地与同行业公司直接比较

考点九　财务比率的含义与分类（表5—53）

表5—53　财务比率的含义与分类

项目	内容
含义	财务比率是指同一张财务报表的不同项目之间、不同类别之间、在同一年度不同财务报表的有关项目之间，各会计要素的相互关系
分类	变现能力分析、营运能力分析、长期偿债能力分析、盈利能力分析、投资收益分析、现金流量分析等

考点十　变现能力分析（表5—54）

表5—54　变现能力分析

项目	内容
含义	变现能力是公司产生现金的能力，它取决于可以在近期转变为现金的流动资产的多少，是考察公司短期偿债能力的关键。反映变现能力的财务比率主要有流动比率和速动比率
流动比率	流动比率是流动资产与流动负债的比值。其计算公式为： $$流动比率=\frac{流动资产}{流动负债}$$ 流动比率可以反映短期偿债能力。生产型公司合理的最低流动比率是2。影响流动比率的主要因素：营业周期、流动资产中的应收账款数额和存货的周转速度
速动比率	也被称为酸性测试比率，计算公式为： $$速动比率=\frac{流动资产-存货}{流动负债}$$ 一般认为正常的速动比率为1，低于1的速动比率被认为是短期偿债能力偏低。影响速动比率可信度的重要因素是应收账款的变现能力

考点十一　营运能力分析（表 5—55）

表 5—55　营运能力分析

项　　目	内　　容
含义	营运能力是指公司经营管理中利用资金运营的能力，一般通过公司资产管理比率来衡量，主要表现为资产管理及资产利用的效率。因此，资产管理比率通常又称为运营效率比率，主要包括存货周转率（存货周转天数）、应收账款周转天数（应收账款周转率）、流动资产周转率和总资产周转率等
存货周转率和存货周转天数	存货的流动性一般用存货的周转速度指标来反映，即存货周转率或存货周转天数。存货周转率是营业成本被平均存货所除得到的比率，即存货的周转次数。它是衡量和评价公司购入存货、投入生产、销售收回等各环节管理状况的综合性指标。用时间表示的存货周转率就是存货周转天数。其计算公式为： $$存货周转率=\frac{营业成本}{平均存货}（次）$$ $$存货周转天数=\frac{360}{存货周转率}（天）=\frac{360}{\frac{营业成本}{平均存货}}（天）=\frac{平均存货\times 360}{营业成本}（天）$$ 公式中的“营业成本”数据来自利润表，“平均存货”数据来自资产负债表中的“存货”期初数与期末数的平均数。 提高存货周转率可以提高公司的变现能力，存货周转速度越慢则变现能力越差
应收账款周转率和应收账款周转天数	应收账款周转率反映年度内应收账款转为现金的平均次数，说明应收账款流动的速度。及时收回应收账款，不仅能增强公司的短期偿债能力，也能反映出公司管理应收账款方面的效率。应收账款周转率和应收账款周转天数的计算公式分别为： $$应收账款周转率=\frac{营业收入}{平均应收账款}（次）$$ $$应收账款周转天数=\frac{360}{应收账款周转率}（天）=\frac{平均应收账款\times 360}{营业收入}（天）$$ 公式中的营业收入数据来自利润表。平均应收账款是指未扣除坏账准备的应收账款金额，是资产负债表中的应收账款期初数与期末数及对应坏账准备的平均数。 应收账款周转率越高，平均收账期越短，说明应收账款的收回越快。影响应收账款周转率正确计算的因素有：季节性经营；大量使用分期付款结算方式；大量使用现金结算的销售；年末销售的大幅度增加或下降
流动资产周转率	是营业收入与全部流动资产的平均余额的比值。其计算公式为： $$流动资产周转率=\frac{营业收入}{平均流动资产}（次）$$

续表

项　目	内　容
流动资产周转率	公式中的平均流动资产是资产负债表中的流动资产合计期初数与期末数的平均数。 流动资产周转率反映流动资产的周转速度。周转速度快，会相对节约流动资产，等于相对扩大资产投入，增强公司盈利能力；而延缓周转速度，需要补充流动资产参加周转，形成资金浪费，降低公司盈利能力
总资产周转率	是营业收入与平均资产总额的比值。其计算公式为： $$总资产周转率=\frac{营业收入}{平均资产总额}（次）$$ 公式中的平均资产总额是资产负债表中的资产总计的期初数与期末数的平均数。 该项指标反映资产总额的周转速度。周转越快，反映销售能力越强。公司可以通过薄利多销的方法，加速资产的周转，带来利润绝对额的增加

考点十二　长期偿债能力分析（表 5－56）

表 5－56　　长期偿债能力分析

项　目	内　容
含义	长期偿债能力是指公司偿付到期长期债务的能力，通常以反映债务与资产、净资产的关系的负债比率来衡量。负债比率包括：资产负债率、产权比率、有形资产净值债务率、已获利息倍数、长期债务与营运资金比率等
资产负债率	是负债总额除以资产总额的百分比，它反映在总资产中有多大比例是通过借债来筹资的，也可以衡量公司在清算时保护债权人利益的程度。其计算公式如下： $$资产负债率=\frac{负债总额}{资产总额}\times 100\%$$ 公式中的负债总额不仅包括长期负债，还包括短期负债
产权比率	是负债总额与股东权益总额之间的比率，也称为债务股权比率。其计算公式如下： $$产权比率=\frac{负债总额}{股东权益}\times 100\%$$ 该项指标反映由债权人提供的资本与股东提供的资本的相对关系，反映公司基本财务结构是否稳定。 一般来说，股东资本大于借入资本较好。产权比率高，是高风险、高报酬的财务结构；产权比率低，是低风险、低报酬的财务结构
有形资产净值债务率	是公司负债总额与有形资产净值的百分比。有形资产净值是股东权益减去无形资产净值后的净值，即股东具有所有权的有形资产的净值。其计算公式为：

续表

项　目	内　容
有形资产净值债务率	$$有形资产净值债务率=\frac{负债总额}{股东权益-无形资产净值}\times 100$$ 有形资产净值债务率指标实质上是产权比率指标的延伸，其更为谨慎、保守地反映了公司清算时债权人投入的资本受到股东权益的保障程度。谨慎和保守，是指该指标不考虑无形资产——商誉、商标、专利权以及非专利技术等的价值。鉴于它们不一定能用来还债，为谨慎起见，一律视为不能偿债，将其从分母中扣除
已获利息倍数	是指公司经营业务收益与利息费用的比率，用以衡量偿付借款利息的能力，也称利息保障倍数。其计算公式如下： $$已获利息倍数=\frac{税息前利润}{利息费用}（倍）$$
长期债务与营运资金比率	是用公司的长期债务与营运资金相除计算的，其计算公式如下： $$长期债务与营运资金比率=\frac{长期负债}{流动资产-流动负债}$$
影响长期偿债能力的其他因素	长期租赁、担保责任、或有项目

考点十三　盈利能力分析（表5—57）

表5—57　盈利能力分析

项　目	内　容
含义	盈利能力就是公司赚取利润的能力。 反映公司盈利能力的指标主要有营业净利率、营业毛利率、资产净利率、净资产收益率等
营业净利率	是指净利润与营业收入的百分比，其计算公式为： $$营业净利率=\frac{净利润}{营业收入}\times 100\%$$ 该指标反映每1元营业收入带来的净利润是多少，表示营业收入的收益水平
营业毛利率	是毛利占营业收入的百分比，其中毛利是营业收入与营业成本的差。其计算公式为： $$营业毛利率=\frac{营业收入-营业成本}{营业收入}\times 100\%$$ 营业毛利率表示每1元营业收入扣除营业成本后，有多少钱可以用于各项期间费用和形成盈利。营业毛利率是公司营业净利率的基础，没有足够高的毛利率便不能盈利

续表

项　目	内　容
资产净利率	是公司净利润与平均资产总额的百分比。其计算公式如下： $$资产净利率=\frac{净利润}{平均资产总额}\times 100\%$$ 指标越高，表明资产的利用效率越高，说明公司在增加收入和节约资金使用等方面取得了良好的效果，否则相反。影响资产净利率高低的因素主要有产品的价格、单位成本的高低、产品的产量和销售的数量、资金占用量的大小等
净资产收益率	是净利润与净资产的百分比，也称净值报酬率或权益报酬率。按照《公开发行证券公司信息披露编报规则第 9 号——净资产收益率和每股收益的计算及披露》（2010 年修订）规定，目前我国上市公司须根据归属于公司普通股股东的净利润和扣除非经常性损益后归属于公司普通股股东的净利润分别计算和披露加权平均净资产收益率，以反映报告期中各种权益要素的综合收益水平，其计算公式为：
净资产收益率	$$加权平均净资产收益率=\frac{P_0}{E_0+\frac{N_P}{2}+E_i\cdot\frac{M_i}{M_0}-\frac{E_jM_j}{M_0}\pm E_k\cdot\frac{M_k}{M_0}}\times 100\%$$ 式中　P_0——归属于公司普通股股东的净利润或扣除非经常性损益后归属于公司普通股股东的净利润； N_P——归属于公司普通股股东的净利润； E_0——归属于公司普通股股东的期初净资产； E_i——报告期发行新股或债转股等新增的、归属于公司普通股股东的净资产； E_j——报告期回购或现金分红等减少的、归属于公司普通股股东的净资产； M_0——报告期月份数； M_i——新增净资产次月起至报告期期末的累计月数； M_j——减少净资产次月起至报告期期末的累计月数； E_k——因其他交易或事项引起的、归属于公司普通股股东的净资产增减变动； M_k——发生其他净资产增减变动次月起至报告期期末的累计月数

考点十四　投资收益分析（表 5－58）

表 5－58　　投资收益分析

项　目	内　容
每股收益	是净利润与公司发行在外普通股总数的比值。按照《公开发行证券公司信息披露编报规则第 9 号——净资产收益率和每股收益的计算及披露》（2010 年修订）规定，目前我国上市公司须根据归属于公司普通股股东的净利润和扣除非经常性损益后归属于公司普通股股东的净利润分别计算和披露基本每股收益和稀释每股收益。其计算公式分别为：

续表

项　目	内　容
每股收益	基本每股收益$=\dfrac{P_0}{S_0+S_1+S_i\times M_i\div M_0-S_j\times M_j\div M_0-S_k}$ 稀释每股收益$=P_1/$（$S_0+S_1+S_i\times M_i\div M_0-S_j\times M_j\div M_0-S_k+$认购权证、股份期权、可转换债券等增加的普通股加权平均数） 式中　P_0——归属于公司普通股股东的净利润或扣除非经常性损益后归属于普通股股东的净利润； P_1——归属于公司普通股股东的净利润或扣除非经常性损益后归属于公司普通股股东的净利润（考虑稀释性潜在普通股对其影响，按《企业会计准则》及有关规定进行调整）； S_0——期初股份总数； S_1——报告期因公积金转增股本或股票股利分配等增加股份数； S_i——报告期因发行新股或债转股等增加股份数； S_j——报告期因回购等减少股份数； S_k——报告期缩股数； M_0——报告期月份数； M_i——增加股份次月起至报告期期末的累计月数； M_j——减少股份次月起至报告期期末的累计月数
市盈率	是（普通股）每股市价与每股收益的比率，亦称本益比。其计算公式为： 市盈率$=\dfrac{每股市价}{每股收益}$（倍） 该指标是衡量上市公司盈利能力的重要指标，反映投资者对每1元净利润所愿支付的价格，可以用来估计公司股票的投资报酬和风险，是市场对公司的共同期望指标
股利支付率	是普通股每股股利与每股收益的百分比。其计算公式为： 股利支付率$=\dfrac{普通股每股股利}{普通股每股收益}\times100\%$ 该指标反映公司股利分配政策和支付股利的能力。 与股利支付率指标关系比较紧密的一个指标是股票获利率，是指每股股利与股票市价的比率。其计算公式如下： 股票获利率$=\dfrac{普通股每股股利}{普通股每股市价}\times100\%$ 股票获利率主要应用于非上市公司的少数股权。在这种情况下，股东难以出售股票，也没有能力影响股利分配政策，他们持有公司股票的主要动机在于获得稳定的股利收益
每股净资产	是年末净资产（即年末股东权益）与发行在外的年末普通股总数的比值，也称为每股账面价值或每股权益。用公式表示为： 每股净资产$=\dfrac{年末净资产}{发行在外的年末普通股股数}$ 该指标反映发行在外的每股普通股所代表的净资产成本即账面权益。每股净资产在理论上提供了股票的最低价值

续表

项　目	内　容
市净率	是每股市价与每股净资产的比值。计算公式为： $$市净率=\frac{每股市价}{每股净资产}（倍）$$ 表明股价以每股净资产的若干倍在流通转让，评价股价相对于每股净资产而言是否被高估。市净率越小，说明股票的投资价值越高，股价的支撑越有保证；反之，则投资价值越低。这一指标同样是证券分析师判断某股票投资价值的重要指标

考点十五　现金流量分析（表5—59）

表5—59　现金流量分析

项　目	内　容
含义	现金流量分析不仅要依靠现金流量表，还要结合资产负债表和利润表
流动性分析	流动性，是指将资产迅速转变为现金的能力。一般来讲，真正能用于偿还债务的是现金流量，所以，现金流量和债务的比较可以更好地反映公司偿还债务的能力。 （1）现金到期债务比。是经营现金净流量与本期到期债务的比值，其计算公式如下： $$现金到期债务比=\frac{经营现金净流量}{本期到期的债务}$$ 公式中，经营现金净流量是现金流量表中的经营活动产生的现金流量净额，本期到期的债务是指本期到期的长期债务和本期应付的应付票据。 （2）现金流动负债比。是经营现金净流量与流动负债的比值，其计算公式如下： $$现金流动负债比=\frac{经营现金净流量}{流动负债}$$ （3）现金债务总额比。是经营现金净流量与负债总额的比值，其计算公式如下： $$现金债务总额比=\frac{经营现金净流量}{债务总额}$$
获取现金能力分析	是指经营现金净流入和投入资源的比值。投入资源可以是营业收入、总资产、营运资金、净资产或普通股股数等。 （1）营业现金比率： $$营业现金比率=\frac{经营现金净流量}{营业收入}$$ 公式中的营业收入是指营业收入和应向购买者收取的增值税进项税额。该比率反映每1元营业收入得到的净现金，其数值越大越好。 （2）每股营业现金净流量： $$每股营业现金净流量=\frac{经营现金净流量}{普通股股数}$$ 该指标反映公司最大的分派股利能力，超过此限度，就要借款分红。

续表

项　目	内　容
获取现金能力分析	(3) 全部资产现金回收率： $$全部资产现金回收率=\frac{经营现金净流量}{资产总额}\times 100\%$$ 该指标说明公司资产产生现金的能力
财务弹性分析	是指公司适应经济环境变化和利用投资机会的能力。这种能力来源于现金流量和支付现金需要的比较。现金流量超过需要，有剩余的现金，适应性就强。财务弹性是用经营现金流量与支付要求进行比较。支付要求可以是投资需求或承诺支付等。 (1) 现金满足投资比率： $$现金满足投资比率=\frac{近5年经营活动现金净流量}{近5年资本支出、存货增加、现金股利之和}$$ 该比率越大，说明资金自给率越高。达到1时，说明公司可以用经营活动获取的现金满足扩充所需资金；若小于1，则说明公司是靠外部融资来补充。 (2) 现金股利保障倍数： $$现金股利保障倍数=\frac{每股营业现金净流量}{每股现金股利}$$ 该比率越大，说明支付现金股利的能力越强
收益质量分析	是指报告收益与公司业绩之间的关系。如果收益能如实反映公司业绩，则认为收益的质量好；如果收益不能很好地反映公司业绩，则认为收益的质量不好。从现金流量表的角度来看，收益质量分析主要是分析会计收益与现金净流量的比率关系，其主要的财务比率是营运指数。 $$营运指数=\frac{经营现金净流量}{经营所得现金}$$ 经营所得现金=经营净收益+非付现费用=净利润-非经营收益+非付现费用 营运指数小于1，说明质量不够好

考点十六　或有负债的概念及内容

按照《企业会计准则第13号——或有事项》的规定："或有负债指过去的交易或者事项形成的潜在义务，其存在须通过未来不确定事项的发生或不发生予以证实；或过去的交易或者事项形成的现时义务，履行该义务不是很可能导致经济利益流出企业或该义务的金额不能可靠计量。"

或有事项准则规定，只有同时满足如下三个条件才能将或有事项确认为负债，列示于资产负债表上：

(1) 该义务是企业承担的现时义务。

(2) 该义务的履行很可能导致经济利益流出企业。

(3) 该义务的金额能够可靠地计量。

或有负债确认的第 (2) 和第 (3) 项条件往往需要会计人员的职业判断。

或有事项准则规定必须在会计报表附注中披露的或有负债包括：

(1) 已贴现商业承兑汇票形成的或有负债。

(2) 未决诉讼、仲裁形成的或有负债。

(3) 为其他单位提供债务担保形成的或有负债。

(4) 其他或有负债(不包括极小可能导致经济利益流出企业的或有负债)。其他或有负债,包括售出产品可能发生的质量事故赔偿、尚未解决的税额争议可能出现的不利后果、污染环境可能支付的罚款和治污费用等,对于企业来说其可能性是经常存在的。企业有可能利用或有事项准则对其他或有负债"极小可能"的规定不披露或少披露或有负债。这些或有负债一旦成为事实上的负债,将会加大企业的偿债负担。

变现能力分析应该结合会计报表附注,如果存在或有负债,显然会减弱企业流。

考点十七　影响企业存货结构及周转速度的指标(表5—60)

表5—60　影响企业存货结构及周转速度的指标

项　目	内　容
影响企业存货结构及周转速度的指标	公司管理者和有条件的外部报表使用者,除了分析批量因素、季节性生产的变化等情况外,还应对存货的结构以及影响存货周转速度的重要项目进行分析,如分别计算原材料周转率、在产品周转率或某种存货的周转率等。(凡是周转率都是越快越好)
计算公式	$原材料周转率=\frac{耗用原材料成本}{平均原材料存货}$ $在产品周转率=\frac{制造成本}{平均在产品存货}$

考点十八　融资租赁与经营租赁在会计处理方式上的区别

(1) 在经营租赁形式下,租入的固定资产并不作为固定资产入账,相应的租赁费作为当期的费用处理。如果公司经常发生经营租赁业务,应考虑租赁费用对偿债能力的影响。

(2) 在融资租赁形式下,租入的固定资产作为公司的固定资产入账进行管理,相应的租赁费用作为长期负债处理。这种资本化的租赁,在分析长期负债能力时已经包括在债务比率指标计算之中。

考点十九　公司会计报表附注的主要项目及对基本财务比率的影响(表5—61)

表5—61　公司会计报表附注的主要项目及对基本财务比率的影响

项　目	内　容
公司会计报表附注的主要项目	(1) 不符合会计核算前提的说明。 (2) 重要会计政策和会计估计的说明。 (3) 重要会计政策和会计估计变更的说明以及重大会计差错更正的说明。

续表

<table>
<tr><th colspan="2">项　　目</th><th>内　　容</th></tr>
<tr><td colspan="2">公司会计报表附注的主要项目</td><td>（4）或有事项的说明。
（5）资产负债表日后事项的说明。
（6）对关联方关系及其交易的说明。
（7）重要资产转让及其出售的说明。
（8）企业合并、分立的说明。
（9）会计报表重要项目的说明。
（10）企业所有者权益中，国家所有者权益各项目的变化数额及其变化原因。
（11）收入说明。
（12）所得税的会计处理方法，即企业的所得税会计处理是采用应付税款法，还是采用纳税影响会计法。
（13）合并会计报表的说明。
（14）企业执行国家统一规定的各项改革措施、政策，对财务状况发生重大事项的说明。
（15）企业主辅分离辅业改制情况的说明。
（16）有助于理解和分析会计报表需要说明的其他事项</td></tr>
<tr><td rowspan="3">公司会计报表附注对基本财务比率的影响</td><td>对变现能力比率的影响</td><td>变现能力比率主要有流动比率和速动比率，其分母均为流动负债，不包括或有负债。
变现能力分析应该结合会计报表附注，如果存在或有负债，显然会减弱企业流动资产的变现能力。如果存在未披露的或有负债，更会令变现能力指标的准确性大打折扣</td></tr>
<tr><td>对运营能力比率的影响</td><td>（1）对应收账款周转率的影响：
有关收入确认方法的规定包括行业会计制度和收入准则（目前仅适用上市公司）。对于同一笔业务是否确认收入，收入准则较行业会计制度要严格得多，因而对于同样的业务，按收入准则确认的收入一般较遵照行业会计制度确认的收入要少，因而其应收账款周转率也偏低。
（2）对存货周转率的影响：
除了个别计价法外，存货的实物流转与价值流转并不一致，只有应用个别计价法计算出来的存货周转率才是“标准的”存货周转率</td></tr>
<tr><td>对负债比率的影响</td><td>负债比率包括资产负债率、产权比率、有形净值债务率等。产权比率和有形净值债务率其实是资产负债率的自然延伸，其分子都是企业的负债总额，是更为谨慎、保守地反映在企业清算时债权人投入的资本受到股东权益的保障程度，因而这两个指标的分析与资产负债率相同。此外，还有一项重要因素影响企业的长期偿债能力，即长期租赁。当企业急需某种设备或资产而又缺乏足够的资金时，可以通过租赁的方式解决。财产租赁有两种方式：融资租赁和经营租赁</td></tr>
</table>

续表

项目		内容
公司会计报表附注对基本财务比率的影响	对盈利能力比率的影响	盈利能力比率包括营业净利率、营业毛利率、资产净利率和净值报酬率。其分子都是净利润，影响利润的因素就是影响盈利能力的因素。一般来说，企业的盈利能力分析只涉及正常的营业状况。非正常的营业状况也会给企业带来收益或损失，但只是特殊状况下的个别结果，不能说明企业的盈利能力。 影响企业利润的因素主要有：①存货流转假设；②计提的损失准备；③长期投资核算方法；④固定资产折旧是采用加速折旧法还是直线法；⑤收入确认方法；⑥或有事项的存在；⑦关联方交易

考点二十　预测公司潜在收益的方法（表5－62）

表5－62　**预测公司潜在收益的方法**

预测方法	内容
综合调整法	以企业收益现状为基础，考虑现有资产所决定的未来变化因素的预期影响，对收益进行调整以确定收益的方法。其公式为： 预期年收益＝当前正常年收益额＋$\sum Y_i - \sum Z_j$ 其中，Y_i表示预期各有利因素增加收益额；Z_j表示预期各不利因素减少收益额
产品周期法	根据企业主导产品生命周期的特点，评估企业收益增减变化趋势的方法。应用该方法预测企业收益，一般是为了预期获得产品高额盈利的持续时间，主要适用以下三种情况： （1）企业产品单一且为高利产品； （2）企业拥有专利或专有技术，在未来将为企业带来超额利润； （3）企业处于垄断地位，可获高额利润
时间趋势法	根据过去几年企业收益的增长变化总趋势，预计未来一定期限内各年度收益的方法，即将影响收益变动的各种因素均看为时间因素

考点二十一　公司经营的安全边际及影响公司收益或增长预测因素（表5－63）

表5－63　**公司经营的安全边际及影响公司收益或增长预测因素**

项目	内容
安全边际概念	安全边际是根据实际或预计的销售业务量与保本业务量的差量确定的定量指标。 财务管理中，安全边际是指正常销售额超过盈亏临界点销售额的差额，它表明销售量下降多少企业仍不致亏损。

续表

项　目	内　容
安全边际概念	投资领域中的安全边际是指证券的市场价格低于其内在价值的部分。对普通股而言，它代表了计算出的内在价值高于市场价格的部分，或者特定年限内预期收益或红利超过正常利息率的部分；就债券或优先股而言，它通常代表盈利能力超过利率或者必要红利率，或者代表企业价值超过其优先索偿权的部分
安全边际内容	安全边际可以用绝对数和相对数两种形式来表现，其计算公式为： 安全边际＝现有销售量－盈亏临界点销售量 安全边际率＝安全边际/现有销售量 因为只有盈亏临界点以上的销售额（即安全边际部分）才能为企业提供利润，所以销售利润又可按下列公式计算： 销售利润＝安全边际销售量×单位产品贡献毛益 销售利润率＝安全边际率×贡献毛益率 此外，以盈亏临界点为基础，还可得到另一个辅助性指标，即达到盈亏临界点的作业率。其计算公式为： 达到盈亏临界点的作业率＝盈亏临界点的销售量/正常开工的作业量 当企业作业率低于盈亏临界点的作业率时就会亏损。所以，该指标对企业的生产安排具有一定的指导意义
影响公司收益或增长预测因素	产品的需求因素；产品的经营、销售能力；新产品的开发能力；如果产品需求量大，生产所需要的资金、设备、运输、电力等能否满足；职工队伍的素质；行业、政府及社会的各项政策保证状况等

考点二十二　公司资产重组含义和分类（表5－64）

表5－64　　资产重组含义和分类

项　目	内　容
含义	中国证监会颁布的《上市公司重大资产重组管理办法》，将重大资产重组定义为：上市公司及其控股或者控制的公司在日常经营活动之外购买、出售资产或者通过其他方式进行资产交易达到规定的比例，导致上市公司的主营业务、资产、收入发生重大变化的资产交易行为
分类	资产重组根据重组对象的不同大致可分为对企业资产的重组、对企业负债的重组和对企业股权的重组。对企业资产的重组包括收购资产、资产置换、资产出售、租赁和托管资产、受赠资产；对企业负债的重组主要是指债务重组。根据债务重组的对方不同，又可以分为与银行之间和与债权人之间进行的资产重组。资产重组根据是否涉及股份的存量和增量，又大致可以分为战略性资产重组和战术性资产重组。 战略性资产重组根据股权的变动情况又可分为股权存量变更、股权增加、股权减少（回购）三类。股权存量变更在实务中又存在股权无偿划拨、股权有偿协议转让、股权抵押拍卖、国有股权配售、二级市场举牌、间接股权收购等多种形式。股权增加包括吸收合并和定向增发等方式。而股权回购根据回购支付方式不同，则可分为以现金回购和以资产回购两种形式

考点二十三　公司主要的重组手段和方法（表 5－65）

表 5－65　　主要的重组手段和方法

重组手段与方法	内　容
购买资产	指购买房地产、债权、业务部门、生产线、商标等有形或无形的资产。收购资产的特点在于收购方不必承担与该部分资产有关联的债务和义务。以多元化发展为目标的扩张通常不采取收购资产而大多采取收购公司的方式来进行
收购公司	指获取目标公司全部股权，使其成为全资子公司或者获取大部分股权处于绝对控股或相对控股地位的重组行为。购买公司不仅获得公司的产权与相应的法人财产，也是所有因契约而产生的权利和义务的转让。因此，通过收购，收购公司不仅可以获得目标公司拥有的某些专有权利，如专营权、经营特许权等，而且能快速获得由公司特有组织资本产生的核心能力
收购股份	指以获取参股地位而非目标公司控制权为目的的股权收购行为。收购股份通常是试探性的多元化经营的开始和策略性的投资，或是为了强化与上游、下游企业之间的协作关联
合资或联营组建子公司	对于那些缺少某些特定能力或者资源的公司来说，合资或联营可以作为合作战略最基本的手段。它可以将公司与其他具有互补技能和资源的合作伙伴联系起来，获得共同的竞争优势
公司合并	是指两家以上的公司结合成一家公司，原有公司的资产、负债、权利和义务由新设或存续的公司承担。我国《公司法》界定了两种形式的合并——吸收合并和新设合并。公司合并的目的是实现战略伙伴之间的一体化，进行资源、技能的互补，从而形成更强、范围更广的公司核心能力，提高市场竞争力。同时，公司合并还可以减少同业竞争，扩大市场份额
股权置换	其目的通常在于引入战略投资者或合作伙伴。通常，股权置换不涉及控股权的变更。股权置换的结果是：实现公司控股股东与战略伙伴之间的交叉持股，以建立利益关联
股权—资产置换	是由公司原有股东以出让部分股权为代价，使公司获得其他公司或股东的优质资产。其最大优点就在于，公司不用支付现金便可获得优质资产，扩大公司规模。股权—资产置换的另一种形式是以增发新股的方式来获得其他公司或股东的优质资产，实质上也是一种以股权方式收购资产的行为
资产置换	是指公司重组中为了使资产处于最佳配置状态获取最大收益，或出于其他目的而对其资产进行交换。双方通过资产置换，能够获得与自己核心能力相协调的、相匹配的资产

续表

重组手段与方法	内　容
资产出售或剥离	是指公司将其拥有的某些子公司、部门、产品生产线、固定资产等出售给其他的经济主体。由于出售这些资产可以获得现金回报，因此从某种意义上来讲，资产剥离并未减少资产的规模，而只是公司资产形式的转化，即从实物资产转化为货币资产
公司分立	是指公司将其资产与负债转移给新建立的公司，把新公司的股票按比例分配给母公司的股东，从而在法律上和组织上将部分业务从母公司中分离出去，形成一个与母公司有着相同股东的新公司。通过这种资产运作方式，新分立出来的公司管理权和控股权也会发生变化。公司分立有许多做法，包括并股和裂股两种方式。其结果是母公司以子公司股权向母公司股东回购母公司股份，而子公司则成为由母公司原有股东控股的、与母公司没有关联的独立公司
资产配负债剥离	是将公司资产配上等额的负债一并剥离出公司母体，而接受主体一般为其控股母公司。这一方式在甩掉劣质资产的同时能够迅速减小公司总资产规模，降低负债率，而公司的净资产不会发生改变。对资产接受方来说，由于在获得资产所有权的同时也承担了偿债的义务，其实质也是一种以承担债务为支付手段的收购行为
股权的无偿划拨	国有股的无偿划拨是当前证券市场上公司重组的一种常见方式，通常发生在属同一级财政范围或同一级国有资本运营主体的国有企业和政府机构之间。国有股的受让方一定为国有独资企业。由于股权的最终所有者没有发生改变，因而国有控股权的划拨实际是公司控制权的转移和管理层的重组。其目的或是为调整和理顺国有资本运营体系，或是为了利用优势企业的管理经验来重振处于困境中的上市公司
股权的协议转让	是指股权的出让与受让双方不是通过交易所系统集合竞价的方式进行买卖，而是通过面对面的谈判方式，在交易所外进行交易，故通常称之为场外交易。这些交易往往出于一些特定的目的，如引入战略合作者或被有较强实力的对手善意收购等。在我国资本市场上，场外协议转让案例产生的主要原因在于证券市场中大量处于控股地位的非流通股的存在
公司股权托管和公司托管	是指公司股东将其持有的股权以契约的形式，在一定条件和期限内委托给其他法人或自然人，由其代为行使对公司的表决权。当委托人为公司的控股股东时，公司股权托管就演化为公司的控制权托管，使受托人介入公司的管理和运作，成为整个公司的托管
表决权信托与委托书	是指许多分散股东集合在一起设定信托，将自己拥有的表决权集中于受托人，使受托人可以通过集中原本分散的股权实现对公司的控制。表决权委托书是指中小股东可以通过征集其他股东的委托书来召集临时股东大会以达到改组公司董事会控制公司目的的一种方式

续表

重组手段与方法	内　容
股份回购	是指公司或是用现金，或是以债权换股权，或是以优先股换普通股的方式购回其流通在外的股票的行为。它会导致公司股权结构的变化。由于公司股本缩减，而控股大股东的股权没有发生改变，因而原有大股东的控股地位得到强化。我国《公司法》对上市公司回购股份有着较为严格的限制，除非有下列情形之一，否则公司不得收购本公司股份：减少公司注册资本；与持有本公司股份的其他公司合并；将股份奖励给本公司职工；股东因对股东大会作出的公司合并、分立决议持异议，要求公司收购其股份的
交叉控股	是指母、子公司之间互相持有绝对控股权或相对控股权，使母、子公司之间可以互相控制运作。交叉控股产生的原因是母公司增资扩股时，子公司收购母公司新增发的股份。我国有关法律对对外投资占本公司净资产的相对比例有一定限制，这在一定程度上限制了母、子公司间的交叉控股，但亦可以通过多层的逐级控股方式迂回地达到交叉控股的目的。交叉控股的一大特点是企业产权模糊化，找不到最终控股的大股东，公司的经理人员取代公司所有者成为公司的主宰，从而形成内部人控制

考点二十四　资产重组对公司的影响

（1）有利影响：可以促进资源的优化配置，有利于产业结构的调整，增强公司的市场竞争力，从而使一批上市公司由小变大、由弱变强。（2）不利影响：在实践中，许多上市公司进行资产重组后，其经营和业绩并没有得到持续、显著的改善。究其原因，最关键的是重组后的整合不成功。

重组后的整合主要包括企业资产的整合、人力资源配置和企业文化的融合、企业组织的重构。着眼于改善上市公司经营业绩、调整股权结构和治理结构的调整型公司重组和控制权变更型重组，成为我国证券市场最常见的资产重组类型。

在分析资产重组对公司的影响时，分析师首先需鉴别报表性重组和实质性重组。区分报表性重组和实质性重组的关键是看有没有进行大规模的资产置换或合并。实质性重组一般要将被并购企业50%以上的资产与并购企业的资产进行置换，或双方资产合并；而报表性重组一般都不进行大规模的资产置换或合并。

考点二十五　公司关联交易含义及具体行为（表5—66）

表5—66　公司关联交易含义及具体行为

项　目	内　容
公司关联交易含义	关联方交易，是指关联方之间转移资源、劳务或义务的行为，而不论是否收取价款。《企业会计准则第36号——关联方披露》第三条对关联方进行了界定，即“一方控制、共同控制另一方或对另一方施加重大影响，以及两方或两方以上同受一方控制、共同控制或重大影响的，构成关联方”

续表

项　目	内　容
公司关联交易具体行为	控制是指有权决定一个企业的财务和经营政策，并能据以从该企业的经营活动中获取利益。共同控制，是指按照合同约定对某项经济活动所共有的控制，仅在与该项经济活动相关的重要财务和经营决策需要分享控制权的投资方一致同意时存在。重大影响，是指对一个企业的财务和经营政策有参与决策的权力，但并不能够控制或者与其他方一起共同控制政策的制定

考点二十六　公司关联交易特点、性质和方式（表5－67）

表5－67　公司关联交易特点、性质和方式

项　目		内　容
特点		具有形式繁多、关系错综复杂、市场透明度较低的特点
性质		按照交易的性质划分，关联交易主要可划分为经营往来中的关联交易和资产重组中的关联交易。前者符合一般意义上关联交易的概念；而后者则具有鲜明的中国特色，是在目前现实法律、法规环境下使用频率较高的形式
方式	关联购销	关联购销类关联交易，主要集中在以下几个行业：一种是资本密集型行业，如冶金、有色、石化和电力行业等；另一种是市场集中度较高的行业，如家电、汽车和摩托车行业等
	资产租赁	由于非整体上市，上市公司与其集团公司之间普遍存在着资产租赁关系，包括土地使用权、商标等无形资产的租赁和厂房、设备等固定资产的租赁
	担保	上市公司与其主要股东，特别是控股股东之间的关联担保可以是双向的，既可能是上市公司担保主要股东的债务，也可能反过来是主要股东为上市公司提供担保
	托管经营、承包经营等管理方面的合同	绝大多数的托管经营和承包经营属于关联交易，关联方大多是控股股东。托管方或是上市公司，或是关联企业
	关联方共同投资	通常是指上市公司与关联公司就某一具体项目联合出资，并按事前确定的比例分配收益。这种投资方式因关联关系的存在达成交易的概率较高，但操作透明度较低，特别是分利比例的确定

考点二十七　关联交易对公司的影响

关联交易属于中性交易，主要作用是降低交易成本，促进生产经营渠道的畅通，提供扩张所需的优质资产，有利于实现利润的最大化等。但在实际操作过程中，关联交易有其非经济特性。与市场竞争、公开竞价的方式不同，关联交易价

格可由关联双方协商决定，特别是在我国评估和审计等中介机构尚不健全的情况下，关联交易容易成为企业调节利润、避税和一些部门及个人获利的途径，往往使中小投资者利益受损。

考点二十八　会计政策的含义以及会计政策与税收政策变化对公司的影响（表5－68）

表5－68　会计政策的含义以及会计政策与税收政策变化对公司的影响

项　目	内　容
会计政策的含义	会计政策是指企业在会计确认、计量和报告中所采用的原则、基础和会计处理方法。企业基本上是在法规所允许的范围内选择适合本企业实际情况的会计政策
会计政策的变化及其对公司的影响	当会计制度发生变更，或企业根据实际情况认为需要变更会计政策时，企业可以变更会计政策。企业的会计政策发生变更将影响公司年末的资产负债表和利润表。如果采用追溯调整法进行会计处理，则会计政策的变更将影响公司年初及以前年度的利润、净资产、未分配利润等数据
税收政策的变化及其对公司的影响	税收政策的变更也将对上市公司的业绩产生一定的影响。 国家有关部门对增值税政策的频繁调整也会影响有关行业乃至上市公司的效益

考点二十九　资产重组常用的评估方法

根据《国有资产评估管理办法》（国务院令第91号）第二十三条规定，国有资产评估方法包括：①收益现值法；②重置成本法；③现行市价法；④清算价格法；⑤国务院国有资产管理行政主管部门规定的其他评估方法。

资产重组常用的评估方法相关要点见表5－69。

表5－69　资产重组常用的评估方法相关要点

资产重组评估方法		相关要点
市场价值法	概述	市场价值法即市场法，是指按照市场上近期发生的类似资产的交易价来确定被评估资产的价值。市场法假设公司股票的价值是某一估价指标乘以比率系数。估价可以是现金流量、税后利润、股票的账面价值或主营业务收入。不同的指标采用不同的系数。 在市场法中，目标公司的价格是通过估价指标（如税后利润）与比率系数（如市盈率）的乘积获得的。可选择的估价指标包括：税后利润、现金流量、营业收入、股息、资产的账面价值或有形资产价值等。用市场法对普通公司估价，最常用的估价指标是税后利润
	资产评估步骤	应用市场法进行资产评估可分三个步骤：市场调查，选择参照物；因素比较，调整差异；综合定价
	优点	①简单易懂，容易使用；②市场价值法是从统计的角度总结出相同类型公司的财务特征，得出的结论有一定的可靠性
	缺点	缺乏明显的理论依据

续表

资产重组评估方法		相关要点
重置成本法	概述	又称成本法，是指在评估资产时按被评估资产的现时重置成本扣减其各项损耗价值来确定被评估资产价值的方法
	基本计算	基本计算公式可以表述为：被评估资产评估值＝重置成本－实体性贬值－功能性贬值－经济性贬值。 $$\text{被评估资产评估值}=\text{重置成本}\times\text{成新率}$$ 重置成本的估算一般可以采用的方法有直接法、功能价值法和物价指数法。 （1）直接法（重置核算法）： 按人工成本比例法计算，计算公式为： $\text{间接成本}=\text{人工成本总额}\times\text{成本分配率}$，$\text{成本分配率}=\frac{\text{间接成本额}}{\text{人工成本额}}\times100\%$ 按单位价格法计算，计算公式为： $$\text{间接成本}=\frac{\text{工作量（按工日或工时）}\times\text{单位价格}}{\text{工日或工时}}$$ 按直接成本百分率法计算，计算公式为： $$\text{间接成本}=\text{直接成本}\times\text{间接成本占直接成本的百分}$$ （2）功能价值法： $$\text{被评估资产重置成本}=\frac{\text{被评估资产产量}}{\text{参照物年产量}}\times\text{参照物重置成本}$$ （3）物价指数法：$\text{资产重置成本}=\text{资产原始成本}\times\frac{\text{资产评估时物价指数}}{\text{资产购建时物价指数}}$ 实体性贬值的估算方法有观察法和公式计算法。 （1）观察法（成新率法）：资产实体性贬值＝重置成本×（1－成新率） （2）公式计算法：$\text{资产实体性贬值}=\frac{\text{重置成本}-\text{残值}}{\text{总使用年限}}\times\text{实际使用年限}$，总使用年限＝实际已使用年限＋尚可使用年限，实际已使用年限＝名义已使用年限×资产利用率，$\text{资产利用率}=\frac{\text{截至评估日资产累计实际利用时间}}{\text{截至评估日资产累计法定利用时间}}$。 功能性贬值的估算：$\text{被评估资产的功能性损耗（贬值）}=\sum\left(\text{被评估资产年净超额运营成本}\times\text{折现系数}\right)$ 成新率的估算方法： （1）观察法。 （2）使用年限法：$\text{成新率}=\frac{\text{预计尚可使用年限}}{\text{实际已使用年限}+\text{预计尚可使用年限}}\times100\%$ （3）修复费用法：$\text{成新率}=\left(1-\frac{\text{修复费用}}{\text{再生产价值}}\right)\times100\%$
	评估程序	第一步，被评估资产一经确定即应根据该资产实体特征等基本情况，用现时（评估基准日）市价估算其重置全价。 第二步，确定被评估资产的已使用年限、尚可使用年限及总使用年限。 第三步，应用年限折旧法或其他方法估算资产的有形损耗和功能性损耗。 第四步，估算确认被评估资产的净价

续表

资产重组评估方法		相关要点
重置成本法	优点	评估结果更加公平合理，比较充分地考虑了资产的损耗，在不易计算资产未来收益或难以取得市场参照物条件下可广泛应用，有利于单项资产和特定用途资产的评估，有利于企业资产保值
	缺点	工作量巨大
收益现值法	概述	是通过估算被评估资产未来预期收益并折算成现值，借以确定被评估资产价值的一种资产评估方法。应用收益现值法对资产进行评估时，是以资产投入使用后连续获利为基础的
	应用形式	（1）资产未来收益期有限的情形： 基本公式是：资产评估值＝ $\sum_{i=1}^{n}\frac{R_i}{(1+r)^i}$ 式中：R_i 为未来第 i 个收益期的预期收益额，收益期有限时Ri还包括期末资产剩余净额；n 为收益年期；r 为折现率。 （2）资产未来收益期无限期的情形： $资产评估值（收益现值）=\frac{年收益}{本金化率}$ $\begin{matrix}资产评估值\\（预期收益现值）\end{matrix}=\sum\frac{前若干年}{各年收益额}\times\begin{matrix}各年折\\现系数\end{matrix}+\frac{以后各年的年金化收益}{本金化率}\times\begin{matrix}前若干年最后\\一年的折现系数\end{matrix}$
	各项指标的确定	收益现值法中的主要指标有三个，即收益额、折现率或本金化率、收益期限
	评估程序	首先，收集验证有关经营、财务状况的信息资料；其次，计算和对比分析有关指标及其变化趋势；再次，预测资产未来预期收益，确定折现率或本金化率；最后，将预期收益折现或本金化处理，确定被评估资产价值
	优点	能真实和较准确地反映企业本金化的价格；与投资决策相结合，用此评估法评估资产的价格，易为买卖双方接受
	缺点	预期收益额预测难度较大，受较强的主观判断和未来不可预见因素的影响；在评估中适用范围较小，一般适用于企业整体资产和可预测未来收益的单项资产评估

【真题回顾】

一、单项选择题（*以下备选项中只有一项符合题目要求*）

1. 某公司的流动比率是1.9，如果该公司用现金偿还部分应付账款，则该公司的流动比率将会(　　)。

A. 保持不变　　　　B. 无法判断

C. 变小　　　　D. 变大

【答案】D

【解析】本题考核的是流动比率的概念。流动比率是流动资产与流动负债的比值，反映短期偿债能力。该公司用现金偿还应付账款，流动资产和流动负债减少相同的金额，由于该公司的流动比率为1.9>1，所以，流动比率会变大。

2. 从理论上说，关联交易属于(　　)。

A. 市场化交易　　　　B. 不合规交易

C. 中性交易　　　　D. 内幕交易

【答案】C

【解析】本题考核的是关联交易。关联交易属于中性交易，它既不属于单纯的市场行为，也不属于内幕交易的范畴，其主要作用是降低交易成本，促进生产经营渠道的畅通，提供扩张所需的优质资产，有利于实现利润的最大化等。

3. 在“应收账款周转率”的计算公式中，“营业收入”数据来自(　　)。

A. 利润表　　　　B. 资产负债表

C. 现金流量表和资产负债表　　　　D. 现金流量表

【答案】A

【解析】本题考核的是营运能力分析。应收账款周转率用公式表示为：应收账款周转率=营业收入/平均应收账款。其中，“营业收入”数据来自利润表；平均应收账款是指未扣除坏账准备的应收账款金额，是资产负债表中的应收账款期初数与期末数及对应坏账准备的平均数。

4. 某公司的净资产为1000万元，净利润为100万元，该公司的净资产收益率为(　　)。

A. 11%　　　　B. 9%

C. 8%　　　　D. 10%

【答案】D

【解析】本题考核的是净资产收益率的计算。净资产收益率是净利润与净资产的百分比。所以，该公司的净资产收益率为：100/1000×100%=10%。

二、组合型选择题（以下备选项中只有一项最符合题目要求）

1. 关于上市公司调研的说法，正确的是(　　)。

Ⅰ. 调研之前要先做好该上市公司的案头分析工作

Ⅱ. 调研之前要先跟上市公司联系预约，有时还要提交调研提纲

Ⅲ. 既然是调研，当然包括打探和套取上市公司的内幕敏感信息

Ⅳ. 调研之后撰写正式报告之前，可以先出具调研提纲发送给投资者，保证

公平对待对所有投资者客户

A. Ⅰ、Ⅱ、Ⅳ　　B. Ⅱ、Ⅲ

C. Ⅰ、Ⅳ　　D. Ⅰ、Ⅱ、Ⅲ

【答案】A

【解析】本题考核的是上市公司调研的说法。上市公司接受投资者调研的，不得提供内幕信息。

2. 资产重组常用的评估方法包括(　　)。

Ⅰ. 重置成本法　　Ⅱ. 历史成本法

Ⅲ. 现行市价法　　Ⅳ. 收益现值法

A. Ⅰ、Ⅱ、Ⅲ　　B. Ⅰ、Ⅲ、Ⅳ

C. Ⅱ、Ⅲ、Ⅳ　　D. Ⅰ、Ⅱ、Ⅲ、Ⅳ

【答案】B

【解析】本题考核的是资产重组常用的评估方法。根据《国有资产评估管理办法》(国务院令第91号)第二十三条规定，国有资产评估方法包括：①收益现值法；②重置成本法；③现行市价法；④清算价格法；⑤国务院国有资产管理行政主管部门规定的其他评估方法。

【典型习题】

一、单项选择题（以下备选项中只有一项符合题目要求）

1. 下列各项中，不属于资产重组方式的是(　　)。

A. 对外投资　　B. 公司合并

C. 公司分立　　D. 收购公司

2. 通过对公司现金流量表的分析，可以了解(　　)。

A. 公司资本结构　　B. 公司盈利状况

C. 公司偿债能力　　D. 公司资本化程度

3. 某公司年末会计报表上部分数据为：流动负债80万元，流动比率为3，速动比率为1.6，营业成本150万元，年初存货为60万元，则本年度存货周转率为(　　)次。

A. 1.60　　B. 2.50

C. 3.03　　D. 1.74

4. 某企业某会计年度的资产负债率为60%，则该企业的产权比率为(　　)。

A. 40%　　B. 66.6%

C. 150%　　D. 60%

5. 公司盈利预测中最为关键的因素是(　　)。

A. 管理费用预测
B. 销售费用预测
C. 生产成本预测
D. 销售收入预测

二、组合型选择题（以下备选项中只有一项最符合题目要求）

1. 上市公司调研的对象包括（　　）。
Ⅰ. 公司管理层及员工
Ⅱ. 公司本部及子公司
Ⅲ. 公司车间及工地
Ⅳ. 公司所处行业协会
A. Ⅰ、Ⅱ、Ⅳ
B. Ⅱ、Ⅲ
C. Ⅰ、Ⅳ
D. Ⅰ、Ⅱ、Ⅲ、Ⅳ

2. 健全的公司法人治理机制体现在（　　）。
Ⅰ. 规范的股权结构
Ⅱ. 有效的股东大会制度
Ⅲ. 董事会权力的合理界定与约束
Ⅳ. 完善的独立董事制度
A. Ⅰ、Ⅱ、Ⅳ
B. Ⅱ、Ⅲ
C. Ⅰ、Ⅳ
D. Ⅰ、Ⅱ、Ⅲ、Ⅳ

3. 以下指标中，属于对公司的长期偿债能力进行分析的指标有（　　）。
Ⅰ. 总资产周转率
Ⅱ. 净资产收益率
Ⅲ. 资产负债率
Ⅳ. 产权比率
A. Ⅰ、Ⅱ
B. Ⅲ、Ⅳ
C. Ⅱ、Ⅳ
D. Ⅰ、Ⅲ

4. 公司规模变动特征和扩张潜力一般与其所处的（　　）密切相关，它是从微观方面具体考察公司的成长性。
Ⅰ. 行业发展阶段
Ⅱ. 品牌战略
Ⅲ. 市场结构
Ⅳ. 经营战略
A. Ⅰ、Ⅱ、Ⅲ
B. Ⅰ、Ⅱ、Ⅳ
C. Ⅱ、Ⅲ、Ⅳ
D. Ⅰ、Ⅲ、Ⅳ

5. 财务报表常用的比较分析方法包括（　　）。
Ⅰ. 确定各因素影响财务报表程度的比较分析
Ⅱ. 不同时期的财务报表比较分析
Ⅲ. 与同行业其他公司之间的财务指标比较分析
Ⅳ. 每个年度的财务比率分析
A. Ⅰ、Ⅱ、Ⅲ
B. Ⅰ、Ⅲ、Ⅳ
C. Ⅱ、Ⅲ、Ⅳ
D. Ⅰ、Ⅱ、Ⅲ、IV

【参考答案】

一、单项选择题

1. A　2. C　3. D　4. C　5. D

二、组合型选择题

1. D　2. D　3. B　4. D　5. C

第四节　策略分析

【考点归纳】

- 掌握投资策略的分类。
- 熟悉积极型投资策略、消极型投资策略及混合型投资策略。
- 掌握投资策略研究大势研判的方法。
- 熟悉大势研判的超预期理论。
- 熟悉驱动市场变动的重要因素和维度。
- 熟悉投资时钟的方法、逻辑和结论。
- 熟悉全球资产配置和大类资产的方法和逻辑。
- 了解投资时钟理论的局限性。
- 熟悉股票投资策略的含义与分类。
- 掌握趋势型策略、事件驱动型策略、相对价值型策略、套利型策略的概念。
- 掌握主题投资的含义和特征。
- 熟悉主题投资的主要类型和特点。
- 掌握主题投资的方法。
- 熟悉主题投资介入时机的因素。
- 掌握行业比较的目的

【考点解读】

考点一　投资策略（表5—70）

表5—70　投资策略

项　目	内　容
概述	证券投资策略指的是指导投资者在进行证券投资时，所采用的投资规则、行为模式、投资流程的总的称呼，反映了投资者的主观、客观因素（如投资目标、风险态度以及投资期限等），通常内容一般包括资产配置、证券选择、时机把握、风险管理等

续表

项目		内容
根据投资决策的灵活性不同分类	主动型投资策略	主动型策略的假设前提是市场有效性存在瑕疵，有可供选择的套利机会。它要求投资者根据市场情况变动对投资组合进行积极调整，并通过灵活的投资操作获取超额收益，通常将战胜市场作为基本目标。根据板块轮动、市场风格转换调整投资组合就是一种常见的主动型投资策略。属于积极型投资策略
	被动型投资策略	被动型策略是指根据事先确定的投资组合构成及调整规则进行投资，不根据对市场环境的变化主动地实施调整。属于消极型投资策略，其理论依据主要是市场有效性假说。指数化投资策略为被动投资的代表
按照策略适用期限的不同分类	战略性投资策略	(1) 买入持有策略。是一种典型的被动型投资策略，通常与价值型投资相联系，具有最小的交易成本和管理费用，但不能反映环境的变化。 (2) 固定比例策略。 (3) 投资组合保险策略。是一大类投资策略的总称，这些策略的共性是强调投资人对最大风险损失的保障。其中固定投资组合保险策略 CPPI 最具代表性
	战术性投资策略（短期主动型投资策略）	(1) 交易型策略。代表性策略包括均值—回归策略、动量策略或趋势策略。 均值—回归策略通常假定证券价格或收益率走势存在一个正常值或均值，高于或低于此均值时会发生反向变动，投资者可以依据该规律进行低买高卖。 动量策略也称惯性策略，其基本原理是"强者恒强"，投资者买入所谓赢家组合(即历史表现优于大盘的组合)，试图获取惯性高收益。 趋势策略与动量策略的操作思路类似，只不过动量策略更侧重量化分析，而趋势策略往往会与技术分析相联系。 (2) 多—空组合策略，有时也称为成对交易策略，通常需要买入某个看好的资产或资产组合，同时卖空另外一个看淡的资产或资产组合，试图抵消市场风险而获取单个证券的阿尔法收益差额。 (3) 事件驱动型策略
根据投资品种的不同分类	股票投资策略	(1) 按照投资风格划分，可以区分为价值型投资策略、成长型投资策略和平衡型投资策略。 (2) 按收益与市场比较基准的关系划分，可以分为市场中性策略、指数化策略、指数增强型策略以及绝对收益策略。 (3) 按照投资决策的层次划分，可以分为配置策略、选股策略和择时策略
	债券投资策略	(1) 消极投资策略，例如指数化投资策略、久期免疫策略、现金流匹配策略、阶梯型组合策略、哑铃型组合策略等等。 (2) 积极投资策略，例如子弹型策略、收益曲线骑乘策略、或有免疫策略、债券互换策略等等
	另类投资策略	通常将除股票、债券之外的其他投资品称为另类投资，例如大宗商品、贵金属、房地产、艺术品、古玩、金融衍生品等等，不同类别的投资品均有其较为专业化的投资策略

考点二　大势研判及驱动市场变动的重要因素和准度（表5－71）

表5－71　　大势研判及驱动市场变动的重要因素和准度

项　目		内　容
大势研判的方法		统计表明90％的个股波动与大盘波动正相关，就是说假如大盘处于下跌周期，90％的个股也将处于下跌趋势之中。 关于大势研判方法很多，其中得到较多认可的技术分析法是道琼斯均线理论、艾略特波浪理论、江恩周期理论以及螺旋历法等
大势研判的超预期理论		超预期理论的中心思想是：市场是由超预期决定的，投资也只有围绕着超预期事件进行分析和操作才能盈利。投资即对未来、预期进行投资，目前的市场普遍预期都已经反应在了目前的价格上面，符合市场预期的事件的发生对市场的影响作用很小，只有超过市场普遍预期的事件才会对市场影响很大
驱动市场变动的重要因素和维度	顾客需求逐渐趋同	随着科技的发展和交通运输工具的进步，来自不同国家的顾客的生活方式等方面差异在逐步减少，共同需求越来越多
	全球顾客群的成长	所谓全球顾客群，主要是指突破了传统的国界限定，可以利用年龄、收入、职业、教育背景，和由此决定的价值观念和生活方式来进行甄别的顾客群体。在消费者市场上，存在热衷购买全球标准化产品的全球性顾客
	全球市场的形成	全球市场的形成与顾客需求的趋同以及全球顾客群的成长有直接的联系，即各国顾客具有相似的偏好。各国市场可能存在几个具有不同偏好的细分市场，但细分的标准化并非是传统的国家变量，而很可能是心理需求、生活方式等非国界变量。其特征不仅体现在消费者需求的趋同，还体现在商业客户建立起集中采购的全球网络、消费者对全球品牌的认同等方面。同时在竞争方面，全球市场上都会存在全球性的竞争对手，竞争对手实施的也都是全球营销战略

考点三　美林投资时钟（表5－72）

表5－72　　美林投资时钟

项　目	内　容
概念	美林“投资时钟”理论是一种将经济周期与“资产”和“行业轮动”“债券收益率曲线”以及“经济周期四个阶段”联系起来的方法，是一个非常实用的指导投资周期的工具。 美林投资时钟主要原理是根据经济增长和通货膨胀趋势，将经济周期划分为四个阶段：衰退（经济下行、通胀下行）、复苏（经济上行、通胀下行）、过热（经济上行、通胀上行）、滞胀（经济下行、通胀上行），在经济周期不同阶段变换时，债券、股票、大宗商品和现金依次有超过大市的表现。 “投资时钟”的分析框架，可以帮助投资者识别经济周期的重要转折点。而正确识别经济增长的拐点，投资者可以通过转换资产以实现获利

续表

项　　目	内　　容
周期阶段	投资时钟理论按照经济增长与通胀的不同搭配，将经济周期划分为四个阶段： (1)“经济上行，通胀下行”构成复苏阶段，此阶段由于股票对经济的弹性更大，其相对债券和现金具备明显超额收益； (2)“经济上行，通胀上行”构成过热阶段，在此阶段，通胀上升增加了持有现金的机会成本，可能出台的加息政策降低了债券的吸引力，股票的配置价值相对较强，而商品则将明显走牛； (3)“经济下行，通胀上行”构成滞胀阶段，在滞胀阶段，现金收益率提高，持有现金最明智，经济下行对企业盈利的冲击将对股票构成负面影响，债券相对股票的收益率提高； (4)“经济下行，通胀下行”构成衰退阶段，在衰退阶段，通胀压力下降，货币政策趋松，债券表现最突出，随着经济即将见底的预期逐步形成，股票的吸引力逐步增强
投资策略	美林投资时钟是针对经济周期进行投资的一种策略。 (1) 在衰退中，GDP 增长缓慢。产能过剩和大宗商品价格下跌使得通胀率也较低。利润微弱，实际收益率下降。收益率曲线向下移动并陡峭，因为央行会降低短期利率，试图使经济回到其可持续增长道路。此时，债券是最好的投资配置。 (2) 在复苏中，经济增长开始加速。在复苏中，宽松的政策逐步开始奏效，经济增长开始加速。然而，通货膨胀继续下降，因为多余的产能还没有完全被利用起来，周期性生产力的增长强劲，利润也开始边际修复。中央银行仍然保持政策松动，债券收益率曲线仍在较低位置。此时，最宜投资股票。 (3) 在经济过热中，通货膨胀上升。在经济过热中，生产率增长放缓，产能受限，通货膨胀上升。中央银行加息使过热的经济回到可持续增长路径。GDP 增长仍保持在较高水平。债券表现较差，因为收益率曲线向上移动和并平坦化。股票回报如何取决于利润增长导致估值上升和利率上升导致的估值下降两方面。此时，大宗商品表现最好。 (4) 在滞胀中，通胀率持续上升。在滞胀中，GDP 增长率低于潜在经济增长，但是通货膨胀率持续上升（通常部分来自于石油价格冲击等）。生产力下降，工资、价格螺旋式上升，公司提高价格以保护其利润边际。只有急速上升的失业率可以打破这种恶性循环。通胀太高，央行也不愿意放松货币政策，债券表现较差。股票由于企业利润糟糕，表现也很差。此时，现金是最好的投资资产
结论	美林时钟的简单总结： (1) 经济衰退期：债券＞现金＞股票＞大宗商品。 (2) 经济复苏期：股票＞债券＞现金＞大宗商品。 (3) 经济过热期：大宗商品＞股票＞现金/债券。 (4) 经济滞胀期：现金＞大宗商品/债券＞股票

续表

项　目	内　容
局限性	经典的繁荣一萧条周期从左下角开始，沿顺时针方向循环；债券、股票、大宗商品和现金组合的表现依次超过大市。但往往并没有这么简单。有时候，时钟会逆时针移动或跳过一个阶段

考点四　全球资产配置和大类资产配置的方法和逻辑（表5－73）

表5－73　全球资产配置和大类资产配置的方法和逻辑

项　目	内　容
全球资产配置	逻辑：从整体出发，资产多元化
	方法：海外资产配置时挑选的产品，应该从整体配置组合来看；将该类资产放入配置组合中要看是否对原有资产有贡献；产品本身单独运行时，要考察其投入产出比是否合适
大类资产配置	当前的大类资产配置有三个大逻辑：一是全球经济普遍低迷；二是全球货币过剩；三是全球高收益资产的稀缺
	方法：我国目前的经济增长仍处于相对低位，经济增长、通胀出现趋稳回升迹象，各项经济数据也显示中国正处在缓慢温和的复苏当中，但是拐点不十分明确，仍存在下行风险。在资产配置上，可以适当调高对债券类资产、IT及周期类股票资产的配置

考点五　股票投资策略的含义与分类（表5－74）

表5－74　股票投资策略的含义与分类

项　目	内　容
概念	股票投资策略是指运用多种买卖股票的方式，以避免风险损失而获得最大限度利润的灵活做法
分类	按照投资风格划分，可以区分为价值型投资策略、成长性投资策略和平衡型投资策略。 按收益与市场比较基准的关系划分，可以分为市场中性策略、指数化策略、指数增强型策略以及绝对收益策略。 按照投资决策的层次划分，可以分为配置策略、选股策略和择时策略。 按投资策略的出发点划分，可以分为趋势型策略、事件驱动型策略、相对价值型策略和套利型策略

考点六　趋势型策略、事件驱动型策略、相对价值型策略、套利型策略的概念（表 5－75）

表 5－75　趋势型策略、事件驱动型策略、相对价值型策略、套利型策略的概念

策　略	内　容
趋势型策略	主要是分析宏观经济走向、行业趋势和企业的经营形势，通过选择和把握基本趋势来获得预期的收益
事件驱动型策略	也可以称之为主题投资，往往依赖于某些事件或某种预期，引发投资热点
相对价值型策略	是前两种策略类型的延伸。当某类股票上涨或下跌以后，会出现脱离其所属群体的情况，从而使得相关股票出现相对低估或高估的情形，从而提供新的盈利机会
套利型策略	是指利用一种或多种证券在不同市场上的价格差异，通过买入和卖出相应证券，赚取价差收益的交易方式

考点七　主题投资（表 5－76）

表 5－76　主题投资

项　目		内　容
主题投资的含义		主题投资是国际新兴的投资策略。所谓主题投资，就是通过分析实体经济中结构性、周期性及制度性变动趋势，挖掘出对经济变迁具有大范围影响的潜在因素，对受益的行业和公司进行投资。其特点在于它并不按照一般的行业划分方法来选择股票，而是将驱动经济体长期发展趋势的某个因素作为“主题”，来选择地域、行业、板块或个股
主题投资的特征		（1）以对事件发展趋势预期的判断为主要基础。 （2）投资过程体现预期趋势持续发展或偏差纠正。 （3）主题投资更加强调把握主题核心驱动因素。 （4）主题投资策略“核心假设变量”相对较少
主题投资的类型	宏观性主题	可以促进经济长期发展趋势或短期变化及结构性变化的宏观驱动因素。例如：金砖四国、中国城镇化、人民币升值、通货膨胀、消费升级、区域经济振兴
	事件性主题	某些确定性事件会提升相关企业的资产价值或盈利水平所衍生的主题性机会。例如：奥运会、世博会、迪斯尼、H1N1 流感、央企重组、上海国资重组
	制度性主题	因制度性变革所促发的红利性投资机会。如资源要素价格改革、医疗制度改革、股指期货、创业板
	产业性主题	来自政策扶持或者产业升级的驱动作用所引发的行业性投资机会。如十大产业振兴计划、低碳经济、互联网、3G、进口产业替代、战略性新兴产业

续表

项目		内容
主题投资的方法		(1) 分析投资主题（主题逻辑结构）：从宏观经济、政策制度、技术进步和确定性事件等多个角度，挖掘投资主题。 (2) 预期趋势判断（关键变量确定）：把握经济发展、企业盈利、事件确定性等趋势因素，多项具有长期发展前景主题。 (3) 投资目标选择（组合构建调整）：主题行业配置、主题行业精选，主题配置动态调整。 (4) 投资组合卖出（投资主题退出）：密切跟踪投资主题驱动因素强弱变化选择合适时点、卖出投资组合。 主题投资的核心步骤就是要素分析、驱动力分析和逻辑分析。要素分析是主题投资的内涵，一切主题投资都要依赖一定的要素，这是肢体投资的出发点。驱动力分析是主题投资的外在表现，要素确立了，驱动股价上涨的动力自然就确立了。逻辑分析则是主题投资的灵魂和方法论
主题投资介入时机的因素	催化剂	具有持续、升温驱动力的因素显现，且获得市场认同的概率较大。一般具有影响范围广、程度深的特点
	爆炸性	符合可行性的客观现实，同时，至少理论或逻辑上存在巨大成长空间
	新颖性	首次出现在资本市场上的新兴命题，具有率先爆发和较高集中度的可能性

考点八　行业比较（表5—77）

表5—77　行业比较

项目	内容
概述	行业指的是从事国民经济中同性质的生产或其他经济社会活动的经营单位和个体等构成的组织结构体系。行业与产业有差别，主要是适用范围不一样。产业具有的特点：规模性、职业化社会功能性
行业分析与宏观分析、公司分析的关系	行业分析的主要任务：解释行业本身所处的发展阶段及其在国民经济中的地位，分析影响行业发展的各种因素以及判断对行业影响的力度，预测并引导行业的未来发展趋势，判断行业投资价值，揭示行业投资风险，从而为政府部门、投资者及其他机构提供决策依据或投资依据。 行业经济是宏观经济的构成部分，宏观经济活动是行业经济活动的总和。行业经济活动是介于宏观经济活动和微观经济活动中的经济层面，是中观经济分析的主要对象之一。行业分析是对上市公司进行分析的前提，也是连接宏观经济分析和上市公司分析的桥梁，是基本分析的重要环节。行业是决定公司投资价值的重要因素之一。 行业分析和公司分析是相辅相成的
行业分析的目的	挖掘最具投资潜力的行业，进而选出最具投资价值的上市公司

【真题回顾】

单项选择题（以下备选项中只有一项符合题目要求）

1. 根据板块轮动、市场风险转换而调整投资组合是一种(　　)投资策略。

A. 被动型　　　　B. 指数化

C. 主动型　　　　D. 套利型

【答案】C

【解析】本题考核的是主动型投资策略。根据板块轮动、市场风格转换调整投资组合就是一种常见的主动型投资策略。

2. 关于证券投资策略，下列说法正确的是(　　)。

A. 选择什么样的投资策略与市场是否有效无关

B. 如果市场是有效的，可以采取主动型投资策略

C. 如果市场是有效的，可以采取被动型投资策略

D. 如果市场是无效的，可以采取被动型投资策略

【答案】C

【解析】本题考核的是证券投资策略。被动型策略是指根据事先确定的投资组合构成及调整规则进行投资，不根据对市场环境的变化主动地实施调整，其理论依据主要是市场有效性假说；主动型策略的假设前提是市场有效性存在瑕疵，有可供选择的套利机会，通常将战胜市场作为基本目标。

【典型习题】

一、单项选择题（以下备选项中只有一项符合题目要求）

1. 根据投资决策的灵活性不同分类，投资策略分为(　　)。

A. 主动型投资策略和被动型投资策略

B. 战略性投资策略和战术性投资策略

C. 股票投资策略和债券投资策略

D. 买入持有策略和固定比例策略

2. 突破了传统的国界限定，可以利用年龄、收入、职业、教育背景，和由此决定的价值观念和生活方式来进行甄别的顾客群体是(　　)。

A. 顾客需求　　　　B. 全球顾客群

C. 全球市场　　　　D. 顾客满意度

3. 有效市场假说是(　　)证券投资策略的理论依据。

A. 交易型　　　　B. 被动型

C. 积极型　　　　D. 投资组合保险

4. 指数化投资策略是(　　)的代表。

A. 战术性投资策略　　　　B. 战略性投资策略

C. 被动型投资策略　　D. 主动型投资策略

二、组合型选择题（以下备选项中只有一项最符合题目要求）

1. 下列投资策略中，属于战略性投资策略的有（　　）。

Ⅰ. 事件驱动型策略　　Ⅱ. 买入持有策略

Ⅲ. 投资组合保险策略　　Ⅳ. 固定比例策略

A. Ⅰ、Ⅱ、Ⅲ　　B. Ⅰ、Ⅲ、Ⅳ

C. Ⅱ、Ⅲ、Ⅳ　　D. Ⅰ、Ⅱ、Ⅳ

2. 下列属于交易型策略的有（　　）。

Ⅰ. 均值—回归策略　　Ⅱ. 趋势策略

Ⅲ. 成对交易策略　　Ⅳ. 动量策略（惯性策略）

A. Ⅰ、Ⅱ、Ⅲ　　B. Ⅰ、Ⅱ、Ⅳ

C. Ⅱ、Ⅲ、Ⅳ　　D. Ⅰ、Ⅲ、Ⅳ

3. 产业作为经济学的专门术语，有严格的使用条件。产业的构成一般具有（　　）特点。

Ⅰ. 职业化　　Ⅱ. 规模性

Ⅲ. 社会功能性　　Ⅳ. 单一性

A. Ⅰ、Ⅱ、Ⅳ　　B. Ⅰ、Ⅲ、Ⅳ

C. Ⅱ、Ⅲ、Ⅳ　　D. Ⅰ、Ⅱ、Ⅲ

4. 投资时钟理论按照经济增长与通胀的不同搭配，将经济周期划分为（　　）。

Ⅰ. 经济上行，通胀下行　　Ⅱ. 经济上行，通胀上行

Ⅲ. 经济下行，通胀上行　　Ⅳ. 经济下行，通胀下行

A. Ⅰ、Ⅱ、Ⅳ　　B. Ⅱ、Ⅲ

C. Ⅰ、Ⅳ　　D. Ⅰ、Ⅱ、Ⅲ、Ⅳ

5. 主题投资的特征包括（　　）。

Ⅰ. 以对事件发展趋势预期的判断为主要基础

Ⅱ. 投资过程体现预期趋势持续发展或偏差纠正

Ⅲ. 主题投资更加强调把握主题核心驱动因素

Ⅳ. 主题投资策略“核心假设变量”相对较多

A. Ⅰ、Ⅱ、Ⅳ　　B. Ⅰ、Ⅱ、Ⅲ

C. Ⅰ、Ⅳ　　D. Ⅰ、Ⅱ、Ⅲ、Ⅳ

6. 属于主题投资类型的是（　　）。

Ⅰ. 宏观性主题　　Ⅱ. 事件性主题

Ⅲ. 制度性主题　　Ⅳ. 产业性主题

A. Ⅰ、Ⅱ、Ⅳ　　B. Ⅰ、Ⅱ、Ⅲ

C. Ⅰ、Ⅳ　　D. Ⅰ、Ⅱ、Ⅲ、Ⅳ

【参考答案】

一、单项选择题

1. A　2. B　3. B　4. C

二、组合型选择题

1. C　2. B　3. D　4. D　5. B　6. D

第六章　技术分析

第一节　基本概念

【考点归纳】

- 熟悉技术分析的含义、要素、假设和理论基础。
- 熟悉量价关系变化规律。
- 掌握道氏理论的原理

【考点解读】

考点一　技术分析的含义、要素、假设和理论基础（表6—1）

表6—1　　技术分析的含义、要素、假设和理论基础

项　目		内　容
含义		技术分析是以证券市场过去和现在的市场行为为分析对象，应用数学和逻辑的方法，探索出一些典型变化规律，并据此预测证券市场未来变化趋势的技术方法。技术分析法不但用于证券市场，还广泛应用于外汇、期货和其他金融市场
要素		证券市场中，价格、成交量、时间和空间是技术分析的要素
假设	市场行为涵盖一切信息	这条假设是进行技术分析的基础。其主要思想是：任何一个影响证券市场的因素，最终都必然体现在股票价格的变动上
	证券价格沿趋势移动	这一假设是进行技术分析最根本、最核心的条件。其主要思想是：证券价格的变动是有一定规律的，即保持原来运动方向的惯性，而证券价格的运动方向是由供求关系决定的
	历史会重演	这条假设是从人的心理因素方面考虑的
理论基础		道氏理论是技术分析的理论基础。该理论的创始人是美国人查尔斯·亨利·道。为了反映市场总体趋势，他与爱德华·琼斯创立了著名的道·琼斯平均指数

考点二　量价关系变化规律（表 6—2）

表 6—2　量价关系变化规律

项　目	内　容
含义	市场行为最基本的表现就是成交价和成交量。在某一时点上的价和量反映的是买卖双方在这一时点上共同的市场行为，是双方的暂时均势点。随着时间的变化，均势会不断变化，这就是价量关系的变化
变化规律	一般说来，买卖双方对价格的认同程度通过成交量的大小得到确认。认同程度小，分歧大，成交量小；认同程度大，分歧小，成交量大。双方的这种市场行为反映在价、量上就往往呈现出这样一种趋势规律：价升量增，价跌量减。根据这一趋势规律，当价格上升时，成交量不再增加，意味着价格得不到买方确认，价格的上升趋势就将会改变；反之，当价格下跌时，成交量萎缩到一定程度就不再萎缩，意味着卖方不再认同价格继续往下降了，价格下跌趋势就将会改变。成交价、成交量的这种规律关系是技术分析的合理性所在，因此，价、量是技术分析的基本要素，一切技术分析方法都是以价、量关系为研究对象的，目的就是分析、预测未来的价格趋势，为投资决策提供服务

考点三　道氏理论的原理（表 6—3）

表 6—3　道氏理论的原理

原　理	内　容
市场平均价格指数可以解释和反映市场的大部分行为	这是道氏理论对证券市场的重大贡献。道氏理论认为收盘价是最重要的价格，并利用收盘价计算平均价格指数。目前，世界上所有的证券交易所计算价格指数的方法大同小异，都源于道氏理论。此外，查尔斯·道还提出平均价格涵盖一切信息的假设。目前，这仍是技术分析的一个基本假设
市场波动具有某种趋势	道氏理论认为，价格的波动尽管表现形式不同，但最终可以将它们分为三种趋势：主要趋势、次要趋势和短暂趋势。主要趋势是那些持续 1 年或 1 年以上的趋势，看起来像大潮；次要趋势是那些持续 3 周至 3 个月的趋势，看起来像波浪，是对主要趋势的调整；短暂趋势持续时间不超过 3 周，看起来像波纹，其波动幅度更小
主要趋势有三个阶段（以上升趋势为例）	第一个阶段为累积阶段。该阶段中，股价处于横向盘整时期。在这一阶段，聪明的投资者在得到信息并进行分析的基础上开始买入股票。第二个阶段为上涨阶段。在这一阶段，更多的投资者根据财经信息并加以分析，开始参与股市。尽管趋势是上升的，但也存在股价修正和回落。第三个阶段为市场价格达到顶峰后出现的又一个累积期。在这一阶段，市场信息变得更加为众人所知，市场活动更为频繁。第三个阶段结束的标志是下降趋势，并又回到累积期

续表

原　理	内　容
两种平均价格指数必须相互加强	道氏理论认为，工业平均指数和运输业平均指数必须在同一方向上运行才可确认某一市场趋势的形成
趋势必须得到交易量的确认	在确定趋势时，交易量是重要的附加信息，交易量应在主要趋势的方向上放大
一个趋势形成后将持续，直到趋势出现明显的反转信号	这是趋势分析的基础

【真题回顾】

一、单项选择题（以下备选项中只有一项符合题目要求）

1. 道氏理论中，最重要的价格是（　　）。

A. 最低价　　B. 开盘价　　C. 最高价　　D. 收盘价

【答案】 D

【解析】 本题考核的是道氏理论。市场的大部分行为可以由市场平均价格指数来解释和反映。这是道氏理论对证券市场的重大贡献。道氏理论认为最重要的价格是收盘价，并以此来计算平均价格指数。

2. 一般说来，买卖双方对价格的认同程度通过（　　）得到确认。

A. 成交时间的集中程度　　B. 成交价的高低

C. 成交量的大小　　D. 成交速度快慢

【答案】 C

【解析】 本题考核的是量价关系变化规律。通常，成交量的大小反映了买卖双方对价格的认同程度。

3.（　　）是技术分析的基础。

A. 市场行为涵盖一切信息　　B. 市场总是理性的

C. 证券价格随经济周期变化而波动　　D. 价格历史不会重演

【答案】 A

【解析】 本题考核的是技术分析的基本假设。市场行为涵盖一切信息，这条假设是进行技术分析的基础。

二、组合型选择题（以下备选项中只有一项最符合题目要求）

1. 根据道氏理论的分类，下列（　　）是三种趋势的最大区别。

Ⅰ. 趋势持续时间的长短　　Ⅱ. 趋势波动的幅度大小

Ⅲ. 趋势的变动方向　　Ⅳ. 趋势的变动斜率

A. Ⅰ、Ⅱ　　B. Ⅰ、Ⅳ

C. Ⅰ、Ⅱ、Ⅳ　　D. Ⅰ、Ⅱ、Ⅲ、Ⅳ

【答案】 A

【解析】 本题考核的是道氏理论的分类。道氏理论将股票的价格波动分为三种趋势：主要趋势、次要趋势和短暂趋势。趋势持续时间的长短和趋势波动的幅度大小是三种趋势的最大区别。

2. 证券投资技术分析的要素包括(　　)。

Ⅰ. 价格　　Ⅱ. 成交量

Ⅲ. 空间　　Ⅳ. 时间

A. Ⅰ、Ⅱ　　B. Ⅲ、Ⅳ

C. Ⅰ、Ⅱ、Ⅳ　　D. Ⅰ、Ⅱ、Ⅲ、Ⅳ

【答案】 D

【解析】 本题考核的是证券投资技术分析的要素。在证券市场中，价格、成交量、时间和空间是进行技术分析的要素。这几个因素的具体情况和相互关系是进行正确分析的基础。

【典型习题】

一、单项选择题（以下备选项中只有一项符合题目要求）

1. 一般来说量价关系的趋势规律是(　　)。

A. 价升量减，价跌量增　　B. 价升量增，价跌量减

C. 价高量高，价低量低　　D. 价高量低，价低量高

2. 在技术分析的几点假设中，从人的心理因素方面考虑的是(　　)。

A. 证券价格沿趋势移动　　B. 市场行为涵盖一切信息

C. 历史会重演　　D. 市场是弱势有效的市场

3. 道氏理论认为，趋势必须得到(　　)的确认。

A. 交易价格　　B. 交易量

C. 交易速度　　D. 交易者的参与程度

二、组合型选择题（以下备选项中只有一项最符合题目要求）

1. 关于证券投资技术分析的要素，下列表述正确的有(　　)。

Ⅰ. 当价格下跌时，成交量继续增加，价格的下跌趋势可能将会继续

Ⅱ. 当价格上升时，成交量不再增加，价格的上升趋势可能将会改变

Ⅲ. 当价格下跌时，成交量不再增加，价格的下跌趋势可能将会改变

Ⅳ. 当价格上升时，成交量继续增加，价格的上升趋势可能将会继续

A. Ⅰ、Ⅱ、Ⅳ　　B. Ⅰ、Ⅱ、Ⅲ

C. Ⅰ、Ⅳ　　D. Ⅱ、Ⅲ、Ⅳ

2. 证券市场中，(　　)是技术分析的要素。

Ⅰ. 价格　　Ⅱ. 成交量　　Ⅲ. 时间　　Ⅳ. 空间

A. Ⅰ、Ⅱ、Ⅳ　　B. Ⅰ、Ⅱ、Ⅲ
C. Ⅰ、Ⅳ　　D. Ⅰ、Ⅱ、Ⅲ、Ⅳ

【参考答案】

一、单项选择题

1.B　2.C　3.B

二、组合型选择题

1.D　2.D

第二节　主要理论及应用

【考点归纳】

- 熟悉 K 线理论。
- 掌握 K 线的主要形状及其组合的应用。
- 熟悉切线理论。
- 熟悉趋势的定义和类型。
- 熟悉技术支撑和阻力的含义和作用。
- 掌握趋势线、通道线、黄金分割线、百分比线的画法及应用。
- 熟悉形态理论。
- 掌握各主要反转形态和整理形态的定义、特性及应用。
- 熟悉各种缺口类型的定义、特性及应用

【考点解读】

考点一　K 线理论

K 线又称日本线，起源于 200 多年前的日本德川幕府时代。被当时日本米市的商人用来记录米市的行情与价格波动，后因其细腻独到的标画方式而被引入到股市及期货市场。这种方法绘制出来的图表形状颇似一根根蜡烛，加上这些蜡烛有黑白之分，因而也叫阴阳线图表。通过 K 线图，我们能够把每日或某一周期的市况表现完全记录下来，股价经过一段时间的盘档后，在图上即形成一种特殊区域或形态，不同的形态显示出不同意义。我们可以从这些形态的变化中摸索出一些有规律的东西出来。K 线图形态可分为反转形态、整理形态及缺口和趋向线等。

考点二 *K* 线的主要形状（表 6－4）

表 6－4　　*K* 线的主要形状

项　　目	内　　容
K 线的画法	*K* 线是一条柱状的线条，由影线和实体组成。影线在实体上方的部分叫上影线，下方的部分叫下影线。实体表示一日的开盘价和收盘价。上影线的上端顶点表示一日的最高价，下影线的下端顶点表示一日的最低价。根据开盘价和收盘价的关系，*K* 线又分为阳（红）线和阴（黑）线两种，收盘价高于开盘价时为阳线，收盘价低于开盘价时为阴线（图 6－1）。 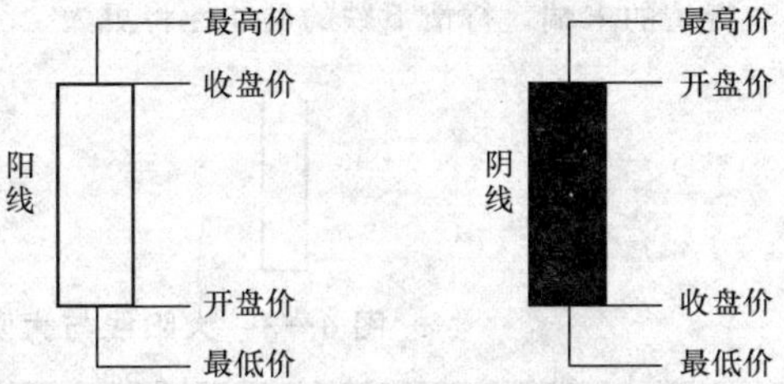 **图 6－1　*K* 线的两种常见形状**
K 线的主要形状	除了图 6－1 所画的 *K* 线形状外，由于 4 个价格的不同取值，还会产生其他形状的 *K* 线（图 6－2）。 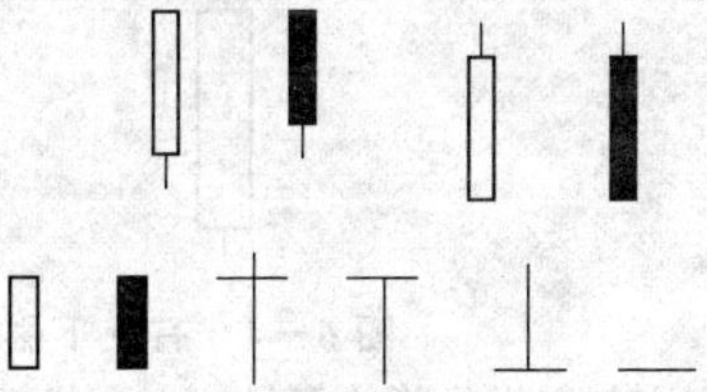 **图 6－2　*K* 线的几种其他形状** （1）光头阳线和光头阴线：没有上影线的 *K* 线。出现这种 *K* 线的情形：收盘价或开盘价正好与最高价相等的时候。 （2）光脚阳线和光脚阴线：没有下影线的 *K* 线。出现这种 *K* 线的情形：开盘价或收盘价正好与最低价相等的时候。 （3）光头光脚的阳线和阴线：此种 *K* 线没有上、下影线。出现这种 *K* 线的情形：收盘价和开盘价分别与最高价和最低价中的一个相等的时候。 （4）十字形：此种 *K* 线的特点是没有实体。出现这种 *K* 线的情形：当收盘价与开盘价相同的时候。 （5）T 字形和倒 T 字形：这两种线的特点是没有实体，也没有上影线或者下影线。出现 T 字形 *K* 线图的情形：当收盘价、开盘价和最高价三价相等的时候；出现倒 T 字形 *K* 线图的情形：当收盘价、开盘价和最低价三价相等的时候。 （6）一字形：出现这种 *K* 线图的情形：当收盘价、开盘价、最高价、最低价 4 个价格相等的时候。在存在涨跌停板制度时，当一只股票一开盘就封死在涨跌停板上，而且一天都不打开时，就会出现这种 *K* 线。同十字形和 T 字形 *K* 线一样，一字形 *K* 线同样没有实体

考点三　*K*线组合应用（表6—5）

表6—5　*K*线组合应用

<table>
<tr><th colspan="2">项　目</th><th>内　容</th></tr>
<tr><td rowspan="3">单根K线的应用</td><td>大阳线实体和大阴线实体</td><td>（1）大阳线实体，如图6—3（左）。它是大幅低开高收的阳线，实体很长以至于可以忽略上下影线的存在。这种K线说明多方已经取得了决定性胜利，这是一种涨势的信号。如果这条长阳线出现在一段盘局的末端，它所包含的内容将更有说服力。
（2）大阴线实体，如图6—3（右），含义正好同大阳线实体相反。这时，空方已取得优势地位，是一种跌势的信号。如果这条长阴线出现在一段上涨行情的末端，行情下跌的可能性将更大

图6—3　大阳线与大阴线实体</td></tr>
<tr><td>有上下影线的阳线和阴线</td><td>如图6—4所示，这是两种最为普遍的K线形状，说明多空双方争斗很激烈。双方一度都占据优势，把价格抬到最高价或压到最低价，但是，又都被对方顽强地拉回。阳线是到了收尾时多方才勉强占优势，阴线则是到收尾时空方勉强占优势。

图6—4　有上下影线的阳线和阴线
对多方与空方优势的衡量，主要依靠上下影线和实体的长度来确定。一般说来，上影线越长，下影线越短，阳线实体越短或阴线实体越长，越有利于空方占优；上影线越短，下影线越长，阴线实体越短或阳线实体越长，越有利于多方占优。上影线和下影线相比的结果，可以判断多方和空方的努力对比。上影线长于下影线，利于空方；下影线长于上影线，则利于多方</td></tr>
<tr><td>十字星</td><td>十字星的出现表明多空双方力量暂时平衡，使市势暂时失去方向，但却是一个值得警惕、随时可能改变趋势方向的K线图形。十字星分为两种，一种是大十字星，如图6—5（左）所示，它有很长的上下影线，表明多空双方争斗激烈，最后回到原处，后市往往有变化。另一种为小十字星，如图6—5（右）所示，它的上下影线较短，表明窄幅盘整，交易清淡。
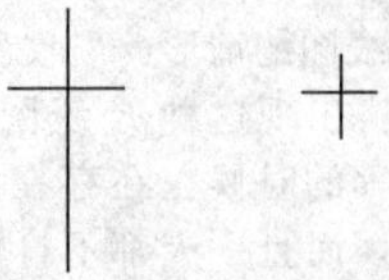
图6—5　十字星</td></tr>
</table>

续表

<table>
<tr><th>项　　目</th><th>内　　容</th></tr>
<tr><td>由多根 K 线的组合推测行情</td><td>K 线组合的情况非常多，要综合考虑各根 K 线的阴阳、高低、上下影线的长短等。
将前一天的 K 线画出，然后，将这根 K 线按数字划分成 5 个区域（图 6－6）。

图 6－6　K 线区域划分
对于 2 根 K 线的组合来说，第二天的 K 线是进行行情判断的关键。简单地说，第二天多空双方争斗的区域越高，越有利于上涨；越低，越有利于下跌。也就是说，从区域 1 到区域 5 是多方力量减少、空方力量增加的过程。
总之，无论 K 线的组合多复杂，考虑问题的方式是相同的，都是由最后一根 K 线相对于前面 K 线的位置来判断多空双方的实力大小。由于 3 根 K 线组合比 2 根 K 线组合多了 1 根 K 线，获得的信息就多些，得出的结论相对于 2 根 K 线组合来讲要准确些，可信度更大些。也就是说，K 线多的组合要比 K 线少的组合得出的结论可靠</td></tr>
</table>

考点四　切线理论和趋势分析（表 6－6）

表 6－6　　切线理论和趋势分析

<table>
<tr><th colspan="2">项　　目</th><th>内　　容</th></tr>
<tr><td colspan="2">切线理论</td><td>简单地说，趋势就是股票价格的波动方向，或者说是股票市场运动的方向。趋势的方向有三个：(1) 上升方向；(2) 下降方向；(3) 水平方向，也就是无趋势方向。
按道氏理论的分类，趋势分为三个类型：主要趋势、次要趋势和短暂趋势。
常见的切线有趋势线、轨道线、黄金分割线、甘氏线、角度线等</td></tr>
<tr><td colspan="2">趋势的定义</td><td>趋势是指股票价格的波动方向</td></tr>
<tr><td rowspan="3">趋势的方向</td><td>上升方向</td><td>如果图形中每个后面的峰和谷都高于前面的峰和谷，则趋势就是上升方向。这就是常说的一底比一底高或底部抬高</td></tr>
<tr><td>下降方向</td><td>如果图形中每个后面的峰和谷都低于前面的峰和谷，则趋势就是下降方向。这就是常说的一顶比一顶低或顶部降低</td></tr>
<tr><td>水平方向（无趋势方向）</td><td>如果图形中后面的峰和谷与前面的峰和谷相比，没有明显的高低之分，几乎呈水平延伸，这时的趋势就是水平方向</td></tr>
</table>

续表

项目		内容
趋势的类型	主要趋势	是趋势的主要方向，是股票投资者极力要弄清楚的。了解了主要趋势才能顺势而为。主要趋势是股价波动的大方向，一般持续的时间比较长（这是技术分析第二大假设所决定的）
	次要趋势	是在主要趋势过程中进行的调整。由于趋势不会是直来直去的，总有个局部的调整和回撤，次要趋势完成的正是这一使命
	短暂趋势	短暂趋势是在次要趋势中进行的调整。短暂趋势与次要趋势的关系就如同次要趋势与主要趋势的关系一样
	三种趋势的区别	这三种类型的趋势最大的区别是时间的长短和波动幅度的大小。主要趋势持续时间最长，波动幅度最大；次要趋势次之；短期趋势持续时间最短，波动幅度最小

考点五　技术支撑和阻力的含义和作用（表 6—7）

表 6—7　　技术支撑和阻力的含义和作用

<table>
<tr><th>项目</th><th>内容</th></tr>
<tr><td>技术支撑和压力线的含义</td><td>支撑线又称为抵抗线，是指当股价下跌到某个价位附近时，会出现买方增加、卖方减少的情况，从而使股价停止下跌，甚至有可能回升。支撑线起阻止股价继续下跌的作用。这个起着阻止股价继续下跌的价格就是支撑线所在的位置。
压力线又称为阻力线，是指当股价上涨到某价位附近时，会出现卖方增加、买方减少的情况，股价会停止上涨，甚至回落。压力线起阻止股价继续上升的作用。这个起着阻止股价继续上升的价位就是压力线所在的位置</td></tr>
<tr><td>支撑线和压力线的作用</td><td>支撑线和压力线的作用是阻止或暂时阻止股价朝一个方向继续运动。
（1）支撑线和压力线有被突破的可能，它们不足以长久地阻止股价保持原来的变动方向，只不过是暂时停顿而已（图 6—7）。
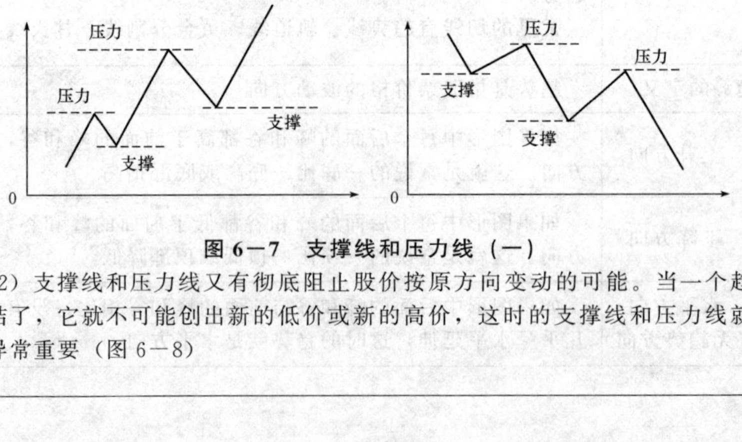

图 6—7　支撑线和压力线（一）
（2）支撑线和压力线又有彻底阻止股价按原方向变动的可能。当一个趋势终结了，它就不可能创出新的低价或新的高价，这时的支撑线和压力线就显得异常重要（图 6—8）</td></tr>
</table>

项　　目	内　　容
支撑线和压力线的作用	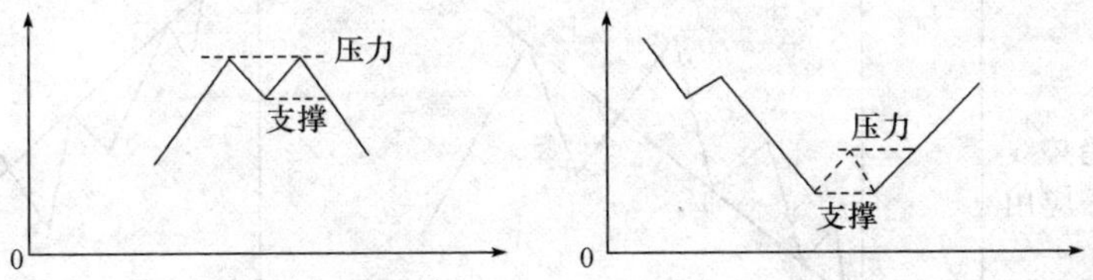 **图 6—8　支撑线和压力线（二）**
支撑线和压力线的相互转化	支撑线和压力线之所以能起支撑和压力作用，两者之间之所以能相互转化，很大程度上是心理因素方面的影响，这也是支撑线和压力线理论上的依据。证券市场中主要有三种投资者：多头、空头和旁观者
支撑线或压力线对当前影响的重要性	①股价在这个区域停留时间的长短；②股价在这个区域伴随的成交量大小；③这个支撑区域或压力区域发生的时间距离当前这个时期的远近

考点六　趋势线、通道线、黄金分割线、百分比线的画法及应用（表 6—8）

表 6—8　　趋势线、通道线、黄金分割线、百分比线的画法及应用

项　　目		内　　容
趋势线	趋势线的画法	连接一段时间内价格波动的高点或低点可画出一条趋势线。在上升趋势中，将两个低点连成一条直线，就得到上升趋势线；在下降趋势中，将两个高点连成一条直线，就得到下降趋势线。如图 6—9 中的直线 L。标准的趋势线必须由两个以上的高点或低点连接而成。 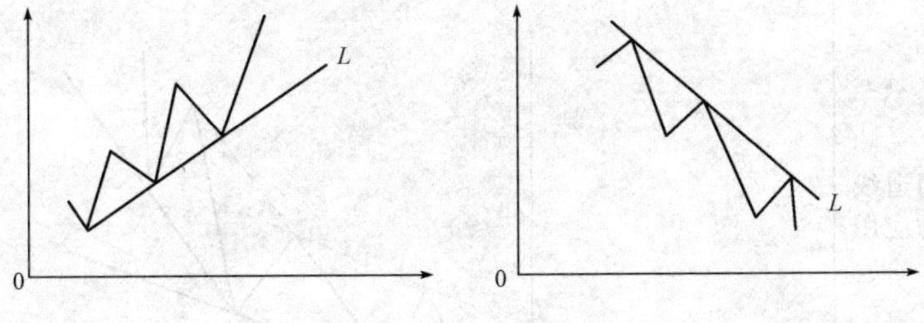 **图 6—9　趋势线**
	趋势线的应用	（1）对价格今后的变动起约束作用，使价格总保持在这条趋势线的上方（上升趋势线）或下方（下降趋势线）。实际上，就是起支撑和压力的作用。 （2）趋势线被突破后，就说明股价下一步的走势将要反转。越重要、越有效的趋势线被突破，其转势的信号越强烈。被突破的趋势线原来所起的支撑和压力作用，现在将相互交换角色（图 6—10）

续表

项目		内容
趋势线	趋势线的应用	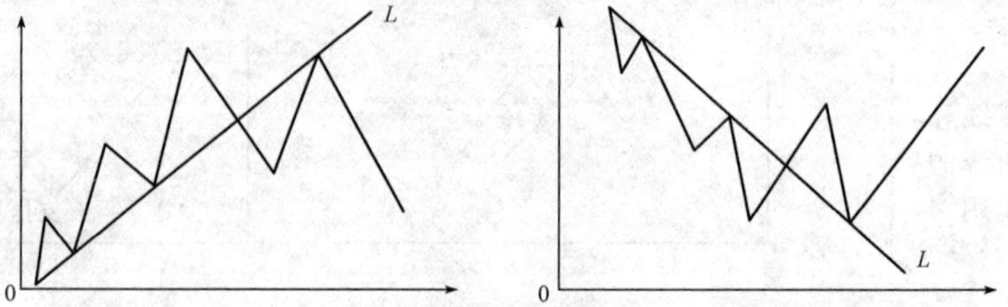 **图 6—10　趋势线突破后起相反作用**
通道线	通道线的画法	通道线又称通道线或管道线，是基于趋势线的一种方法。在已经得到了趋势线后，通过第一个峰和谷可以画出这条趋势线的平行线，这条平行线就是轨道线，如图 6—11 中的虚线。 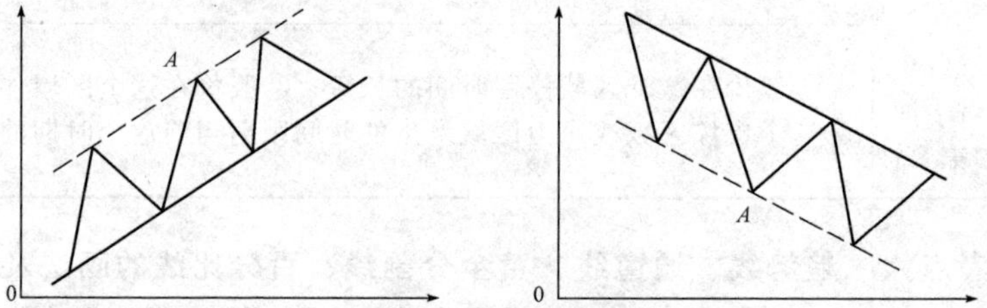 **图 6—11　通道线**
通道线	通道线的应用	通道线的作用是限制股价的变动范围，让它不能变得太离谱。一个轨道一旦得到确认，那么价格将在这个通道里变动。对上面或下面的直线的突破将意味着行情有一个大的变化。 与突破趋势线不同，对通道线的突破并不是趋势反转的开始，而是趋势加速的开始，即原来的趋势线的斜率将会增加，趋势线的方向将会更加陡峭（图 6—12）。 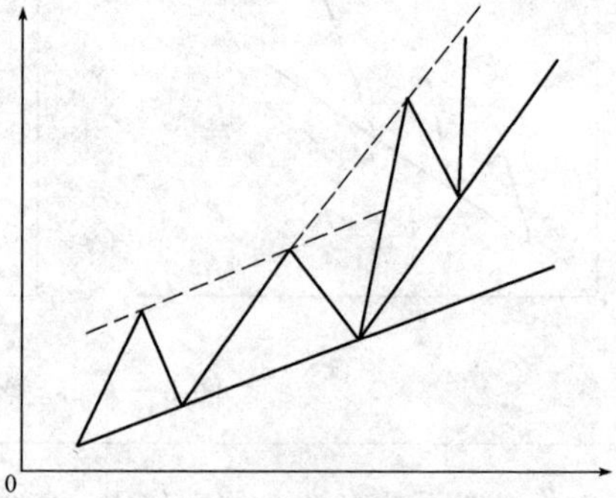 **图 6—12　趋势的加速** 轨道线的另一个作用是提出趋势转向的警报。轨道线和趋势线是相互合作的一对。很显然，先有趋势线，后有轨道线。趋势线比轨道线重要。趋势线可以单独存在，而轨道线则不能单独存在

续表

<table>
<tr><th colspan="2">项　目</th><th>内　容</th></tr>
<tr><td rowspan="2">黄金分割线</td><td>黄金分割线的画法</td><td>绝大多数股票分析软件上都有画线辅助功能，黄金分割线的作图比较简单，画法如下：
（1）首先是找到分析软件的画线功能将其点击；
（2）在画线工具栏中点击黄金分割选项；
（3）如果股价正处见底回升的阶段，以此低点为基点，用鼠标左键点击此低点，并按住鼠标左键不放，拖动鼠标使边线对齐相应的高点，即回溯这一下跌波段的峰顶，松开鼠标左键系统即生成向上反弹上档压力位的黄金分割线；
（4）如果股价正处于见顶回落的阶段，以此高点为基点，用鼠标左键点击此高点，并按住鼠标左键不放，拖动鼠标使边线对齐相应的低点，即回溯这一上涨波段的谷底，松开鼠标左键系统即生成黄金分割线</td></tr>
<tr><td>黄金分割线的应用</td><td>黄金分割线是利用黄金分割比率进行的切线画法，在行情发生转势后，无论是止跌转升或止升转跌，以近期走势中重要的高点和低点之间的涨跌额作为计量的基数，将原涨跌幅按 0.191、0.382、0.5、0.618、0.809 分割为 5 个黄金点，股价在反转后的走势将可能在这些黄金分割点上遇到暂时的阻力或支 撑。黄金分割的原理源自弗波纳奇神奇数字即大自然数字，0.6180339……是众所周知的黄金分割比率，是相邻的弗波纳奇级数的比率，反映了弗波纳奇级数的增长，反映了大自然的静态美与动态美。据此又推算出 0.191、0.382、0.809 等，其中黄金分割线中运用最经典的数字为 0.382、0.618，极易产生支撑与压力</td></tr>
<tr><td>百分比线</td><td>百分比线的画法</td><td>百分比线是利用百分比率的原理进行的分析，可使股价前一次的涨跌过程更加直观。百分比线是将上一次行情中重要的高点和低点之间的涨跌幅按 1/8（12.5%）、2/8（25%）、1/3（33%）、3/8（37.5%）、4/8（50%）、5/8（62.5%）、2/3（67%）、6/8（75%）、7/8（87.5%）、8/8 的比率生成百分比线，如图 6—13 所示。
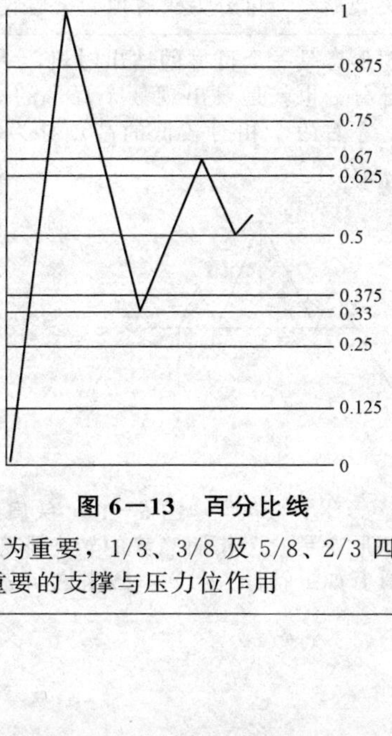

图 6—13　百分比线
在各比率中，4/8 最为重要，1/3、3/8 及 5/8、2/3 四条距离较近的比率也十分重要，往往起到重要的支撑与压力位作用</td></tr>
</table>

续表

项目		内容
百分比线	百分比线的应用	百分比线考虑问题的出发点是人们的心理因素和一些整数的分界点。当股价持续向上，涨到一定程度，肯定会遇到压力，遇到压力后，就要向下回撤，回撤的位置很重要。黄金分割提供了几个价位，百分比线也提供了几个价位。以这次上涨开始的最低点和开始向下回撤的最高点两者之间的差，分别乘上几个特别的百分比数，就可以得到未来支撑位可能出现的位置

考点七　形态理论

形态理论正是通过研究股价所走过的轨迹，分析和挖掘曲线告诉我们的一些多空双方力量的对比结果，进而指导我们的行动。

趋势的方向发生变化一般不是突然来到的，变化都有一个发展的过程。形态理论通过研究股价曲线的各种形态，发现股价正在进行的行动方向。

股价的移动是由多空双方力量大小决定的。根据此规律，把股价曲线的形态分成两大类型：整理形态（保持平衡）、反转形态（打破平衡）。

考点八　反转突破形态（表 6—9）

表 6—9　　反转突破形态

项目		内容
定义及分类		反转突破形态描述了趋势方向的反转，是投资分析中应该重点关注的变化形态。反转变化形态主要有头肩形态、双重顶（底）形态、圆弧顶（底）形态、喇叭形以及V形反转形态等多种形态
头肩形态	概述	该形态类型是实际股价形态中出现最多的一种形态，也是最著名和最可靠的反转突破形态。可分为头肩顶、头肩底以及复合头肩形态三种类型
	头肩顶	头肩顶形态是一个可靠的沽出时机，一般通过连续的3次起落构成该形态的3个部分，也就是要出现3个局部的高点。中间的高点比另外两个都高，称为头；左右两个相对较低的高点称为肩。这就是头肩顶形态名称的由来（图6—14左图）。 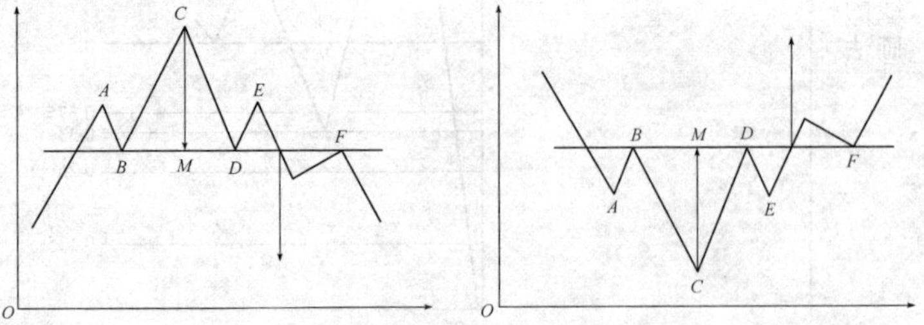 **图 6—14　头肩顶和头肩底** 头肩顶形态是一个长期趋势的转向形态，一般出现在一段升势的尽头。这一形态具有如下特征：(1) 一般来说，左肩与右肩高点大致相等，有时右肩

续表

<table>
<tr><th colspan="2">项　目</th><th>内　容</th></tr>
<tr><td rowspan="3">头肩形态</td><td>头肩顶</td><td>较左肩低，即颈线向下倾斜；（2）就成交量而言，左肩最大，头部次之，而右肩成交量最小，即呈梯状递减；（3）突破颈线不一定需要大成交量配合，但日后继续下跌时成交量会放大。
当颈线被突破，反转确认以后，大势将下跌。下跌的深度，可以借助头肩顶形态的测算功能进行</td></tr>
<tr><td>头肩底</td><td>头肩底是头肩顶的倒转形态，是一个可靠的买进时机。这一形态的构成和分析方法，除了在成交量方面与头肩顶有所区别外，其余与头肩顶类同，只是方向正好相反，如图 6－14 的右图。例如，上升改成下降，高点改成低点，支撑改成压力。
值得注意的是，头肩顶形态与头肩底形态在成交量配合方面的最大区别是：头肩顶形态完成后，向下突破颈线时，成交量不一定放大；而头肩底形态向上突破颈线，若没有较大的成交量出现，可靠性将大为降低，甚至可能出现假的头肩底形态</td></tr>
<tr><td>复合头肩形态</td><td>股价变化经过复杂而长期的波动所形成的形态可能不只是标准的头肩型形态，会形成所谓的复合头肩形态。这种形态与头肩形态基本相似，只是左右肩部或者头部出现多于一次。其形成过程也与头肩形态类似，分析意义也和普通的头肩形态一样，往往出现在长期趋势的底部或顶部。复合头肩形态一旦完成，即构成一个可靠性较大的买进或沽出时机</td></tr>
<tr><td colspan="2">双重顶形态和双重底形态</td><td>双重顶形态和双重底形态就是市场上众所周知的 M 头和 W 底，是一种极为重要的反转形态，它在实际中出现得也非常频繁。与头肩形态相比，就是没有头部，只是由两个基本等高的峰或谷组成。如图 6－15 所示，是这种形态的简单形状。
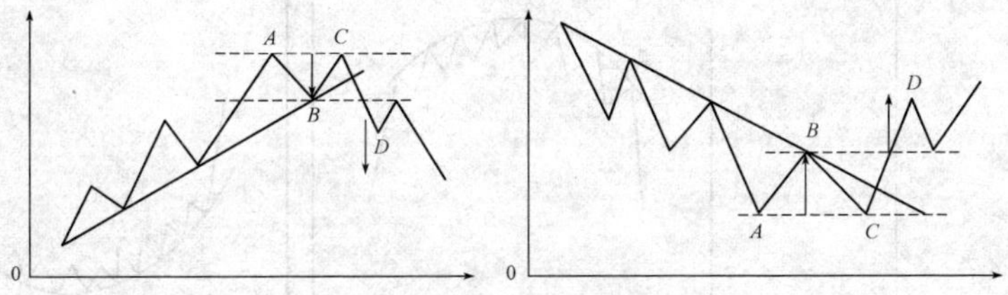

图 6－15　双重顶和双重底
双重顶反转形态一般具有如下特征：
（1）双重顶的两个高点不一定在同一水平，两者相差少于 3%就不会影响形态的分析意义；
（2）向下突破颈线时不一定有大成交量伴随，但日后继续下跌时成交量会扩大；
（3）双重顶形态完成后的最小跌幅度量度方法是由颈线开始，至少会下跌从双头最高点到颈线之间的差价距离。
需要注意的是，双重底的颈线突破时必须有大成交量的配合，否则即可能为无效突破</td></tr>
</table>

续表

项　　目	内　　容
三重顶（底）形态	三重顶（底）形态是双重顶（底）形态的扩展形式，也是头肩顶（底）形态的变形，由三个一样高或一样低的顶和底组成。与头肩形的区别是头的价位回缩到与肩部差不多相等的位置，有时甚至低于或高于肩部一点。 图 6－16 是三重顶（底）形态的简单图形。它的颈线差不多是水平的，三个顶（底）也差不多是相等高度。 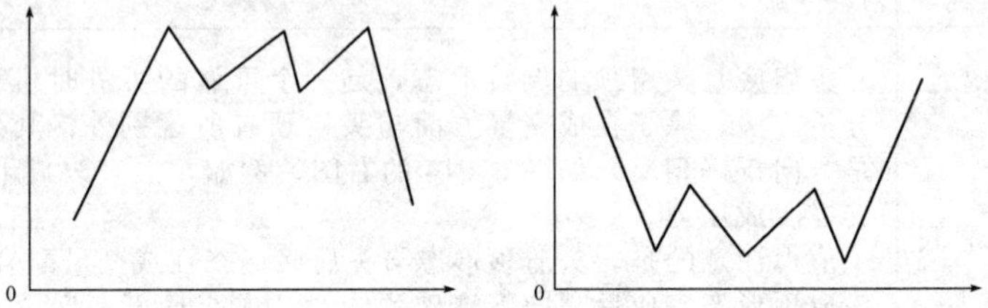 **图 6－16　三重顶（底）** 应用和识别三重顶（底）的方法主要是用识别头肩形态的方法。头肩形态适用的方法三重顶（底）都适用，这是因为三重顶（底）从本质上说就是头肩形态。 与一般头肩形态最大的区别是，三重顶（底）的颈线和顶部（底部）连线是水平的，这就使得三重顶（底）具有矩形的特征。比起头肩形态来说，三重顶（底）更容易演变成持续形态，而不是反转形态
圆弧形态	将股价在一段时间的顶部高点用折线连起来，每一个局部的高点都考虑到，我们有时可能得到一条类似于圆弧的弧线，盖在股价之上；将每个局部的低点连在一起也能得到一条弧线，托在股价之下，如图 6－17 所示。 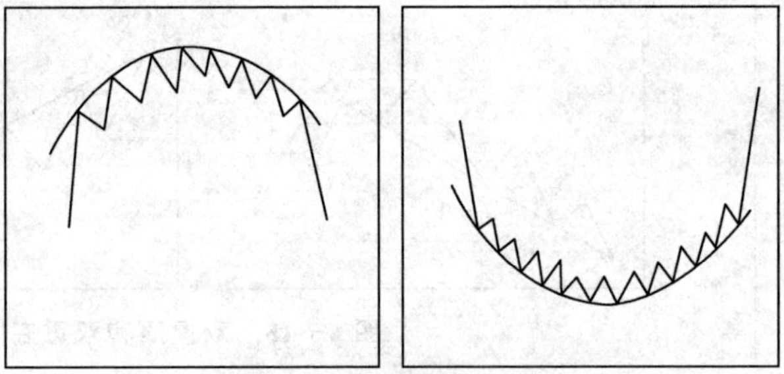 **图 6－17　圆弧顶和圆弧底** 圆弧形态具有如下特征： （1）形态完成、股价反转后，行情多属暴发性，涨跌急速，持续时间也不长，一般是一口气走完，中间极少出现回档或反弹。 （2）在圆弧顶或圆弧底形态的形成过程中，成交量的变化都是两头多，中间少，越靠近顶或底成交量越少，到达顶或底时成交量达到最少。 （3）圆弧形态形成的时间越长，今后反转的力度就越强，越值得人们去相信这个圆弧形。一般来说，应该与一个头肩形态形成的时间相当

续表

项　目	内　容
喇叭形	它大多出现在顶部，是一种较可靠的看跌形态。这种形态在实际中出现的次数不多，但是一旦出现，则极为有用。 喇叭形的正确名称应该是扩大形或增大形。因为这种形态酷似一个喇叭，故得名。如图 6－18 所示是喇叭形的图形。 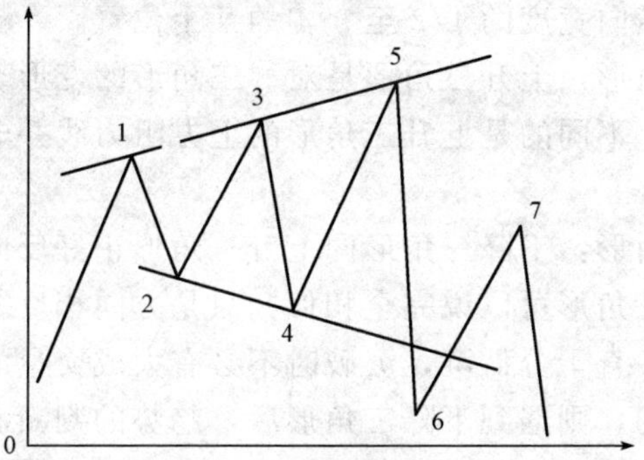 **图 6－18　喇叭形态** 喇叭形态具有如下特征：（1）喇叭形一般是一个下跌形态，暗示升势将到尽头，只有在少数情况下股价在高成交量配合下向上突破时，才会改变其分析意义；（2）在成交量方面，整个喇叭形态形成期间都会保持不规则的大成交量，否则难以构成该形态；（3）喇叭形走势的跌幅是不可量度的，一般说来，跌幅都会很大；（4）喇叭形源于投资者的非理性，因而在投资意愿不强、气氛低沉的市道中，不可能形成该形态
V 形反转	V 形走势是一种很难预测的反转形态，它往往出现在市场剧烈的波动之中。图 6－19 是 V 形和倒 V 形的简单图示。 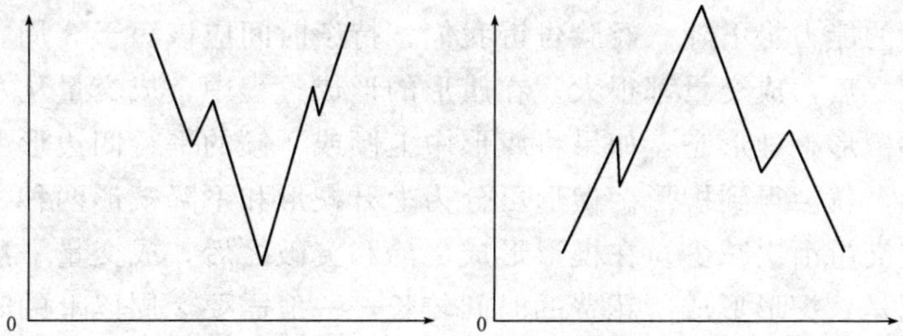 **图 6－19　V 形和倒 V 形** V 形走势的一个重要特征是在转势点必须有大成交量的配合，且成交量在图形上形成倒 V 形。若没有大成交量，则 V 形走势不宜信赖。V 形是一种失控的形态，在应用时要特别小心

考点九　整理形态

三角形、矩形、旗形和楔形是著名的整理形态。

(1) 三角形整理形态：三角形整理形态主要分为三种：对称三角形、上升三角形和下降三角形。第一种有时也称正三角形，后两种合称直角三角形。

①对称三角形：该情况大多是发生在一个大趋势进行的途中，它表示原有的趋势暂时处于休整阶段，之后还要随着原趋势的方向继续行动。突破的位置一般应在三角形的横向宽度的1/2至3/4的某个位置。

②上升三角形：上升三角形是对称三角形的变形。两类三角形的下方支撑线同足向上发展，不同的是上升三角形的上方阻力线并非是向下倾斜的，而是一条水平直线。

③下降三角形：下降三角形同上升三角形正好反向，是看跌的形态。它的基本内容同上升三角形可以说完全相似，只是方向相反。这里要注意的是：下降三角形的成交量一直十分低沉，突破时不必有大成交量配合。另外，如果股价原有的趋势是向上的，则遇到下降三角形后，趋势的判断有一定的难度；但如果在上升趋势的末期，出现下降三角形后，可以看成是反转形态的顶部。

(2) 矩形整理形态：矩形又叫箱形，也是一种典型的整理形态，股票价格在两条横着的水平直线之间上下波动，呈现横向延伸的运动。矩形为投资者提供了一些短线操作的机会。

(3) 旗形和楔形整理形态：是两个著名的持续整理形态。这两个形态的特殊之处在于，它们都有明确的形态方向，如向上或向下，并且形态方向与原有的趋势方向相反。例如，如果原有的趋势方向是上升，则这两种形态的方向就是下降。

①旗形整理形态：应用旗形时要注意：旗形出现之前，一般应有一个旗杆，这是由于价格做直线运动形成的。旗形持续的时间不能太长，时间一长，保持原来趋势的能力将下降。经验告诉我们，持续时间应该短于3周。旗形形成之前和被突破之后，成交量都很大。在旗形的形成过程中，成交量从左向右逐渐减少。

②楔形整理形态：如果将旗形中上倾或下倾的平行四边形变成上倾或下倾的三角形，就会得到楔形。楔形可分为上升楔形和下降楔形两种。在楔形形成过程中，成交量渐次减少；在楔形形成之前和突破之后，成交量一般都很大。与旗形的不同是，楔形形成所花费的时间较长，一般需要2周以上的时间方可完成。

考点十　缺口（表6－10）

表6－10　　**缺口**

项　目	内　容
缺口定义	缺口，通常又称为跳空，是指证券价格在快速大幅波动中没有留下任何交易的一段真空区域。从这个意义上说，缺口也属于形态的一种。缺口的出现往往伴随着向某个方向运动的一种较强动力。缺口的宽度表明这种运动的强弱

续表

项 目	内 容
普通缺口	普通缺口经常出现在股价整理形态中，特别是出现在矩形或对称三角形等整理形态中。普通缺口具有的特征是：它一般会在3日内回补；同时，成交量很小，很少有主动的参与者。普通缺口的支撑或阻力效能一般较弱。 普通缺口的这种短期内必补的特征，给投资者短线操作带来了机会
突破缺口	突破缺口是证券价格向某一方向急速运动，跳出原有形态所形成的缺口。突破缺口的形成在很大程度上取决于成交量的变化情况，特别是向上的突破缺口。若突破时成交量明显增大，且缺口未被封闭（至少未完全封闭），则这种突破形成的缺口是真突破缺口。若突破时成交量未明显增大，或成交量虽大，但缺口短期内很快就被封闭，则这缺口很可能是假突破缺口。 突破缺口形态确认以后，无论价位（指数）的升跌情况如何，投资者都必须立即作出买入或卖出的指令
持续性缺口	持续性缺口是在证券价格向某一方向有效突破之后，由于急速运动而在途中出现的缺口，它是一个趋势的持续信号
消耗性缺口	消耗性缺口一般发生在行情趋势的末端，表明股价变动的结束。若一轮行情走势中已出现突破缺口与持续性缺口，那么随后出现的缺口就很可能是消耗性缺口。判断消耗性缺口最简单的方法就是考察缺口是否会在短期内封闭。若缺口封闭，则消耗性缺口形态可以确立。消耗性缺口容易与持续性缺口混淆，它们的最大区别是：消耗性缺口出现在行情趋势的末端，而且伴随着大的成交量

【真题回顾】

一、单项选择题（以下备选项中只有一项符合题目要求）

1. K 线理论起源于（　　）。

A. 美国　　B. 日本

C. 印度　　D. 英国

【答案】 B

【解析】 本题考核的是 K 线理论的基本内容。K 线又称为日本线，起源于200多年前的日本。

2. 实际股价形态中出现最多的一种形态是（　　）。

A. 双重顶（底）形态　　B. 喇叭形以及V形反转形态

C. 头肩形态　　D. 圆弧顶（底）形态

【答案】 C

【解析】 本题考核的是实际股价形态。头肩形态在实际股价形态中出现最多，也是最著名和最可靠的反转突破形态。它一般可分为三种类型，即：头肩顶、头肩底以及复合头肩形态。

3. 与趋势线平行的切线为（　　）。

A. 速度线　　B. 压力线

C. 角度线　　D. 轨道线

【答案】 D

【解析】 本题考核的是通道线。轨道线又称通道线或管道线，在已经得到了趋势线后，通过第一个峰和谷可以画出这条趋势线的平行线，这条平行线就是轨道线。

4. 短期内必补是（　　）的特征。

A. 消耗性缺口　　B. 突破缺口

C. 持续性缺口　　D. 普通缺口

【答案】 D

【解析】 本题考核的是普通缺口。普通缺口的支撑或阻力效能一般较弱，一般会在3日内回补，这是它的一个明显特征；同时，很少有主动的参与者，成交量很小。普通缺口的短期内必补的特征，给投资者短线操作带来了机会。

二、组合型选择题（以下备选项中只有一项最符合题目要求）

1. 下列对于缺口的描述，正确的是（　　）。

Ⅰ. 缺口也是一种形态

Ⅱ. 缺口宽度表明股价向某个方向运动的强弱

Ⅲ. 缺口将成为日后较强的支撑或阻力区域

Ⅳ. 持续性缺口一般会在短期内被封闭

A. Ⅰ、Ⅱ、Ⅳ　　B. Ⅰ、Ⅲ、Ⅳ

C. Ⅱ、Ⅲ、Ⅳ　　D. Ⅰ、Ⅱ、Ⅲ

【答案】 D

【解析】 本题考核的是缺口的概念。持续性缺口是一个趋势的持续信号，一般不会在短期内被封闭。

2. 属于持续整理形态的有（　　）。

Ⅰ. 喇叭形形态　　Ⅱ. 楔形形态

Ⅲ. V形形态　　Ⅳ. 旗形形态

A. Ⅰ、Ⅱ　　B. Ⅰ、Ⅲ

C. Ⅱ、Ⅳ　　D. Ⅲ、Ⅳ

【答案】 C

【解析】 本题考核的是持续整理形态。持续整理形态包括三角形、矩形、旗形和楔形。

3. 根据股价移动规律，股价曲线形态可以分为（　　）。

Ⅰ. 持续整理形态　　Ⅱ. 波浪运动形态

Ⅲ. 反转突破形态　　Ⅳ. 周期循环形态

A. Ⅱ、Ⅲ　　B. Ⅰ、Ⅳ

C. Ⅰ、Ⅲ　　D. Ⅱ、Ⅳ

【答案】C

【解析】本题考核的是股价曲线形态。根据股价移动规律，股价曲线形态可以分为反转突破形态和持续整理形态。反转突破形态描述的是趋势方向的反转变化；持续整理形态表现为，股价向一个方向经过一段时间的快速运行后，在一定区域内上下窄幅波动，而不再继续原趋势，等待时机成熟后再继续前进。

【典型习题】

一、单项选择题（以下备选项中只有一项符合题目要求）

1. 当收盘价、开盘价、最高价、最低价相同的时候，K 线的形状为(　　)。

A. 光头光脚阴线　　B. 光头光脚阳线

C. 一字形　　D. 十字形

2. 关于头肩顶形态，以下说法错误的是(　　)。

A. 头肩顶形态是一个可靠的沽出时机

B. 头肩顶形态是一种反转突破形态

C. 一般来说，左肩与右肩高点大致相等，有时右肩较左肩低，即颈线向下倾斜

D. 就成交量而言，左肩最小，头部次之，而右肩成交量最大，即呈梯状递增

3. 根据技术分析理论，矩形形态(　　)。

A. 为投资者提供了一些短线操作的机会

B. 与三重底形态相似

C. 被突破后就失去测算意义了

D. 提示投资者要耐心观望等待

4. 根据技术分析理论，不能独立存在的切线是(　　)。

A. 支撑线　　B. 压力线

C. 轨道线　　D. 速度线

二、组合型选择题（以下备选项中只有一项最符合题目要求）

1. 对于百分比线而言，最重要的比率是(　　)，这几条线具有较强的支撑与压力作用。

Ⅰ. 1/2　　Ⅱ. 1/3

Ⅲ. 1/4　　Ⅳ. 2/3

A. Ⅰ、Ⅱ、Ⅲ　　B. Ⅰ、Ⅲ、Ⅳ
C. Ⅱ、Ⅲ、Ⅳ　　D. Ⅰ、Ⅱ、Ⅳ

2. 切线类技术分析方法中，常见的切线有(　　)。
Ⅰ. 压力线　　Ⅱ. 支撑线
Ⅲ. 趋势线　　Ⅳ. 移动平均线
A. Ⅰ、Ⅱ、Ⅲ　　B. Ⅰ、Ⅱ、Ⅳ
C. Ⅰ、Ⅲ、Ⅳ　　D. Ⅰ、Ⅱ、Ⅲ、Ⅳ

3. 下列属于反转突破形态的是(　　)。
Ⅰ. 圆弧顶（底）形态　　Ⅱ. 喇叭形形态
Ⅲ. 头肩形态　　Ⅳ. 双重顶（底）形态
A. Ⅰ、Ⅱ、Ⅲ　　B. Ⅰ、Ⅱ、Ⅳ
C. Ⅰ、Ⅲ、Ⅳ　　D. Ⅰ、Ⅱ、Ⅲ、Ⅳ

【参考答案】

一、单项选择题

1. C　　2. D　　3. A　　4. C

二、组合型选择题

1. D　　2. A　　3. D

第三节　技术分析方法及应用

【考点归纳】

> ➢ 熟悉技术分析方法的分类及其特点。
> ➢ 了解技术分析的应用前提和适用范围

【考点解读】

考点一　技术分析方法的分类及特点（表 6—11）

表 6—11　技术分析方法的分类及特点

项　目	内　容
概述	技术分析法是仅从证券的市场行为来分析证券价格未来变化趋势的方法。技术分析理论分为以下几类：K 线理论、切线理论、形态理论、技术指标理论、波浪理论和循环周期理论

续表

项目		内容
分类	指标类	指标类是根据价、量的历史资料，通过建立一个数学模型，给出数学上的计算公式，得到一个体现证券市场的某个方面内在实质的指标值。常见的指标有相对强弱指标（RSI）、随机指标（KDJ）、趋向指标（DMI）、平滑异同移动平均线（MACD）、能量潮（OBV）、心理线（PSY）、乖离率（BIAS）等
分类	切线类	切线类是按一定方法和原则，在根据股票价格数据所绘制的图表中画出一些直线，然后根据这些直线的情况推测股票价格的未来趋势，为投资操作提供参考。这些直线就叫切线。常见的切线有趋势线、轨道线、黄金分割线、甘氏线、角度线等
分类	形态类	形态类是根据价格图表中过去一段时间走过的轨迹形态来预测股票价格未来趋势的方法。主要的形态有 M 头、W 底、头肩顶、头肩底等十几种
分类	*K* 线类	*K* 线类是根据若干天的 *K* 线组合情况，推测证券市场中多空双方力量的对比，进而判断证券市场行情的方法
分类	波浪类（波浪理论）	波浪理论较之别的技术分析流派，最大的区别就是能提前很长时间预计到行情的底和顶。波浪理论的全称是艾略特波浪理论，直到 20 世纪 70 年代，柯林斯的专著《波浪理论》出版后，波浪理论才正式确立。 艾略特的波浪理论以周期为基础。每个周期由上升（或下降）的 5 个过程和下降（或上升）的 3 个过程组成，这就是波浪理论中最为核心的内容，这也是艾略特对波浪理论最突出的贡献。与波浪理论密切相关的理论除经济周期以外，还有道氏理论和斐波那奇数列。 波浪理论考虑的因素主要有：股价走势所形成的形态；股价走势图中各个高点和低点所处的相对位置；完成某个形态所经历的时间长短。在前述三个方面中，股价的形态是最重要的，是波浪理论赖以生存的基础。波浪理论考虑的因素可概括为形态（是最重要的）、比例和时间 3 个方面。 艾略特发现每一个周期（无论是上升还是下降）可以分成 8 个小的过程。 波浪理论最大的不足是应用上的困难，从理论上讲是波浪结构完成一个完整的过程，但主浪的变形和调整浪的变形会产生复杂多变的形态，波浪所处的层次又会产生大浪套小浪、浪中有浪的多层次形态，这些都会使应用者在具体数浪时发生偏差。浪的层次的确定和浪的起始点的确认是应用波浪理论的两大难点。该理论的第二个不足是面对同一个形态，不同的人会产生不同的数法，而且都有道理，谁也说服不了谁

考点二 技术分析的应用前提和适用范围（表 6－12）

表 6－12 技术分析的应用前提和适用范围

项目	内容
技术分析的应用前提（即三大假设）	市场行为涵盖一切信息、证券价格沿趋势移动和历史会重演

续表

项　目	内　容
技术分析的适用范围	技术分析适用于预测未来一段较短时间的行情

考点三　技术分析方法的局限性

技术分析方法的局限性包括：以概率的形式出现的；技术分析所用信息都是已有的信息，滞后；在成熟和有效的市场中，技术分析失效。

【真题回顾】

组合型选择题（以下备选项中只有一项最符合题目要求）

1. 技术分析方法分类中含(　　)。

Ⅰ. 指标类　　Ⅱ. 价格类

Ⅲ. 形态类　　Ⅳ. K 线类

A. Ⅱ、Ⅲ、Ⅳ　　B. Ⅱ、Ⅳ

C. Ⅰ、Ⅲ、Ⅳ　　D. Ⅰ、Ⅲ

【答案】 C

【解析】 本题考核的是技术分析方法分类。技术分析方法包括：①指标类；②切线类；③形态类；④K 线类；⑤波浪类。

2. 波浪理论考虑的因素有(　　)。

Ⅰ. 股价形态　　Ⅱ. 价格指数

Ⅲ. 股价高低点相对位置　　Ⅳ. 股价形态经历的时间

A. Ⅰ、Ⅲ、Ⅳ　　B. Ⅱ、Ⅲ、Ⅳ

C. Ⅱ、Ⅳ　　D. Ⅰ、Ⅲ

【答案】 A

【解析】 本题考核的是波浪理论考虑的因素。波浪理论考虑的因素主要有三个方面：①股价走势所形成的形态；②股价走势图中各个高点和低点所处的相对位置；③完成某个形态所经历的时间长短。

【典型习题】

一、单项选择题（以下备选项中只有一项符合题目要求）

1. 根据波浪理论，一个完整的周期应包括(　　)个波浪。

A. 5　　B. 8

C. 2　　D. 3

2. 在技术分析方法中，按一定方法和原则，在根据股票价格数据所绘制的图表中画出一些直线，然后根据这些直线的情况推测股票价格的未来趋势，为投资操作提供参考，这是(　　)方法。

A. 指标类　　B. 切线类

C. 形态类　　D. 波浪类

3. 下列技术分析方法中，被认为能提前很长时间对行情的底和顶预测的是(　　)。

A. 形态类　　B. 指标类

C. 切线类　　D. 波浪类

4. 证券投资技术分析是建立在(　　)基础之上的。

A. 市场行为涵盖一切信息、价格沿趋势移动、历史会重复的假设

B. 经济学、财政金融学、财务管理学、投资学

C. 宏观经济分析、行业和区域分析、公司分析

D. 波浪理论

二、组合型选择题（以下备选项中只有一项最符合题目要求）

1. 下列各项中，属于波浪理论不足的有(　　)。

Ⅰ. 对同一个形态，不同的人会产生不同的判断

Ⅱ. 波浪理论中子波浪形态复杂多变

Ⅲ. 波浪理论忽视了成交量的影响

Ⅳ. 浪的层次和起始点不好确认、应用困难

A. Ⅰ、Ⅱ、Ⅲ　　B. Ⅰ、Ⅱ、Ⅳ

C. Ⅰ、Ⅲ、Ⅳ　　D. Ⅱ、Ⅲ、Ⅳ

2. 技术分析方法包括(　　)。

Ⅰ. 指标类　　Ⅱ. 切线类

Ⅲ. 形态类　　Ⅳ. 波浪类

A. Ⅰ、Ⅲ、Ⅳ　　B. Ⅰ、Ⅱ、Ⅲ

C. Ⅰ、Ⅳ　　D. Ⅰ、Ⅱ、Ⅲ、Ⅳ

【参考答案】

一、单项选择题

1. B　2. B　3. D　4. A

二、组合型选择题

1. B　2. D

第七章 量化分析

第一节 理论基础

【考点归纳】

- 熟悉量化投资分析的特点。
- 了解量化投资分析的理论基础。
- 了解量化投资分析的主要内容和方法

【考点解读】

考点一 量化投资分析的特点

量化分析法是利用统计、数值模拟和其他定量模型进行证券市场相关研究的一种方法，具有使用大量数据、模型和电脑的显著特点，广泛应用于解决证券估值、组合构造与优化、策略制定、绩效评估、风险计量与风险管理等投资相关问题，是继传统的基本分析和技术分析之后发展起来的一种重要的证券投资分析方法。量化分析法较多采用复杂的数理模型和计算机数值模拟，能够提供较为精细化的分析结论。但它对使用者的定量分析技术有较高要求，不易为普通公众所接受。

量化分析法有五大方面的特点：①纪律性；②系统性；③及时性；④准确性；⑤分散化。

量化投资就是利用计算机技术并且采用一定的数学模型去践行投资理念，实现投资策略的过程。量化投资就是以大数据为基础、以策略模型为核心、以程序化交易为手段、以追求绝对收益为目标的投资方法。量化投资的主要优势也在于追求大概率事件、克服思维模式的惯性找到市场机会。

量化投资管理是“定性思想的量化应用”，更加强调数据，并有以下四个特点：①纪律性，所有的决策都是依据模型做出的。纪律性首先表现在依靠模型和相信模型。②系统性，具体表现为“多层次、多角度、多数据”。③妥善运用套利的思想。④靠概率取胜。

考点二　量化投资分析的理论基础

量化投资是一种主动型投资策略，主动型投资的理论基础就是市场非有效的或弱有效的，基金经理可以通过对个股、行业及市场的驱动因素进行分析研究，建立最优的投资组合，试图战胜市场从而获取超额收益。

考点三　量化投资分析的主要内容与方法（表7—1）

表7—1　量化投资分析的主要内容与方法

项目		内容
人工智能		人工智能是研究使用计算机来模拟人的某些思维过程和智能行为（如学习、推理、思考、规划等）的学科，主要包括计算机实现智能的原理、制造类似于人脑智能的计算机，使计算机能实现更高层次的应用。 金融投资是一项复杂的、综合了各种知识与技术的学科，对智能的要求非常高。所以人工智能的很多技术可以用于量化投资分析中，包括专家系统、机器学习、神经网络、遗传算法等
数据挖掘	概念	数据挖掘是从大量的、不完全的、有噪声的、模糊的、随机的数据中提取隐含在其中的、人们事先不知道的，但又是潜在有用的信息和知识的过程
数据挖掘	关联分析	关联分析是研究两个或两个以上变量的取值之间存在某种规律性。分类就是找出一个类别的概念描述，它代表了这类数据的整体信息，即该类的内涵描述，并用这种描述来构造模型，一般用规则或决策树模式表示。分类是利用训练数据集通过一定的算法而求得分类规则。分类可被用于规则描述和预测
数据挖掘	预测	预测是利用历史数据找出变化规律，建立模型，并由此模型对未来数据的种类及特征进行预测。预测关心的是精度和不确定性，通常用预测方差来度量
数据挖掘	聚类	聚类就是利用数据的相似性判断出数据的聚合程度，使得同一个类别中的数据尽可能相似，不同类别的数据尽可能相异
小波分析	概念	小波就是小的波形。所谓“小”是指它具有衰减性；而称之为“波”则是指它的波动性，其振幅正负相间的震荡形式
小波分析	作用	小波分析在量化投资中的主要作用是进行波形处理。任何投资品种的走势都可以看做是一种波形，其中包含了很多噪音信号。利用小波分析，可以进行波形的去噪、重构、诊断、识别等，从而实现对未来走势的判断
支持向量机		支持向量机方法是通过一个非线性映射，把样本空间映射到一个高维乃至无穷维的特征空间中，使得在原来的样本空间中非线性可分的问题转化为在特征空间中的线性可分的问题，简单地说，就是升维和线性化。 正因为有这个优势，使得SVM特别适合于进行有关分类和预测问题的处理

续表

项目		内容
分形理论	概念	被誉为大自然的几何学的分形理论，是现代数学的一个新分支，但其本质却是一种新的世界观和方法论。它与动力系统的混沌理论交叉结合，相辅相成。它承认世界的局部可能在一定条件下，在某一方面（形态、结构、信息、功能、时间、能量等）表现出与整体的相似性，它承认空间维数的变化既可以是离散的也可以是连续的，因而极大地拓展了研究视野
	原则	自相似原则和迭代生成原则是分形理论的重要原则
	启示	分形理论既是非线性科学的前沿和重要分支，又是一门新兴的横断学科。作为一种方法论和认识论，其启示是多方面的：一是分形整体与局部形态的相似，启发人们通过认识部分来认识整体，从有限中认识无限；二是分形揭示了介于整体与部分、有序与无序、复杂与简单之间的新形态、新秩序；三是分形从一特定层面揭示了世界普遍联系和统一的图景
随机过程	概念	随机过程是一连串随机事件动态关系的定量描述
	方法	研究随机过程的方法多种多样，主要可以分为两大类：一类是概率方法，其中用到轨道性质、随机微分方程等；另一类是分析的方法，其中用到测度论、微分方程、半群理论、函数堆和希尔伯特空间等，实际研究中常常两种方法并用。另外组合方法和代数方法在某些特殊随机过程的研究中也有一定作用。研究的主要内容有：多指标随机过程、无穷质点与马尔科夫过程、概率与位势及各种特殊过程的专题讨论等。其中，马尔科夫过程很适于金融时序数列的预测，是在量化投资中的典型应用

【真题回顾】

一、单项选择题（以下备选项中只有一项符合题目要求）

1. 量化分析法的特点不包括（　　）。

A. 纪律性　　B. 系统性　　C. 及时性　　D. 集中化

【答案】 D

【解析】 本题考核的是量化分析法的特点。量化分析法有五大方面的特点：①纪律性；②系统性；③及时性；④准确性；⑤分散化。

2. 量化投资分析的理论基础是(　　)。

A. 市场是半强有效的　　B. 市场是完全有效的

C. 市场是强式有效的　　D. 市场是无效的

【答案】 D

【解析】 本题考核的是量化投资分析的理论基础。量化投资是一种主动型投资策略，主动型投资的理论基础是市场非有效或弱有效。

二、组合型选择题（以下备选项中只有一项最符合题目要求）

1. 下列属于量化投资涉及的数学和计算机方面的方法的有（　　）。

Ⅰ. 人工智能　　Ⅱ. 随机过程

Ⅲ. 小波分析　　Ⅳ. 分形理论

A. Ⅰ、Ⅱ、Ⅲ　　B. Ⅰ、Ⅱ、Ⅳ

C. Ⅰ、Ⅲ、Ⅳ　　D. Ⅰ、Ⅱ、Ⅲ、Ⅳ

【答案】D

【解析】本题考核的是量化投资涉及的数学和计算机方面的方法。除Ⅰ、Ⅱ、Ⅲ、Ⅳ四项外，属于量化投资涉及的数学和计算机方面的方法还包括数据挖掘。

2. 量化分析法的显著特点包括(　　)。

Ⅰ. 使用大量数据　　Ⅱ. 使用模型

Ⅲ. 使用电脑　　Ⅳ. 容易被大众投资者接受

A. Ⅰ、Ⅲ　　B. Ⅲ、Ⅳ

C. Ⅰ、Ⅱ、Ⅳ　　D. Ⅰ、Ⅱ、Ⅲ

【答案】D

【解析】量化分析法。量化分析法是利用统计、数值模拟和其他定量模型进行证券市场相关研究的一种方法，具有使用大量数据、模型和电脑的显著特点，广泛应用于解决证券估值、组合构造与优化、策略制定、绩效评估、风险计量与风险管理等投资相关问题，是继传统的基本分析和技术分析之后发展起来的一种重要的证券投资分析方法。Ⅳ项错误，正确的是不易为大众投资者所接受。

【典型习题】

一、单项选择题（以下备选项中只有一项符合题目要求）

1. "所有的决策都是依据模型做出的"体现了量化投资分析的(　　)。

A. 纪律性　　B. 系统性

C. 套利思想　　D. 概率取胜

2. 量化投资是一种(　　)投资策略。

A. 被动型　　B. 指数型

C. 形态型　　D. 主动型

二、组合型选择题（以下备选项中只有一项最符合题目要求）

1. 关于量化投资，下列说法正确的有(　　)。

Ⅰ. 数据是量化投资的基础要素

Ⅱ. 量化投资追求的是相对收益

Ⅲ. 量化投资的核心是策略模型

Ⅳ. 量化投资模型必须不断优化

A. Ⅰ、Ⅲ、Ⅳ　　B. Ⅱ、Ⅳ

C. Ⅱ、Ⅲ、Ⅳ　　D. Ⅰ、Ⅲ

2. 在量化投资分析中，可以借鉴人工智能的技术包括(　　)。

Ⅰ. 专家系统　　　　Ⅱ. 机器学习
Ⅲ. 神经网络　　　　Ⅳ. 遗传算法
A. Ⅰ、Ⅲ　　　　B. Ⅰ、Ⅱ、Ⅲ
C. Ⅱ、Ⅳ　　　　D. Ⅰ、Ⅱ、Ⅲ、Ⅳ

【参考答案】

一、单项选择题

1. A　2. D

二、组合型选择题

1. A　2. D

第二节　量化投资技术

【考点归纳】

> ➤ 了解量化选股、量化投资纪律性、股指期货套利、商品期货套利、统计套利、算法交易、资产配置及风险控制等量化投资技术

【考点解读】

考点　量化投资技术

量化投资技术几乎覆盖了投资的全过程，包括量化选股、量化择时、股指期货套利、商品期货套利、统计套利、算法交易，资产配置，风险控制等。

（1）量化选股：量化选股就是采用数量的方法判断某个公司是否值得买入的行为。根据某个方法，如果该公司满足了该方法的条件，则放入股票池，如果不满足，则从股票池中剔除。量化选股的方法有很多种，总的来说，可以分为公司估值法、趋势法和资金法三大类。量化选股的模型有很多种，总的来说主要有多因子模型、风格轮动模型、行业轮动模型、资金流模型、动量反转模型、一致预期模型、趋势追踪模型。

（2）量化择时：量化择时是指利用某种方法来判断大势的走势情况，是上涨还是下跌或者是盘整。如果判断是上涨，则买入持有；如果判断是下跌，则卖出清仓；如果判断是震荡，则进行高抛低吸，这样可以获得远远超越简单买入持有策略的收益率，所以择时交易是收益率最高的一种交易方式。但是由于大盘趋势和宏观经济、微观企业、国家政策，国际形势等密切相关，想要准确判断大盘走势具有相当的难度。量化择时方法分别是趋势择时、市场情绪择时、有效资金模

型、牛熊线、Hurst 指数、SVM 分类、SWARCH 模型及异常指标模型。

（3）股指期货套利：股指期货套利是指利用股指期货市场存在的不合理价格，同时参与股指期货与股票现货市场交易，或者同时进行不同期限，不同（但相近）类别股票指数合约交易，以赚取差价的行为，股指期货套利主要分为期现套利和跨期套利两种。股指期货套利的研究主要包括现货构建、套利定价、保证金管理、冲击成本、成分股调整等内容。

（4）商品期货套利：商品期货套利盈利的逻辑原理是基于以下几个方面：相关商品在不同地点、不同时间对应都有一个合理的价格差价；由于价格的波动性，价格差价经常出现不合理；不合理必然要回到合理；不合理回到合理的这部分价格区间就是盈利区间。

（5）统计套利：有别于无风险套利，统计套利是利用证券价格的历史统计规律进行套利，是一种风险套利，其风险在于这种历史统计规律在未来一段时间内是否继续存在。统计套利在方法上可以分为两类，一类是利用股票的收益率序列建模，目标是在组合的 β 值等于零的前提下实现 alpha 收益，我们称之为 β 中性策略；另一类是利用股票的价格序列的协整关系建模，我们称之为协整策略。

（6）期权套利：期权套利交易是指同时买进卖出同一相关期货但不同敲定价格或不同到期月份的看涨或看跌期权合约，希望在日后对冲交易部位或履约时获利的交易。期权套利的交易策略和方式多种多样，是多种相关期权交易的组合，具体包括：水平套利、垂直套利、转换套利、反向转换套利、跨式套利、蝶式套利、飞鹰式套利等。

（7）算法交易：算法交易又称自动交易、黑盒交易，是指利用电子平台，通过使用计算机程序来发出交易指令，执行预先设定好的交易策略。在交易中，程序可以决定的范围包括交易时间的选择、交易的价格甚至可以包括最后需要成交的证券数量。根据各个算法交易中算法的主动程度不同，可以把不同算法交易分为被动型算法交易、主动型算法交易、综合型算法交易三大类。算法交易的终极目标就是获得 alpha。

（8）资产配置：资产配置是指资产类别选择，投资组合中各类资产的适当配置以及对这些混合资产进行实时管理。量化投资管理将传统投资组合理论与量化分析技术的结合，极大地丰富了资产配置的内涵，形成了现代资产配置理论的基本框架。它突破了传统积极型投资和指数型投资的局限，将投资方法建立在对各种资产类股票公开数据的统计分析上，通过比较不同资产类的统计特征，建立数学模型，进而确定组合资产的配置目标和分配比例。

（9）风险控制：风险控制是指风险管理者采取各种措施和方法，消灭或减少风险事件发生的各种可能性，或风险控制者减少风险事件发生时造成的损失。

【真题回顾】

一、单项选择题（以下备选项中只有一项符合题目要求）

用算法交易的终极目标是（　　）。

A. 获得 alpha（α）　　B. 获得 beta（β）

C. 快速实现交易　　D. 减少交易失误

【答案】A

【解析】本题考核的是算法交易的终极目标。算法交易又称自动交易、黑盒交易，是指利用电子平台，通过使用计算机程序来发出交易指令，执行预先设定好的交易策略。算法交易的终极目标就是获得 alpha。

二、组合型选择题（以下备选项中只有一项最符合题目要求）

量化投资技术中的量化择时方法不包括（　　）。

Ⅰ. 趋势择时　　Ⅱ. β 中性策略

Ⅲ. 有效资金模型　　Ⅳ. 跨期套利

A. Ⅰ、Ⅱ　　B. Ⅰ、Ⅲ

C. Ⅱ、Ⅳ　　D. Ⅲ、Ⅳ

【答案】C

【解析】本题考核的是量化投资技术中的量化择时方法。量化投资策略中量化择时的方法有：（1）趋势择时；（2）市场情绪择时；（3）有效资金模型；（4）牛熊线等。Ⅱ项属于统计套利的方法；Ⅳ项属于股指期货套利的方法。

【典型习题】

一、单项选择题（以下备选项中只有一项符合题目要求）

1. 算法交易根据各个算法交易中算法的主动程度不同分类，不包括（　　）。

A. 被动型算法交易　　B. 主动型算法交易

C. 自动型算法交易　　D. 综合型算法

2.（　　）指利用电子平台，通过使用计算机程序来发出交易指令，执行预先设定好的交易策略。

A. 算法交易　　B. 资产配置

C. 期权套利　　D. 统计套利

二、组合型选择题（以下备选项中只有一项最符合题目要求）

1. 量化选股的方法有（　　）。

Ⅰ. 公司估值法　　Ⅱ. 趋势法

Ⅲ. 资金法　　Ⅳ. 价量分析法

A. Ⅰ、Ⅱ、Ⅲ　　B. Ⅰ、Ⅱ、Ⅳ

C. Ⅰ、Ⅲ、Ⅳ　　D. Ⅱ、Ⅲ、Ⅳ

2. 量化投资技术包括(　　)。

Ⅰ. 量化选股　　Ⅱ. 量化择时

Ⅲ. 股指期货套利　　Ⅳ. 商品期货套利

A. Ⅰ、Ⅱ、Ⅲ　　B. Ⅰ、Ⅱ、Ⅳ

C. Ⅰ、U、Ⅳ　　D. Ⅰ、Ⅱ、Ⅲ、Ⅳ

【参考答案】

一、单项选择题

1. C　　2. A

二、组合型选择题

1. A　　2. D

第三节　量化分析的应用

【考点归纳】

➢ 了解量化投资技术的应用前提和适用范围。
➢ 了解量化分析的主要应用

【考点解读】

考点一　量化投资技术的应用前提和适用范围

量化分析法较多采用复杂的数理模型和计算机数值模拟，能够提供较为精细化的分析结论。但它对使用者的定量分析技术有较高要求，不易为普通公众所接受。此外，量化分析法所采用的各种数理模型本身存在模型风险，一旦外部环境发生较大变化，原有模型的稳定性就会受影响。此外，量化分析法往往需要和程序化交易技术相结合，对交易系统的速度和市场数据的精确度有较高要求，这也在一定程度上限制了其应用范围。

考点二　量化分析的主要应用（表 7—2）

表 7—2　　量化分析的主要应用

项　目	内　容
估值	对上市公司进行估值是公司基本面分析的重要方法，在“价值投资”的基本逻辑下，可以通过对公司的估值判断二级市场股票价格的扭曲程度，继而找出价值被低估或高估的股票，作为投资决策的参考。对上市公司的估值包括相对估值法和绝对估值法

续表

项目		内容
估值		主要采用乘数方法，如PE估值法、PB估值法、PS估值法、PEG估值法、PSG估值法、EV/EBITDA估值法等；绝对估值法主要采用折现的方法，如公司自由现金流模型、股权自由现金流模型和股利折现模型等。相对估值法因简单易懂，便于计算而被广泛使用；绝对估值法因基础数据缺乏及不符合模型要求的全流通假设而一直处于非主流地位。随着全流通时代的到来和国内证券市场的快速发展，绝对估值法正逐渐受到重视
选股	基本面选股	通过对上市公司财务指标的分析，找出影响股价的重要因子，如：与收益指标相关的盈利能力、与现金流指标相关的获现能力、与负债率指标相关的偿债能力、与净资产指标相关的成长能力、与周转率指标相关的资产管理能力等。然后通过建立股价与因子之间的关系模型得出对股票收益的预测
	多因素选股	通过寻找引起股价共同变动的因素，建立收益与联动因素间线性相关关系的多因素模型。影响股价的共同因素包括宏观因子、市场因子和统计因子（通过统计方法得到）三大类，通过逐步回归和分层回归的方法对三类因素进行选取，然后通过主成分分析选出解释度较高的某几个指标来反映原有的大部分信息。多因素模型对因子的选择有很高的要求，因子的选择可依赖统计方法、投资经验或二者的结合，所选的因子要有统计意义上或市场意义上的显著性，一般可从动量、波动性、成长性、规模价值、活跃性及收益性等方面选择指标来解释股票的收益率
	动量、反向选股	动量选股策略是指分析股票在过去相对短期的表现，事先对股票收益和交易量设定条件，当条件满足时买进或卖出股票的投资策略，该投资策略基于投资者对股票中期的反应不足和保守心理在投资行为上表现为购买过去几个月表现好的股票而卖出过去几个月表现差的股票。反向选段策略则基于投资者的锚定和过度自信的心理特征，认为投资者会对上市公司的业绩状况做出持续过度反应，形成对业绩差的公司业绩过分低估和绩的好公司业绩过分高估的现象，这为投资者利用反向投资策略是供了套利机会在投资行为上表现为买进过去表现差的股票而卖出过去表现好的股票。反向选段策略是行为金融学理论发展至今最为成熟，也是最受关注的策略之一
资产配置		资产配置是指根据投资需求将投资基金在不同资产类别之间进行分配，通常是将资产在低风险、低收益证券与高风险、高收益证券之间进行分配。资产配置是投资过程中最重要的环节之一，也是决定投资组合相对业绩的主要因素。 资产配置就是资产类别选择投资组合中各类资产的配置比例以及对这些混合资产进行实时管理。资产配置一般包括两大类别、三大层次，两大类别为战略资产配置和战术/动态资产配置，三大层次为全球资产配置、大类资产配置和行业风格配置。

续表

项　目	内　容
资产配置	资产配置的目标：从实际的投资需求看，资产配置的目标在于以资产类别的历史表现与投资者的风险偏好为基础，决定不同资产类别在投资组合中所占比重，从而降低投资风险，提高投资收益，消除投资者对收益所承担的不必要的额外风险。 常见的资产配置的方法如下：①收益测度；②风险测度；③估计方法；④周期判断；⑤风格判断；⑥时机判断
股价预测	股价的可预测性与有效市场假说密切相关。如果有效市场假说成立，股价就反映了所有相关的信息，价格变化服从随机游走，股价的预测就毫无意义，而我国的股市远未达到有效市场阶段，因此股价时间序列不是序列无关，而是序列相关的，即历史数据对股价的形成起作用，因此可以通过对历史信息的分析来预测股价。主流的股价预测模型有灰色预测模型、神经网络预测模型和支持向量机预测模型（SVM）
绩效评估	作为集合投资、风险分散、专业化管理、变现性强等特点的投资产品，基金的业绩虽然受到投资者的关注，但要对基金有一个全面的评价，则需要考量基金业绩变动背后的形成原因、基金回报的来源等因素，绩效评估能够在这方面提供较好的视角与方法，风险调整收益择时/股能力、业绩归因分析、业绩持续性及 Fama 的业绩分解等指标和方法可从不同的角度对基金的绩效进行评估
基于行为金融学的投资策略	行为金融学是对传统金融学理论的革命，也是对传统投资实践的挑战。无论机构投资者还是个人投资者，了解行为金融学的指导意义在于：可以采取针对非理性市场行为的投资策略来实现投资目标。目前，国际金融市场中比较常见且相对成熟的行为金融投资策略包括动量投资策略、反向投资策略、小盘股策略和时间分散化策略等
程序化交易与算法交易策略	根据 NYSE 的定义，程序化交易指任何含有 15 只股票以上或单值为 100 万美元以上的交易。程序化交易强调订单是如何生成的，即通过某种策略生成交易指令，以便实现某个特定的投资目标。程序化交易主要是大机构的工具，它们同时买进或卖出整个股票组合，而买进和卖出程序可以用来实现不同的目标，目前程序化交易策略主要包括数量化程序交易策略、动态对冲策略、指数套利策略、配对交易策略和久期平均策略等。 算法交易，也称自动交易、黑盒交易或无人值守交易，是使用计算机来确定订单最佳的执行路径、执行时间、执行价格及执行数量的交易方法，主要针对经纪商。算法交易广泛应用于对冲基金、企业年金、共同基金以及其他一些大型的机构投资者，他们使用算法交易对大额订单进行分拆，寻找最佳路由和最有利的执行价格，以降低市场的冲击成本、提高执行效率和订单执行的隐蔽性。算法交易主要的算法包括交易量加权平均价格算法、保证成交量加权平均价格算法、时间加权平均价格算法、游击战算法、狙击手算法、模式识别算法

【典型习题】

一、单项选择题（以下备选项中只有一项符合题目要求）

1. 资产配置是资产组合管理过程中的重要环节之一，是决定(　　)的主要因素。

A. 上市公司业绩　　B. 投资组合相对业绩

C. 套期保值效果　　D. 投资者风险承受力

2. 下列不属于资产配置方法的是(　　)。

A. 回归分析　　B. 风险测度

C. 估计方法　　D. 风格判断

二、组合型选择题（以下备选项中只有一项最符合题目要求）

1. 下列属于资产配置三大层次的是(　　)。

Ⅰ. 全球资产配置　　Ⅱ. 大类资产配置

Ⅲ. 行业风格配置　　Ⅳ. 公司风格配置

A. Ⅰ、Ⅲ、Ⅳ　　B. Ⅰ、Ⅱ、Ⅳ

C. Ⅰ、Ⅱ、Ⅲ　　D. Ⅱ、Ⅲ、Ⅳ

2. 量化投资技术的应用范围包含估值与选股。数量化选股策略具体包括的选股方法有(　　)。

Ⅰ. 基本面选股　　Ⅱ. 多因素选股

Ⅲ. 动量选股　　Ⅳ. 反向选股

A. Ⅰ、Ⅱ、Ⅲ　　B. Ⅰ、Ⅱ、Ⅳ

C. Ⅰ、Ⅲ、Ⅳ　　D. Ⅰ、Ⅱ、Ⅲ、Ⅳ

3. 属于程序化交易策略的是(　　)。

Ⅰ. 数量化程序交易策略　　Ⅱ. 动态对冲策略

Ⅲ. 指数套利策略　　Ⅳ. 配对交易策略

A. Ⅰ、Ⅲ、Ⅳ　　B. Ⅰ、Ⅱ、Ⅲ

C. Ⅰ、Ⅳ　　D. Ⅰ、Ⅱ、Ⅲ、Ⅳ

【参考答案】

一、单项选择题

1. B　　2. A

二、组合型选择题

1. C　　2. D　　3. D

第八章　股票

第一节　基本理论

【考点归纳】

- 熟悉股票估值原理。
- 熟悉预期收益率和风险的含义和计算。
- 掌握各类估值方法的特点。
- 掌握公司价值和股权价值的概念及计算方法

【考点解读】

考点一　股票股价原理（表8—1）

表8—1　　**股票股价原理**

项　　目	内　　容
虚拟资本及其价格	作为虚拟资本载体的有价证券，本身并无价值，其交换价值或市场价格来源于其产生未来收益的能力。它们的价格运动形式具体表现为： （1）其市场价值由证券的预期收益和市场利率决定，不随职能资本价值的变动而变动； （2）其市场价值与预期收益的多少成正比，与市场利率的高低成反比； （3）其价格波动，既决定于有价证券的供求，也决定于货币的供求
市场价格	有价证券的市场价格是指该证券在市场中的交易价格，反映了市场参与者对该证券价值的评估。根据产生该价格的证券交易发生时间，我们通常又将其区分为历史价格、当前价格和预期市场价格
内在价值	市场价格对投资者至关重要，很多投资者仅仅因为预期市场价格上涨而买入证券，因预期市场价格下跌而卖出证券。这个概念大致有两层含义：一是内在价值是一种相对“客观”的价格，由证券自身的内在属性或者基本面因素决定，不受外在因素（比如短期供求关系变动、投资者情绪波动等）影响。二是市场价格基本上是围绕内在价值形成的。 投资行为简化为： 市场价格＜内在价值→价格被低估→买入证券 市场价格＞内在价值→价格被高估→卖出证券

续表

项　　目	内　　容
公允价值	在证券市场完全有效的情况下，证券的市场价格与内在价值是一致的，但是现实中的证券市场却并非完全有效。根据我国财政部颁布的《企业会计准则第22号——金融工具确认和计量》，如果存在活跃交易的市场，则以市场报价为金融工具的公允价值；否则，采用估值技术确定公允价值。估值技术包括参考熟悉情况并自愿交易的各方最近进行的市场交易中使用的价格、参照实质上相同的其他金融工具的当前公允价值、现金流量折现法和期权定价模型等
安全边际	安全边际是指证券的市场价格低于其内在价值的部分，任何投资活动均以之为基础。“就债券或优先股而言，它通常代表盈利能力超过利率或者必要红利率，或者代表企业价值超过其优先索偿权的部分；对普通股而言，它代表了计算出的内在价值高于市场价格的部分，或者特定年限内预期收益或红利超过正常利息率的部分”
货币的时间价值	货币的时间价值是指货币随时间的推移而发生的增值
复利	由于资金具有时间价值，如果将时间价值让渡给别人（把钱贷给别人），将会得到一定的报酬（利息）。换言之，货币时间价值的存在使得资金的借贷具有利上加利的特性，我们将其称为复利。在复利条件下，一笔资金的期末价值（或称为终值、到期值）的计算公式如下： $$FV=PV\cdot(1+i)^n$$ 式中：FV——终值； PV——本金（现值）； i——每期利率； n——期数。 若每期付息 m 次，则到期本利和变为： $$FV=PV\cdot(1+i/m)^{mn}$$
现值和贴现	对给定的终值计算现值的过程，我们称为贴现。现值（PV）计算公式为： $$PV=\frac{FV}{(1+i)^n}$$
现金流贴现与净现值	投资项目、企业和有价证券都存在现金流。所谓现金流，就是在不同时点上流入或流出相关投资项目（或企业，或有价证券）的一系列现金。从财务投资者的角度看，买入某个证券就等于买进了未来一系列现金流，证券估值也就等价于现金流估值。我们通常用时间轴来描述有价证券的现金流

考点二　预期收益率和风险的含义和计算（表 8—2）

表 8—2　　预期收益率和风险的含义和计算

项　目		内　容
预期收益率	预期收益率的含义	预期收益率也称为期望收益率，是指如果事件不发生的话可以预计到的收益率。预期收益率可以是指数收益率也可以是对数收益率，即以市场指数的变化率或指数变化率的对数来表示预期收益率
	预期收益率的计算	投资者投资的目的是为了得到收益，预期收益率是投资者承受各种风险应得的补偿，预期收益率为无风险收益率和风险补偿的加总，资产的预期收益率计算公式如下： $E(r_i)=r_f+p_i[E(r_m)-r_f]$ 式中：$E(r_i)$——资产 i 的预期收益率； r_f——无风险收益率； P_i——资产的贝塔系数； $E(r_m)$——市场平均收益率
风险	风险的含义	风险指对投资者预期收益的背离，或者说是证券收益的不确定性。证券投资的风险指证券预期收益变动的可能性及变动幅度。与证券投资相关的所有风险被称为总风险，总风险可分为：系统风险和非系统风险
	风险的计算	（1）计算证券投资收益低于其期望收益的概率。 （2）计算证券投资出现负收益的概率。 （3）计算证券投资的各种可能收益与其期望收益之间的离差，即证券收益的方差或标准差

考点三　绝对估值

绝对估值是指通过对证券基本财务要素的计算和处理得出该证券的绝对金额。各种基于现金流贴现的方法均属此类，见表 8—3。

表 8—3　　贴现现金流估值法基本框架

模　型	现金流	贴现率
红利贴现模型	预期红利	必要回报率
企业自由现金流贴现模型	企业自由现金流	加权平均资本成本
股东现金流贴现模型	股东自由现金流	必要回报率
经济利润估值模型	经济利润	加权平均资本成本

考点四　相对估值

相对估值的哲学基础在于，不能孤立地给某个证券进行估值，而是参考可比证券的价格，相对地确定待估证券价值。通常需要运用证券的市场价格与某个财务指标之间存在的比例关系对证券进行估值。如常见的市盈率、市净率、市售率、市值回报增长比等均属相对估值方法，见表 8—4。

表 8—4　　相对估值常用指标比较

指　标	指标简称	适　用	不适用
市盈率	P/E	周期性较弱企业、一般制造业、服务业	亏损公司、周期性公司
市净率	P/B	周期性公司、重组型公司	重置成本变动较大的公司、固定资产较少的服务行业
市销率	P/S	销售收入和利润率较稳定的公司	销售不稳定的公司
经济增加值与利息折旧摊销前收入比	EV/EBIDA	资本密集、准垄断或具有巨额商誉的收购型公司	固定资产更新变化较快的公司
市值回报增长比	PEG	IT 等成长性行业	成熟行业

考点五　资产价值

根据企业资产负债表的编制原理，企业的资产价值、负债价值与权益价值三者之间存在下列关系：

权益价值＝资产价值－负债价值

因此，如果可以评估出三个因素中的两个，则剩下的一个也就可以计算出来了。常用方法包括重置成本法和清算价值法，分别适用于可以持续经营的企业和停止经营的企业。

考点六　其他估值方法

（1）无套利定价。无套利定价的理论基础是经济学的一价定律，指相同的商品在同一时刻只能以相同的价格出售，否则市场参与者就会低买高卖，最终导致价格趋同。根据这一原理，合理的金融资产价格应该消除套利机会。

（2）风险中性定价。在现实世界中，投资者会有不同的风险偏好，从而导致金融资产估值必须选择不同的贴现率。风险中性定价假设投资者不存在不同的风险偏好，对风险均持中性态度，从而简化了分析过程，可以采用无风险利率作为贴现率。

考点七　公司价值和股权价值的概念及计算（表 8—5）

表 8—5　　公司价值和股权价值的概念及计算

项　目	内　容
公司价值	公司价值，或称企业价值，是该企业预期自由现金流量以其加权平均资本成本为贴现率折现的现值，它与企业的财务决策密切相关，体现了企业资金的时间价值、风险以及持续发展能力。公司价值的计算公式为： 公司价值＝普通股的市值＋少数股东权益的市值－关联公司股权的市值＋优先股股权的市值－现金与现金等价物

续表

项　　目	内　　容
股权计算	根据预期企业自由现金流数值，用加权平均资本成本作为贴现率，计算企业的总价值，然后减去企业的负债价值，得到企业股权价值。即： 股权价值＝公司价值－负债

【真题回顾】

一、单项选择题（以下备选项中只有一项符合题目要求）

1. 企业自由现金流贴现模型采用(　　)为贴现率。

A. 企业加权成本　　　　B. 企业平均成本

C. 企业加权平均资本成本　　　　D. 企业平均股本成本

【答案】C

【解析】本题考核的是绝对估值。公司自由现金流贴现模型属于绝对估值方法，以公司加权平均资本成本为贴现率。

2. 由证券自身的内在属性或基本面因素决定，不受外界因素影响的相对客观的是(　　)。

A. 内在价值　　　　B. 市场价格

C. 公允价值　　　　D. 远期价格

【答案】A

【解析】本题考核的是内在价值。内在价值取决于证券自身的内在属性或者基本面因素，同时，市场价格基本上是围绕内在价值形成的。

二、组合型选择题（以下备选项中只有一项最符合题目要求）

下列说法错误的是(　　)。

Ⅰ. 公司价值等于债务价值加股权价值

Ⅱ. 公司价值等于股权价值减去债务价值

Ⅲ. 股权价值等于公司价值减去债务价值

Ⅳ. 股权价值等于公司价值加上债务价值

A. Ⅱ、Ⅲ　　　　B. Ⅰ、Ⅲ

C. Ⅰ、Ⅳ　　　　D. Ⅱ、Ⅳ

【答案】D

【解析】本题考核的是公司价值和股权价值的计算。根据预期企业自由现金流数值，用加权平均资本成本作为贴现率，计算企业的总价值，然后减去企业的负债价值，得到企业股权价值。即：股权价值＝公司价值－负债。

【典型习题】

一、单项选择题（以下备选项中只有一项符合题目要求）

1. 以下各项不属于虚拟资本的价格运动形式的是（　　）。

A. 其市场价值由证券的预期收益和市场利率决定

B. 其市场价值与预期收益的多少成正比，与市场利率的高低成反比

C. 其价格波动，既决定于有价证券的供求，也决定于货币的供求

D. 市场价值随职能资本价值的变动而变动

2.《企业会计准则第22号——金融工具确认和计量》规定，如果存在活跃交易的市场，则以市场报价为金融工具的（　　）。

A. 市场价格　　B. 内在价值

C. 公允价值　　D. 贴现值（折现值）

3. 下列指标中，不宜对固定资产更新变化较快的公司进行估值的是（　　）。

A. 市盈率

B. 经济增加值与利息折旧摊销前收入比

C. 市净率

D. 股价/销售额比率

二、组合型选择题（以下备选项中只有一项最符合题目要求）

1. 以下属于绝对估值法的是（　　）。

Ⅰ. 红利贴现模型

Ⅱ. 企业自由现金流贴现模型

Ⅲ. 股东现金流贴现模型

Ⅳ. 经济利润估值模型

A. Ⅰ、Ⅲ、Ⅳ　　B. Ⅰ、Ⅱ、Ⅲ

C. Ⅰ、Ⅳ　　D. Ⅰ、Ⅱ、Ⅲ、Ⅳ

2. 以下属于相对估值法的是（　　）。

Ⅰ. 市盈率　　Ⅱ. 市净率

Ⅲ. 市销率　　Ⅳ. 市值回报增长比

A. Ⅰ、Ⅲ、Ⅳ　　B. Ⅰ、Ⅱ、Ⅲ

C. Ⅰ、Ⅳ　　D. Ⅰ、Ⅱ、Ⅲ、Ⅳ

【参考答案】

一、单项选择题

1. D　　2. C　3. B

二、组合型选择题

1. D　　2. D

第二节　绝对估值法

【考点归纳】

> ➢ 熟悉现金流贴现法的原理。
> ➢ 掌握自由现金流的含义。
> ➢ 掌握各种口径自由现金流的计算方式。
> ➢ 熟悉公司自由现金流（FCFF）、股权自由现金流（FCFE）、股利贴现模型（DDM）等现金流贴现法的步骤。
> ➢ 了解贴现率的内涵。
> ➢ 掌握股权资本成本与公司整体平均资金成本（WACC）的概念。
> ➢ 掌握公司整体平均资金成本（WACC）的计算公式。
> ➢ 掌握资本资产定价模型（CAPM）参数的确定方式。
> ➢ 熟悉两阶段、三阶段模型的特点及参数设置的规则

【考点解读】

考点一　现金流贴现法的原理和自由现金流的含义（表8－6）

表8－6　　现金流贴现法的原理和自由现金流的含义

项　目	内　容
现金流贴现法的原理	现金流贴现模型是运用收入的资本化定价方法来决定普通股票内在价值的方法。按照收入的资本化定价方法，任何资产的内在价值是由拥有资产的投资者在未来时期所接受的现金流决定的。由于现金流是未来时期的预期值，因此必须按照一定的贴现率返还成现值。也就是说，一种资产的内在价值等于预期现金流的贴现值。常用的现金流贴现模型有两类，一是红利贴现模型，二是自由现金流贴现模型
自由现金流的含义	自由现金流量，就是企业产生的、在满足了再投资需要之后剩余的现金流量，这部分现金流量是在不影响公司持续发展的前提下可供分配给企业资本供应者（股东和债权人）的最大现金额。通常，可以将自由现金流分为企业自由现金流（FCFF）和股东自由现金流（FCFE）两种

考点二　红利贴现模型（DDM）的一般公式和内部收益率（表8－7）

表8－7　　红利贴现模型（DDM）的一般公式和内部收益率

项　目	内　容
一般公式	对大多数股票投资者而言，投资股票主要是为了获取未来支付的红利以及

续表

项　目	内　容
一般公式	买卖差价，预期现金流即为预期未来支付的股息以及未来的卖出价格。因此，贴现现金流模型的一般公式如下： $$V=\frac{D_1}{1+k}+\frac{D_2}{(1+k)^2}+\frac{D_3}{(1+k)^3}+\cdots+\frac{D_\infty}{(1+k)^\infty}=\sum_{t=1}^{\infty}\frac{D_t}{(1+k)^t}$$ 式中：V——股票在期初的内在价值； D_t——时期 t 末以现金形式表示的每股股息； K——一定风险程度下现金流的适合贴现率，即必要收益率。 在上式中，假定所有时期内的贴现率都是一样的。净现值（NPV）等于内在价值（V）与成本（P）之差，即： $$NPV=V-P=\sum_{t=1}^{\infty}\frac{D_t}{(1+k)^t}-P$$ 式中：P——在 $t=0$ 时购买股票的成本。 如果 $NPV>0$，意味着所有预期的现金流入的现值之和大于投资成本，即这种股票被低估价格，因此购买这种股票可行。 如果 $NPV<0$，意味着所有预期的现金流入的现值之和小于投资成本，即这种股票价格被高估，因此不可购买这种股票
内部收益率	内部收益率就是指使得投资净现值等于零的贴现率。如果用 k^* 代表内部收益率，根据内部收益率的定义可得下式： $$NPV=V-P=\sum_{t=1}^{\infty}\frac{D_t}{(1+k^*)^t}-P=0$$ 所以 $$P=\sum_{t=1}^{\infty}\frac{D_t}{(1+k^*)^t}$$ 内部收益率实际上是使得未来股息流贴现值恰好等于股票市场价格的贴现率。 将 k^* 与具有同等风险水平股票的必要收益率 k 相比较：如果 $k^*>k$ 后，则可以考虑购买这种股票；如果 $k^*<k$，则不要购买这种股票

考点三　零增长模型（表 8－8）

表 8－8　零增长模型

项　目	内　容
公式	零增长模型假定股息增长率等于零，即 $g=0$。也就是说，未来的股息按一个固定数量支付。 零增长模型公式为： $$V=\frac{D_0}{k}$$ 式中：V——股票的内在价值； D_0——未来每期支付的每股股息； k——必要收益率

续表

项　目	内　容
内部收益率	零增长模型也可用于计算投资于零增长证券的内部收益率。用证券的当前价格 P 代替 y，用 k^*（内部收益率）替换 k，零增长模型可变形为： $$P=\sum_{t=1}^{\infty}\frac{D_0}{(1+k^*)^t}=\frac{D_0}{k^*}$$ 进行转换，可得： $$k^*=\frac{D_0}{P}\times100\%$$
应用	零增长模型的应用似乎受到相当的限制，毕竟假定对某一种股票永远支付固定的股息是不合理的，但在特定的情况下，对于决定普通股票的价值仍然是有用的。在决定优先股的内在价值时这种模型相当有用，因为大多数优先股支付的股息是固定的

考点四　不变增长模型（表 8－9）

表 8－9　**不变增长模型**

项　目	内　容
公式	不变增长模型可以分为两种形式：一种是股息按照不变的增长率增长（比较常见）；另一种是股息以固定不变的绝对值增长。假设股息永远按不变的增长率增长，就可以建立不变增长模型。 不变增长模型公式为： $$V=D_0\frac{1+g}{k-g}$$ 由于 $D_1=D_0$（$1+g$），有时把公式写成： $$V=\frac{D_1}{k-g}$$
内部收益率	利用不变增长模型同样可以用于求解股票的内部收益率。首先，用股票的市场价格 P 代替 V；其次，用 k^* 代替 k，其结果是： $$P=D_0\frac{1+g}{k^*-g}$$ 经过变换，可得： $$k^*=\left(D_0\frac{1+g}{P}+g\right)\times100\%=\left(\frac{D_1}{P}+g\right)\times100\%$$
应用	零增长模型实际上是不变增长模型的一个特例。假定增长率 g 等于零，股息将永远按固定数量支付，这时不变增长模型就是零增长模型。从这两种模型来看，虽然不变增长的假设比零增长的假设有较小的应用限制，但是在许多情况下仍然被认为是不现实的。但由于不变增长模型是多元增长模型的基础，因此这种模型是极为重要的

考点五　可变增长模型（表 8－10）

表 8－10　　可变增长模型

项　目	内　容
公式	二阶段增长模型假定在时间 L 以前，股息以一个不变的增长速度 g_1 增长；在时间 L 后，股息以另一个不变的增长速度 g_2 增长。在此假定下，我们可以建立二元可变增长模型： $V=\sum_{t=1}^{L}D_0\frac{(1+g_1)^t}{(1+k)^t}+\sum_{t=L+1}^{\infty}D_L\frac{(1+g_2)^{t-L}}{(1+k)^t}$ $=\sum_{t=1}^{L}D_0\frac{(1+g_1)^t}{(1+k)^t}+\frac{1}{(1+k)^L}\times\sum_{t=L+1}^{\infty}D_L\frac{(1+g_2)^{t-L}}{(1+k)^{t-L}}$ $=\sum_{t=1}^{L}D_0\frac{(1+g_1)^t}{(1+k)^t}+\frac{1}{(1+k)}\times\frac{D_{L+1}}{k-g_2}$ 式中：$D_{L+1}=D_0(1+g_1)^t(1+g_2)$
内部收益率	在可变增长模型中，用股票的市场价格 P 代替 V，k^* 代替 k，同样可以计算出内部收益率 k^*。不过，由于可变增长模型相对较为复杂，不容易直接得出内部收益率，因此，主要采取试错法来计算 k^*
应用	从本质上来说，零增长模型和不变增长模型都可以看成是可变增长模型的特例。在二阶段增长模型中，当两个阶段的股息增长率都为零时，二阶段增长模型就是零增长模型；当两个阶段的股息增长率相等且不为零时，二阶段增长模型就是不变增长模型。相对于零增长模型和不变增长模型而言，二阶段增长模型较为接近实际情况。然而，对于股票的增长形态，我们可以给予更细的分析，以更贴近实际情况。与二阶段增长模型相类似，我们还可以建立三阶段甚至多阶段增长模型，其原理、方法和应用方式与二阶段增长模型相似，证券分析者可以根据自己的实际需要加以考虑

考点六　企业自由现金流贴现模型（*FCFF*）（表 8－11）

表 8－11　　企业自由现金流贴现模型（FCFF）

项　目	内　容
企业自由现金流的计算	与红利贴现模型相似，也分为零增长、固定增长、多阶段几种情况，只是将各期红利改为各期企业自由现金流。企业自由现金流计算公式如下： $FCFF=EBIT\times(1-T)+D\&A-\Delta NWC-CapEx+Other$ ＝息税前利润×（1－所得税率）＋折旧和摊销－净营运资本量－资本性投资＋其他现金来源 式中：$EBIT$——息税前利润（扣除所得税和利息前的利润）； $D\&A$——折旧和摊销； ΔNWC——净营运资本量

续表

项　目	内　容
贴现率	企业自由现金流贴现模型采用企业加权平均资本成本（WACC）为贴现率。计算公式如下： $$WACC=\frac{E}{E+D}\times K_E+\frac{D}{E+D}\times K_D\times(1-T)$$ 式中：E——股票市值； D——负债市值（通常采用账面值）； T——公司所得税税率； K_E——公司股本成本； K_D——公司负债成本
计算步骤	根据预期企业自由现金流数值，用加权平均资本成本作为贴现率，计算企业的总价值。然后减去企业的负债价值，得到企业股权价值。然后用企业股权价值除以发行在外的总股数，即可获得每股价格

考点七　股东自由现金流贴现模型（FCFE）（表8－12）

表8－12　股东自由现金流贴现模型（FCFE）

项　目	内　容
股东自由现金流的定义与计算	股东自由现金流（FCFE），指公司经营活动中产生的现金流量，在扣除公司业务发展的投资需求和对其他资本提供者的分配后，可分配给股东的现金流量。 计算公式如下： FCFE＝FCFF－用现金支付的利息费用＋利息税收抵减－优先股股利
贴现率	采用股东要求的必要回报率作为贴现率
计算步骤	首先计算未来各期期望FCFE，确定股东要求的必要回报率，作为贴现率计算企业的权益价值VE，进而计算出股票的内在价值

考点八　贴现率的内涵

贴现率是指将未来支付改变为现值所使用的利率，或指持票人以没有到期的票据向银行要求兑现，银行将利息先行扣除所使用的利率。这种贴现率也指再贴现率，即各成员银行将已贴现过的票据作担保，作为向中央银行借款时所支付的利息。

换言之，当商业银行需要调节流动性的时候，要向央行付出的成本。理论上讲，央行通过调整这种利率，可以影响商业银行向央行贷款的积极性，从而达到调控整个货币体系利率和资金供应状况的目的，是央行调控市场利率的重要工具之一。

贴现率政策是西方国家的主要货币政策。中央银行通过变动贴现率来调节货币供给量和利息率，从而促使经济扩张或收缩。当需要控制通货膨胀时，中央银行提高贴现率，这样，商业银行就会减少向中央银行的借款，商业银行的储备金就会减少，而商业银行的利息将得到提高，从而导致货币供给量减少。当经济萧条时，银行就会增加向中央银行的借款，从而储备金增加，利息率下降，扩大了货币供给量，由此起到稳定经济的作用。但如果银行已经拥有可供贷款的充足的储备金，则降低贴现率对刺激放款和投资也许不太有效。中央银行的再贴现率确定了商业银行贷款利息的下限。

考点九　股权资本成本与公司整体平均资金成本（表8－13）

表8－13　股权资本成本与公司整体平均资金成本

项　目	内　容
股权资本成本概念	股权资本成本是根据金融学理论计算出来的要求投资回报率，是投资者投资企业股权时所要求的收益率。 “股权资本成本”是根据金融学理论计算出来的要求投资回报率。假设某个上市公司的股权资本成本是10％，则意味着投资者的平均回报率必须达到10％才能补偿其投资于该股票的风险
股权资本成本观点	（1）企业为取得和使用这部分资金所花费的代价，包括筹资成本和使用该资金的成本。 （2）股权资本成本是投资于某一项目或企业的机会成本。 由此形成两种不同的计量方法：前者按实际支付的本利和的现值作为计量依据；后者按投资者要求的报酬率来计量。 这两种观点分别从资本使用方和投资方的角度来分析股权资本成本的实质。从市场经济角度出发，后者被大多数人所认同；根据风险与收益相匹配的原理，股权资本成本只能从投资者的角度来分析，其大小可以用特定投资中投资者所期望的报酬率来衡量，并表现为期望的股利和资本利得等
公司整体平均资金成本	公司整体平均资金成本又称为加权平均资本成本，是指企业以各种资本在企业全部资本中所占的比重为权数，对各种长期资金的资本成本加权平均计算出来的资本总成本。加权平均资本成本可用来确定具有平均风险投资项目所要求收益率

考点十　公司整体平均资金成本的计算公式

公司整体平均资金成本计算方法为每种资本的成本乘以占总资本的比重，然后将各种资本得出的数目加起来。

WACC 的计算公式为：

$$WACC=(E/V)\times R_e+(D/V)\times R_d\times(1-T_c)$$

式中：R_e——股本成本；

R_d——债务成本；

E——公司股本的市场价值；

D——公司债务的市场价值；

V——$E+D$；

E/V——股本占融资总额的百分比；

D/V——债务占融资总额的百分比；

T_c——企业税率。

考点十一　资本资产定价模型参数的确定方式（表 8－14）

表 8－14　　资本资产定价模型参数的确定方式

项　目	内　容
资本资产定价模型	当资本市场达到均衡时，风险的边际价格是不变的，任何改变市场组合的投资所带来的边际效果是相同的，即增加一个单位的风险所得到的补偿是相同的。按照 β 的定义，代入均衡的资本市场条件下，得到资本资产定价模型： $E(r_i)=r_f+\beta_{im}+[E(r_m)-r_f]$ 资本资产定价模型的说明如下：（1）单个证券的期望收益率由两个部分组成，无风险利率以及对所承担风险的补偿风险溢价。（2）风险溢价的大小取决于 β 值的大小。β 值越高，表明单个证券的风险越高，所得到的补偿也就越高。（3）β 度量的是单个证券的系统风险，非系统性风险没有风险补偿。 式中：$E(r_i)$——资产 i 的预期回报率； r_f——无风险利率； β_{im}——［Beta 系数］，即资产 i 的系统性风险； $E(r_m)$——市场 m 的预期市场回报率； $E(r_m)-r_f$——市场风险溢价，即预期市场回报率与无风险回报率之差
无风险投资收益率 R_f	无风险投资收益率是指在资本市场上可以获得的风险极低的投资机会的收益率。通常将各种类型的政府债券作为这种投资机会的典型代表，由此将政府债券的收益率看做无风险投资收益率 R_f。收益率与投资时间和期限密切相关，政府债券的利率也是随发行时的资本市场状况和期限的长短而变化的。为此，应在资本市场上选择与投资期限相近的政府债券收益率作为无风险利率 R_f
资本市场平均投资收益率 R_m	资本市场的充分竞争性和有效性以及投资者追求收益最大化的动机决定了资本市场具有一个均衡的投资收益率，但在实践上几乎无法计算出资本市场投资收益率的均衡点。因此，通常以股票价格指数替代均衡投资收益率作为 CAPM 模型的平均投资收益率 R_m。因为股票价格指数的收益率变动剧烈，在实际计算中采用一个较长的时间段（一般为 10 年）用其平均股票价格指数收益作为 R_m 的参考值
风险校正系数 β	风险校正系数的估计相当困难。通常的做法是根据资本市场同一行业内具有可比性公司的股票 β 值作为拟投资项目的风险校正系数。资产的 β 系数反映了资产收益率相对市场变化的敏感程度。由于在有效组合的情况下，投资者只有市场整体变动的风险，因而 β 系数恰好能反映该资产的风险大小。β 系数越大，则对市场敏感度越高，因而风险就越大，反之，则越小

考点十二　两阶段、三阶段模型（表 8—15）

表 8—15　　两阶段、三阶段模型

项　目	内　容
两阶段模型	两阶段增长模型就是假设企业增长呈现两个阶段：第一阶段为超常增长阶段，又称为观测期，其增长率高于永续增长率，实务中的预测期一般为 5～7 年；第二阶段是永续增长阶段，又称永续期，增长率为正常稳定的增长率。对达到稳定期前的预测期长度的估计非常重要。通常假设预测期为一个不稳定的发展期，即投资资本回报率与资本成本不相等。但长久的竞争最终使投资报酬率等于其资本成本，也就是最终会达到稳定期，因此预测期的长短会间接影响企业价值的大小。因此有必要根据行业的发展状况与公司的竞争战略地位估计公司的预测期长度。 该模型对企业股权价值计算的核心是正确区分观察期和永续期，并正确计算两个阶段的现金流量和折现系数。判断企业是否进入永续增长状态的标志有两个：第一，在永续增长状态下，企业具有稳定的销售增长率，其大约等于宏观经济的名义增长率；第二，企业具有稳定的投资资本回报率，并与资本成本接近
三阶段模型	三阶段增长模型是基于假设所有的公司都经历三个阶段，与产品的生命周期的概念相同。在成长阶段，由于生产新产品并扩大市场份额，公司取得快速的收益增长。在过渡阶段，公司的收益开始成熟并且作为整体的经济增长率开始减速，在这一点上，公司处于成熟阶段，公司收入继续以整体经济的速度增长。在超常阶段假设红利的增长率为常数 g_n；在过渡阶段不妨假设红利增长率以线性的方式从 g_a 变化为 g_n，g_n 是稳定阶段的红利增长率。如果 $g_a > g_n$，在过渡期表现为递减的红利率；反之，表现为递增的红利增长率。 三个阶段的红利增长关系如图 8—1 所示。 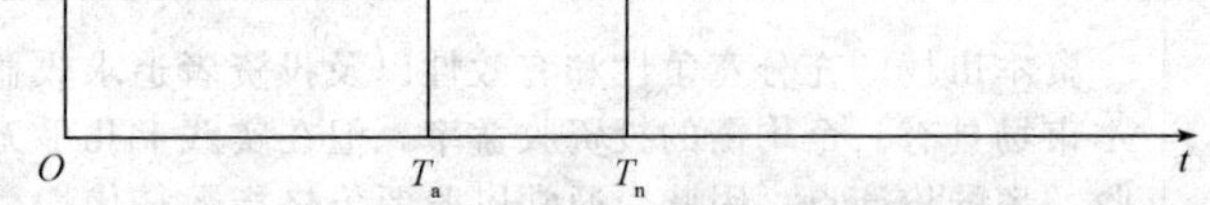 **图 8—1　三阶段股息增长模型** 从图中能够看出：公司股票的价值是高增长阶段、过渡阶段的预期红利的现值和稳定增长阶段价格的现值总和。并且当 t 等于 T_a 时，红利增长率等于 g_a；当 t 等于 T_n 时，红利增长率等于 g_n；在过渡期内任何时点上的红利增长率为： $$g_t = g_a - (g_a - g_n)\frac{(t - T_a)}{T_n - T_a},\ (g_a > g_n)$$ 如果再假定初期的红利水平 D_0，写出三阶段增长模型的计算公式为：

续表

项　目	内　容
三阶段模型	$P_0 = D_0 \sum_{t=1}^{T_a} \left(\frac{1+g_a}{1+T}\right)^t + \sum_{t=T_a+1}^{T_n} \left[\frac{D_{t-1}(1+g_t)}{(1+r)^t}\right] + \frac{D_{T_n}(1+g_n)}{(1+r)^{T_n}(r-g_n)}$ 其中：r——股权要求收益率（假定其不变，可以放宽该假设）。 上式中的三项分别对应于红利的三个增长阶段。且我们也能够看到此公式较为复杂，使用起来不方便。不过，大家不必担心，目前已有人将它编成程序写在计算器里，只要输入变量值就能算出结果。

【真题回顾】

一、单项选择题（以下备选项中只有一项符合题目要求）

1. 采用自由现金流模型进行估值与（　　）相似，也分为零增长模型、固定增长模型、多阶段增长模型几种情况。

A. 资本资产定价模型　　　　B. 均值方差模型

C. 红利（股利）贴现模型　　D. 套利定价模型

【答案】 C

【解析】 本题考核的是红利（股利）贴现模型。常用的现金流贴现模型有：(1) 红利贴现模型；(2) 自由现金流贴现模型。与红利贴现模型相似，企业自由现金流的计算也分为零增长、固定增长、多阶段几种情况，区别在于将各期红利改为各期企业自由现金流。

2. 股东自由现金流（$FCFE$）是指(　　)活动产生的现金流。

A. 经营　　B. 并购

C. 融资　　D. 投资

【答案】 A

【解析】 本题考核的是股东自由现金流（$FCFE$）的概念。股东自由现金流（$FCFE$）是指公司经营活动中产生的现金流量，扣除掉公司业务发展的投资需求和对其他资本提供者的分配后，可以分配给股东的现金流量。计算公式为：$FCFE = FCFF -$ 用现金支付的利息费用 $+$ 利息税收抵减 $-$ 优先股股利。

3. 如果中央银行倾向于降低无风险收益率，那么我们可以预测公司的平均资金成本（$WACC$）将会(　　)。

A. 无法确定　　B. 不变

C. 上升　　D. 下降

【答案】 D

【解析】本题考核的是平均资金成本。平均资金成本的公式为 $WACC=\frac{E}{E+D}\times K_E+\frac{D}{E+D}\times K_D\times(1-T)$。由于中央银行倾向于降低无风险收益率，因此，公司的负债成本 K_D 下降，公司的平均资金成本随之下降。

4. 现金流贴现模型是运用收入的（　　）方法来决定普通股内在价值。

A. 成本导向定价　　B. 资本化定价

C. 转让定价　　D. 竞争导向定价

【答案】B

【解析】本题考核的是现金流贴现模型。现金流贴现模型（DCF）是运用收入的资本化定价方法来决定普通股票内在价值。一种资产的内在价值等于预期现金流的贴现值。常用的现金流贴现模型有：（1）红利贴现模型；（2）自由现金流贴现模型。另外，还有一些分析师采用经济利率贴现法。

二、组合型选择题（以下备选项中只有一项最符合题目要求）

1. 下列表述正确的是（　　）。

Ⅰ. 按照现金流贴现模型，股票的内在价值等于预期现金流之和

Ⅱ. 现金流贴现模型中的贴现率又称为必要收益率

Ⅲ. 当股票净现值大于零，意味着该股票股价被低估

Ⅳ. 现金流贴现模型是运用收入的资本化定价方法决定普通股票内在价值的方法

A. Ⅰ、Ⅱ　　B. Ⅰ、Ⅲ、Ⅳ

C. Ⅱ、Ⅲ、Ⅳ　　D. Ⅰ、Ⅱ、Ⅲ、Ⅳ

【答案】C

【解析】本题考核的是现金流贴现模型。现金流贴现模型下，一种资产的内在价值等于预期现金流的贴现值，对股票而言，预期现金流即为预期未来支付的股息，即：股票的内在价值等于预期现金流的贴现值之和。

2. 下列关于股票内部收益率的描述，正确的是（　　）。

Ⅰ. 在同等风险水平下，如果内部收益率大于必要收益率，可考虑买进该股票

Ⅱ. 内部收益率就是指使得投资净现值等于零的贴现率

Ⅲ. 不同投资者利用现金流贴现模型估值的结果相等

Ⅳ. 内部收益率实质上就是使得未来股息贴现现值恰好等于股票市场价格的贴现率

A. Ⅰ、Ⅱ、Ⅲ　　B. Ⅰ、Ⅱ、Ⅳ

C. Ⅰ、Ⅲ、Ⅳ　　D. Ⅰ、Ⅱ、Ⅲ、Ⅳ

【答案】B

【解析】本题考核的是股票内部收益率。不同股息增长率的假定派生出不同

类型的贴现现金流量模型，估值结果不一定相等，如：股权自由现金流模型和公司自由现金流模型采用的贴现率不同，前者是评估公司的股权资本成本，后者则是评估公司的加权资本成本。

3. 资本资产定价模型表明资产 i 的收益由（　　）组成。

Ⅰ. 无风险收益率

Ⅱ. 市场收益率为零时资产 i 的预期收益率

Ⅲ. 资产 i 依赖于市场收益变化的部分

Ⅳ. 资产收益中不能被指数解释的部分

A. Ⅰ、Ⅱ、Ⅲ、Ⅳ　　　　B. Ⅰ、Ⅱ、Ⅳ

C. Ⅰ、Ⅲ、Ⅳ　　　　D. Ⅰ、Ⅲ

【答案】 D

【解析】 本题考核的是资本资产定价模型。根据资本资产定价模型，单个证券的期望收益率由以下两个部分构成：(1) 无风险利率；(2) 风险溢价，风险溢价的大小取决于度量单个证券系统风险的 β 值，β 值越高，则风险溢价越高。

【典型习题】

一、单项选择题（以下备选项中只有一项符合题目要求）

1. 假设某公司在未来无限时期支付的每股股利为 5 元，必要收益率为 10%。当前股票市价为 45 元，则对于该股票投资价值的说法正确的是(　　)。

A. 依市场情况来确定投资价值　　　　B. 该股票没有投资价值

C. 该股票有投资价值　　　　D. 依个人偏好来确定投资价值

2. 股票现金流贴现零增长模型的假设前提是(　　)。

A. 股息零增长　　　　B. 净利润零增长

C. 息前利润零增长　　　　D. 主营业务收入零增长

3. 以下不属于企业自由现金流贴现模型情况的是(　　)。

A. 零增长　　　　B. 固定增长

C. 多阶段　　　　D. 不增长

4. 根据金融学理论计算出来的要求投资回报率是(　　)。

A. 贴现率　　　　B. 股权资本成本

C. 平均资金成本　　　　D. 企业自由现金

二、组合型选择题（以下备选项中只有一项最符合题目要求）

1. 关于资本资产定价模型的说明正确的是(　　)。

Ⅰ. 单个证券的期望收益率由两个部分组成，无风险利率以及对所承担风险的补偿风险溢价

Ⅱ. 风险溢价的大小取决于 β 值的大小

Ⅲ. β 值越高，表明单个证券的风险越高，所得到的补偿也就越高

Ⅳ. β度量的是单个证券的系统风险，非系统性风险没有风险补偿

A. Ⅰ、Ⅲ、Ⅳ　　B. Ⅰ、Ⅱ、Ⅲ

C. Ⅰ、Ⅳ　　D. Ⅰ、Ⅱ、Ⅲ、Ⅳ

2. 股票的绝对估值方法包括(　　)。

Ⅰ. 实物期权定价法　　Ⅱ. 资产评估法

Ⅲ. 现金流贴现法　　Ⅳ. 市盈率法

A. Ⅱ、Ⅲ　　B. Ⅰ、Ⅱ、Ⅲ

C. Ⅰ、Ⅱ、Ⅳ　　D. Ⅰ、Ⅲ、Ⅳ

【参考答案】

一、单项选择题

1. C　2. A　3. D　4. B

二、组合型选择题

1. D　2. B

第三节　相对估值法

【考点归纳】

- 掌握相对估值法的原理与步骤。
- 了解可比公司的特征。
- 熟悉计算市场价格的市盈率方法及其应用缺陷。
- 熟悉市盈率倍数的概念及应用。
- 熟悉企业价值倍数（EV/EBITDA）的概念及应用。
- 熟悉市盈率相对盈利增长比率（PEG）法的概念及应用。
- 熟悉市净率、市售率的概念及应用

【考点解读】

考点一　相对估值法的原理与步骤（表 8－16）

表 8－16　　相对估值法的原理与步骤

项　目	内　容
相对估值法的原理	基于公司未来可预测的收入、净利润等财务指标，且所有相对估值法的共同使用条件是要能找到可比公司，对于某些商业模式极为独特或者所从事的领域极为细分的公司，由于难以找到可比公司，相对估值法难以适用

续表

项　目		内　容
相对估值法的步骤	选取可比公司	可比公司是指公司所处的行业、公司的主营业务或主导产品、资本结构、企业规模、市场环境、风险度以及盈利能力等方面相同或相近的公司
	计算目标公司的企业价值或者股价	常用的估值倍数包括市盈率倍数、市净率倍数、EV/EBITDA 倍数等
	计算适用于目标公司的可比指标	通常，选取可比公司的可比指标的平均数或者中位数作为目标公司的指标值
	计算可比公司的估值目标	用这个可比指标值乘以目标公司相应的财务指标，从而计算出目标公司的企业价值或者股价

考点二　可比公司的特征

可比公司指的是公司所处的行业、市场环境、公司的主营业务或主导产品、企业规模、资本结构、盈利能力以及风险程度等方面相同或者相近的公司。

可比公司与甲公司商业模式类似、与甲公司在同一行业、拥有可上市交易的长期债券。

考点三　市盈率估价方法（表 8—17）

表 8—17　　市盈率估价方法

项　目		内　容
市盈率概念		市盈率（P/E）又称价格收益比或本益比，是每股价格与每股收益之间的比率，其计算公式为： $$市盈率=\frac{每股价格}{每股收益}$$ 如果我们能分别估计出股票的市盈率和每股收益，那么我们就能由此公式估计出股票价格。这种评价股票价格的方法就是市盈率估价方法
简单估计法	算术平均数法或中间数法	这种方法就是将股票各年的市盈率历史数据排成序列，剔除异常数据（过高或过低者），求取算术平均数或是中间数，以此作为对未来市盈率的预测。这一方法适用于市盈率比较稳定的股票
	趋势调整法	这种方法是在算术平均数法或中间数法的基础上再进行调整。假设根据算术平均数法或中间数法已经求得市盈率的一个估计值，这时我们再分析市盈率时间序列的变化趋势。这种分析方法可以在坐标纸上进行，以画趋势线的方法求得一个增减趋势的量的关系式，然后对上面的市盈率的估计值进行修正
	回归调整法	这种方法也是在算术平均数法或中间数法的基础上再进行调整的。先按方法一求出一个市盈率的估计值，据此认为该值是市盈率的正常值，根据异常值总是向正常值回归的趋势，我们对下一年的市盈率作如下预测：如果这一年的市盈率高于这个值，就认为下一年的市盈率值将会向下调整；反之，则认为会向上调整

续表

<table>
<tr><th colspan="2">项　目</th><th>内　容</th></tr>
<tr><td rowspan="2">市场决定法</td><td>市场预期回报率倒数法</td><td>在不变增长模型中，我们可以进一步假定：第一，公司利润内部保留率为固定不变的 b；第二，再投资利润率为固定不变的 r，股票持有者的预期回报率与再投资利润率相当。由第二个假设不难得到：
$$E_t=E_{t-1}+rI_{t-1}$$
式中：E——收益；
I——再投资。
再由第一个假设得到：
$$I_{t-1}=bE_{t-1}$$
代入前面的式子得到：
$$E_t=E_{t-1}+brE_{t-1}=E_{t-1}(1+br)$$
这样，可以得到收益的增长率（g_E）：
$$g_E=\frac{E_t-E_{t-1}}{E_{t-1}}=br$$
由于第一个假设，股息的增长率（g）一定与收益的增长率相同，即：
$$g=g_D=g_E=br$$
因此，不变增长模型可以变形为：
$$P_0=\frac{D_0(1+g)}{k-br}$$
在股票持有者的预期回报率与再投资利润率相当的假设下，即 $r=k$，则：
$$P_0=\frac{D_0(1+g)}{r-br}$$
$$r=k=\frac{D_0(1+g)}{(1-b)P_0}=\frac{D_1}{(1-b)P_0}=\frac{E_1}{P_0}$$
$$D_1=(1-b)E_1$$
从上面的分析中可以看出，在一定的假设条件之下，股票持有者预期的回报率恰好是市盈率的倒数。因此，我们可以通过对各种股票市场预期回报率的分析对市盈率进行预测</td></tr>
<tr><td>市场归类决定法</td><td>在有效市场的假设下，风险结构等类似的公司，其股票市盈率也应相同。因此，只要选取风险结构类似的公司求取市盈率的平均数，就可以此作为市盈率的估计值</td></tr>
<tr><td colspan="2">回归分析法</td><td>回归分析方法是指利用回归分析的统计方法，通过考察股票价格、收益、增长、风险、货币的时间价值和股息政策等各种因素变动与市盈率之间的关系，得出能够最好解释市盈率与这些变量间线性关系的方程，进而根据这些变量的给定值对市盈率大小进行预测的分析方法</td></tr>
</table>

考点四　市盈率倍数的概念及应用（表 8—18）

表 8－18　市盈率倍数的概念及应用

项　目	内　容
概念	市盈率倍数实际就是市盈率，只是因为市盈率就是反映股价是每股盈余的多少倍，所以才被叫作市盈率倍数。市盈率倍数法是使用相对估值法评估企业价值时最常用的方法。 公司市值＝公司收益×市盈率倍数
优点	直观，易于计算并很容易得到，便于不同股票之间的比较，它能作为公司一些其他特征（包括风险性与成长性）的代表
缺点	可能被误用。当企业的收益或预期收益为负值时，无法使用该方法；该方法使用短期收益作为参数，因此不能直接比较有不同长期增长前景的公司；市盈率无法区分经营性资产和非经营性资产创造的盈利，降低了企业之间的可比性；该方法无法反映企业运用财务杠杆的水平，若可比公司与目标公司的资本结构之间存在较大差异，那么可能导致错误的结论；每股收益容易受到公司的操纵

考点五　企业价值倍数（EV/EBITDA）的概念及应用（表 8—19）

表 8－19　企业价值倍数（EV/EBITDA）的概念及应用

项　目	内容
概述	企业价值倍数是一种被广泛使用的公司估值指标，公式为 EV/EBITDA。EV/EBITDA 则反映了投资资本的市场价值和未来一年企业收益间的比例关系。 EV 为公司价值；EV＝市值＋(总负债－总现金)＝市值＋净负债；EBITDA 为利息、所得税、折旧、摊销前盈余；即：EBITDA＝营业利润＋折旧费用＋摊销费用，其中：营业利润＝毛利润－销售费用－管理费用
应用	使用前提：要求企业预测的未来收益水平必须能够体现企业未来的收益流量和风险状况的主要特征。 不同行业或板块有不同的估值（倍数）水平。与行业平均水平或历史水平相比，企业价值倍数较高通常说明股票被高估，较低则说明股票被低估。 EV/EBITDA 更适用于单一业务或子公司较少的公司估值，如果业务或合并子公司数量众多，需要做复杂调整，那么估值的准确性有可能会降低
优点	(1) 不受所得税率不同的影响，使得不同国家和市场的上市公司估值更具有可比性。 (2) 不受资本结构不同的影响，公司对资本结构的改变不会影响估值，有利于比较不同公司估值水平。 (3) 排除了折旧摊销这些非现金成本的影响（现金比账面利润重要），可以更准确的反映公司价值
缺点	(1) 方法比 P/E 稍微复杂，至少还要对债权的价值以及长期投资的价值进行单独估计。 (2) 没有考虑到税收因素，如果两个公司之间的税收政策差异很大，指标的估值结果就会失真

考点六 市盈率相对盈利增长比率（PEG）法的概念及应用（表 8—20）

表 8－20 市盈率相对盈利增长比率（PEG）法的概念及应用

项目	内容
概念	市盈率相对盈利增长比率（PEG）法：也称为市值回报增长比，市盈率除以盈利增长速度。计算公式为： $$市值回报增长比=\frac{市盈率}{增长率}$$
应用	该指标既可以通过市盈率考察公司目前的财务状况，又可以通过盈利增长速度考察未来一段时期内公司的增长预期，因此是一个比较完美的选股参考指标。 当 PEG 等于 1 时，表明市场赋予股票的估值可以充分反映被评估企业未来业绩的成长性。如果 PEG 大于 1，则股票的价值就可能被高估，或市场认为这家企业的业绩成长性会高于市场的预期。通常，成长型股票的 PEG 都会高于 1，甚至在 2 以上。当 PEG 小于 1 时，要么是市场低估了股票的价值，要么是市场认为被评估企业业绩成长性可能比预期的要差。通常价值型股票的 PEG 都会低于 1，以反映低业绩增长的预期

考点七 市净率及市售率（表 8—21）

表 8－21 市净率及市售率

项目		内容
市净率	概念	市净率（P/B）又称净资产倍率，是每股市场价格与每股净资产之间的比率，它反映的是相对于净资产，股票当前市场价格所处水平的高低。市净率越大，说明股价处于较高水平；反之，市净率越小，说明股价处于较低水平。其计算公式为： $$市净率=\frac{每股价格}{每股净资产}（倍）$$
	市净率与市盈率的比较	（1）两者之间存在的关系：$(P/B)/(P/E)=E/B=ROE$，即 $P/B=P/E\times ROE$。因此，市盈率相同时，公司的股权收益率（或称为净资产收益率）越高，该公司的市净率也就越高。 （2）市净率通常用于对股票内在价值的考察，多为长期投资者所重视；市盈率通常用于对股票供求状况的考察，更为短期投资者所关注。 （3）对于以流动性好的资产为主的公司，如银行、投资公司、财务公司、保险公司等，由于其账面值与市值更接近，因此用市净率更好。 （4）市净率还可以用于对那些预计不可持续经营的公司进行估值
市售率	概述	市售率（P/S）也称为价格营收比，是股票价格与每股销售收入之比，其计算公式为：市售率＝股票价格/每股销售收入。 市净率定价通常待估值股票的每股销售收入乘以可比公司市售率计算而得
	应用	对于一些无利润甚至亏损的公司，无法计算市盈率，对轻资产公司，市净率的参考价值也不大。但是，对所有公司而言，销售收入一般是正数，除了销售收入的时间确认可以操纵之外，相对而言，销售收入还较为真实。对于一些成立时间不长、利润也不显著的公司股票，市净率定价有一定的合理性

【真题回顾】

组合型选择题（以下备选项中只有一项最符合题目要求）

1. 市净率与市盈率都可以作为反映股票价值的指标，（　　）。

Ⅰ. 市盈率越大，说明股价处于越高的水平

Ⅱ. 市净率越大，说明股价处于越高的水平

Ⅲ. 市盈率通常用于考察股票的内在价值，多为长期投资者所重视

Ⅳ. 市净率通常用于考察股票的内在价值，多为长期投资者所重视

A. Ⅰ、Ⅲ　　B. Ⅰ、Ⅳ

C. Ⅰ、Ⅱ、Ⅳ　　D. Ⅱ、Ⅲ、Ⅳ

【答案】C

【解析】本题考核的是市净率与市盈率。市盈率通常用于考察股票的供求状况，更为短期投资者所关注。

2. 关于股票相对估值法 *EV/EBITDA*，下列说法正确的有（　　）。

Ⅰ. *EV/EBITDA* 也被称为企业价值倍数

Ⅱ. *EV/EBITDA* 也被称为息税折旧摊销前利润

Ⅲ. *EV*＝股票市值＋（总负债－总现金）

Ⅳ. *EBITDA*＝营业利润＋折旧费用＋摊销费用

A. Ⅲ、Ⅳ　　B. Ⅰ、Ⅲ、Ⅳ

C. Ⅱ、Ⅳ　　D. Ⅰ、Ⅲ

【答案】B

【解析】本题考核的是股票相对估值法 EV/EBITDA。Ⅱ项，EBITDA 又称息税折旧摊销前利润，是利息、所得税、折旧、摊销前盈余，公式为：EBITDA＝营业利润＋折旧费用＋摊销费用。

3. 相对估值方法包括（　　）。

Ⅰ. 市净率法（P/B）　　Ⅱ. 无套利定价法

Ⅲ. 市值回报增长比（PEC）　　Ⅳ. 市销率法（P/S）

A. Ⅰ、Ⅱ　　B. Ⅰ、Ⅲ、Ⅳ

C. Ⅰ、Ⅱ、Ⅳ　　D. Ⅱ、Ⅲ、Ⅳ

【答案】B

【解析】本题考核的是相对估值方法。相对估值是参考可比证券的价格，相对地确定待估证券的价值。常见的相对估值方法有：市盈率法（P/E）、市净率法（P/B）、市销率（市售率）法（P/S）、企业价值倍数法（EV/EBIDA）、市值回报增长比法和市盈率相对盈利增长比率法（PEC）。

【典型习题】

一、单项选择题（以下备选项中只有一项符合题目要求）

1. 以下属于市盈率估价方法中市场决定法的是（　　）。

A. 算术平均数法或中间数法　　B. 趋势调整法

C. 回归调整法　　D. 回报率倒数法

2. 市售率等于股票价格与（　　）的比值。

A. 每股净值　　B. 每股销售收入

C. 每股收益　　D. 每股股息

3. 股票市场上有一只股票的价格是每股30元，已知发行该股票的公司在该年度净利润为1000万元，销售收入总额为10000万元，未分配利润为3000万元，该公司的股本数额为1000万股。该股票的市盈率为（　　）倍。

A. 30　　B. 10

C. 15　　D. 3

二、组合型选择题（以下备选项中只有一项最符合题目要求）

1. 甲公司目前没有上市债券，在采用可比公司法测算公司的债务资本成本时，选择的可比公司应具有的特征有（　　）。

Ⅰ. 与甲公司商业模式类似　　Ⅱ. 与甲公司在同一行业

Ⅲ. 拥有可上市交易的长期债券　　Ⅳ. 与甲公司在同一生命周期阶段

A. Ⅰ、Ⅲ　　B. Ⅰ、Ⅳ

C. Ⅰ、Ⅱ、Ⅲ　　D. Ⅱ、Ⅲ、Ⅳ

2. 简单估计法包括（　　）。

Ⅰ. 算术平均数法或中间数法　　Ⅱ. 趋势调整法

Ⅲ. 回归调整法　　Ⅳ. 预期回报率倒数法

A. Ⅰ、Ⅲ　　B. Ⅰ、Ⅳ

C. Ⅰ、Ⅱ、Ⅲ　　D. Ⅱ、Ⅲ、Ⅳ

3. 下列关于市值回报增长比（PEG）的说法，正确的有（　　）。

Ⅰ. 市值回报增长比即市盈率对公司利润增长率的倍数

Ⅱ. 当PEG大于1时，表明市场赋予这只股票的估值可以充分反映其未来业绩的成长性

Ⅲ. 成长型股票的PEG都会高于1，甚至在2以上，投资者愿意给予其高估值

Ⅳ. 价值型股票的PEG都会低于1，以反映低业绩增长的预期

A. Ⅰ、Ⅱ　　B. Ⅰ、Ⅲ、Ⅳ

C. Ⅱ、Ⅲ、Ⅳ　　D. Ⅱ、Ⅲ

【参考答案】

一、单项选择题

1. D　　2. B　　3. A

二、组合型选择题

1. C　　2. C　　3. B

第九章　固定收益证券

第一节　基本理论

【考点归纳】

> ➢ 熟悉基准利率、货币市场利率的概念。
> ➢ 熟悉决定利率方向与变化幅度的因素。
> ➢ 熟悉经济基本面、资金面与收益率曲线的关系。
> ➢ 了解不同经济阶段收益率曲线的特点

【考点解读】

考点一　基准利率、货币市场利率的概念（表9－1）

表9－1　**基准利率、货币市场利率的概念**

项　目	内　容
基准利率	基准利率是金融市场上具有普遍参照作用的利率，其他利率水平或金融资产价格均可根据这一基准利率水平来确定。基准利率是利率市场化的重要前提之一，在利率市场化条件下，融资者衡量融资成本，投资者计算投资收益，以及管理层对宏观经济的调控，客观上都要求有一个普遍公认的基准利率水平作参考。所以，从某种意义上讲，基准利率是利率市场化机制形成的核心
货币市场利率	货币市场利率包括同业拆借利率、商业票据利率、国债回购利率、国债现货利率、外汇比价等。从利率形成的机制看，货币市场利率对社会资金供求关系有着灵敏性和高效性，是反映市场资金状况、衡量金融产品收益率的重要指标。 国外一些国家利率市场化都先从发展货币市场入手，通过增加短期金融工具品种和扩大货币市场规模来完善货币市场，使非贷款类短期金融资产利率自由化，产生一个可靠的货币利率信号，形成对银行存贷款利率的促动，最终形成市场化的利率体系。央行也以货币市场利率水平为依据，监控市场利率水平，预测市场利率走势，制定基础利率。所以，货币市场利率是利率市场化的关键环节

考点二 决定利率方向与变化幅度的因素（表 9－2）

表 9－2 决定利率方向与变化幅度的因素

项目	内容
平均利润率	马克思的利率决定观认为，利率取决于平均利润率，介于零和平均利润率之间。 利率的高低取决于总利润在贷款人和借款人之间的分割比例。 利率具有三个特点：长期内平均利润率处于下降趋势，影响利率出现相同的趋势；利润率下降缓慢，利率比较稳定；利率决定具有一定的偶然性
投资和储蓄	古典学派的储蓄投资理论强调非货币的实际因素——生产率和节约在利率决定中的作用。其中，生产率用边际投资倾向表示，节约用边际储蓄倾向表示。投资流量会因利率的提高而减少，储蓄流量会因利率的提高而增加。因此，投资是利率的减函数，储蓄是利率的增函数，而利率变化则取决于投资流量与储蓄流量的均衡点，均衡利率是由投资和储蓄共同决定的
货币供求	凯恩斯的流动性偏好理论根据货币市场的均衡分析利率水平。该理论认为，均衡的利率水平由货币供给和货币需求决定。 货币需求由交易需求、预防需求和投机需求这三种需求构成。其中，交易需求、预防需求与收入相关，投机需求与利率相关。货币供给是一个外生变量，由政府决定。利率决定于货币供求数量。货币需求量基本取决于人们的流动性偏好。如果人们对流动性的偏好强，愿意持有的货币数量就增加，当货币的需求大于货币的供给时，利率上升；反之利率则下降。因此，利率是由流动性偏好曲线与货币供给曲线共同决定的。“流动性陷阱”：当利率极低时，由于货币需求无限大，利率将不再变动，即无论增加多少货币供应，货币都会被储存起来，不会对利率产生任何影响，这就是凯恩斯利率决定理论中著名的“流动性陷阱”
借贷资金供求	可贷资金理论认为利率是使用借贷资金的代价，而借贷资金的需求则与利率成反向相关关系，借贷资金的供求的均衡决定利率水平。 当市场上借贷资金供不应求时，利率就会上升；反之，当市场上借贷资金供过于求时，利率就会下降
商品市场与货币市场同时实现均衡的条件	IS-LM 模型认为均衡利率水平是由商品市场与货币市场同时实现均衡的条件所决定的。该模型从实质因素和货币因素综合分析了影响均衡利率水平的因素，当货币市场和商品市场达到均衡状态时，利率水平也达到了均衡状态
通货膨胀预期	物价的变动主要表现为货币本身的升值或贬值：物价下跌，货币升值；物价上涨，货币贬值。在金融市场上，在预期通货膨胀率上升时，利率水平有很强的上升趋势；反之，在预期通货膨胀率下降时，利率水平也趋于下降
货币政策	中央银行为实现其特定的经济目标而采用的各种控制和调节货币供应量或信用量的方针和措施的总称，包括信贷政策、利率政策和外汇政策。 （1）当中央银行刺激经济时，会增加货币投入量，使可贷资金的供给增加，可贷资金供给曲线向右移动，此时利率下降。 （2）当中央银行限制经济过度膨胀时，会减少货币供给，使可贷资金的供给减少，可贷资金供给曲线向左移动，此时利率上升

续表

项　目	内　容
商业周期	利率的波动表现出很强的周期性，在商业周期的扩张阶段利率上升，而在经济衰退阶段利率下降

考点三　经济基本面、资金面与收益率曲线的关系

经济基本面：国债市场分析的传统经典基础仍然是经济基本面的分析，最为关键的宏观经济基本面指标包括两大类：通货膨胀或通货膨胀紧缩类的价格型指标、涉及经济增长类的指标。通胀与国债收益率正相关。经济增长中有通货膨胀国债收益率就高；经济步入上行区间时，股市对经济增长的反应最为敏感，市场大量资金会流入股票市场，债券市场相对冷清，国债发行人会提高收益率吸引投资者。总体上看，中长期国债收益率与经济增长通常是正相关关系。

资金面：当投资者资金较充裕时，有更多国债投资需求，国债收益率较低，当资金较紧缺时，国债投资需求下降，国债收益率较高。

国债收益率对经济基本面、资金面的反映：一般认为，1 年期以内的国债收益率主要反映了资金面的供求情况，10 年期以上国债收益率主要反映了经济基本面，中间期限国债收益率则是政策面和经济面的综合反映。当国债收益率曲线呈趋平态势，短期利率接近甚至超过长期利率时，预示经济将进入衰退和萧条阶段；当收益率曲线呈陡峭态势，长短期利率之间的利差扩大时，说明经济的复苏和繁荣。因此，国债收益率曲线通常也是各国央行制定、实施货币政策的重要依据。

考点四　不同经济阶段收益率曲线的特点（表 9－3）

表 9－3　　不同经济阶段收益率曲线的特点

项　目	内　容
陡直的收益率曲线	该种曲线形态一般出现在紧随经济衰退后的经济扩张初期。这时候，经济停滞已经压抑短期利率，但是一旦增长的经济活动重新建立对资本的需求(及对通胀的恐惧)，利率一般会开始上升，因而收益率曲线呈现陡直的状态
倒置的收益率曲线	该种曲线形态出现在经济即将会缓慢下来的时期。财务机构通常会以短期利率借贷，并会长期借出资金。一般而言，当长期利率高于短期利率而两者又相对性高，在这种情况下，银行的借贷通常较低。一般来说，较低的企业借贷额会导致信贷紧缩、业务缓慢以及经济减弱

考点五　不同经济阶段收益率曲线的特点（表 9－4）

表 9－4　　不同经济阶段收益率曲线的特点

经济周期阶段	经济增长	通货膨胀	收益率
衰退	下行	下行	下行

续表

经济周期阶段	经济增长	通货膨胀	收益率
复苏	上行	下行	先下后上
过热	上行	上行	上行
滞胀	下行	上行	先上后下

【典型习题】

一、单项选择题（以下备选项中只有一项符合题目要求）

1.（　　）的利率决定观认为，利率取决于平均利润率，介于零和平均利润率之间。

A. 尤金　　B. 马克思

C. 古典学派　　D. 凯恩斯

2. 一般出现在紧随经济衰退后的经济扩张初期，这时候，经济停滞已经压抑短期利率，但是一旦增长的经济活动重新建立对资本的需求（及对通胀的恐惧），利率一般会开始上升，这描述的是不同经济阶段（　　）的特点。

A. 陡直的收益率曲线　　B. 倒置的收益率曲线

C. 回升的收益率曲线　　D. 下降的收益率曲线

二、组合型选择题（以下备选项中只有一项最符合题目要求）

1. 货币需求由（　　）构成。

Ⅰ. 交易需求　　Ⅱ. 预防需求

Ⅲ. 投机需求　　Ⅳ. 变动需求

A. Ⅰ、Ⅱ、Ⅲ　　B. Ⅱ、Ⅲ、Ⅳ

C. Ⅰ、Ⅲ、Ⅳ　　D. Ⅰ、Ⅱ、Ⅲ、Ⅳ

2. 债券收益率在时期中的走势未必均匀，这就有可能形成（　　）。

Ⅰ. 收益曲线　　Ⅱ. 向上倾斜

Ⅲ. 投机需求　　Ⅳ. 水平以及向下倾斜

A. Ⅰ、Ⅱ、Ⅲ　　B. Ⅱ、Ⅲ、Ⅳ

C. Ⅰ、Ⅲ、Ⅳ　　D. Ⅰ、Ⅱ、Ⅳ

【参考答案】

一、单项选择题

1. B　　2. A

二、组合型选择题

1. A　　2. D

第二节　债券定价

【考点归纳】

> ➢ 掌握债券的概念和分类。
> ➢ 熟悉不同类别债券累计利息的计算和实际支付价格的计算。
> ➢ 熟悉债券现金流的确定因素。
> ➢ 掌握债券贴现率的概念及计算公式。
> ➢ 熟悉债券估值模型。
> ➢ 熟悉零息债券、附息债券、累息债券的定价计算。
> ➢ 熟悉债券当期收益率、到期收益率、即期利率、持有期收益率、赎回收益率的计算。
> ➢ 掌握收益率曲线的概念及类型。
> ➢ 熟悉期限结构的影响因素及利率期限结构理论。
> ➢ 熟悉资产证券化产品、非公开定向债务融资工具（PPN）、中小企业私募债、城投债、市政债、项目收益债券的风险及定价方法

【考点解读】

考点一　债券的概念和分类

债券是一种有价证券。由于债券的利息通常是事先确定的，所以债券是固定利息证券（定息证券）的一种。在金融市场发达的国家和地区，债券可以上市流通，并且承诺按特定利率支付利息并按约定条件偿还本金的债权债务凭证。

债券的分类见表9－5。

表9－5　　债券的分类

分类标准	类别	具体内容
发行主体的不同	政府债券	发行主体是政府，中央政府发行的债券称为国债。主要作用是解决政府投资的公共设施或重点建设项目的资金需要和弥补国家财政赤字
	金融债券	金融债券的发行主体是银行或非银行的金融机构。金融机构一般有雄厚的资金实力，信用度较高，因此金融债券往往有良好的信誉
	公司债券	公司债券是公司依照法定程序发行、约定在一定期限内还本付息的有价证券。公司债券的发行主体是股份公司。但有些国家也允许非股份制企业发行债券，归类时，可将公司债券和企业发行的债券合在一起，称为公司（企业）债券

续表

分类标准	类别	具体内容
债券发行条款中是否规定在约定期限向债券持有人支付利息	贴现债券	又称"贴水债券"，是指在票面上不规定利率，发行时按某一折扣率以低于票面金额的价格发行的债券，债券发行价与票面金额之间的差额相当于预先支付的利息，到期时按面额偿还本金
	附息债券	(1) 附息债券的合约中明确规定，在债券存续期间内，对持有人定期支付利息（一般是每半年或每年支付一次）。 (2) 按照计息方式的不同，这类债券还可细分为固定利率债券和浮动利率债券
	息票累计债券	这类债券规定了票面利率，但是，债券持有人必须在债券到期时一次性获得本息，存续期间没有利息支付
募集方式不同	公募债券	是指发行人向不特定的社会公众投资者公开发行的债券。公募债券的发行量最大，持有人数众多，可以在公开的市场上市交易，流动性好
	私募债券	是指向特定的投资者发行的债券。私募债券的发行对象一般是特定的机构投资者
担保性质的不同	有担保债券	是指以低压财产为担保发行的债券。按照抵押品的不同，又可以分为抵押债券、质押债券和保证债券
	无担保债券	又称为信用债券，仅凭发行人的信用而发行，不提供任何抵押品或担保人而发行的债券。国债、金融债券、信用良好的公司发行的公司债券，大多为信用债券
债券券面形态的不同	实物债券	是一种具有标准格式实物券面的债券。它与无实物票卷相对应，简单地说就是发给你的债券是纸质的而非电脑里的数字。在其券面上，一般印制了债券面额、债券利率、债券期限、债券发行人全称、还本付息方式等到各种债券票面要素
	凭证式债券	债券形式不是债券发行人制定的标准格式，而是债权人认购债券的一种收款凭证
	记账式债券	指没有实物形态的票券，利用证券账户通过电脑系统完成债券发行、交易及兑付的全过程

考点二　不同类别债券累计利息的计算和实际支付价格的计算（表 9－6）

表 9－6　　不同类别债券累计利息的计算和实际支付价格的计算

项　目	内　容
短期债券	通常全年天数定为 360 天，半年定为 180 天。利息累积天数则分为按实际天数（ACT）计算（ACT/360、ACT/180）和按每月 30 天计算（30/360、30/180）两种

续表

项　目	内　容
中长期附息债券	全年天数有的定为实际全年天数，也有的定为365天。累计利息天数也分为实际天数、每月按30天计算两种。 我国交易所市场对附息债券的计息规定是全年天数统一按365天计算；利息累积天数规则是按实际天数计算，算头不算尾，且闰年2月29日不计息
贴现式债券	我国目前对于贴现发行的零息债券按照实际天数计算累计利息，闰年2月29日也计利息，公式为： $应计利息额=\frac{到期总付额-发行价格}{起息日至到期日的天数}\times 起息日至结算日的天数$

考点三　债券现金流的确定因素（表9—7）

表9—7　　债券现金流的确定因素

确定因素	内　容
债券的面值和票面利率	除少数本金逐步摊还的债券外，多数债券在到期日按面值还本。票面利率通常采用年单利表示，票面利率乘以付息间隔和债券面值即得到每期利息支付金额。短期债券一般不付息，而是到期一次性还本，因此要折价交易
计付息间隔	债券在存续期内定期支付利息，我国发行的各类中长期债券通常是每年付息一次，欧美国家则是半年一次。付息间隔短的债券，风险相对较小
债券的嵌入式期权条款	一般来说，凡是有利于发行人的条款都会相应降低债券价值，反之，有利于持有人的条款都会提高债券的价值
债券的税收待遇	投资者拿到的实际上是税后的现金流，因此，免税债券与可比的应纳税债券相比，价值要大一些
其他因素	债券的付息方式、债券的币种等因素都会影响债券的现金流

考点四　债券贴现率的概念及计算公式（表9—8）

表9—8　　债券贴现率的概念及计算公式

项　目	内　容
债券贴现率概念	债券贴现率是指投资者对债券要求的最低回报率，也称为必要回报率。 债券贴现率＝真实无风险收益率＋预期通货膨胀率＋风险溢价
真实无风险收益率	真实无风险收益率，是指真实资本的无风险回报率，理论上由社会资本平均回报率决定

续表

项　　目	内　　容
预期通货膨胀率	预期通货膨胀率，是对未来通货膨胀率的估计值
风险溢价	风险溢价，根据各种债券的风险大小而定，是投资者因承担投资风险而获得的补偿。债券投资的主要风险因素包括违约风险（信用风险）、流动性风险、汇率风险等
注意	真实无风险收益率、预期通货膨胀率这两项之和称为“名义无风险收益率”，一般用相同期限零息国债的到期收益率（称为即期利率或零利率）来近似

考点五　债券估值模型（表 9—9）

表 9—9　债券估值模型

项　目	内　　容
一般模型	根据现金流贴现的基本原理，不含嵌入式期权的债券理论价格计算公式为： $$P=\sum_{t=1}^{T}\frac{C_t}{(1+y)^t}$$ 式中：P——债券理论价格； T——债券距到期日时间长短（通常按年计算）； t——现金流到达的时间； C——现金流金额； y——贴现率（通常为年利率） 根据以上债券估价的一般模型，影响债券价值大小的因素有必要收益率、到期时间、利息支付频率和计息方式。 （1）必要收益率对债券估价的影响。必要收益率越小，债券价值越大。 （2）到期时间对债券估价的影响。随着到期日的临近，债券价值会逐渐接近其面值。 （3）利息支付频率对债券估价的影响。一年内付息频率越高，债券价值越小。 （4）计息方式。不同的计息方式会对债券的价值产生不同的影响
零息债券定价	零息债券是指不计利息，折价发行，到期还本，通常 1 年期以内的债券为零息债券。其定价公式为： $$P=\frac{FV}{(1+y)^T}$$ 上式中，FV 为零息债券的面值

续表

项　目	内　容
付息债券定价	附息债券是指在债券券面上附有息票的债券，或是按照债券票面载明的利率及支付方式支付利息的债券。附息债券可以视为一组零息债券的组合，用零息债券的定价公式分别为其中每只债券定价，加总后即为附息债券的理论价格。用公式表示： $$P=\sum_{t=1}^{n}\frac{C_t}{(1+y_t)^t}$$ 式中：P——债券理论价格； n——债券距到期日时间长短（通常按年计算）； t——现金流到达的时间； C——现金流金额； y_t——贴现率（通常为年利率）。
累息债券定价	与付息债券相似，累息债券也有票面利率，但是规定到期一次性还本付息。可将其视为面值等于到期还本付息额的零息债券，并按零息债券定价公式定价

考点六　债券收益率（表 9—10）

表 9—10　债券收益率

衡量指标	具体内容
当期收益率	被定义为指按息票率计算所得的债券每一计息周期的利息收入除以当前债券市场价格的比率，用以衡量所投资债券的当期回报率。公式为：$Y=\frac{C}{P}\times100\%$。式中，Y为当期收益率，C为每年利息收入，P为债券价格。 当期收益率度量的是债券年利息收益占购买价格的百分比，反映每单位投资能够获得的债券年利息收益，但不反映每单位投资的资本损益。当期收益率的优点在于简便易算，可以用于期限和发行人均较为接近的债券之间进行比较。其缺点是：①零息债券无法计算当期收益；②不同期限附息债券之间，不能仅仅因为当期收益高低而评判优劣
到期收益率	是使债券未来支付的现金流的现值与债券当前价格相等的折现率，体现了自购买日至到期日的平均回报率。其他要素不变的情况下，债券价格下降，到期收益率上升。公式为：$P=\sum_{t=1}^{T}\frac{c_t}{(1+y)^t}$。式中，$P$为债券价格，$C$为现金流金额，$Y$为到期收益率，$T$为债券期限（期数），$t$为现金流到达时间（期）。 该公式是一个关于$y$的高次方程，可用插值法求出它的值。如果债券每年付息1次，每次付息金额为C，债券面值为F，则公式可以改写为：$P=\sum_{t=1}^{T}\frac{c}{(1+y)^t}+\frac{F}{(1+y)^T}$

续表

衡量指标	具体内容
即期利率	又称零利率，是零息票债券到期收益率的简称。在债券定价公式中，即期利率就是用来进行现金流贴现的贴现率。t 年期即期利率的计算公式：$P_t=\frac{M_t}{(1+S_t)^t}$。式中，$P_t$ 是 t 年期无息债券的当前市价，M_t 是到期价值，S_t 是 t 年期即期利率
持有期收益率	是指买入债券到卖出债券期间所获得的年平均收益率，它与到期收益率的区别仅仅在于末笔现金流是卖出价格而非债券到期偿还金额。公式为 $P=\sum_{t=1}^{T}\frac{C_t}{(1+y_h)^t}+\frac{P_T}{(1+y_h)^T}$。式中，$P$ 为债券买入时价格，P_T 为债券卖出时价格，y_h 为持有期收益率，C 为债券每期付息金额，T 为债券期限(期数)，t 为现金流到达时间
赎回收益率	以平均年收益率表示，用以衡量从购买日到债券被发行人购回日，个人从债券投资中得到的收益。YTC 一般指的是第一赎回收益率，即假设赎回发生在第一次可赎回的时间，从购买到赎回的内在收益率。首次赎回收益率是累计到首次赎回日止，利息支付额与指定的赎回价格加总的现金流量的现值等于债券赎回价格的利率。赎回收益率的计算公式为：$P=\sum_{t=1}^{n^*}\frac{C}{(1+Y)^t}+\frac{M^*}{(1+Y)^{n^*}}$。 式中，$C$ 为利息收入；Y 为赎回收益率；P 为发行价格；n^* 为直至第一个赎回日的时期数（年数）；M^* 为赎回价格

考点七　收益率曲线的概念及类型（表 9－11）

表 9－11　　收益率曲线的概念及类型

项　　目	内　　容
收益率曲线的概念	收益率曲线是分析利率走势和进行市场定价的基本工具，也是进行投资的重要依据。国债在市场上自由交易时，不同期限及其对应的不同收益率，形成了债券市场的“基准利率曲线”。市场因此而有了合理定价的基础，其他债券和各种金融资产均在这个曲线基础上，考虑风险溢价后确定适宜的价格
收益率曲线的类型	收益率曲线按照曲线形状可划分为：正向收益率曲线、反向收益率曲线、水平收益率曲线和拱形收益率曲线。四条曲线的形状如图 9－1所示。

续表

<table>
<tr><th>项　目</th><th>内　容</th></tr>
<tr><td>收益率曲线的类型</td><td>
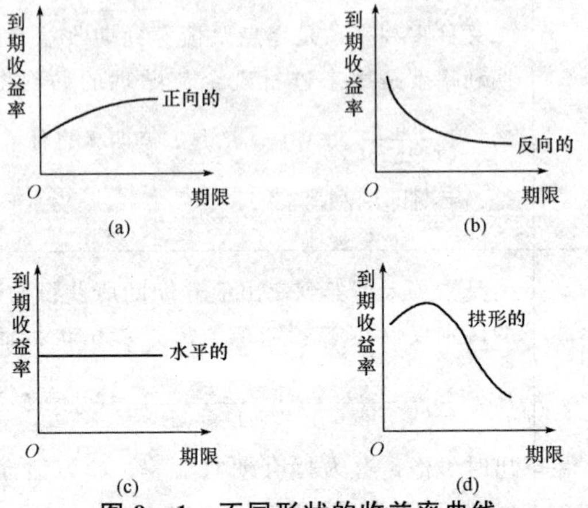

图 9—1　不同形状的收益率曲线

（a）显示的是一条向上倾斜的利率曲线，表示期限越长的债券利率越高，这种曲线形状被称为正向的利率曲线。（b）显示的是一条向下倾斜的利率曲线，表示期限越长的债券利率越低，这种曲线形状被称为相反的或反向的利率曲线。（c）显示的是一条平直的利率曲线，表示不同期限的债券利率相等，这通常是正利率曲线与反利率曲线转化过程中出现的暂时现象。（d）显示的是拱形收益率曲线表示期限相对较短的债券，利率与期限呈正向关系；期限相对较长的债券，利率与期限呈反向关系
</td></tr>
</table>

考点八　期限结构的影响因素及利率期限结构理论（表 9—12）

表 9—12　　期限结构的影响因素及利率期限结构理论

项　目		内　容
期限结构的影响因素		利率期限结构是指在某一时点上，不同期限资金的收益率与到期期限之间的关系。利率的期限结构反映了不同期限的资金供求关系，揭示了市场利率的总体水平和变化方向，为投资者从事债券投资和政府有关部门加强债券管理提供可参考的依据。 影响期限结构的因素主要有：对未来利率变动方向的预期；债券预期收益中可能存在的流动性溢价；市场利率低下或者资金在长期和短期市场之间流动可能存在的障碍
利率期限结构理论	市场预期理论	（1）又称为无偏预期理论，认为利率期限结构完全取决于对未来利率的市场预期。如果预期未来利率上升，则利率期限结构会呈上升趋势；如果预期未来利率下降，则利率期限结构会呈下降趋势。 （2）市场预期理论建立存以下三个假设条件之上：①投资者风险中性，仅仅考虑（到期）收益率而不考虑风险；②所有市场参与者都有相同的预期，金融市场是完全竞争的；③在投资者的资产组合中，不同期限的债券具有完

续表

项　目		内　容
利率期限结构理论	市场预期理论	全替代性。 （3）在市场预期理论中，某一时点的各种期限债券的收益率虽然不同，但是在特定时期内，市场上预计所有债券都取得相同的即期收益率，即长期债券是一组短期债券的理想替代物，长、短期债券取得相同的收益率，即市场是均衡的
	流动性偏好理论	（1）基本观点是相信投资者并不认为长期债券是短期债券的理想替代物。 （2）投资者在接受长期债券时会要求对他接受的与债券的较长的偿还期限相联系的风险给予补偿。 （3）远期利率不再只是对未来即期利率的无偏估计，还包含了流动性溢价，即远期利率和未来的预期即期利率之间的差额。 （4）利率期限结构上升的情况要多于利率期限结构下降的情况
	市场分割理论	该理论认为，在贷款或融资活动进行时，贷款者和借款者并不能自由地在利率预期的基础上将证券从一个偿还期部分替换成另一个偿还期部分。在市场存在分割的情况下，投资者和借款人由于偏好或者某种投资期限习惯的制约，他们的贷款或融资活动总是局限于一些特殊的偿还期部分。在最严格的限制形式下，即使现行的利率水平说明如果他们进行市场间的转移会获得比实际要高的预期利率，投资者和借款人也不会离开自己的市场而进入另一个市场。这样的结果使市场划分为短期资金市场、长期资金市场。在市场分割理论下，利率期限结构取决于短期资金市场供求状况与长期资金市场供求状况的比较，或者说取决于短期资金市场供需曲线交叉点的利率与长期资金市场供需曲线交叉点的利率的对比。如果短期资金市场供需曲线交叉点利率高于长期资金市场供需曲线交叉点利率，利率期限结构则呈现向下倾斜的趋势。如果短期资金供需曲线交叉点利率低于长期资金市场供需曲线交叉点利率，利率期限结构则呈现向上倾斜的趋势
期限结构的形成		从利率期限结构理论来看，期限结构的形成主要是由对未来利率变化方向的预期决定的，流动性溢价可起一定作用，但期限在1年以上的债券的流动性溢价大致是相同的，这使得期限1年或1年以上的债券虽然价格风险不同，但预期利率却大致相同

考点九　资产证券化产品的风险及定价方法（表9－13）

表9－13　　资产证券化产品的风险及定价方法

项　目		内　容
资产证券化产品的风险	欺诈风险	从美国证券市场及其他国家证券市场中的一些案例我们可以了解到，由于欺诈的发生而使投资者受损的例子屡见不鲜。陈述书、保证书、法律意见书、会计师的无保留意见书及其他类似文件被仍不足以控制欺诈风险的发生
	法律风险	虽然法律函件及意见书原本是为了消除外部的风险因素，但有时法律的不明确性及条款的变化本身往往成为整个交易过程中的风险因素，事实上法律风险是资产证券化过程中一直伴随且起关键作用的一种风险

续表

项目		内容
资产证券化产品的风险	金融管理风险	资产证券化是金融管理发展的高峰，它代表了履约、技术和结构技巧的完美的平衡。如果任一因素发生故障，整个交易可能面临风险。我们把这种风险称为金融管理风险，主要包括参与者不能按协议进行交易，设备不能按要求运作如电脑故障，以及交易机制出现故障等
	等级下降风险	从已有的证券化实例中人们已经证实，资产证券化特别容易受到等级下降的损害，因为资产证券化交易的基础包含许多复杂多样的因素，如果这些因素之一恶化，整个证券发行的等级就会陷入危险境地，从而对市场产生巨大的影响
资产证券化产品的定价方法		资产证券化产品定价分为绝对估值与相对估值两种，业内以相对估值为主。相对估值是指将证券化产品的收益率与基准收益率对比，并计算两者之间的利差。常用的利差有名义利差、零波动率利差和OAS。名义利差和零波动率利差虽然简单直接，但缺陷也是明显的，两者都没有考虑到证券化产品通常含有嵌入式期权。因此，OAS在证券化产品定价中更常用。由于多数证券化产品的现金流都依赖于利率变化，即是路径依赖的，因此使用蒙特卡洛模拟计算OAS

考点十　非公开定向债务融资工具（PPN）的风险及定价方法（表9—14）

表9—14　非公开定向债务融资工具（PPN）的风险及定价方法

项目	内容
非公开定向债务融资工具的风险	非公开定向发行是指具有法人资格的非金融企业，向银行间市场特定机构投资人发行债务融资工具，并在特定机构投资人范围内流通转让的行为。 在银行间债券市场以非公开定向发行方式发行的债务融资工具称为非公开定向债务融资工具。在风险方面，虽然是非公开发行债券，但PPN的违约风险相对而言较低。一方面，目前已发行债券的评级普遍较高；另一方面，目前我国PPN的主承销商主要是银行和中信、中金两家券商，承销商的资金实力和声誉形成进一步的偿债担保
非公开定向债务融资工具的定价方法	在市场定价方面，非公开定向工具的发行价格、发行利率、所涉费率遵循自律规则，按市场方式确定，与公开发行债务融资工具相比存在着一定的流动性溢价

考点十一　中小企业私募债和城投债（表9—15）

表9—15　中小企业私募债和城投债

项目	内容
中小企业私募债	中小企业私募债的风险主要包括信用风险、流动性风险、市场风险、道德风险等。信用风险指发债主体违约的风险，是中小企业私募债最大的风险。流动性风险是由于中小企业私募债交投不活跃导致的投资者被迫持有到期的风险。市场风险是未来市场价格（利率、汇率、股票价格、商品价格等）的不确定性带来的风险，它影响债券的实际收益率。道德风险是指参与主体在最大限度地增进自身效用的同时做出不利于他人的行动的风险

续表

项　　目	内　　容
城投债	城投债是指为地方经济和社会发展筹集资金，由地方政府投融资平台公司发行的债券，包括企业债、公司债、中期票据、短期融资券、非公开定向债务融资工具（PPN）等。 城投债的风险主要体现在，地方政府目前从事的融资项目多为基建设施，其盈利往往取决于未来地价的攀升情况。这种以未来土地资源收益做溢价的借债融资方式，往往蕴含巨大风险

考点十二　市政债和项目收益债券（表 9－16）

表 9－16　　市政债和项目收益债券

项　　目	内　　容
市政债概念	地方政府债券也被称为市政债券，是指地方政府根据信用原则、以承担还本付息责任为前提而筹集资金的债务凭证，是指有财政收入的地方政府及地方公共机构发行的债券。地方政府债券一般用于交通、通讯、住宅、教育、医院和污水处理系统等地方性公共设施的建设
市政债的风险	在中国经济转轨的特定历史背景下，允许地方政府发行市政收益债券会面临诸种风险，这不仅有相对于发行者和购买者而言的市场风险，还有相对于政府而言的公共风险和财政风险，以及由中国现在体制因素带来的信用风险。 （1）政府作为投资主体，监督和约束机制不健全。 （2）地方财政的非独立责任性。 （3）地方政府信用评级缺失。 （4）原有隐性债务的历史负担。 （5）地方政企不分的隐患
市政债的定价方法	基于我国债券市场的现状，在实践操作中，需要从以下几方面形成和完善市政债券的定价制度： （1）以国债收益率作为市政债券定价的基准利率； （2）对地方政府进行信用评级，确定市政债券市场风险利率； （3）推广更为市场化的簿记路演询价定价方式
项目收益债券	项目收益债券，是由项目实施主体或其实际控制人发行的，与特定项目相联系的，债券募集资金用于特定项目的投资与建设，债券的本息偿还资金完全或主要来源于项目建成后运营收益的企业债券。 与一般企业债相比，项目收益债券信用分析应主要关注：项目运营收入的测算，账户资金到账和划转的设置，差额补偿人的信用资质、偿债能力、偿债意愿等

【真题回顾】

一、单项选择题（以下备选项中只有一项符合题目要求）

1. 在其他债券要素不变的情况下，如果一种债券的价格下降，其到期收益率必然（　　）。

A. 不变　　B. 下降　　C. 上升　　D. 不确定

【答案】C

【解析】本题考核的是到期收益率。到期收益率是使债券未来支付的现金流的现值与债券当前价格相等的折现率，体现了自购买日至到期日的平均回报率。其他要素不变的情况下，债券价格下降，到期收益率上升。

2. 当收益率曲线水平时，长期利率（　　）短期利率。

A. 大于　　B. 小于

C. 等于　　D. 大于或等于

【答案】C

【解析】本题考核的是收益率曲线。水平收益率曲线显示的是一条平直的利率曲线，表示不同期限的债券利率相等，这通常是正利率曲线与反利率曲线转化过程中出现的暂时现象。

3. 从市场预期理论、流动性偏好理论和市场分割理论等理论来看，期限结构的形成主要是由（　　）决定的。

A. 资本流向市场的形式　　B. 对未来利率变化方向的预期

C. 市场的不完善　　D. 流动性溢价

【答案】B

【解析】本题考核的是利率期限结构理论。从市场预期理论、流动性偏好理论和市场分割理论来看，期限结构的形成主要是由对未来利率变化方向的预期决定的，流动性溢价可起一定作用，但期限在1年以上的债券的流动性溢价大致是相同的，这使得期限1年或1年以上的债券虽然价格风险不同，但预期利率却大致相同。然而，市场的不完善和资本流向市场的形式也可能起到一定作用，使得期限结构的形状暂时偏离按未来利率变化方向进行估计所形成的形状。

4. 2010年3月5日，某年息6%、面值100元、每半年付息1次的一年期债券，上次付息为2009年12月31日。若市场净价报价为96元，（按ACT/180计算）则实际支付价格为（　　）。

A. 98.07元　　B. 97.05元　　C. 97.07元　　D. 98.05元

【答案】B

【解析】本题考核的是短期债券实际支付价格计算。未计息的累计天数（算头不算尾）为：31天（1月）＋28天（2月）＋4天（3月）＝63（天），累计利息为：100×6%÷2×63/180＝1.05（元），所以，实际支付价格＝市场净价报价＋累计利息＝96＋1.05＝97.05（元）。

二、组合型选择题（以下备选项中只有一项最符合题目要求）

1. 下列各项中，属于发行条款中影响债券现金流确定的因素有（　　）。

Ⅰ. 基础利率　　Ⅱ. 计付息间隔

Ⅲ. 票面利率　　Ⅳ. 市场利率

A. Ⅰ、Ⅱ　　B. Ⅲ、Ⅳ

C. Ⅱ、Ⅲ　　D. Ⅱ、Ⅲ、Ⅳ

【答案】 C

【解析】 本题考核的是影响债券现金流确定的因素。影响债券现金流确定的因素有：①债券的面值和票面利率；②计付息间隔；③债券的嵌入式期权条款；④债券的税收待遇；⑤其他因素。

2. 对投资者而言，债券的收益率有多种形式，较为常见的有（　　）。

Ⅰ. 远期收益率　　Ⅱ. 到期收益率

Ⅲ. 持有期收益率　　Ⅳ. 赎回收益率

A. Ⅱ、Ⅲ、Ⅳ　　B. Ⅰ、Ⅱ、Ⅲ、Ⅳ

C. Ⅰ、Ⅳ　　D. Ⅰ、Ⅱ、Ⅲ

【答案】 A

【解析】 本题考核的是债券收益率的衡量指标。债券收益率是影响债券价格的重要因素，通常可以用以下几个指标衡量：①当期收益率；②到期收益率；③即期利率；④持有期收益率；⑤赎回收益率。

3. 我国目前对于贴现发行的零息债券计算包括（　　）。

Ⅰ. 交易所停牌可顺延　　Ⅱ. 按实际天数计算

Ⅲ. 计算天数算头不算尾　　Ⅳ. 闰年2月29日计息

A. Ⅱ、Ⅳ　　B. Ⅰ、Ⅱ

C. Ⅰ、Ⅲ　　D. Ⅱ、Ⅲ、Ⅳ

【答案】 D

【解析】 本题考核的是零息债券。我国目前对于贴现发行的零息债券按照实际天数计算累计利息，闰年2月29日也计利息，公式为：应计利息额＝$\frac{到期总付额-发行价格}{起息日至到期日的天数}\times$起息日至结算日的天数。计息天数算头不算尾。

【典型习题】

一、单项选择题（以下备选项中只有一项符合题目要求）

1.（　　）收益率曲线体现了收益率与期限的关系随着期限的长短由正向变为反向。

A. 拱形的　　B. 正常的　　C. 反向的　　D. 双曲线

2. 拱形利率曲线，表示期限相对较短的债券，利率与期限(　　)。

A. 相关度低　　B. 呈反向关系

C. 不相关　　D. 呈正向关系

3. 某无息债券的面值为1000元，期限为2年，发行价为880元，到期按面值偿还。该债券的到期收益率为(　　)。

A. 6%　　B. 6.6%　　C. 12%　　D. 13.2%

4. 投资者在确定债券价格时，需要知道该债券的预期未来货币现金流和要求的最低收益率，该收益率又被称为(　　)。

A. 当期收益率　　B. 必要收益率

C. 内部收益率　　D. 到期收益率

二、组合型选择题（以下备选项中只有一项最符合题目要求）

1. 根据债券券面形态，可以分为(　　)。

Ⅰ. 实物债券　　Ⅱ. 记账式债券

Ⅲ. 贴现债券　　Ⅳ. 凭证式债券

A. Ⅰ、Ⅲ、Ⅳ　　B. Ⅱ、Ⅲ　　C. Ⅰ、Ⅱ、Ⅳ　　D. Ⅰ、Ⅱ

2. 关于贴现债券，下列说法正确的是(　　)。

Ⅰ. 在票面上不规定利率　　Ⅱ. 属于折价方式发行的债券

Ⅲ. 在发行时将利息预先扣除　　Ⅳ. 在债券发行后才按期支付利息

A. Ⅱ、Ⅲ　　B. Ⅰ、Ⅳ

C. Ⅰ、Ⅱ　　D. Ⅰ、Ⅱ、Ⅲ

3. 债券的利率期限结构主要包括(　　)收益率曲线。

Ⅰ. 反向　　Ⅱ. 水平

Ⅲ. 正向　　Ⅳ. 拱形

A. Ⅰ、Ⅱ、Ⅲ　　B. Ⅱ、Ⅲ、Ⅳ

C. Ⅰ、Ⅲ、Ⅳ　　D. Ⅰ、Ⅱ、Ⅲ、Ⅳ

4. 影响期限结构的因素主要有(　　)。

Ⅰ. 对未来利率变动方向的预期

Ⅱ. 债券预期收益中可能存在的流动性溢价

Ⅲ. 市场利率低下

Ⅳ. 资金在长期和短期市场之间流动可能存在的障碍

A. Ⅰ、Ⅳ　　B. Ⅰ、Ⅱ、Ⅲ

C. Ⅱ、Ⅲ　　D. Ⅰ、Ⅱ、Ⅲ、Ⅳ

【参考答案】

一、单项选择题

1. A　2. D　3. B　4. B

二、组合型选择题

1. C　2. D　3. D　4. D

第三节　债券评级

【考点归纳】

- 掌握信用利差的概念、影响因素及其计算。
- 熟悉信用利差和信用评级的关系。
- 了解债券评级的概念和主要等级标准。
- 了解主要的债券评级机构。
- 了解常见的影响债券评级的因素及其与评级的关系。
- 熟悉常见的影响债券评级的财务指标及计算。
- 了解我国信用体系的特点

【考点解读】

考点一　信用利差的概念、影响因素及其计算（表9—17）

表9—17　信用利差的概念、影响因素及其计算

项目		内容
信用利差的概念		信用利差也称为质量利差，是指除了信用等级不同，其他所有方面都相同的两种债券收益率之间的差额，它代表了仅仅用于补偿信用风险而增加的收益率
信用利差的影响因素	宏观经济形势	根据经济运行各方面的内在联系，通过能够取得的经济指标，对宏观经济形势作出判断。与此相适应，宏观经济形势分析主要采用定性与定量相结合的方法
	市场流动性	债券的供给数量与信用利差成正向相关关系，债券的供给数量越大，信用利差越高，反之，债券供给越小，信用利差越低；而资金面与信用利差成反向相关关系，即银行可利用资金越高，信用利差越小，反之，银行可利用资金越低，信用利差则越大
	股市波动性	信用利差与股市的波动幅度成负向相关关系，股市波动幅度越大，信用利差越小；股市波动幅度越小，信用利差则越大
信用利差的计算		信用利差＝贷款或证券收益－相应的无风险证券的收益

考点二　信用利差和信用评级的关系

信用评级是由独立、公正的中介机构所出具的反映债券信用风险程度的评级

结论。一般情况下，信用等级越高，债券违约风险越低，信用利差也越小。目前，我国短期融资券和中期票据的发行利率主要由债项及主体的信用评级和交易商协会发行利率下限规定决定。至于企业债和公司债发行利率以银行间机构询价确定，但是银行间机构对利率的估值主要基于债券和发行人的信用级别。因此，信用评级差异是划分债券利差区间的主要因素。

与宏观经济相关的信用风险影响因素债券的发行主体是存在于整个宏观大环境中的，宏观因素会影响债券的违约率，同时也会影响债券的投资价值，从而影响企业债券的利差。

考点三　债券评级的概念和主要等级标准（表 9—18）

表 9—18　　债券评级的概念和主要等级标准

<table>
<tr><th colspan="2">项　目</th><th>内　容</th></tr>
<tr><td colspan="2">债券评级的概念</td><td>债券信用评级是以企业或经济主体发行的有价债券为对象进行的信用评级。债券信用评级大多是企业债券信用评级，是对具有独立法人资格企业所发行某一特定债券，按期还本付息的可靠程度进行评估，并标示其信用程度的等级。这种信用评级，是为投资者购买债券和证券市场债券的流通转让活动提供信息服务。国家财政发行的国库券和国家银行发行的金融债券，由于有政府的保证，因此不参加债券信用评级。地方政府或非国家银行金融机构发行的某些有价证券，则有必要进行评级</td></tr>
<tr><td rowspan="3">债券评级的主要等级标准</td><td>债券信用评级A级债券</td><td>债券信用评级A级债券是最高级别的债券，其特点是：
（1）本金和收益的安全性最大；
（2）它们受经济形势影响的程度较小；
（3）它们的收益水平较低，筹资成本也低。
对于A级债券来说，利率的变化比经济状况的变化更为重要。因此，一般人们把A级债券称为信誉良好的“金边债券”，对特别注重利息收入的投资者或保值者是较好的选择</td></tr>
<tr><td>债券信用评级B级债券</td><td>债券信用评级B级债券对那些熟练的证券投资者来说特别有吸引力，因为这些投资者不情愿只购买收益较低的A级债券，而甘愿冒一定风险购买收益较高的B级债券。
B级债券的特点是：
（1）债券的安全性、稳定性以及利息收益会受到经济中不稳定因素的影响；
（2）经济形势的变化对这类债券的价值影响很大；
（3）投资者冒一定风险，但收益水平较高，筹资成本与费用也较高。
因此，对B级债券的投资，投资者必须具有选择与管理证券的良好能力。对愿意承担一定风险，又想取得较高收益的投资者，投资B级债券是较好的选择</td></tr>
<tr><td>折叠债券信用评级C级和D级</td><td>折叠债券信用评级C级和D级是投机性或赌博性的债券。从正常投资角度来看，没有多大的经济意义但对于敢于承担风险，试图从差价变动中取得巨大收益的投资者，C级和D级债券也是一种可供选择的投资对象</td></tr>
</table>

考点四 主要的债券评价机构

债券评级机构就是对债券进行评级的专门机构，各国叫的名称不同，美国叫做“全国认定的统计评级机构”，承担债券的评级和有关的统计工作，定期公布评级结果和统计数字。在西方国家，债券评级机构一般都是私营企业，其经营不受政府的干预，但要得到政府认可的债券评级资格。

目前国际上公认的最威性信用评级机构主要有美国标准普尔公司、美国穆迪投资服务公司、加拿大债券级别服务公司、日本公司债券研究所和上海远东资信评估公司等。其中，美国标准普尔公司和穆迪投资服务公司负责评级的债券很广泛，包括地方政府债券、公司债券、外国债券等。标准普尔公司信用等级标准从高到低可划分为：AAA 级、AA 级、A 级、BBB 级、BB 级、B 级、CCC 级、CC 级、C 级和 D 级。穆迪投资服务公司信用等级标准从高到低可划分为：Aaa 级、Aa 级、A 级、Baa 级、Ba 级、B 级、Caa 级、Ca 级和 C 级。两家机构信用等级划分大同小异。前四个级别的债券信誉高、违约风险小，是投资级债券；第五级以后的债券信誉低，是投机级债券。

考点五 影响债券评级的因素及其与评级的关系（表 9—19）

表 9—19 影响债券评级的因素及其与评级的关系

影响因素	与评级的关系
公司发展前景	包括分析判断债券发行公司所处行业的状况，如是“朝阳产业”，还是“夕阳产业”，分析评价公司的发展前景、竞争能力、资源供应的可靠性等。一般而言，公司发展前景越好，信用评级越高，反之则越低
公司的财务状况	公司的财务状况包括分析评价公司的债务状况、偿债能力、盈利能力、周转能力和财务弹性，及其持续的稳定性和发展变化趋势。公司的财务状况越好，其债券的信用评级也越高，反之则越低
公司债券的约定条件	公司债券的约定条件包括分析评价公司发行债券有无担保及其他限制条件、债券期限、还本付息方式

考点六 影响债券评级的财务指标及计算（表 9—20）

表 9—20 影响债券评级的财务指标及计算

债务评级中财务分析项目	指　标	计　算
收益性	销售额盈利率	销售额盈利率是以折旧付利之前的盈利占销售额的百分比来表示的，即销售额盈利率＝折旧付利之前的盈利/销售额×100%，它显示了支付资本费用（折旧、利息）及税金之前的盈利能力
	长期资本付利前盈利率	长期资本付利前盈利率＝付利完税前的盈利额/长期资本×100%＝付利完税前的盈利额/（长期债务＋优先股东持有份额＋权益账户）×100%

续表

债务评级中财务分析项目	指标	计算
收益性	利息支付能力	利息支付能力＝付利前盈利额/利息支付额，它是测定企业可以在何种程度上以盈利保证支付利息的直接指标
财务构成（资本结构）	资本化比率	资本化比率＝长期债务/（长期债务＋优先股东份额＋权益账户）×100％
	有息负债比率	有息负债比率＝（短期债务＋长期债务）/（短期债务＋长期债务＋优先股股东份额＋权益账户）×100％
	负债比率	负债比率＝总负债/（权益账户－无形资产）×100％，这一比率越高，意味着在资金紧张时期越缺乏财务弹性
财务弹性	资金流量比率	资金流量比率＝折旧前盈利/长期债务余额×100％，它是反映企业营业活动每年创造的内部资金占长期债务比例的指标。资金流量比率的倒数可以反映以内部资金偿还全部长期债务所需的偿还年数
	流动比率	流动比率＝流动资产/流动负债×100％。这一比率越高，表明流动资产扣除流动负债后产生剩余资金的程度越高
	周转资本比率	周转资本比率＝（流动资产－流动负债）/长期债务余额×100％。对于长期债券持有者来说，这一比率越高，安全感就越大
	销售债务周转率	销售债务周转率＝销售额/债权×100％。这一比率越低，维持销售额所需的资金越多
清算价值		清算价值是指公司撤销或解散时，资产经过清算后，每一股份所代表的实际价值。在理论上，清算价值等于清算时的账面价值，但由于公司的大多数资产只以低价售出，再扣除清算费用后，清算价值往往小于账面价值。 清算价值＝纯资产/长期债务余额×100％，假定纯有形资产能够以账面价格卖掉，则清算价值表示长期债权人能在何种程度上从资产销售上收回债权

考点七　我国信用体系的特点（表 9－21）

表 9－21　我国信用体系的特点

特点	具体内容
有偿性	财政分配，无论是财政收入，还是财政支出一般而言是无偿的，而以国家信用形式筹集或运用的资金不但有偿，还要付息

续表

特 点	具体内容
临时性和暂借性	国家以信用形式筹集的资金，有别于税收等其他财政收入，以信用形式筹集的资金不是经常性财政收入，而是临时、暂借性收入，到期需还本付息
周转性	一般财政支出是一次性无偿支付，无需周转，也无需还本付息。而国家信用资金是以信用形式分配的，因此，信用资金的贷出必须按期收回，周转使用，并保证信用资金本身的完整和增殖
选择性和灵活性	正常的财政支出是以国家统一制定的标准、制度和预算规定为依据，而国家信用资金的投放，在不违背国家政策的前提下，为保证国家信用资金能按期收回，周转使用，并保证资金的完整和增值，所以在贷款的使用方面、选择贷款对象和项目等方面，较之其他财政支出有一定选择性和灵活性
来源多样性	国家信用的资金来源既包括社会暂时闲置资金，也包括财政预算资金
政策性	国家信用以推行、贯彻国家政策为己任，不以盈利为唯一目标。国家信用担保既不是财产，也不是收益，而是政府的信誉

【真题回顾】

单项选择题（以下备选项中只有一项符合题目要求）

实践中，通常采用（　　）来确定不同债券的违约风险大小。

A. 收益率差　　B. 风险溢价　　C. 信用评级　　D. 信用利差

【答案】 C

【解析】 本题考核的是不同债券的违约风险。实践中，通常采用信用评级来确定不同债券的违约风险大小，不同信用等级债券之间的收益率差则反映了不同违约风险的风险溢价，因此也称为信用利差。

【典型习题】

一、单项选择题（以下备选项中只有一项符合题目要求）

1. 信用利差的影响因素不包括（　　）。

A. 宏观经济形势　　B. 市场流动性

C. 股市波动性　　D. 股价差距性

2. 关于债券信用评级 A 级债券的特点的描述，不正确的是（　　）。

A. 本金和收益的安全性最大

B. 它们受经济形势影响的程度较小

C. 它们的收益水平较低，筹资成本也低

D. 债券的安全性、稳定性以及利息收益会受到经济中不稳定因素的影响

二、组合型选择题（以下备选项中只有一项最符合题目要求）

1. 下列属于B级债券的特点是（　　）。

Ⅰ. 债券的安全性、稳定性以及利息收益会受到经济中不稳定因素的影响

Ⅱ. 经济形势的变化对这类债券的价值影响很大

Ⅲ. 投资者冒一定风险，但收益水平较高，筹资成本与费用也较高

Ⅳ. 它们的收益水平较低，筹资成本也低

A. Ⅰ、Ⅳ　　B. Ⅰ、Ⅱ、Ⅲ

C. Ⅱ、Ⅲ　　D. Ⅰ、Ⅱ、Ⅲ、Ⅳ

2. 在债券评级的财务指标中，最常用的收益性指标有（　　）。

Ⅰ. 销售额盈利率　　Ⅱ. 长期资本付利前盈利率

Ⅲ. 利息支付能力　　Ⅳ. 资本化比率

A. Ⅰ、Ⅳ　　B. Ⅰ、Ⅱ、Ⅲ

C. Ⅱ、Ⅲ　　D. Ⅰ、Ⅱ、Ⅲ、Ⅳ

3. 我国信用体系的特点包括（　　）。

Ⅰ. 有偿性　　Ⅱ. 周转性

Ⅲ. 来源多样性　　Ⅳ. 政策性

A. Ⅰ、Ⅳ　　B. Ⅰ、Ⅱ、Ⅲ

C. Ⅱ、Ⅲ　　D. Ⅰ、Ⅱ、Ⅲ、Ⅳ

【参考答案】

一、单项选择题

1. D　　2. D

二、组合型选择题

1. B　　2. B　　3. D

第十章　衍生产品

第一节　基本理论

【考点归纳】

> ➢ 掌握衍生产品的种类和特征。
> ➢ 掌握股指期货合约乘数、保证金、交割结算价、基差、净基差等。
> ➢ 掌握期权内在价值、时间价值、行权价、历史波动率、隐含波动率等。
> ➢ 熟悉场外衍生品主要交易品种

【考点解读】

考点一　衍生产品的种类（表10－1）

表10－1　衍生产品的种类

分类标准	类　别	具体内容
产品形态	独立衍生工具	指本身即为独立存在的金融合约，例如期权合约、期货合约或者互换交易合约
	嵌入式衍生工具	指嵌入非衍生合约（简称“主合约”）中的衍生金融工具，该衍生工具使主合约的部分或全部现金流量将按照特定利率、金融工具价格、汇率、价格类或利率指数、信用等级或信用指数，或类似变量的变动而发生调整，例如公司债券条款中包含的赎回条款、返售条款、转股条款、重设条款等
交易场所	交易所交易的衍生工具	指在有组织的交易所上市交易的衍生工具，例如在股票交易所交易的股票期权产品，在期货交易所和专门的期权交易所交易的各类期货合约、期权合约等
	场外交易市场（OTC交易的衍生工具）	指通过各种通信方式，不通过集中的交易所，实行分散的、一对一交易的衍生工具，例如金融机构之间、金融机构与大规模交易者之间进行的各类互换交易和信用衍生品交易

续表

分类标准	类　别	具体内容
基础工具种类	股权类产品的衍生工具	指以股票或股票指数为基础工具的金融衍生工具，主要包括股票期货、股票期权、股票指数期货、股票指数期权以及上述合约的混合交易合约
	货币衍生工具	指以各种货币作为基础工具的金融衍生工具，主要包括远期外汇合约、货币期货合约、货币期权合约、货币互换合约以及上述合约的混合交易合约
	利率衍生工具	指以利率或利率的载体为基础工具的金融衍生工具，主要包括远期利率合约、利率期货合约、利率期权合约利率互换合约以及上述合约的混合交易合约
	信用衍生工具	指以基础产品所蕴含的信用风险或违约风险为基础变量的金融衍生工具，用于转移或防范信用风险，是 20 世纪 90 年代以来发展最为迅速的一类衍生产品，主要包括信用互换、信用联结票据等
	商品衍生工具	指以商品为基础工具的金融衍生工具，主要包括各种大宗交易的期货合约
	其他衍生工具	除以上五类金融衍生工具之外，还有相当数量金融衍生工具是在非金融变量的基础上开发的，例如用于管理气温变化风险的天气期货、管理政治风险的政治期货、管理巨灾风险的巨灾衍生产品等
金融衍生工具自身交易的方法及特点	金融远期合约	是指交易双方在场外市场上通过协商，按约定价格（称为远期价格）在约定的未来日期（交割日）买卖某种标的金融资产（或金融变量）的合约。金融远期合约规定了将来交割的资产、交割的日期、交割的价格和数量，合约条款根据双方需求协商确定。金融远期合约主要包括远期利率协议、远期外汇合约和远期股票合约
	金融期货	是指交易双方在集中的交易场所以公开竞价方式进行的标准化金融期货合约的交易。金融期货是以金融工具（或金融变量）为基础工具的期货交易。主要包括货币期货、利率期货、股票指数期货和股票期货四种
	金融期权	是指合约买方向卖方支付一定费用（称为“期权费”或“期权价格”）在约定日期内（或约定日期）享有按事先确定的价格向合约卖方买卖某种金融工具的权利的契约，包括现货期权和期货期权两大类。除交易所交易的标准化期权、权证之外，还存在大量场外交易的期权，这些新型期权通常被称为奇异型期权

续表

分类标准	类　别	具体内容
金融衍生工具自身交易的方法及特点	金融互换	是指两个或两个以上的当事人按共同商定的条件，在约定的时间内定期交换现金流的金融交易。可分为货币互换、利率互换股权互换信用违约互换等类别
	结构化金融衍生工具	前述四种常见的金融衍生工具通常也被称作“建构模块工具”，它们是最简单和最基础的金融衍生工具，而利用其结构化特性，通过相互结合或者与基础金融工具相结合，能够开发设计出更多具有复杂特性的金融衍生产品，后者通常被称为“结构化金融衍生工具”，或简称为“结构化产品”

考点二　衍生产品的特征（表 10—2）

表 10—2　　**衍生产品的特征**

特　征	具体内容
跨期性	金融衍生工具是交易双方通过对利率、汇率、股价等因素变动趋势的预测，约定在未来某一时间按照一定条件进行交易或者选择是否交易的合约。无论是哪一种金融衍生工具，都会影响交易者在未来一段时间内或未来某时点上的现金流，跨期交易的特点十分突出
杠杆性	杠杆性是金融衍生交易的最显著的特征之一，即交易者能以较少的资金成本控制较多的投资，从而提高投资的收益，达到“以小博大”的目的。金融衍生工具交易一般只需要支付少量的保证金或权利金就可签订远期大额合约或互换不同的金融工具
联动性	金融衍生工具的价值与基础产品或基础变量紧密联系、规则变动。通常，金融衍生工具与基础变量相联系的支付特征由衍生工具合约规定，其联动关系既可以是简单的线性关系，也可以表达为非线性函数或者分段函数
不确定性或高风险性	金融衍生工具的交易后果取决于交易者对基础工具（变量）未来价格（数值）的预测和判断的准确程度。基础金融工具价格不确定性仅仅是金融行工具风险性的一个方面，国际证监会组织在 1994 年 7 月公布的一份报告中，认为金融行生品还伴随着以下几种风险： （1）信用风险是指交易中对方违约，没有履行承诺造成损失的可能性。 （2）市场风险是指任何金融工具都可能出现因指数价格的不利变动而带来资产损失的可能性 （3）流动性风险是指因市场缺乏交易对手而导致投资者不能平仓或变现所带来的可能性。 （4）结算风险是指因交易对手无法按时付款或交制可能带来的可能性。 （5）运作风险是指因交易成管理人员的人为错误或系统故障、控制失灵而造成的可能性。 （6）法律风险是指因合约不符合所在国法律，无法履行或合约条款遗漏及模糊导致的可能性

考点三　股指期货的内容（表 10—3）

表 10—3　　股指期货的内容

项　目	内　容
合约乘数	在股指期货交易中，合约的价值是以一定的货币金额与标的指数的乘积来表示。这一定的货币金额是由合约所固定的，称为合约乘数。股票指数点越大，或合约乘数越大，股指期货合约价值也越大
保证金	合约交易保证金是指投资者进行期货交易时缴纳的用来保证履约的资金，一般占交易合约价值的一定比例
交割结算价	交割结算价是指在进行交割时用于商品交收时所依据的基准价格。不同的交易所，以及不同的实物交割方式，交割结算价的选取也不尽相同。集中交割最后交易日交割结算价一般采用该期货合约自交割月第一个交易日起至最后交易日所有成交价格的加权平均价
基差	基差是指某一特定商品在某一特定时间和地点的现货价格与该商品在期货市场的期货价格之差，即：基差＝现货价格－期货价格。参照物不同，基差结果不同
净基差	净基差体现的是基差交易所隐含的期权的价值，一般情况下为正。但净基差的大小并不能从市场上直接获得，需要用基差扣减持有收益后得到，因此，净基差是一个计算出来的结果。计算公式为： 净基差＝基差－持有收益 ＝（现货－期货×转换因子）－（应计利息－融资成本）

考点四　期权（表 10—4）

表 10—4　　期　权

项　目	内　容
内在价值	金融期权的内在价值也称履约价值，是期权合约本身所具有的价值，也就是期权的买方如果立即执行该期权所能获得的收益。一种期权有无内在价值以及内在价值的大小取决于该期权的协定价格与其标的物市场价格之间的关系。根据协定价格与标的物市场价格的关系，可将期权分为实值期权、虚值期权和平价期权三种类型。 对看涨期权而言，若市场价格高于协定价格，期权的买方执行期权将有利可图，此时为实值期权；市场价格低于协定价格，期权的买方将放弃执行期权，为虚值期权。对看跌期权而言，市场价格低于协定价格为实值期权；市场价格高于协定价格为虚值期权。若市场价格等于协定价格，则看涨期权和看跌期权均为平价期权。 从理论上说，实值期权的内在价值为正，虚值期权的内在价值为负，平价期权的内在价值为零。 如果以 EV_t 表示期权在 t 时点的内在价值，x 表示期权合约的协定价格，S_t 表示该期权标的物在 t 时点的市场价格，m 表示期权合约的交易单位，则每一看涨期权在 t 时点的内在价值可表示为：$EV_t=\begin{cases}(S_t-x)\cdot m & S_t>x\\0 & S_T\leqslant x\end{cases}$ 每一看跌期权的内在价值可表示为：$EV_t=\begin{cases}0 & S_t\geqslant x\\(x-S_t)\cdot m & S_t<x\end{cases}$

续表

项　目	内　容
时间价值	金融期权时间价值也称外在价值，是指期权的买方购买期权而实际支付的价格超过该期权内在价值的那部分价值。与剩余期限和内在价值有关。一般来讲，剩余期限越长，时间价值越大；但当期权临近到期日时，在其他条件不变的情况下，时间价值下降速度加快，并逐渐趋于零。在现实的期权交易中，各种期权通常是以高于内在价值的价格买卖的，即使是平价期权或虚值期权，也会以大于零的价格成交。 期权的时间价值不易直接计算，一般以期权的实际价格减去内在价值求得
行权价	行权价格是指发行人发行权证时所约定的，权证持有人向发行人购买或出售标的证券的价格。 行权价格和权证价格紧密相关，行权价格依附于权证而存在。对认沽权证来说，行权价格高于行权期证券价格时，权证有内在价值；对认购权证来说，行权价格低于证券价格时，权证有内在价值
标的资产价格的波动率	波动率是标的资产投资回报率的变化程度的度量。从统计角度看，它是以复利计的标的资产投资回报率的标准差。简单地说，标的资产价格的波动率是用来衡量标的资产未来价格变动不确定性的指标。由于期权多头的最大亏损额仅限于期权价格，而最大盈利额则取决于执行期权时标的资产市场价格与执行价格的差额，因此波动率越大，对期权多头越有利，期权价格也应越高。 历史波动率是以合约标的资产的历史价格数据为基础计算的收益率年度化的标准差，是对历史价格波动情况的反映。然而，由于股价波动难以预测，利用历史波动率进行预测一般都不能保证准确。 隐含波动率是指市场上交易的期权价格蕴含的波动率。它是将期权市场上某一期权合约的期权费及其他几个参数输入期权定价模型之后，反过来计算而来的，反映的是市场对价格波动率的看法

考点五　场外衍生品主要交易品种（表 10－5）

表 10－5　　场外衍生品主要交易品种

项　目	具体内容
概述	场外交易，又称柜台交易，指交易双方直接成为交易对手的交易方式。这种交易方式有许多形态，可以根据每个使用者的不同需求设计出不同内容的产品。同时，为了满足客户的具体要求、出售衍生产品的金融机构需要有高超的金融技术和风险管理能力。场外交易不断产生金融创新。但是，由于每个交易的清算是由交易双方相互负责进行的，交易参与者仅限于信用程度高的客户。互换交易和远期交易是具有代表性的柜台交易的衍生产品
远期交易	远期合约是指交易双方约定在未来的某一确定的时间，按约定的价格买入或卖出一定数量的某种合约标的资产的合约。合约标的资产通常为大宗商品和农产品，以及外汇和利率等金融工具。金融远期合约主要包括远期利率合约、远期外汇合约和远期股票合约。

项　目	具体内容
远期交易	远期价格是用交易时的即期价格加上持有成本，是远期市场为当前交易的一个远期合约而提供的交割价格，它使得远期合约的当前价值为零。确定远期价格的假设：没有交易成本；标的资产是任意可分的；标的资产的储存是没有成本的；标的资产是可以卖空的。若标的资产当前的现货价格（时间 $t=0$）为 s，理论上的远期价格（到期日为 T）是：$F=Se^{rT}$。式中，r 为无风险利率
互换交易	互换合约是指交易双方约定在未来某一时期相互交换某种合约标的资产的合约。更为准确地说，互换合约是指交易双方之间约定的在未来某一期间内交换他们认为具有相等经济价值的现金流的合约。常见的两种合约是利率互换合约、货币互换合约、股权互换、信用违约互换等互换合约。 （1）利率互换：是指互换合约双方同意在约定期限内按不同的利息计算方式分期向对方支付由币种相同的名义本金额所确定的利息。由于双方使用相同的货币，利率互换采用净额支付的方式，即互换双方不交换本金，只按期由一方向另一方支付本金所产生的利息净额。利率互换有两种形式：息票互换（说的是固定利率对浮动利率的互换）、基础互换（说的是双方以不同参照利率互换利息支付，如同美国优惠利率对 LIBOR）。 （2）货币互换：是指互换合约双方同意在约定期限内按相同或不同的利息计算方式分期向对方支付由不同币种的等值本金确定的利息，并在期初和期末交换本金。与之利率互换相比，货币互换中双方要以不同货币支付利息及本金，因此在每一个阶段双方都要以不同货币支付现金利息给对方，而不是只有一方支付现金给另一方。货币互换可分为三种形式：固定对固定（是指将一种货币的本金和固定利息与另一种货币的等价本金和固定利息进行交换）、固定对浮动（是指将一种货币的本金和固定利息与另一种货币的等价本金和浮动利息进行交换）、浮动对浮动（是指将一种货币的本金和浮动利息与另一种货币的等价本金和浮动利息进行交换）

【真题回顾】

一、单项选择题（以下备选项中只有一项符合题目要求）

1. 金融期权时间价值也称外在价值，是指（　　）的那部分价值。

A. 期权市场价格超过该期权内在价值

B. 期权市场价格低于该期权标的资产市场价格

C. 期权内在价值超过该期权协定价格

D. 期权内在价值超过该期权时间价值

【答案】 A

【解析】 本题考核的是期权的时间价值。期权的时间价值，又称外在价值，是指期权合约的购买者为购买期权而支付的权利金超过期权内在价值的那部分价值。

2. 以基础产品所蕴含的使用风险或违约风险为基础变量的金融衍生工具属

于(　　)。

A. 货币衍生工具　　B. 利率衍生工具

C. 信用衍生工具　　D. 股权类产品的衍生工具

【答案】C

【解析】本题考核的是金融衍生工具。以基础产品所蕴含的使用风险或违约风险为基础变量的金融衍生工具属于信用衍生工具。

二、组合型选择题（以下备选项中只有一项最符合题目要求）

金融衍生工具的基本特征包括(　　)。

Ⅰ. 杠杆性　　Ⅱ. 跨期性

Ⅲ. 不确定性或高风险性　　Ⅳ. 联动性

A. Ⅰ、Ⅱ、Ⅲ　　B. Ⅰ、Ⅲ、Ⅳ

C. Ⅲ、Ⅳ　　D. Ⅰ、Ⅱ、Ⅲ、Ⅳ

【答案】D

【解析】本题考核的是金融衍生工具具有的特性。金融衍生工具具有的特性：跨期性、杠杆性、联动性、不确定性或高风险性。

【典型习题】

一、单项选择题（以下备选项中只有一项符合题目要求）

1. 两个或两个以上的当事人按共同商定的条件在约定的时间内定期交换现金流的金融交易，称之为(　　)。

A. 金融期权　　B. 金融互换

C. 金融期货　　D. 结构化金融衍生工具

2. 金融衍生工具是价格取决于(　　)价格变动的派生金融产品。

A. 外汇市场　　B. 股票市场

C. 基础金融产品　　D. 债券市场

二、组合型选择题（以下备选项中只有一项最符合题目要求）

1. 按基础工具的种类，金融衍生工具可以分为(　　)。

Ⅰ. 信用衍生工具　　Ⅱ. 股权类产品的衍生工具

Ⅲ. 货币衍生工具　　Ⅳ. 利率衍生工具

A. Ⅰ、Ⅱ、Ⅲ　　B. Ⅰ、Ⅲ、Ⅳ

C. Ⅱ、Ⅲ、Ⅳ　　D. Ⅰ、Ⅱ、Ⅲ、Ⅳ

2. 以转移或防范信用风险为核心的金融衍生工具有(　　)。

Ⅰ. 利率互换　　Ⅱ. 信用联结票据

Ⅲ. 信用互换　　Ⅳ. 保证金互换

A. Ⅱ、Ⅲ、Ⅳ　　B. Ⅲ、Ⅳ

C. Ⅱ、Ⅲ　　D. Ⅰ、Ⅱ、Ⅳ

【参考答案】

一、单项选择题

1. B　　2. C

二、组合型选择题

1. D　　2. C

第二节　期货估值

【考点归纳】

- 熟悉股指期货定价理论。
- 熟悉股指期货套利和套期保值的定义、原理。
- 熟悉股指期货套利的主要方式。
- 熟悉期现套利、跨期套利、跨市场套利和跨品种套利的概念、原理。
- 熟悉 alpha 套利的概念、原理。
- 熟悉套期保值与期现套利的区别。
- 了解股指期货投资的风险。
- 掌握国债期货定价的基本原理。
- 熟悉基本指标基差、净基差、隐含回购利率的含义和计算方法

【考点解读】

考点一　股指期货定价理论

股票指数是运用统计学中的指数方法编制而成的、反映股市中总体股价成其类股票价格实动和走势情况的种相对指标。股指期货合约是指以股票指数作为标的竞产的期货合约。

如果想在未来一个时间拥有一定数量的某种股票的方案：①期货买入股票，然后持有到期，其成本是买入股票的费用即股票价格 S 与持有成本（忽略下续费）；②买入基于这种股票的期货合约，并到期交割，其成本是买入期货合约的费用即期货合约价值 F。前述方案到指定的时间点都可以拥有相同数量的同种股票，即到期时拥有的股些价值是相同的，这就要求这两种方案的最初投资成本是相同的，否则会出现明显的套利机会。

根据上述原理，在忽略手续费等交易成本的前提下可以得到股指期货合约的理论价格：

$$F = Se^{(r-q)(T-t)}$$

式中，F 为指数期货价格，S 为现货指数现值，e 为以连续复利方式计算资金成本和收益，r 为无风险利率，q 为持有期现货指数成分股红利率（可由原始红利调整得到），$T-t$ 为从时刻持有到 T 时刻。

从股指期货定价模型可以看出，股指期货理论价格的决定主要取决于以下四个因素：现货指数水平、构成指数的成分股股息收益、利率水平、距离合约到期的时间。

公式右边实际上体现了持有成本，不存在套利机会时，就应该等于股指期货合约的价格，也就是应该有上述公式成立；否则就可以进行套利获取无风险利润。

考点二　股指期货套利（表 10－6）

表 10－6　　股指期货套利

项　目	内　容
概述	股指期货套利是期货套利交易的一种类型，其原理是在市场价格关系处于不正常状态下进行双边交易以获取低风险差价。在股指期货运行过程中，若产生偏离现货（股票指数），或各不同到期月份合约之间的价格偏离程度大于交易成本、冲击成本、资金机会成本等各项成本总和时，即可进行股指期货的套利交易
类型	一是在期货和现货之间套利，称之为期现套利；二是在不同的期货合约之间进行价差交易套利，其又可以细分为市场内价差套利、市场间价差套利和跨品种价差套利
期现套利	期现套利是根据指数现货与指数期货之间价差的波动进行套利。根据期货定价公式： 若 $F>Se^{(r-q)(T-t)}$，期货价值偏高，可以考虑买入股指成分股，卖出期货合约进行套利，这种策略为正向套利。 若 $F<Se^{(r-q)(T-t)}$，持有股指成分股的成本偏高，可以考虑买入股指期货合约，卖出成分股套利，这种策略为负向套利。 期现套利实施步骤：估算股指期货合约的无套利区间上下边界→判断是否存在套利机会→确定交易规模→同时进行股指期货合约和股票交易→了结套利头寸。套利头寸的了结有三种选择：①持有头寸直到交割时间；②交割期前了结；③套期头寸展期为下一最近交割的期货合约
市场内价差套利	是指在同一个交易所内针对同一品种但不同交割月份的期货合约之间进行套利，所以又称为“跨期套利”。 跨期套利按操作方向的不同可分为牛市套利（多头套利）和熊市套利（空头套利）。当做牛市套利的投资者看多近期股市的时候，认为较近交割期的股指期货合约的涨幅将大于较远交割期合约。从价值判断的角度看，牛市套利认为近期股指期货的价格应高于当前近期股指期货的交易价格，当前近期股指期货的价格被低估。因此，做牛市套利的投资者会买入近期

续表

项目	内容
市场内价差套利	股指期货，卖出远期股指期货。反之，熊市套利者看空股市，认为近期合约的跌幅将大于远期合约。在这种情况下，近期股指期货合约当前的交易价格被高估，做熊市套利的投资者将卖出近期股指期货，并同时买入远期股指期货
市场间价差套利	是指针对不同交易所上市的同一种品种同一交割月份的合约进行价差套利。最典型的是日经225指数，它们同时在日本、新加坡和美国进行期货交易
跨品种价差套利	是指对两个具有相同交割月份但不同指数的期货价格差进行套利。目前，已经上市的关于中国概念的股指期货有四种，分别是美国芝加哥期权交易所的中国股指期货、香港以恒生中国企业指数为标的的期货合约、新加坡新华富时中国50指数期货以及国内的沪深300指数期货

考点三　期货的套期保值（表10—7）

表10—7　股指期货套利

项目		内容
概念		套期保值是以规避现货风险为目的的期货交易行为。其含义是指与现货市场相关的经营者或交易者在现货市场上买进或卖出一定数量的现货品种的同时，在期货市场上卖出或买进与现货品种相同、数值相当但方向相反的期货合约，以期在未来某一时间，通过同时将现货和期货市场上的头寸平仓后，以一个市场的盈利弥补另一个市场的亏损，达到规避价格风险的目的
原理		同品种的期货价格走势与现货价格走势一致。 随着期货合约到期日的临近，现货与期货价趋向一致
套期保值方向	买进套期保值	又称多头套期保值，是指现货商因担心价格上涨而在期货市场上买入期货，目的是锁定买入价格，免受价格上涨的风险。在股指期货中，买进套期保值是指在期货市场上买进股指期货合约的套期保值行为，主要目的是规避股价上涨造成的风险。 可以利用股指期货进行多头套期保值的情形：①投资者预期未来一段时间可以收到一笔资金，打算投入股市，但又认为现在是最好的建仓机会；②机构投资者现在就拥有大量资金，计划按现行价格买进一组股票；③交易者在股票或股指期权上持有空头看涨期权；④有一些股市允许交易者融券抛空
	卖出套期保值	又称空头套期保值，是指现货商因担心价格下跌而在期货市场上卖出期货，目的是锁定卖出价格，免受价格下跌的风险。在股指期货中，卖出套期保值是指在期货市场上卖出股指期货合约的套期保值行为，主要目的是

续表

项　目		内　容
套期保值方向	卖出套期保值	规避股价下跌的风险。卖出套期保值（空头套期保值）适用于投资者持有股票组合，担心股市大盘下跌而影响股票组合的收益。 股指期货卖出套期保值情况：①机构大户手中持有大量的股票，但是看空后市。②对长期持股的大股东而言，同样看空后市。③投资银行与股票包销商有时也会使用空头套期保值策略。④交易者在股票或股指期权上持有空头看跌期权
基差对套期保值效果的影响		基差指的是某一特定地点的同一商品现货价格（S）在同一时刻与期货合约价格（F）之间的差额即（$S-F$）。 以 S_0、S_t 表示资产在零时刻（套期开始时）和 t 时刻的现货价格；F_t 表示套期开始时期货合约价格；F_t 表示 t 时刻期货合约价格，即为平仓期货合约时的价格。如果采用买进套期保值策略，则总盈亏计算如下：现货交易盈亏$=S_t-S_0$，期货交易盈亏$=F_t-F_0$，总盈亏＝期货交易盈亏－现货交易盈亏$=(F_t-F_0)-(S_t-S_0)=(S_0-F_0)-(S_t-F_t)=B_0-B_t$，其中，$B_0$、$B_t$ 分别是零时和 t 时的基差。 故，期货保值的盈亏取决于基差的变动。如果基差保持不变，则现货盈亏正好与期货市场盈亏相互抵消，总盈亏为零，套期保值目标实现。如果套期保值结束时，基差不等，则套期保值会出现一定的亏损或盈利。从上式中可以看出，当采用买进套期保值策略时，如果 $B_0>B_t$，则套期保值会出现盈利。也就是说，当基差变小时，套期保值可以赚钱。基差变小通常又被称为基差走弱。因此，基差走弱，有利于买进套期保值者。同样可以证明，当基差变大，即基差走强，有利于卖出套期保值者
股指期货的套期保值交易		与股市相关的避险工具并非只有股指期货，在发达市场中，还有股指期权、股票期货、股票期权等。通常，应当选择与股票资产高度相关的指数期货作为对冲标的。 套期保值比率是指为达到理想的保值效果，套期保值者在建立交易头寸时所确定的期货合约的总值与所保值的现货合同总价值之间的比率关系。即：套期保值比率＝期货合约的总值/现货总价值。 计算套期保值比率的方法：简单套期保值比率和最小方差套期保值比率。 （1）简单套期保值比率：该种方法是直接取保值比率为1，即在期货市场建立的头寸市值与现货市场需要保值的组合价值相等。这种方法的基础是期货市场与现货市场涨跌幅保持一致。 （2）最小方差套期保值比率：第二种方法是针对股票指数期货类的套期保值设计的。一个证券组合与指数的涨跌关系通常是依据资本资产定价模型确定，依据该模型，β 系数的基本含义就是说当指数变化1%时证券投资组合变化的百分比。β 系数就被用作股票指数期货的套期保值比率。即：$\beta=\dfrac{期货合约的总价值}{现货总价值}=\dfrac{合约份数\times单位期货合约值}{现货总价值}$，可变换为：合约份数$=\dfrac{现货总价值}{单位期货合约价值}\times\beta$，单位期货合约价值＝期货指数点×合约乘数。如果一个现货组合的 β 值越大，则需要对冲的合约份数就越多
套期保值的原则		买卖方向对应的原则、品种相同原则、数量相等原则、月份相同或相近原则

考点四　alpha 套利的概念、原理

alpha 套利是指在指数期货与具有 alpha 值的证券组合产品间进行反向对冲套利。alpha 套利是股指期货所特有的套利机制，其原理是将资产收益分为两部分，一部分是因承受系统性风险所享有的贝塔收益，另一部分是因承受非系统性风险所享有的 alpha 收益。alpha 套利就是寻求具有超额收益 alpha 的证券，并利用股指期货将这些证券的贝塔即系统性风险抵消掉，从而获得超额的 alpha 收益。

alpha 套利策略又称为绝对收益策略（是因该策略中希望持有的股票/组合具有正的超额收益）。alpha 策略依赖于投资者的股票（组合）选择能力，该能力是研究其相对于基准指数的投资价值，这也是很多对冲基金惯用的投资策略。当投资者针对事件进行选股并实施 alpha 套利时，该策略又称为事件套利。投资者针对市场中的一些事件，如利用成分股特别是权重大的股票停牌、除权、涨跌停板、分红、摘牌、股本变动、停市、股改、成分股调整、并购重组和等事件，利用金融模型分析事件的影响方向及力度，寻找套利机会。如果针对股票分红，由于分红期间股票通常会有正的超额收益，可以在股票分红期间持有该股票，同时卖出股指期货合约就构成一个 alpha 策略。如果针对股票成分股调整、上市公司股改和良好的并购、重组和资产注入，可以买入调入成分股（组合）或并购、重组和资产注入股（组合），同时卖出股指期货合约构成 Alpha 策略。

考点五　套期保值与期现套利的区别

（1）两者在现货市场上所处地位不同。

（2）两者的目的不同。期现套利交易的目的在于“利”，看到有利可图才进行买卖；而套期保值的根本目的在于“保值”，即为了避险而进行期货交易，具有必要性。

（3）操作方式及价位观不同。

考点六　股指期货投资风险（表 10－8）

表 10－8　　股指期货投资风险

风　险	具体内容
市场风险	该风险是由于价格波动引起的风险
信用风险	该风险主要是保证金交易产生的结算风险
操作风险	该风险是指由于内部程序、人员、系统的不完善或失误及外部事件造成损失的风险。包括法律法规变化产生的风险，但不包括战略和商誉风险

考点七　国债期货（表 10－9）

表 10－9　　**国债期货**

<table>
<tr><th colspan="2">项　目</th><th>内　容</th></tr>
<tr><td colspan="2">国债期货定价的基本原理</td><td>国债期货定价模型是基于最便宜可交割债券（CTD），而在交易过程中最便宜可交割债券（CTD）可能会不时发生变化；因此导致定价发生偏离，从而影响国债期货价格走势。
国债期货定价模型是需要转换因子将其转化为标准券。国债期货的定价原理是国债期货价格等于现券购入成本加上融资成本再减去利息收入的差</td></tr>
<tr><td rowspan="3">基本指标的含义与计算方法</td><td>基差</td><td>国债期货的基差是指国债现货价格与经过转换因子调整之后期货价格之间的差额。对于任何一只可交割债券，其基差为：
$B=P-(F\cdot C)$
式中　B——可交割国债的基差；
P——国债的即期价格；
F——国债期货的价格；
C——可交割国债的转换因子</td></tr>
<tr><td>净基差</td><td>净基差是考虑国债购买日到交割日期间的利息收入与资金机会成本（或回购融资成本）的基差，反映了购买国债现货用于国债期货合约交割的净成本。
净基差＝基差－持有收入＋融资成本</td></tr>
<tr><td>隐含回购利率</td><td>隐含回购利率是指买入国债现货并用于期货交割所得到的利率收益率。显然，隐含回购利率越高的国债现货价格越便宜，所以隐含回购利率最高的国债就是最便宜可交割国债。
如果购买国债后，在交割日之前没有利息支付，可交割国债的隐含回购利率计算公式为：
$$隐含回购利率=\frac{(货报报价\times转换因子+交割日应计利息)-国债购买价格}{国债购买价格}\times\frac{365}{交割日之前的天数}$$</td></tr>
</table>

【真题回顾】

一、单项选择题（以下备选项中只有一项符合题目要求）

1. 某一证券自营机构为规避股价下跌造成的损失，那么该机构需（　　）。

A. 买进股指期货　　B. 卖出国债期货

C. 卖出股指期货　　D. 买进国债期货

【答案】 C

【解析】 本题考核的是股指期货的套期保值。股指期货的套期保值分为多头套期保值（买进套期保值）和空头套期保值（卖出套期保值）。其中，空头套期保值适用于投资者持有股票组合，担心股市大盘下跌而影响股票组合的收益，因而在期货市场卖出股票指数期货合约。

2. 假设股指期货价格高于股票组合价格并且两者差额大于套利成本，套利者可采取(　　)的策略。

A. 买入股指期货合约同时买入股票组合

B. 卖出股指期货合约同时买入股票组合

C. 卖出股指期货合约同时卖出股票组合

D. 买入股指期货合约同时卖出股票组合

【答案】 B

【解析】 本题考核的是股指期货套利。由于股指期货价格＞现货价格＋套利成本，期货价值偏高，应买入股指成分股，卖出期货合约。

二、组合型选择题（以下备选项中只有一项最符合题目要求）

1. 一般而言，现实市场中的套利交易面临的风险包括(　　)。

Ⅰ. 政策风险　　Ⅱ. 市场风险

Ⅲ. 操作风险　　Ⅳ. 资金风险

A. Ⅱ、Ⅳ　　B. Ⅰ、Ⅱ、Ⅲ、Ⅳ

C. Ⅰ、Ⅲ、Ⅳ　　D. Ⅰ、Ⅱ、Ⅲ

【答案】 B

【解析】 本题考核的是套利交易面临的风险。套利面临的风险有政策风险、市场风险、操作风险和资金风险。

2. 在股票分红期间的 alpha 套利策略由(　　)构成。

Ⅰ. 持有该股票，卖出股指期货合约　　Ⅱ. 卖出该股票，买入股指期货合约

Ⅲ. 持有该股票，买入股指期货合约　　Ⅳ. 买入该股票，卖出股指期货合约

A. Ⅰ、Ⅳ　　B. Ⅱ、Ⅲ

C. Ⅰ、Ⅱ　　D. Ⅱ、Ⅳ

【答案】 A

【解析】 本题考核的是 alpha 套利。alpha 套利是指在指数期货与具有 alpha 值的证券组合产品间进行反向对冲套利。alpha 套利就是寻求具有超额收益 alpha 的证券，并利用股指期货将这些证券的贝塔即系统性风险抵消掉，从而获得超额的 alpha 收益。股票分红期间一般会具有正的超额收益，因此可以通过持有或买入该股票并卖出相应的股指期货合约的方式进行 alpha 套利。

【典型习题】

一、单项选择题（以下备选项中只有一项符合题目要求）

1. 假设某持仓组合的 β_S 是 1.2，如果投资经理预测大盘会下跌，他准备将组合的 β_P 降至 0，假设现货市值 1000 万元，沪深 300 期货指数为 5000，β_N 为 1，则

他可以在期货市场(　　)，实现 alpha 套利。

A. 买入 8 份合约　　B. 买入 12 份合约

C. 卖空 12 份合约　　D. 卖空 8 份合约

2. 股指期货投资风险不包括(　　)。

A. 市场风险　　B. 政策风险

C. 操作风险　　D. 信用风险

二、组合型选择题（以下备选项中只有一项最符合题目要求）

1. 对于利率期货而言，影响基差的因素包括(　　)。

Ⅰ. 国债期货价格　　Ⅱ. 国债期货价格乘上转换因子

Ⅲ. 国债现货价格　　Ⅳ. 国债现货价格乘上转换因子

A. Ⅰ、Ⅱ、Ⅳ　　B. Ⅰ、Ⅱ、Ⅲ

C. Ⅰ、Ⅲ　　D. Ⅱ、Ⅲ、Ⅳ

2. 套期保值与期现套利的区别包括(　　)。

Ⅰ. 两者在现货市场上所处地位不同

Ⅱ. 两者的目的不同

Ⅲ. 操作方式不同

Ⅳ. 价位观不同

A. Ⅰ、Ⅱ、Ⅳ　　B. Ⅰ、Ⅱ、Ⅲ、Ⅳ

C. Ⅰ、Ⅲ　　D. Ⅱ、Ⅲ、Ⅳ

【参考答案】

一、单项选择题

1. D　2. B

二、组合型选择题

1. B　2. B

第三节　期权估值

【考点归纳】

- 了解期权定价原理和主要模型。
- 熟悉二叉树定价模型。
- 熟悉 Black-Scholes 定价模型和期权平价公式。
- 熟悉影响期权价值的因素。

- 熟悉期权投资的风险。
- 熟悉期权的分类。
- 了解期权 4 种基本头寸的风险收益结构。
- 了解期权方向性交易的原理和方法。
- 了解期权套利的原理和方法。
- 了解期权套期保值的原理和方法

【考点解读】

考点一　期权定价原理和主要模型（表 10－10）

表 10－10　　期权定价原理和主要模型

项　　目	内　　容
期权定价原理	期权的定价模型源自“随机漫步理论”，也就是认为标的资产的价格走势是独立的，今天的价格和昨天的价格没有任何关系，即价格是无法预测的。另外，市场也需要是有效市场。在这个假设下，一连串的走势产生“正态分布”，即价格都集中在平均值周围，而且距离平均值越远，频率便越会下跌。 期权的定价基础就是根据这个特征为基础的，即期权的模型是概率模型，计算的是以正态分布为假设基础的理论价格。但实际标的资产的价格走势并不一定是正态分布
主要模型	在 100 多年的期权定价历史上，建立了各种定价模型。比较成熟和普遍的是用 1973 年提出来的 Black-Scholes（B-S）模型进行计算，也有比较普遍的是用二叉树定价模型，还有比较复杂的对波动率进行修正之后的 B-S-M 模型，以及用于美式期权的定价模型等

考点二　二叉树定价模型

二叉树定价模型又称二项期权定价模型，是假设股价波动只有向上和向下两个方向，且假设在整个考察期内，股价每次向上（或向下）波动的概率和幅度不变。模型将考察的存续期分为若干阶段，根据股价的历史波动率模拟出正股在整个存续期内所有可能的发展路径，并对每一路径上的每一节点计算权证行权收益和用贴现法计算出的权证价格。对于美式权证，由于可以提前行权，每一节点上权证的理论价格应为权证行权收益和贴现计算出的权证价格两者较大者。因此，二叉树模型的假设包括：①股价波动只有向上和向下两个方向；②向上或向下波动的概率和幅度不变；③市场无摩擦、无信用风险、无套利机会、无利率风险；④投资者可以以无风险利率介入或者贷出资金。

考点三　Black-Scholes 定价模型和期权平价公式（表 10－11）

表 10－11　　Black-Scholes 定价模型和期权平价公式

项　目	内　容
B-S-M 模型主要思想	在无套利机会的条件下，构造一个由期权与股票所组成的无风险资产组合，这一组合的收益率必定为无风险利率 r，由此得出期权价格满足的随机微分方程，进而求出期权价格
B-S-M 模型基本假设	（1）标的资产价格服从几何布朗运动。 （2）标的资产可以被自由买卖，无交易成本，允许卖空。 （3）期权有效期内，无风险利率 r 和预期收益率 μ 是常数，投资者可以以无风险利率无限制借入或贷出资金。 （4）标的资产价格是连续变动的，即不存在价格的跳跃。 （5）标的资产的价格波动率为常数。 （6）无套利市场
B-S-M 模型定价公式	无红利标的资产欧式看涨期权 C（看跌期权 P）的定价公式： $C=S\cdot N(d_1)-Ke^{-rT}N(d_2)$ 其中：　$P=k\cdot e^{-rT}-N(-d_2)-S\cdot N(-d_1)$ $d_1=\dfrac{\ln\dfrac{S}{K}+(r+0.5\cdot\sigma^2)T}{\sigma\cdot\sqrt{T}}$ $d_2=\dfrac{\ln\dfrac{S}{K}+(r-0.5\cdot\sigma^2)T}{\sigma\cdot\sqrt{T}}$ 式中　C——欧式看涨期权的价格； K——欧式看涨期权的执行价格； S——无收益标的资产的当前价格； T——欧式看涨期权的到期时间； σ——无收益标的的资产的价格波动率； $N(d)$——标准正态概率值，$N(-d)=1-N(d)$
期权平价公式	欧式看涨期权和看跌期权之间存在平价关系： $C+Ke^{-rT}=P+S$ 式中　C——看涨期权的价格； Ke^{-rT}——为行权价 K 的现值（连续复利）； P——看跌期权的价格； S——标的证券现价

考点四　影响期权价值的因素（表10－12）

表10－12　影响期权价值的因素

影响因素	具体内容
协定价格与市场价格	协定价格与市场价格是影响期权价格的最主要因素。这两种价格的关系不仅决定了期权有无内在价值及内在价值的大小。而且还决定了有无时间价值和时间价值的大小。一般而言，协定价格与市场价格间的差距越大，时间价值越小；反之，则时间价值越大。这是因为时间价值是市场参与者因预期基础资产市场价格变动引起其内在价值变动而愿意付出的代价。当一种期权处于极度实值或极度虚值时，市场价格变动的空间已很小。只有在协定价格与市场价格非常接近或为平价期权时，市场价格的变动才有可能增加期权的内在价值，从而使时间价值随之增大
权利期间	权利期间是指期权剩余的有效时间，即期权成交日至期权到期日的时间。在其他条件不变的情况下，期权期间越长，期权价格越高；反之，期权价格越低。这主要是因为权利期间越长，期权的时间价值越大；随着权利期间缩短，时间价值也逐渐减少；在期权的到期日，权利期间为零，时间价值也为零。通常权利期间与时间价值存在同方向但非线性的影响
利率	利率，尤其是短期利率的变动会影响期权的价格。利率变动对期权价格的影响是复杂的：一方面，利率变化会引起期权基础资产的市场价格变化，从而引起期权内在价值的变化；另一方面，利率变化会使期权价格的机会成本变化；同时，利率变化还会引起对期权交易的供求关系变化，因而从不同角度对期权价格产生影响
基础资产价格的波动性	通常，基础资产价格的波动性越大，期权价格越高；波动性越小，期权价格越低。这是因为，基础资产价格波动性越大，则在期权到期时，基础资产市场价格涨至协定价格之上或跌至协定价格之下的可能性越大，因此，期权的时间价值，乃至期权价格，都将随基础资产价格波动的增大而提高，随基础资产价格波动的缩小而降低
基础资产的收益	基础资产的收益将影响基础资产的价格。在协定价格一定时，基础资产的价格又必然影响期权的内在价值，从而影响期权的价格。由于基础资产分红付息等将使基础资产的价格下降，而协定价格并不进行相应调整，因此，在期权有效期内，基础资产产生收益将使看涨期权价格下降，使看跌期权价格上升

考点五　期权投资的风险（表10－13）

表10－13　期权投资的风险

项　　目	内　　容
市场流动性风险	市场流动性风险是指因市场成交量不足或缺乏愿意交易的对手，导致未能在理想的时点完成买卖的风险

续表

项　目	内　容
强行平仓风险	强行平仓风险是指由于期货经纪公司根据交易所提供的结算结果每天都要对交易者的盈亏状况进行结算，所以当期货价格波动较大、保证金不能在规定时间内补足的话，交易者可能面临强行平仓风险。除了保证金不足造成的强行平仓外，还有当客户委托的经纪公司的持仓总量超出一定限量时，也会造成经纪公司被强行平仓，进而影响客户强行平仓的情形。因此，客户在交易时，要时刻注意自己的资金状况
合约到期风险	期权有到期日，一旦过了到期日，期权不再具有任何价值
行权失败风险	资者在提出行权后，如果没有备齐足额的资金或证券，就会被判定为行权失败，无法行使期权合约赋予的权利，因此投资者需要做好资金和证券的准备
交收违约风险	期权义务方无法在交收日备齐足额的资金或证券用于履约，就会被判定为违约。期权义务方违约，可能会面临罚金、限制交易权限等处罚措施，违约成本很高，应尽量避免出现违约

考点六　期权的分类（表 10－14）

表 10－14　　期权的分类

项　目		内　容
按期权的权利来划分	看涨期权	看涨期权，也称为买入期权、认购权，是指期权的买方享有在规定的有效期限内按某一具体的敲定价格买进某一特定数量的相关商品期货合约的权利，但不同时负有必须买进的义务
	看跌期权	看跌期权，也称为卖出期权、认估权，是指期权的买方享有在规定的有效期限内按某一具体的敲定价格卖出某一特定数量的相关商品期货合约的权利，但不同时负有必须卖出的义务
按期权的交割时间划分		按期权的交割时间划分，有美式期权和欧式期权两种类型。美式期权是指在期权合约规定的有效期内任何时候都可以行使权利。欧式期权是指在期权合约规定的到期日方可行使权利，期权的买方在合约到期日之前不能行使权利，过了期限，合约则自动作废
按期权合约的标的资产划分		按期权合约的标的资产划分，有现货期权、期货期权。现货期权的标的物为现货资产，到期交割的是现货商品；期货期权的标的物为期货合约，期权履约后，买卖双方的期权部位将转换为相应的期货部位

续表

项　　目	内　　容
按期权是否在交易所交易划分	按其是否在交易所交易划分，有场内期权、场外期权。场内期权是指在交易所内以固定的程序和方式进行的期权交易，又称上市期权。场外期权是指不能在交易所上市交易的期权，又称零售期权。与场内期权相比，场外期权具有如下特点：合约非标准化、交易品种多样、形式灵活、规模巨大、交易对手机构化、流动性风险和信用风险大
按执行价格与标的物市价的关系划分	按执行价格与标的物市价的关系划分，有实值期权、平值期权、虚值期权。实值期权是指期货价格高于执行价格的看涨期权以及期货价格低于执行价格的看跌期权。平值期权是指期货价格等于执行价格的期权。虚值期权是指期货价格低于执行价格的看涨期权以及期货价格高于执行价格的看跌期权

考点七　期权 4 种基本头寸的风险收益结构（表 10—15）

表 10—15　期权 4 种基本头寸的风险收益结构

项　　目	内　　容
买进看涨期权	买进看涨期权是指购买者支付权利金，获得以特定价格向期权出售者买入一定数量的某种特定商品的权利。当投资者预期某种特定商品市场价格上涨时，他可以支付一定的权利金买入看涨期权。 看涨期权多头的最大损益结果或到期的损益状况如图 10—1 所示。 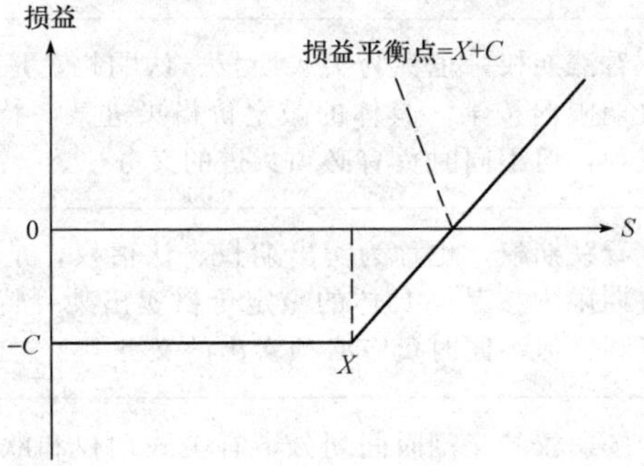 **图 10—1　看涨期权多头损益状态** C—看涨期权的价格；X—执行价格；S—标的资产价格 由图 10—1 可知，标的资产价格越高，对看涨期权多头越有利
卖出看涨期权	卖出看涨期权是指卖出者获得权利金，若买入看涨期权者执行合约，卖出方必须以特定价格向期权买入方卖出一定数量的某种特定商品。看涨期权卖出方往往预期市场价格将下跌。交易者卖出看涨期权的主要目的是获取期权费，但卖出看涨期权时要缴纳保证金，而且保证金要高于权利金，所以卖出看涨期权需要一定的初始资金，当行情发生不利变动时还要追加保证金。

续表

<table>
<tr><th>项 目</th><th>内 容</th></tr>
<tr><td>卖出看涨期权</td><td>看涨期权空头的最大损益结果或到期时的损益状况如图 10—2 所示。
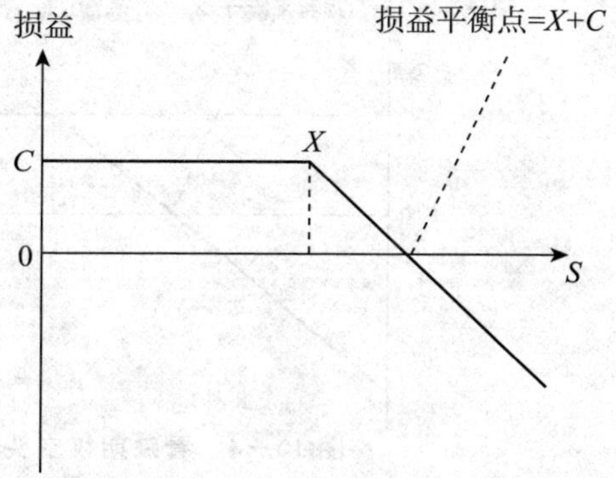

图 10—2 看涨期权空头损益状态
由图 10—2 可知，标的资产价格越高，对看涨期权空头越不利</td></tr>
<tr><td>买进看跌期权</td><td>买进看跌期权是指购买者支付权利金，获得以特定价格向期权出售者卖出一定数量的某种特定商品的权利。看跌期权买入者往往预期市场价格将下跌。
看跌期权多头损益如图 10—3 所示。
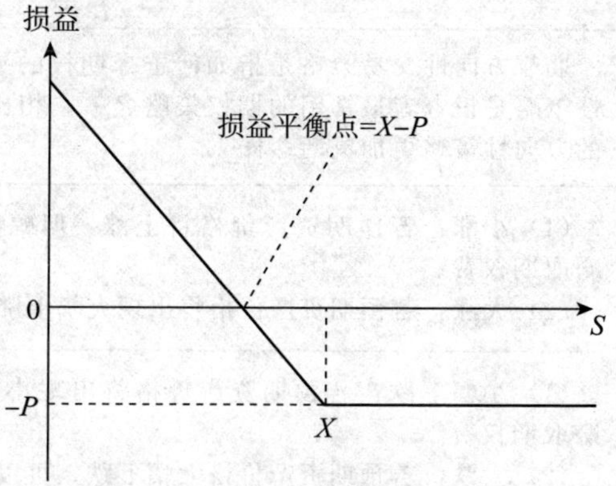

图 10—3 看跌期权多头损益状态
P——看跌期权的价格，其余字母含义同图 10—1。
由图 10—3 可知，标的资产价格越低，对看跌期权多头越有利，但获利有限，最大盈利为 X－P</td></tr>
<tr><td>卖出看跌期权</td><td>卖出看跌期权是指卖出者获得权利金，若买入看跌期权者执行合约，卖出方必须以特定价格向期权买入方买入一定数量的某种特定商品。当投资者预期某种特定商品市场价格上涨时，他往往卖出看跌期权。
看跌期权空头损益如图 10—4 所示。</td></tr>
</table>

续表

项　目	内　容
卖出看跌期权	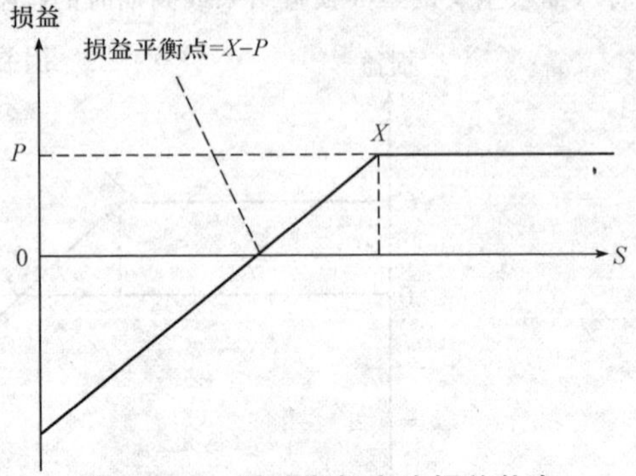 **图 10－4　看跌期权空头损益状态** 由图 10－4 可知，标的资产价格越低，对看跌期权空头越不利，但损失有限，最大损失接近 $P-X$

考点八　期权方向性交易的原理和方法（表 10－16）

表 10－16　　期权方向性交易的原理和方法

项　目		内　容
期权方向性交易的原理		期权方向性交易策略是指如何选择期权的买人、卖出方向的策略。方向性策略是投资者最常用的期权策略之一。相比直接买人或卖出股票，期权的方向性策略更加灵活多样
期权方向性交易的方法	牛市行情交易策略	（1）小涨：若预期资产价格将上涨，但幅度不大，可以卖出看跌期权，赚取期权费。 （2）大涨：若预期资产价格将出现大幅上涨，可以买进看涨期权
	熊市行情交易策略	（1）小幅下跌：若预期资产价格将出现小幅下跌，可以卖出看涨期权，赚取期权费。 （2）大跌：若预期资产价格大幅下跌，可以买进看跌期权

考点九　期权套利的原理和方法（表 10－17）

表 10－17　　期权套利的原理和方法

项　目	内　容
期权套利的原理	期权无风险套利是一种理想化的期权交易方式，即通过适当的期权组合在期权市场上实现无风险的利润。一般来说，在构造期权无风险套利时，应当遵循两条基本原则：买低卖高原则，即买进价值被低估的期权，卖出价值被高估的期权；风险对冲原则，即利用合成期权对冲买人或卖出实际期权的风险头寸

续表

项　目		内　容
期权套利的方法	看涨看跌平价关系与转换套利	看涨看跌平价关系是期权价格定价中最常见的期权间价格关系公式，即 $C+K\cdot e^{-rT}=P+S$，其中 C 表示看涨期权价格，K 表示执行价格，P 表示看跌期权价格，S 表示标的物价格。该关系显示了看涨期权和看跌期权间应当满足的价格关系，若不满足，则会产生无风险套利机会，套利策略为（反）转换套利
	价格顺序关系与价格倒挂套利	价格顺序关系是针对某一月份系列期权而言的，即对同一月份看涨（跌）期权，执行价格越大，权利金越低（高），若违背该关系，则可进行价格倒挂套利
	期权上下限关系与价格贴现套利	对于看涨期权：$S-K\cdot e^{-rT}\leqslant C\leqslant S$，对于看跌期权：$\max(K\cdot e^{-rT}-S，0)\leqslant P\leqslant K\cdot e^{-rT}$。 理论上，期权价格＝内涵价值＋时间价值，也就是说期权价格要大于等于内涵价值。而实际交易中，由于流动性及市场需求等因素，有些期权价格（这种机会常常出现在深度实值期权中）可能低于其内涵价值，此时套利出现

考点十　期权套期保值的原理和方法

1. 期权套期保值的原理

同一标的资产的现货、期货与期权价格之间存在很高的相关性。期货套期保值交易的原理在于：同种商品期货价格走势与现货价格走势方向基本一致，同涨同跌，而在临近到期日时，期货价格相对现货价格通常会呈现回归。在此基础上，再根据方向相反、数量相等、月份相同或相近的操作原则进行交易。为了规避价格上涨的风险，保值者可以买入看涨期权或者卖出看跌期权；为了规避价格下跌的风险，保值者可以买入看跌期权或者卖出看涨期权。若标的资产价格如预期向原有期货或者现货头寸不利的方向变动，则期权部分获取的收益可以抵消现货或者期货部分带来的损失。

2. 期权套期保值的策略

期权交易有四个基本策略：买入看涨期权、卖出看涨期权、买入看跌期权和卖出看跌期权。因此，期权的套期保值策略可以分为保护性策略、抵补性策略以及复合型保值策略。

（1）保护性的保值策略：买进看跌期权，规避价格下跌的风险。

（2）抵补性保值策略：卖出看涨期权，规避价格下跌的风险。

（3）复合型保值策略：双限期权策略、Delta 中性复合套期保值策略。

【真题回顾】

组合型选择题（以下备选项中只有一项最符合题目要求）

1. 影响期权价格的主要因素有（　　）。

Ⅰ. 标的资产价格及期权执行价格　　Ⅱ. 标的资产价格波动率

Ⅲ. 距到期日剩余时间　　Ⅳ. 无风险利率

A. Ⅰ、Ⅱ、Ⅲ　　B. Ⅰ、Ⅲ、Ⅳ

C. Ⅱ、Ⅳ　　D. Ⅰ、Ⅱ、Ⅲ、Ⅳ

【答案】 D

【解析】 本题考核的是影响期权价格的因素。影响期权价格的因素主要有：期权的执行价格、标的资产价格、期权的剩余期限、无风险利率、标的资产价格波动率等。

2. 关于期权时间价值，下列说法正确的是（　　）。

Ⅰ. 期权价格与内涵价值的差额为期权的时间价值

Ⅱ. 理论上，在到期时，期权时间价值为零

Ⅲ. 如果其他条件不变，期权时间价值随着到期日的临近，衰减速度递减

Ⅳ. 在有效期内，期权的时间价值总是大于零

A. Ⅰ、Ⅱ　　B. Ⅰ、Ⅲ、Ⅳ　　C. Ⅰ、Ⅳ　　D. Ⅰ、Ⅱ、Ⅲ

【答案】 A

【解析】 本题考核的是期权时间价值的内容。当期权临近到期日时，如果其他条件不变，该期权的时间价值的衰减速度就会加快，而在到期日时，该期权就不再有任何时间价值；美式期权的时间价值总是大于等于0，实值欧式期权的时间价值可能小于0。

3. 二叉树模型的假设有(　　)。

Ⅰ. 股价波动只有向上和向下两个方向

Ⅱ. 在整个考察期内，股价每次向上（或向下）波动的概率和幅度不变

Ⅲ. 看跌期权只能在到期日执行

Ⅳ. 事件风险是中性的

A. Ⅰ、Ⅲ　　B. Ⅲ、Ⅳ

C. Ⅱ、Ⅲ　　D. Ⅰ、Ⅱ

【答案】 D

【解析】 本题考核的是二叉树模型的假设。二叉树定价模型又称二项期权定价模型，是假设股价波动只有向上和向下两个方向，且假设在整个考察期内，股价每次向上（或向下）波动的概率和幅度不变。二叉树模型的假设还包括：市场无摩擦、无信用风险、无套利机会、无利率风险；投资者可以以无风险利率介入或者贷出资金。

【典型习题】

一、单项选择题（以下备选项中只有一项符合题目要求）

1. 美式期权是指(　　)行使权力的期权。

A. 在到期后的任何交易日都可以

B. 只能在到期日

C. 在期权合约规定的有效期内的任何交易日都可以

D. 只能在到期日前

2. B-S-M 定价模型的基本假设不包括(　　)。

A. 标的资产价格服从几何布朗运动

B. 标的资产可以被自由买卖，无交易成本，允许卖空

C. 期权有效期内，无风险利率 r 和预期收益率 μ 是常数，投资者可以以无风险利率无限制借入或贷出资金

D. 有套利市场

3. 以下关于场内期权和场外期权的说法，正确的是(　　)。

A. 场外期权较场内期权流动性好

B. 场内期权被称为期货期权

C. 场外期权被称为现货期权

D. 场外期权合约可以是非标准化合约

二、组合型选择题（以下备选项中只有一项最符合题目要求）

1. 影响金融期权价格的因素包括(　　)。

Ⅰ. 权利期间　　Ⅱ. 协定价格

Ⅲ. 标的资产市场价格　　Ⅳ. 标的资产市场价格的波动性

A. Ⅰ、Ⅱ、Ⅲ、Ⅳ　　B. Ⅰ、Ⅳ

C. Ⅰ、Ⅱ、Ⅲ　　D. Ⅱ、Ⅲ、Ⅳ

2. 关于期权方向性交易的方法，描述正确的是(　　)。

Ⅰ. 若预期资产价格将上涨，但幅度不大，可以卖出看跌期权，赚取期权费

Ⅱ. 若预期资产价格将出现大幅上涨，可以买进看涨期权

Ⅲ. 若预期资产价格将出现小幅下跌，可以卖出看涨期权，赚取期权费

Ⅳ. 若预期资产价格大幅下跌，可以买进看跌期权

A. Ⅰ、Ⅳ　　B. Ⅰ、Ⅱ

C. Ⅱ、Ⅲ　　D. Ⅰ、Ⅱ、Ⅲ、Ⅳ

【参考答案】

一、单项选择题

1. C　　2. D　　3. D

二、组合型选择题

1. A　　2. D

第四节　其他衍生产品估值

【考点归纳】

- 掌握可转换债券的转股价、赎回、修正、回售和转换价值。
- 了解可转换债券的定价原理。
- 熟悉基金评价的指标体系和主要方法

【考点解读】

考点一　可转换债券（表 10－18）

表 10－18　可转换债券

项　目	内　容
可转换债券	可转换债券是指其持有者可以在一定时期内按一定比例或价格将之转换成一定可转换债券数量的另一种证券的债券。 可转换债券是可转换公司债券的简称，又简称可转债。它是一种可以在特定时间、按特定条件转换为普通股票的特殊企业债券。可转换债券兼具债权和期权的特征
转股价	转股价或转换比例，是指一定面额可转换债券可转换成普通股票的股数。用公式表示为： $转换比例=\dfrac{可转换债券面额}{转换价格}$
赎回	赎回是指发行人在发行一段时间后，可以提前赎回未到期的发行在外的可转换公司债券
修正	转换价格修正是指发行公司在发行可转换债券后，由于公司送股、配股、增发股票、分立、合并、拆细及其他原因导致发行人股份发生变动，引起公司股票名义价格下降时而对可转换债券的转换价格所做的必要调整
回售	回售是指公司股票在一段时间内连续低于转换价格达到某一幅度时，可转换公司债券持有人按事先约定的价格将所持有的可转换债券卖给发行人的行为
转换价值	是指实施转换时得到的标的股票的市场价值。转换价值＝转换比率×普通股票现行价格

续表

项　目	内　容
定价原理	可转换债券的理论价值，又称“内在价值”，是指将可转换债券转股前的利息收入和转股时的转换价值按适当的必要收益率折算的现值。用公式表示为： $$P=\sum_{t=1}^{n}\frac{C}{(1+r)^t}+\frac{CV}{(1+r)^n}$$ 式中：P——可转换债券当前的理论价值； t——时期数； n——持有可转换债券的时期总数； r——必要收益率； C——可转换债券每期支付的利息； CV——可转换债券在持有期期末的转换价值

考点二　基金评价的指标体系和主要方法（表 10－19）

表 10－19　　基金评价的指标体系和主要方法

项　目	内　容
含义	系统的基金业绩评估需要从四个方面入手：计算绝对收益；计算风险调整后收益；计算相对收益；进行业绩归因。 传统的基金评价主要是评价基金单位净值和基金收益率。现代投资理论则在考虑风险调整的因素后对基金业绩进行评估，常用指标有夏普比率、特雷诺比率和詹森 a 等
基金单位资产净值	根据《证券投资基金信息披露编报规则第 1 号》第六条规定，公募基金每天公布单位资产净值（NAV），其计算公式为： 期末基金单位资产净值＝期末基金资产净值/期末基金单位总份额 与净资产不同，基金单位资产净值不受基金份额申购赎回的影响。利用基金单位资产净值计算的收益率，不考虑分红
基金收益率	基金收益率的计算公式为： $$R_t=\frac{NAV_t+D_t-NAV_{t-1}}{NAV_{t-1}}$$ 式中：R_t——评价期的收益率； NAV_t——期末单位净资产； D_t——评价期每股收益分配； NAV_{t-1}——期初单位净资产
夏普比率	夏普比率（SP）是诺贝尔经济学奖得主威廉·夏普于 1966 年根据资本资产定价模型（CAPM）提出的经风险调整的业绩测度指标。夏普比率是用某一时期内投资组合平均超额收益除以这个时期收益的标准差。 夏普比率的计算公式为：

续表

项　目	内　容
夏普比率	$$S_p=\frac{\bar{R}_p-\bar{R}_f}{\sigma_p}$$ 式中：$\bar{R}_p$——基金的平均收益率； $\bar{R}_f$——平均无风险收益率； σ_p——基金收益率的标准差
特雷诺比率	特雷诺比率（T_p）来源于CAPM理论，表示的是单位系统风险下的超额收益率。指数值越大，承担单位系统风险所获得的超额收益越高。 特雷诺比率计算公式为： $$T_p=\frac{\bar{R}_p-\bar{R}_f}{\beta_p}$$ 式中：T_p——特雷诺比率； $\bar{R}_p$——基金的平均收益率； $\bar{R}_f$——平均无风险收益率； β_p——系统风险
詹森 α	詹森 α 同样也是在CAPM上发展出的一个风险调整差异衡量指标。该指标衡量的是基金组合收益中超过CAPM模型预测值的那一部分超额收益。 詹森指数是测定证券组合经营绩效的一种指标，是证券组合的实际期望收益率与位于证券市场线上的证券组合的期望收益率之差。 詹森 α 用公式表示为： $$\alpha_p=(\bar{R}_p-\bar{R}_f)-\beta_p(\bar{R}_M-\bar{R}_f)=\bar{R}_p-[\bar{R}_f+\beta_p(\bar{R}_M-\bar{R}_f)]$$ 式中：$\bar{R}_M$——市场平均收益率，其余字母同特雷诺比率
信息比率	信息比率的计算公式与夏普比率类似，但引入了业绩比较基准的因素，因此是对相对收益率进行风险调整的分析指标。用公式可以表示为：$IR=\frac{R_p-R_b}{\sigma_{p-b}}$。式中：$R_p$表示投资组合收益，$R_b$表示业绩比较基准收益，两者之差即为超额收益；$\sigma_{p-b}$表示跟踪误差。 信息比率是单位跟踪误差所对应的超额收益。信息比率越大，说明该基金在同样的跟踪误差水平上能获得更大的超额收益，或者在同样的超额收益水平下跟踪误差更小

【真题回顾】

一、单项选择题（以下备选项中只有一项符合题目要求）

某公司可转换债券的转换比例为50，当前该可转换债券的市场价格为1000元，那么，（　　）。

A. 该可转换债券当前的转换平价为50元

B. 当该公司普通股股票市场价格超过 20 元时，行使转换权对该可转换债券持有人有利

C. 当该公司普通股股票市场价格低于 20 元时，行使转换权对该可转换债券持有人有利

D. 当该公司普通股股票市场价格为 30 元时，该可转换债券的转换价值为 2500 元

【答案】 B

【解析】 本题考核的是转换债券的计算。转换平价＝可转换证券的市场价格/转换比例＝ 1000/50＝20（元）。当该公司普通股股票市场价格低于 20 元时，可转换证券持有人转股前所持有的可转换证券的市场价值大于实施转股后所持有的标的股票资产的市价总值，此时转股对持有人不利。当该公司普通股股票市场价格为 30 元时，该可转换债券的转换价值：标的股票市场价格×转换比例＝30×50＝1500（元）。

【典型习题】

一、单项选择题（以下备选项中只有一项符合题目要求）

1. 夏普比率、特雷诺比率、詹森 α 与 CAPM 模型之间的关系是（　　）。

A. 夏普比率不以 CAPM 为基础　　B. 詹森 α 不以 CAPM 为基础

C. 三种指数均以 CAPM 模型为基础　　D. 特雷诺比率不以 CAPM 为基础

2. 发行公司在发行可转换债券后，由于公司送股、配股、增发股票、分立、合并、拆细及其他原因导致发行人股份发生变动，引起公司股票名义价格下降时而对可转换债券的转换价格所做的必要调整称为（　　）。

A. 赎回　　B. 修正

C. 回售　　D. 转换

二、组合型选择题（以下备选项中只有一项最符合题目要求）

1. 系统的基金业绩评估需要从（　　）入手。

Ⅰ. 计算绝对收益　　Ⅱ. 计算风险调整后收益

Ⅲ. 计算相对收益　　Ⅳ. 进行业绩归因

A. Ⅰ、Ⅳ　　B. Ⅰ、Ⅱ

C. Ⅱ、Ⅲ　　D. Ⅰ、Ⅱ、Ⅲ、Ⅳ

2. 计算可转换证券的转换价值所需数据有（　　）。

Ⅰ. 转换价格　　Ⅱ. 可转换证券的面值

Ⅲ. 可转换的普通股票的市场价格　　Ⅳ. 可转换的普通股票的理论价格

A. Ⅰ、Ⅱ、Ⅲ　　B. Ⅰ、Ⅳ

C. Ⅰ、Ⅱ　　D. Ⅱ、Ⅲ

【参考答案】

一、单项选择题

1. A　　2. B

二、组合型选择题

1. D　　2. A

第二部分　实战模拟试卷

实战模拟试卷一

一、单项选择题（共40题，每题0.5分，共20分。以下备选项中只有一项符合题目要求，不选、错选不得分）

1. 证券公司、证券投资咨询机构应当通过公司规定的证券研究报告发布系统平台向发布对象统一发布证券研究报告，以保障发布证券研究报告的（　　）。

A. 统一性　　B. 独立性

C. 均衡性　　D. 公平性

2. 取得执业证书的人员，连续（　　）年不在机构从业的，由协会注销其执业证书。

A. 2　　B. 3　　C. 4　　D. 5

3. 下列关于证券公司、证券投资咨询机构制作证券研究报告时，应当遵循的说法中不正确的是（　　）。

A. 证券公司、证券投资咨询机构制作证券研究报告应当秉承专业的态度

B. 证券公司、证券投资咨询机构制作证券研究报告应当坚持客观原则，避免使用夸大、诱导性的标题或者用语

C. 证券公司、证券投资咨询机构应采用严谨的研究方法和分析逻辑，基于合理的数据基础和事实依据，审慎提出研究结论

D. 证券公司、证券投资咨询机构可对投资者作出证券投资收益或者分担证券投资损失的书面或口头承诺

4. 某产品的需求价格弹性系数小于1，则厂商为了增加销售收入，应该采取的销售策略是（　　）。

A. 薄利多销

B. 提高价格

C. 提价或降价都不会导致销售收入变化，厂商应该采用价格之外的策略

D. 先降价，后提价

5. 下列关于完全垄断市场的表述错误的是（　　）。

A. 在完全垄断市场上，企业的需求曲线就是市场需求曲线

B. 在完全垄断市场上，完全垄断企业的边际收益小于平均收益

C. 完全垄断企业进行产量和价格决策的基本原则是边际成本等于边际收益

D. 在完全垄断市场上，产品价格的高低不受市场需求的影响

6. 总需求曲线向下方倾斜的原因是（　　）。

A. 随着价格水平的下降，居民的实际财富下降，他们将增加消费

B. 随着价格水平的下降，居民的实际财富增加，他们将增加消费

C. 随着价格水平的上升，居民的实际财富下降，他们将增加消费

D. 随着价格水平的上升，居民的实际财富上升，他们将减少消费

7. 关于预期收益率、无风险利率、某证券的β值、市场风险溢价四者的关系，下列各项描述正确的是（　　）。

A. 预期收益率＝无风险利率－某证券的β值×市场风险溢价

B. 无风险利率＝预期收益率＋某证券的β值×市场风险溢价

C. 市场风险溢价＝无风险利率＋某证券的β值×预期收益率

D. 预期收益率＝无风险利率＋某证券的β值×市场风险溢价

8. 根据 CAPM 模型，下列说法错误的是（　　）。

A. 如果无风险利率降低，单个证券的收益率成正比降低

B. 单个证券的期望收益的增加与贝塔成正比

C. 当一个证券定价合理时，阿尔法值为零

D. 当市场达到均衡时，所有证券都在证券市场线上

9. 为了检验多元线性回归模型中被解释变量与所有解释变量之间线性关系在总体上是否显著，应该采用（　　）。

A. t 检验　　B. OLS

C. 逐个计算相关系数　　D. F 检验

10. 证券 X 期望收益率为 0.11，β是 1.5，无风险收益率为 0.05，市场期望收益率为 0.09。根据资本资产定价模型，这个证券(　　)。

A. 被低估　　B. 被高估

C. 定价公平　　D. 价格无法判断

11. 在多元回归模型中，置信度越高，在其他情况不变时，临界值 $t_{\alpha/2}$ 越大，回归系数的置信区间（　　）。

A. 越大　　B. 越小

C. 不变　　D. 根据具体情况而定

12. 产业结构政策的重点是(　　)。

A. 对增长型行业的保护和扶植政策　　B. 产业结构短期构想

C. 对传统产业的调整和援助　　D. 对战略产业的保护和扶植政策

13. 根据我国货币供给层次划分口径，属于 M_1 的是(　　)。

A. 定期存款　　B. 储蓄存款

C. 单位活期存款　　D. 住房公积金中心存款

14. 管理层开始有计划、有步骤地推出一系列旨在培育机构投资者的政策措

施，这是证券市场机构投资者的发展的（　　）。

A. 第一阶段　　B. 第二阶段　　C. 第三阶段　　D. 第四阶段

15. 如果其他情况不变，中央银行在公开市场卖出有价证券，货币供应量将（　　）。

A. 增加　　B. 减少

C. 不变　　D. 先增后减

16. 从严格意义上讲，行业与产业有差别，主要是（　　）不一样。

A. 实施主体　　B. 适用范围　　C. 主要内容　　D. 投资价值

17. 关于完全竞争型市场特点的表述，错误的是（　　）。

A. 生产者众多，各种生产资料可以完全流动

B. 产品分有形和无形，其质量都是有差别的

C. 企业永远是价格的接受者而不是价格的制定者

D. 市场信息对买卖双方都是畅通的

18. 行业成熟的标志是（　　）。

A. 产品的成熟　　B. 技术上的成熟

C. 生产工艺的成熟　　D. 产业组织上的成熟

19. 影响行业景气的内在因素有（　　）。

A. 经济周期　　B. 宏观经济指标波动

C. 技术水平变化　　D. 上下游产业链的供应需求变动

20. 产业政策的核心是（　　）。

A. 产业组织政策与产业技术政策　　B. 产业结构政策与产业组织政策

C. 产业结构政策与产业布局政策　　D. 产业技术政策与产业布局政策

21. 产业布局政策的（　　）原则，即鼓励各地区根据自身资源、经济、技术条件，发展具有相对优势的产业。

A. 经济性　　B. 合理性　　C. 协调性　　D. 平衡性

22. 在进行行业分析的时候，较为常用的分析方法是（　　）。

A. 历史资料研究法　　B. 调查研究法

C. 归纳与演绎法　　D. 比较研究法

23. 在实际投资活动中，投资者对上市公司分析最重要的是（　　）。

A. 市场状况分析　　B. 经济政策走势分析

C. 财务状况分析　　D. 行业发展状况分析

24. 如果区位内上市公司的主营业务符合当地政府的（　　），一般会获得诸多政策支持，对上市公司的进一步发展有利。

A. 经营政策　　B. 产业政策　　C. 宏观政策　　D. 税收政策

25. 对公司（　　）进行预测，是判断公司估值水平及投资价值的重要基础。

A. 经营战略　　B. 扩张潜力　　C. 规模变动　　D. 盈利

26. 长期偿债能力是指公司偿还（　　）年以上债务的能力。

A. 1　　B. 2　　C. 3　　D. 4

27. 在技术分析方法的分类中，（　　）是根据价、量的历史资料，通过建立一个数学模型，给出数学上的计算公式，得到一个体现证券市场的某个方面内在实质的指标值。

A. 指标类　　B. 切线类　　C. 波浪类　　D. 形态类

28. 一般而言，当（　　）时，股价形态不构成反转形态。

A. 股价形成头肩底后突破颈线位并上涨一定形态高度

B. 股价完成旗形形态

C. 股价形成双重顶后突破颈线位并下降一定形态高度

D. 股价形成双重底后突破颈线位并上涨一定形态高度

29. 关于圆弧形态，下列各项中表述正确的是（　　）。

A. 圆弧形态又被称为圆形形态

B. 圆弧形态形成的时间越短，今后反转的力度可能就越强

C. 圆弧形态形成过程中，成交量的变化没有规律

D. 圆弧形态是一种持续整理形态

30. 在股权交易中，期权的买方为获得期权合约所赋予的权利而向期权的卖方支付的费用是（　　）。

A. 交易费　　B. 市场价格　　C. 期权的价格　　D. 时间价值

31. 有关零增长模型，下列说法正确的是（　　）。

A. 零增长模型的应用没有限制，假定对某一种股票永远支付固定的股利是合理的

B. 零增长模型决定普通股票的价值是不适用的

C. 在决定优先股的内在价值时，零增长模型相当有用，因为大多数优先股支付的股利是固定的

D. 零增长模型在任何股票的定价中都有用

32. 以下不属于简单估计法的是（　　）。

A. 利用历史数据进行估计　　B. 市场决定法

C. 回归估计法　　D. 市场归类决定法

33. 与到期收益率相比，持有期收益率的区别在于（　　）。

A. 期末通常采取一次还本付息的偿还方式

B. 期末通常采取分期付息、到期还本的偿还方式

C. 最后一笔现金流是债券的卖出价格

D. 最后一笔现金流是债券的到期偿还金额

34. 根据市场预期理论，如果即期利率随着期限增加而提高，即利率期限结

构呈上升趋势，表明投资者预期未来即期利率会（　　）。

A. 下降　　B. 上升　　C. 不变　　D. 先升后降

35. 在进行贷款或融资活动时，贷款者和借款者并不能自由地在利率预期的基础上将证券从一个偿还期部分替换成另一个偿还期部分，或者说市场是低效的。这是（　　）的观点。

A. 市场预期理论　　B. 合理分析理论

C. 流动性偏好理论　　D. 市场分割理论

36.（　　）指的是某一特定地点的同一商品现货价格在同一时刻与期货合约价格之间的差额。

A. 凸度　　B. 基差　　C. 基点　　D. 久期

37. 按执行价格与标的资产市场价格的关系，期权可分为（　　）。

A. 看涨期权和看跌期权　　B. 商品期权和金融期权

C. 实值期权、虚值期权和平值期权　　D. 现货期权和期货期权

38. 进行货币互换的主要目的是（　　）。

A. 规避汇率风险　　B. 规避利率风险

C. 增加杠杆　　D. 增加收益

39. 针对同一外汇期货品种，在不同交易所进行的方向相反、数量相同的交易行为，属于外汇期货的（　　）。

A. 跨币种套利　　B. 跨市套利　　C. 跨期套利　　D. 期现套利

40. 套利的经济学基础是（　　）。

A. MM 定理　　B. 价值规律

C. 投资组合管理理论　　D. 一价定律

二、组合型选择题（共 80 题，每题 1 分，共 80 分。以下备选项中，只有一项最符合题目要求，不选、错选不得分）

41. 在证券公司、证券投资咨询机构发布的证券研究报告中，应当载明的事项包括（　　）。

Ⅰ. “证券研究报告”字样

Ⅱ. 证券公司、证券投资咨询机构名称

Ⅲ. 具备证券投资咨询业务资格的说明

Ⅳ. 署名人员的证券投资咨询执业资格证书编码

A. Ⅱ、Ⅲ　　B. Ⅰ、Ⅱ、Ⅳ

C. Ⅱ、Ⅲ、Ⅳ　　D. Ⅰ、Ⅱ、Ⅲ、Ⅳ

42. 下列关于证券研究报告的销售服务要求的表述，不正确的是（　　）。

Ⅰ. 发布证券研究报告相关人员的薪酬标准必须与外部媒体评价单一指标直接挂钩

Ⅱ. 与发布证券研究报告业务存在利益冲突的部门不得参与对发布证券研究

报告相关人员的考核

Ⅲ. 证券公司就尚未覆盖的具体股票提供投资分析意见的，自提供之日起3个月内不得就该股票发布证券研究报告

Ⅳ. 证券公司、证券投资咨询机构应当设立发布证券研究报告相关人员的考核激励标准

A. Ⅰ、Ⅱ　　B. Ⅰ、Ⅲ

C. Ⅱ、Ⅲ、Ⅳ　　D. Ⅰ、Ⅱ、Ⅲ、Ⅳ

43. 证券分析师应当保持独立性，不因（　　）利益相关者的不当要求而放弃自己的独立立场。

Ⅰ. 公司内部其他部门　　Ⅱ. 资产管理公司

Ⅲ. 证券发行人　　Ⅳ. 上市公司

A. Ⅰ、Ⅱ、Ⅲ　　B. Ⅰ、Ⅱ、Ⅳ

C. Ⅱ、Ⅲ、Ⅳ　　D. Ⅰ、Ⅱ、Ⅲ、Ⅳ

44. 关于垄断竞争市场的说法，正确的有（　　）。

Ⅰ. 企业的需求曲线就是行业的需求曲线

Ⅱ. 不同企业生产的产品存在差别

Ⅲ. 企业不是完全的价格接受者

Ⅳ. 进入或退出市场比较容易

A. Ⅰ、Ⅱ、Ⅲ　　B. Ⅰ、Ⅱ、Ⅳ

C. Ⅱ、Ⅲ、Ⅳ　　D. Ⅰ、Ⅱ、Ⅲ、Ⅳ

45. 在供给曲线不变的情况下，需求的变动将引起（　　）。

Ⅰ. 均衡价格同方向变动　　Ⅱ. 均衡价格反方向变动

Ⅲ. 均衡数量同方向变动　　Ⅳ. 均衡数量反方向变动

A. Ⅰ、Ⅲ　　B. Ⅰ、Ⅳ　　C. Ⅱ、Ⅲ　　D. Ⅱ、Ⅳ

46. 完全垄断市场是一种比较极端的市场结构。在我国，下列市场接近于完全垄断市场的有（　　）。

Ⅰ. 小麦　　Ⅱ. 铁路　　Ⅲ. 邮政　　Ⅳ. 钢铁

A. Ⅰ、Ⅱ　　B. Ⅰ、Ⅳ　　C. Ⅱ、Ⅲ　　D. Ⅲ、Ⅳ

47. 下列属于垄断竞争市场结构的行业有（　　）。

Ⅰ. 玉米　　Ⅱ. 小麦　　Ⅲ. 啤酒　　Ⅳ. 糖果

A. Ⅰ、Ⅱ　　B. Ⅰ、Ⅳ　　C. Ⅱ、Ⅲ　　D. Ⅲ、Ⅳ

48. 下列有关储蓄投资恒等式的说法，正确的有（　　）。

Ⅰ. $I=S$　　Ⅱ. $I=S+(T-G)$

Ⅲ. $I=S+(M-X)$　　Ⅳ. $I=S+(T-G)+(M-X)$

A. Ⅰ、Ⅱ、Ⅲ　　B. Ⅰ、Ⅱ、Ⅳ　　C. Ⅰ、Ⅲ、Ⅳ　　D. Ⅱ、Ⅲ、Ⅳ

49. 下列表述正确的有（　　）。

Ⅰ. 总需求曲线是反映总需求与利率之间关系的曲线

Ⅱ. 总需求曲线上的点不表明产品市场与货币市场同时达到均衡

Ⅲ. 总需求曲线是表明总需求与价格水平之间关系的曲线

Ⅳ. 在以价格和收入为坐标的坐标系内，总需求曲线是向右下方倾斜的

A. Ⅰ、Ⅱ　　B. Ⅰ、Ⅳ　　C. Ⅱ、Ⅲ　　D. Ⅲ、Ⅳ

50. 短期总供给曲线是一条向右上方倾斜的曲线，这表明（　）。

Ⅰ. 价格水平越高，投资的效率就越低

Ⅱ. 价格水平越高，国民收入水平越高

Ⅲ. 利率水平越高，投资的效率就越高

Ⅳ. 价格与国民收入同方向变动

A. Ⅰ、Ⅲ　　B. Ⅰ、Ⅳ　　C. Ⅱ、Ⅲ　　D. Ⅱ、Ⅳ

51. 证券市场线可以表示为（　）。

Ⅰ. $E(r_P)=r_F+[E(r_M)-r_F]\beta_P$

Ⅱ. $E(r_P)=r_F+\beta_P E(r_M)-r_F\beta_P$

Ⅲ. $r_P=\alpha_P+\beta_P r_M+\varepsilon_P$

Ⅳ. $\sigma_P^2=\beta_P^2\sigma_M^2+\varepsilon_P^2$

A. Ⅰ、Ⅱ　　B. Ⅲ、Ⅳ　　C. Ⅰ、Ⅱ、Ⅲ　　D. Ⅰ、Ⅱ、Ⅳ

52. 资本市场线（CML）是以预期收益和标准差为坐标轴的平面上，表示风险资产的最优组合与一种无风险资产再组合的组合线。下列各项中属于资本市场线方程中的参数是（　）。

Ⅰ. 市场组合的期望收益率　　Ⅱ. 无风险利率

Ⅲ. 市场组合的标准差　　Ⅳ. 风险资产之间的协方差

A. Ⅰ、Ⅱ、Ⅲ　　B. Ⅱ、Ⅲ、Ⅳ

C. Ⅰ、Ⅱ、Ⅳ　　D. Ⅰ、Ⅱ、Ⅲ、Ⅳ

53. 金融市场个体投资者出现的心理和行为偏差主要有（　）。

Ⅰ. 处置效应　　Ⅱ. 羊群行为　　Ⅲ. 过度交易行为　　Ⅳ. 本土偏差

A. Ⅰ、Ⅱ　　B. Ⅰ、Ⅱ、Ⅳ

C. Ⅱ、Ⅲ　　D. Ⅰ、Ⅱ、Ⅲ、Ⅳ

54. 投资者在判断与决策中出现认知偏差的原因主要有（　）。

Ⅰ. 人性存在包括自私等弱点

Ⅱ. 人性存在包括趋利避害等弱点

Ⅲ. 投资者的认知中存在诸如有限的短时记忆容量等生理能力方面的限制

Ⅳ. 投资者的认知中存在诸如不能全面了解信息等生理能力方面的限制

A. Ⅰ、Ⅱ、Ⅲ　　B. Ⅰ、Ⅱ、Ⅳ

C. Ⅱ、Ⅲ、Ⅳ　　D. Ⅰ、Ⅱ、Ⅲ、Ⅳ

55. 回归分析是期货投资分析中重要的统计分析方法，而线性回归模型是回

归分析的基础。线性回归模型的基本假设是（　　）。

Ⅰ. 被解释变量与解释变量之间具有线性关系

Ⅱ. 随机误差项服从正态分布

Ⅲ. 各个随机误差项的方差相同

Ⅳ. 各个随机误差项之间不相关

A. Ⅰ、Ⅱ、Ⅲ　　B. Ⅰ、Ⅲ、Ⅳ

C. Ⅱ、Ⅲ、Ⅳ　　D. Ⅰ、Ⅱ、Ⅲ、Ⅳ

56. 在用普通最小二乘法估计回归模型时，存在异方差问题将导致（　　）。

Ⅰ. 参数估计量非有效　　Ⅱ. 变量的显著性检验无意义

Ⅲ. 模型的预测失效　　Ⅳ. 参数估计量有偏

A. Ⅰ、Ⅱ、Ⅲ　　B. Ⅰ、Ⅱ、Ⅳ　　C. Ⅰ、Ⅲ、Ⅳ　　D. Ⅱ、Ⅲ、Ⅳ

57. 根据误差修正模型，下列说法正确的是（　　）。

Ⅰ. 若变量之间存在长期均衡关系，则表明这些变量间存在着协整关系

Ⅱ. 建模时需要用数据的动态非均衡过程来逼近经济理论的长期均衡过程

Ⅲ. 变量之间的长期均衡关系是在短期波动过程中的不断调整下得以实现的

Ⅳ. 传统的经济模型通常表述的是变量之间的一种“长期均衡”关系

A. Ⅰ、Ⅱ、Ⅲ　　B. Ⅰ、Ⅱ、Ⅳ　　C. Ⅰ、Ⅲ、Ⅳ　　D. Ⅱ、Ⅲ、Ⅳ

58. 下列关于相关系数r的说法正确的是（　　）。

Ⅰ. $|r|$ 越接近于1，相关关系越强

Ⅱ. $r=0$ 表示两者之间没有关系

Ⅲ. 取值范围为 $-1\leqslant r\leqslant 1$

Ⅳ. $|r|$ 越接近于0，相关关系越弱

A. Ⅰ、Ⅱ、Ⅲ　　B. Ⅰ、Ⅱ、Ⅳ

C. Ⅰ、Ⅲ、Ⅳ　　D. Ⅰ、Ⅱ、Ⅲ、Ⅳ

59. 白噪声过程需满足的条件有（　　）。

Ⅰ. 均值为0　　Ⅱ. 方差为不变的常数

Ⅲ. 序列不存在相关性　　Ⅳ. 随机变量是连续型

A. Ⅰ、Ⅱ、Ⅲ　　B. Ⅰ、Ⅱ、Ⅳ

C. Ⅰ、Ⅲ、Ⅳ　　D. Ⅱ、Ⅲ、Ⅳ

60. 时间序列模型一般分为（　　）类型。

Ⅰ. 自回归过程　　Ⅱ. 移动平均过程

Ⅲ. 自回归移动平均过程　　Ⅳ. 单整自回归移动平均过程

A. Ⅰ、Ⅱ、Ⅲ　　B. Ⅰ、Ⅱ、Ⅳ

C. Ⅰ、Ⅲ、Ⅳ　　D. Ⅰ、Ⅱ、Ⅲ、Ⅳ

61. 下列关于区间预测说法正确的有（　　）。

Ⅰ. 样本容量 n 越大，预测精度越高

Ⅱ. 样本容量 n 越小，预测精度越高

Ⅲ. 置信区间的宽度在 x 均值处最小

Ⅳ. 预测点 x_0 离 x 均值越远精度越高

A. Ⅰ、Ⅲ　B. Ⅰ、Ⅳ　C. Ⅱ、Ⅲ　D. Ⅱ、Ⅳ

62. 下列关于调整的 R^2 说法正确的是（　）。

Ⅰ. 可剔除变量个数对拟合优度的影响

Ⅱ. $\overline{R^2}$ 的值永远小于 R^2

Ⅲ. 同时考虑了样本量与自变量的个数的影响

Ⅳ. 当 n 接近于 k 时，$\overline{R}^2$ 近似于 R^2

A. Ⅰ、Ⅲ　B. Ⅱ、Ⅳ　C. Ⅰ、Ⅱ、Ⅲ　D. Ⅰ、Ⅲ、Ⅳ

63. 对回归模型存在异方差问题的主要处理方法有（　）。

Ⅰ. 加权最小二乘法　Ⅱ. 差分法

Ⅲ. 改变模型的数学形式　Ⅳ. 移动平均法

A. Ⅰ、Ⅱ　B. Ⅰ、Ⅲ

C. Ⅱ、Ⅲ　D. Ⅱ、Ⅳ

64. 自相关检验方法有（　）。

Ⅰ. DW 检验法　Ⅱ. ADF 检验法　Ⅲ. LM 检验法　Ⅳ. 回归检验法

A. Ⅰ、Ⅱ、Ⅲ　B. Ⅰ、Ⅱ、Ⅳ　C. Ⅰ、Ⅲ、Ⅳ　D. Ⅱ、Ⅲ、Ⅳ

65. 应用旗形时，要注意的问题包括（　）。

Ⅰ. 旗形出现之前，一般应有一个旗杆

Ⅱ. 旗形持续的时间不能太长

Ⅲ. 旗形形成之前和被突破之后，成交量都很大

Ⅳ. 在旗形的形成过程中，成交量从左向右逐渐增加

A. Ⅰ、Ⅱ、Ⅲ　B. Ⅰ、Ⅲ、Ⅳ

C. Ⅰ、Ⅱ、Ⅳ　D. Ⅰ、Ⅱ、Ⅲ、Ⅳ

66. 人气型指标的类型包括（　）。

Ⅰ. PSY　Ⅱ. OBV　Ⅲ. OBOS　Ⅳ. ADL

A. Ⅰ、Ⅱ　B. Ⅰ、Ⅲ　C. Ⅱ、Ⅳ　D. Ⅱ、Ⅲ

67. 有效边界 FT 上的切点证券组合 T 具有的重要特征包括（　）。

Ⅰ. 当市场处于均衡状态时，最优风险证券组合 T 就等于市场组合

Ⅱ. 有效边界 FT 上的任意证券组合，即有效组合，均可视为无风险证券 F 与 T 的再组合

Ⅲ. T 是有效组合中唯一一个不含无风险证券而仅由风险证券构成的组合

Ⅳ. 切点证券组合 T 完全由市场确定，与投资者的偏好无关

A. Ⅰ、Ⅱ、Ⅲ　B. Ⅰ、Ⅲ、Ⅳ　C. Ⅰ、Ⅱ、Ⅳ　D. Ⅱ、Ⅲ、Ⅳ

68. 对基金进行评价应当至少考虑的内容有（　）。

Ⅰ. 基金投资决策系统及交易系统的有效性和一贯性

Ⅱ. 基金招募说明书和基金合同约定的投资方向、投资范围、投资方法和业绩比较基准等

Ⅲ. 信息披露和风险控制能力

Ⅳ. 基金的风险收益特征

A. Ⅰ、Ⅱ、Ⅲ　　B. Ⅰ、Ⅲ、Ⅳ

C. Ⅰ、Ⅱ、Ⅳ　　D. Ⅰ、Ⅱ、Ⅲ、Ⅳ

69. 测量债券利率风险的方法中，久期所具有的性质包括（　　）。

Ⅰ. 多只债券的组合久期等于各债券久期的加权平均，其权数等于每只债券在组合中所占的比重

Ⅱ. 久期与到期收益率之间呈相反的关系，到期收益率越大，久期越小，但其边际作用效果也递减

Ⅲ. 债券的到期期限越长，久期也越长

Ⅳ. 久期与息票利率呈相反的关系，息票率越高，久期越短

A. Ⅰ、Ⅱ、Ⅲ　　B. Ⅰ、Ⅲ、Ⅳ

C. Ⅰ、Ⅱ、Ⅳ　　D. Ⅰ、Ⅱ、Ⅲ、Ⅳ

70. 套期保值之所以能够规避价格风险，是因为期货市场上存在（　　）的经济原理。

Ⅰ. 同品种的期货价格走势与现货价格走势一致

Ⅱ. 套期交易具有价格发现功能

Ⅲ. 随着期货合约到期日的临近，现货与期货价趋向一致

Ⅳ. 同损益同价格

A. Ⅰ、Ⅱ　　B. Ⅰ、Ⅲ　　C. Ⅱ、Ⅳ　　D. Ⅱ、Ⅲ

71. 证券研究报告主要包括涉及证券及证券相关产品的（　　）。

Ⅰ. 价值分析报告　　Ⅱ. 行业研究报告

Ⅲ. 可行性研究报告　　Ⅳ. 投资策略报告

A. Ⅰ、Ⅱ、Ⅲ　　B. Ⅰ、Ⅲ、Ⅳ

C. Ⅰ、Ⅱ、Ⅳ　　D. Ⅰ、Ⅱ、Ⅲ、Ⅳ

72. 证券公司探索形成的证券投资顾问业务流程主要（　　）环节。

Ⅰ. 服务提供　　Ⅱ. 形成服务产品

Ⅲ. 服务模式的选择和设计　　Ⅳ. 客户签约

A. Ⅰ、Ⅱ、Ⅲ　　B. Ⅰ、Ⅲ、Ⅳ

C. Ⅰ、Ⅱ、Ⅳ　　D. Ⅰ、Ⅱ、Ⅲ、Ⅳ

73. 权证根据权证行权所买卖的股票来源不同，可分为（　　）。

Ⅰ. 欧式权证　　Ⅱ. 美式权证　　Ⅲ. 股本权证　　Ⅳ. 备兑权证

A. Ⅰ、Ⅲ　　B. Ⅲ、Ⅳ　　C. Ⅰ、Ⅳ　　D. Ⅱ、Ⅳ

74. 资本资产定价模型的β系数的应用包括（　　）。

Ⅰ. 投资组合绩效评价　　Ⅱ. 证券的敏感性

Ⅲ. 风险控制　　Ⅳ. 证券的选择

A. Ⅰ、Ⅱ、Ⅲ　　B. Ⅰ、Ⅲ、Ⅳ

C. Ⅰ、Ⅱ、Ⅳ　　D. Ⅰ、Ⅱ、Ⅲ、Ⅳ

75. 产业作为经济学的专门术语，有严格的使用条件，产业的构成一般具有（　　）特点。

Ⅰ. 规模性　　Ⅱ. 职业化　　Ⅲ. 社会功能性　　Ⅳ. 单一性

A. Ⅰ、Ⅱ、Ⅲ　　B. Ⅰ、Ⅱ、Ⅳ　　C. Ⅱ、Ⅲ、Ⅳ　　D. Ⅰ、Ⅲ、Ⅳ

76. 债券投资的主要风险因素包括（　　）等。

Ⅰ. 违约风险　　Ⅱ. 信用风险　　Ⅲ. 流动性风险　　Ⅳ. 汇率风险

A. Ⅰ、Ⅱ、Ⅲ　　B. Ⅰ、Ⅲ、Ⅳ

C. Ⅰ、Ⅱ、Ⅳ　　D. Ⅰ、Ⅱ、Ⅲ、Ⅳ

77. 对于追求收益又厌恶风险的投资者而言，其无差异曲线的特点包括（　　）。

Ⅰ. 每个投资者的无差异曲线形成密布整个平面又互不相交的曲线簇

Ⅱ. 不同无差异曲线上的组合给投资者带来的满意程度不同

Ⅲ. 无差异曲线向上弯曲的程度大小反映投资者承受风险的能力强弱

Ⅳ. 不同投资者的无差异曲线簇可获得相同的最佳证券组合

A. Ⅰ、Ⅱ、Ⅲ　　B. Ⅰ、Ⅲ、Ⅳ

C. Ⅰ、Ⅱ、Ⅳ　　D. Ⅰ、Ⅱ、Ⅲ、Ⅳ

78. 通常可将自由现金流分为（　　）。

Ⅰ. 商业自由现金流

Ⅱ. 股东自由现金流

Ⅲ. 企业自由现金流

Ⅳ. 政府自由现金流

A. Ⅰ、Ⅲ　　B. Ⅲ、Ⅳ　　C. Ⅱ、Ⅳ　　D. Ⅱ、Ⅲ

79. 关于权利期间的叙述，正确的是（　　）。

Ⅰ. 权利期间是指期权剩余的有效时间，即期权成交日至期权到期日的时间

Ⅱ. 在其他条件不变的情况下，期权期间越长，期权价格越低

Ⅲ. 在期权的到期日，权利期间为零，时间价值也为零

Ⅳ. 通常，权利期间与时间价值存在同方向但非线性的影响

A. Ⅰ、Ⅱ、Ⅲ　　B. Ⅰ、Ⅲ、Ⅳ

C. Ⅰ、Ⅱ、Ⅳ　　D. Ⅰ、Ⅱ、Ⅲ、Ⅳ

80. 国内生产总值的表现形态包括（　　）。

Ⅰ. 价值形态　　Ⅱ. 产品形态　　Ⅲ. 收入形态　　Ⅳ. 支出形态

A. Ⅰ、Ⅱ、Ⅲ　　B. Ⅰ、Ⅲ、Ⅳ

C. Ⅰ、Ⅱ、Ⅳ　　D. Ⅰ、Ⅱ、Ⅲ、Ⅳ

81. 切点证券组合T的经济意义有（　　）。

Ⅰ. 所有投资者拥有完全相同的有效边界

Ⅱ. 每个投资者按照各自的偏好购买各种证券，其最终结果是每个投资者手中持有的全部风险证券所形成的风险证券组合在结构上恰好与切点证券组合T相同

Ⅲ. 所有有效组合都可视为无风险证券 F 与市场组合 M 的再组合

Ⅳ. 当市场处于均衡状态时，最优风险证券组合 T 就等于市场组合

A. Ⅰ、Ⅱ、Ⅲ　　B. Ⅰ、Ⅲ、Ⅳ

C. Ⅰ、Ⅱ、Ⅳ　　D. Ⅰ、Ⅱ、Ⅲ、Ⅳ

82. 我国现行货币统计制度将货币供应量划分为（　　）。

Ⅰ. 未流通现金　　Ⅱ. 流通中现金

Ⅲ. 狭义货币供应量　　Ⅳ. 广义货币供应量

A. Ⅰ、Ⅱ、Ⅲ　B. Ⅰ、Ⅲ、Ⅳ　C. Ⅰ、Ⅱ、Ⅳ　D. Ⅱ、Ⅲ、Ⅳ

83. 公司盈利预测的假设内容主要包括（　　）。

Ⅰ. 销售收入预测　　Ⅱ. 行业未来增长率预测

Ⅲ. 生产成本预测　　Ⅳ. 管理和销售费用预测

A. Ⅰ、Ⅱ、Ⅲ　　B. Ⅰ、Ⅲ、Ⅳ

C. Ⅰ、Ⅱ、Ⅳ　　D. Ⅰ、Ⅱ、Ⅲ、Ⅳ

84. 税收具有（　　）的特征，它既是筹集财政收入的主要工具，又是调节宏观经济的重要手段。

Ⅰ. 强制性　Ⅱ. 无偿性　Ⅲ. 固定性　Ⅳ. 随机性

A. Ⅰ、Ⅱ、Ⅲ　　B. Ⅰ、Ⅲ、Ⅳ

C. Ⅰ、Ⅱ、Ⅳ　　D. Ⅰ、Ⅱ、Ⅲ、Ⅳ

85. 实施积极财政政策对证券市场的影响有（　　）。

Ⅰ. 减少税收，降低税率，扩大减免税范围

Ⅱ. 扩大财政支出，加大财政赤字

Ⅲ. 减少国债发行

Ⅳ. 增加财政补贴

A. Ⅰ、Ⅱ、Ⅲ　　B. Ⅰ、Ⅲ、Ⅳ

C. Ⅰ、Ⅱ、Ⅳ　　D. Ⅰ、Ⅱ、Ⅲ、Ⅳ

86. 关于融资融券业务的风险，下列叙述正确的是（　　）。

Ⅰ. 融资融券业务对标的证券具有助涨助跌的作用

Ⅱ. 融资融券业务的推出使得证券交易更容易被操纵

Ⅲ. 融资融券业务可能会对金融体系的稳定性带来一定威胁

Ⅳ. 融资融券业务的推出可能会影响到监管的有效性

A. Ⅰ、Ⅱ、Ⅲ　　B. Ⅰ、Ⅲ、Ⅳ

C. Ⅰ、Ⅱ、Ⅳ　　D. Ⅰ、Ⅱ、Ⅲ、Ⅳ

87. 道·琼斯分类法将大多数股票分为（　）。

Ⅰ. 运输业　　Ⅱ. 农业　　Ⅲ. 公用事业　　Ⅳ. 工业

A. Ⅰ、Ⅱ、Ⅲ　　B. Ⅰ、Ⅲ、Ⅳ

C. Ⅰ、Ⅱ、Ⅳ　　D. Ⅰ、Ⅱ、Ⅲ、Ⅳ

88. 简单估计法主要是利用历史数据进行估计，主要包括（　）。

Ⅰ. 算术平均数法　Ⅱ. 中间数法　　Ⅲ. 趋势调整法　　Ⅳ. 回归调整法

A. Ⅰ、Ⅱ、Ⅲ　　B. Ⅰ、Ⅲ、Ⅳ

C. Ⅰ、Ⅱ、Ⅳ　　D. Ⅰ、Ⅱ、Ⅲ、Ⅳ

89. 行业的市场结构形式包括（　）。

Ⅰ. 完全竞争　　Ⅱ. 垄断竞争　　Ⅲ. 寡头垄断　　Ⅳ. 完全垄断

A. Ⅰ、Ⅱ、Ⅲ　　B. Ⅰ、Ⅲ、Ⅳ

C. Ⅰ、Ⅱ、Ⅳ　　D. Ⅰ、Ⅱ、Ⅲ、Ⅳ

90. 一个行业内存在的基本竞争力量包括（　）。

Ⅰ. 供给方　　Ⅱ. 潜在入侵者　　Ⅲ. 需求方　　Ⅳ. 替代产品

A. Ⅰ、Ⅱ、Ⅲ　　B. Ⅰ、Ⅲ、Ⅳ

C. Ⅰ、Ⅱ、Ⅳ　　D. Ⅰ、Ⅱ、Ⅲ、Ⅳ

91. 产业政策是国家干预或参与经济的一种形式，是国家（政府）系统设计的有关产业发展的政策目标和政策措施的总和。一般认为，产业政策可以包括（　）。

Ⅰ. 产业方针政策　　Ⅱ. 产业结构政策

Ⅲ. 产业布局政策　　Ⅳ. 产业组织政策

A. Ⅰ、Ⅱ、Ⅲ　　B. Ⅰ、Ⅲ、Ⅳ　　C. Ⅰ、Ⅱ、Ⅳ　　D. Ⅱ、Ⅲ、Ⅳ

92. 从信息发布主体和发布渠道来看，证券市场上各种信息的来源主要有（　）。

Ⅰ. 政府部门　　Ⅱ. 证券交易所

Ⅲ. 中国证券业协会　　Ⅳ. 证券登记结算公司

A. Ⅰ、Ⅱ、Ⅲ　　B. Ⅰ、Ⅲ、Ⅳ

C. Ⅰ、Ⅱ、Ⅳ　　D. Ⅰ、Ⅱ、Ⅲ、Ⅳ

93. 对波浪理论有重大贡献的人包括（　）。

Ⅰ. 柯林斯　　Ⅱ. 威廉　　Ⅲ. 艾略特　　Ⅳ. 马柯威茨

A. Ⅰ、Ⅱ　　B. Ⅰ、Ⅲ　　C. Ⅱ、Ⅳ　　D. Ⅲ、Ⅳ

94. 股票价格走势的压力线是（　）。

Ⅰ. 阻止股价上升的一条线　　Ⅱ. 一条直线

Ⅲ. 一条曲线　　Ⅳ. 只出现在上升行情中

A. Ⅰ、Ⅱ　B. Ⅰ、Ⅲ　C. Ⅱ、Ⅳ　D. Ⅲ、Ⅳ

95. 下列关于技术分析中的缺口理论的说法，正确的是（　）。

Ⅰ. 突破缺口被确认后，投资者应当立即作出买入或卖出指令，不应当顾虑价位（指数）的升跌

Ⅱ. 普通缺口一般短期内回补

Ⅲ. 突破缺口一般短期内回补

Ⅳ. 持续性缺口相对于消耗性缺口伴随较大的成交量

A. Ⅰ、Ⅱ　B. Ⅰ、Ⅲ　C. Ⅱ、Ⅳ　D. Ⅲ、Ⅳ

96. 下列属于反转突破形态的是（　）。

Ⅰ. 楔形　　Ⅱ. 头肩形

Ⅲ. 喇叭形　　Ⅳ. 三重顶（底）形

A. Ⅰ、Ⅱ、Ⅲ　B. Ⅰ、Ⅲ、Ⅳ　C. Ⅰ、Ⅱ、Ⅳ　D. Ⅱ、Ⅲ、Ⅳ

97. 财务比率分析的基本内容包括（　）。

Ⅰ. 偿债能力分析　　Ⅱ. 营运能力分析

Ⅲ. 周转能力分析　　Ⅳ. 盈利能力分析

A. Ⅰ、Ⅱ、Ⅲ　　B. Ⅰ、Ⅲ、Ⅳ

C. Ⅱ、Ⅲ、Ⅳ　　D. Ⅰ、Ⅱ、Ⅳ

98. 道氏理论认为市场的波动表现为几种趋势，它们是（　）。

Ⅰ. 主要趋势　Ⅱ. 次要趋势　Ⅲ. 上涨趋势　Ⅳ. 短暂趋势

A. Ⅰ、Ⅱ、Ⅲ　B. Ⅰ、Ⅲ、Ⅳ　C. Ⅰ、Ⅱ、Ⅳ　D. Ⅱ、Ⅲ、Ⅳ

99. 根据各个算法交易中算法的主动程度不同，可以把不同算法交易分为（　）。

Ⅰ. 自动型算法交易　　Ⅱ. 被动型算法交易

Ⅲ. 主动型算法交易　　Ⅳ. 综合型算法交易

A. Ⅱ、Ⅲ、Ⅳ　　B. Ⅰ、Ⅱ、Ⅲ

C. Ⅰ、Ⅱ、Ⅳ　　D. Ⅰ、Ⅱ、Ⅲ、Ⅳ

100. 在量化投资分析中，可以借鉴人工智能的技术包括（　）。

Ⅰ. 专家系统　Ⅱ. 机器学习　Ⅲ. 神经网络　Ⅳ. 遗传算法

A. Ⅰ、Ⅲ　　B. Ⅰ、Ⅱ、Ⅲ

C. Ⅱ、Ⅳ　　D. Ⅰ、Ⅱ、Ⅲ、Ⅳ

101. 以下指标，宜对固定资产更新变化较快的公司进行估值的是（　）。

Ⅰ. 市盈率

Ⅱ. 市净率

Ⅲ. 经济增加值与利息折旧摊销前收入比

Ⅳ. 股价/销售额比率

A. Ⅰ、Ⅲ　　B. Ⅰ、Ⅱ、Ⅲ

C. Ⅰ、Ⅱ、Ⅳ　　D. Ⅰ、Ⅱ、Ⅲ、Ⅳ

102. 下列说法正确的有（　）。

Ⅰ. 如果股票内部收益率小于必要收益率，则可购买该股票

Ⅱ. 运用现金流贴现模型估值时，投资者必须预测所有未来时期支付的股息

Ⅲ. 内部收益率是指使得投资净现值等于零的贴现率

Ⅳ. 内部收益率实际上就是股息率

A. Ⅰ、Ⅲ　　B. Ⅰ、Ⅳ　　C. Ⅱ、Ⅲ　　D. Ⅰ、Ⅲ、Ⅳ

103. 关于二元可变增长模型，下列说法正确的有（　）。

Ⅰ. 相对于零增长和不变增长模型而言，二元增长模型更为接近实际情况

Ⅱ. 当两个阶段的股息增长率都相等时，二元增长模型应是零增长模型

Ⅲ. 多元增长模型建立的原理、方法和应用方式与二元模型类似

Ⅳ. 当两个阶段的股息增长率都为零时，二元增长模型应是零增长模型

A. Ⅰ、Ⅱ、Ⅲ　　B. Ⅰ、Ⅲ、Ⅳ

C. Ⅱ、Ⅲ、Ⅳ　　D. Ⅰ、Ⅱ、Ⅲ、Ⅳ

104. 下列关于盈利的说法正确的是（　）。

Ⅰ. 一般情况下，预期公司盈利增加，可分配的股利也会相应增加，股票市场价格上涨

Ⅱ. 公司的盈利水平是影响股票投资价值的基本因素之一

Ⅲ. 一般情况下，预期公司盈利减少，可分配的股利相应减少，股票市场价格下降

Ⅳ. 股票价格的涨跌和公司盈利的变化不完全同时发生

A. Ⅰ、Ⅲ　　B. Ⅱ、Ⅳ

C. Ⅰ、Ⅱ、Ⅲ　　D. Ⅰ、Ⅱ、Ⅲ、Ⅳ

105. 以下（　）情况说明股票价格被低估，因此购买这种股票可行。

Ⅰ. $NPV<0$

Ⅱ. $NPV>0$

Ⅲ. 内部收益率 $k^*>$具有同等风险水平股票的必要收益率 k

Ⅳ. 内部收益率 $k^*<$具有同等风险水平股票的必要收益率 k

A. Ⅰ、Ⅲ　　B. Ⅰ、Ⅳ　　C. Ⅱ、Ⅲ　　D. Ⅱ、Ⅳ

106. 关于市场归类决定法说法正确的是（　）。

Ⅰ. 使用历史数据估计市盈率

Ⅱ. 需要有效市场的假定

Ⅲ. 市盈率的估计，需要选取风险结构类似的公司

Ⅳ. 使用回归分析法

A. Ⅰ、Ⅱ　　B. Ⅱ、Ⅲ　　C. Ⅲ、Ⅳ　　D. Ⅰ、Ⅱ、Ⅳ

107. 美国学者 Whitebeck 和 Kisor 用多重回归分析法发现在 1962 年 6 月 8 日的美国股票市场中的规律，建立市盈率与（　　）的关系。

Ⅰ. 收益增长率　　Ⅱ. 股息支付率

Ⅲ. 市场利率　　Ⅳ. 增长率标准差

A. Ⅰ、Ⅱ　　B. Ⅰ、Ⅲ　　C. Ⅰ、Ⅱ、Ⅲ　　D. Ⅰ、Ⅱ、Ⅳ

108. 当期收益率的缺点表现为（　　）。

Ⅰ. 零息债券无法计算当期收益

Ⅱ. 不能用于比较期限和发行人均较为接近的债券

Ⅲ. 一般不单独用于评价不同期限附息债券的优劣

Ⅳ. 计算方法较为复杂

A. Ⅰ、Ⅳ　　B. Ⅰ、Ⅲ　　C. Ⅱ、Ⅳ　　D. Ⅱ、Ⅲ、Ⅳ

109. 关于债券的即期利率，下列说法正确的有（　　）。

Ⅰ. 即期利率也称为零利率

Ⅱ. 即期利率是零息票债券到期收益率

Ⅲ. 即期利率是用来进行现金流贴现的贴现率

Ⅳ. 根据已知的债券价格，能够计算出即期利率

A. Ⅰ、Ⅱ、Ⅳ　　B. Ⅰ、Ⅲ、Ⅳ

C. Ⅱ、Ⅲ、Ⅳ　　D. Ⅰ、Ⅱ、Ⅲ、Ⅳ

110. （　　）是指买入现货国债并卖出相当于转换因子数量的期货合约。

Ⅰ. 买入基差　　Ⅱ. 卖出基差　　Ⅲ. 基差的多头　　Ⅳ. 基差的空头

A. Ⅰ、Ⅲ　　B. Ⅰ、Ⅳ　　C. Ⅱ、Ⅲ　　D. Ⅱ、Ⅳ

111. 一般来说，基础证券波动率变大，以该基础证券为标的物的期权（　　）。

Ⅰ. 内在价值不变　　Ⅱ. 时间价值变大

Ⅲ. 内在价值变大　　Ⅳ. 时间价值不变

A. Ⅲ、Ⅳ　　B. Ⅰ、Ⅳ

C. Ⅰ、Ⅱ　　D. Ⅱ、Ⅳ

112. 下列关于国债期货的说法，正确的有（　　）。

Ⅰ. 以主权国家发行的国债为期货合约标的

Ⅱ. 全球交易活跃的国债期货品种主要是中长期国债期货

Ⅲ. 全球交易活跃的国债期货品种主要是短期国债期货

Ⅳ. 中长期国债期货一般采用实物交割

A. Ⅰ、Ⅱ　　B. Ⅰ、Ⅱ、Ⅳ　　C. Ⅱ、Ⅳ　　D. Ⅰ、Ⅲ、Ⅳ

113. 我国财政收入一般包括（　　）。

Ⅰ. 征收排污费收入　　Ⅱ. 捐赠收入

Ⅲ. 各项税收　　Ⅳ. 国有企业计划亏损补贴

A. Ⅰ、Ⅱ、Ⅲ　　B. Ⅰ、Ⅱ、Ⅳ

C. Ⅱ、Ⅲ、Ⅳ　　D. Ⅰ、Ⅱ、Ⅲ、Ⅳ

114. 以下关于卖出看跌期权的说法，正确的有（　　）。

Ⅰ. 如果预期标的物价格上涨，可卖出看跌期权

Ⅱ. 卖出看跌期权比卖出标的期货可获得更高的收益

Ⅲ. 如果现货持仓者担心价格下跌，可卖出看跌期权对冲风险

Ⅳ. 如果对手行权，看跌期权卖方可对冲持有的标的物空头头寸

A. Ⅰ、Ⅱ　　B. Ⅰ、Ⅳ　　C. Ⅱ、Ⅲ　　D. Ⅲ、Ⅳ

115. 标的物的市场价格（　　）对卖出看涨期权者有利。

Ⅰ. 波动幅度变小　Ⅱ. 下跌　　Ⅲ. 波动幅度变大　Ⅳ. 上涨

A. Ⅰ、Ⅱ　　B. Ⅰ、Ⅳ　　C. Ⅱ、Ⅲ　　D. Ⅲ、Ⅳ

116. 关于卖出看涨期权的目的，以下说法正确的是（　　）。

Ⅰ. 为获得权利金价差收益　　Ⅱ. 为赚取权利金

Ⅲ. 有限锁定期货利润　　Ⅳ. 为限制交易风险

A. Ⅰ、Ⅱ　　B. Ⅰ、Ⅲ　　C. Ⅱ、Ⅲ　　D. Ⅲ、Ⅳ

117. 为避免现货价格上涨的风险，交易者可进行的操作有（　　）。

Ⅰ. 买人看涨期货期权　　Ⅱ. 买入看跌期货期权

Ⅲ. 买进看涨期货合约　　Ⅳ. 卖出看涨期货期权

A. Ⅰ、Ⅲ　　B. Ⅰ、Ⅳ　　C. Ⅱ、Ⅲ　　D. Ⅱ、Ⅳ

118. 公司产品分析的内容包括（　　）。

Ⅰ. 公司经营战略　　Ⅱ. 公司产品的品牌战略

Ⅲ. 公司产品的市场占有情况　　Ⅳ. 公司产品的竞争能力

A. Ⅰ、Ⅱ　　B. Ⅱ、Ⅲ、Ⅳ　　C. Ⅰ、Ⅳ　　D. Ⅰ、Ⅱ、Ⅳ

119. 为了达到上市公司调研的主要目的，上市公司调研围绕上市公司的内部条件和外部环境进行，调研的对象包括(　　)。

Ⅰ. 公司管理层及员工　　Ⅱ. 公司本部及子公司

Ⅲ. 公司供应商和公司客户　　Ⅳ. 公司产品零售网点

A. Ⅰ、Ⅱ、Ⅲ　　B. Ⅰ、Ⅲ、Ⅳ

C. Ⅱ、Ⅲ、Ⅳ　　D. Ⅰ、Ⅱ、Ⅲ、Ⅳ

120. 公司调研的主要内容包括（　　）。

Ⅰ. 公司生产经营情况　　Ⅱ. 公司财务与会计信息

Ⅲ. 公司发展战略　　Ⅳ. 公司募集资金投向及使用情况

A. Ⅰ、Ⅱ、Ⅳ　　B. Ⅰ、Ⅲ、Ⅳ

C. Ⅱ、Ⅲ、Ⅳ　　D. Ⅰ、Ⅱ、Ⅲ、Ⅳ

实战模拟试卷一参考答案

一、单项选择题

1. D	2. B	3. D	4. B	5. D
6. B	7. D	8. A	9. D	10. C
11. A	12. D	13. C	14. B	15. B
16. B	17. B	18. A	19. C	20. B
21. B	22. D	23. C	24. B	25. D
26. A	27. A	28. B	29. A	30. C
31. C	32. C	33. C	34. B	35. D
36. B	37. C	38. A	39. B	40. D

二、组合型选择题

41. D	42. B	43. D	44. C	45. A
46. C	47. D	48. B	49. D	50. D
51. C	52. A	53. D	54. D	55. D
56. A	57. D	58. C	59. A	60. D
61. A	62. C	63. B	64. C	65. A
66. A	67. D	68. C	69. D	70. B
71. C	72. D	73. B	74. B	75. A
76. D	77. A	78. D	79. B	80. A
81. C	82. D	83. B	84. A	85. D
86. A	87. B	88. D	89. D	90. D
91. D	92. D	93. B	94. A	95. A
96. D	97. D	98. C	99. A	100. D
101. C	102. C	103. B	104. D	105. C

106. B	107. D	108. B	109. D	110. A
111. C	112. B	113. D	114. B	115. A
116. A	117. A	118. B	119. D	120. D

实战模拟试卷二

一、单项选择题（共40题，每题0.5分，共20分。以下备选项中只有一项符合题目要求，不选、错选不得分）

1. 从业人员的后续职业培训学时是指在年检期间应达到的培训学时，从业人员年检期间培训学时为（　　）学时。

A. 8　　B. 15　　C. 18　　D. 20

2. 证券公司、证券投资咨询机构应当公平对待证券研究报告的发布对象，不得将证券研究报告的内容或者观点，优先提供给公司内部部门、人员或者特定对象属于（　　）。

A. 证券研究报告对象覆盖要求

B. 证券研究报告信息收集要求

C. 证券研究报告制作要求

D. 证券研究报告质量控制要求

3. 证券公司、证券投资咨询机构应当严格执行发布证券研究报告与其他证券业务之间的（　　），防止存在利益冲突的部门及人员利用发布证券研究报告牟取不当利益。

A. 自动回避制度　　B. 隔离墙制度

C. 事前回避制度　　D. 分类经营制度

4. 以纵轴代表价格、横轴代表产量绘制某种农产品的需求曲线和供给曲线，假设其他条件不变，当生产成本上升时，在坐标图上就表现为这种农产品的（　　）。

A. 需求曲线将向左移动　　B. 供给曲线将向左移动

C. 供给曲线将向右移动　　D. 需求曲线将向右移动

5. 市场供给力量与需求力量相互抵消时所达到的价格水平称为（　　）。

A. 平均价格　　B. 平准价格　　C. 理论价格　　D. 均衡价格

6. 下列情况中，需求价格弹性最高的是（　　）。

A. 价格下降3%，需求量下降4%　　B. 价格上升2%，需求量下降2%

C. 价格下降5%，需求量增加3%　　D. 价格下降1%，需求量增加2%

7. 已知某种商品的需求价格弹性系数是0.5，当价格为每台32元时，其销售量为1000台，如果这种商品价格下降10%，在其他因素不变的条件下，其销售量是（　　）台。

A. 1050　　B. 950　　C. 1000　　D. 1100

8. 某投资者用10000元进行为期1年的投资，假定市场年利率为6%，利息按半年复利计算，该投资者投资的期末价值为（　　）元。

A. 11236　　B. 10609　　C. 10600　　D. 10000

9. 反映任何一种证券组合期望收益水平与系统风险水平之间均衡关系的方程式是（　　）。

A. 马柯威茨方程　　B. 证券特征线方程

C. 资本市场线方程　　D. 证券市场线方程

10. 某种动物活到10岁以上的概率为0.8，活到15岁的概率为0.4，则现年10岁的这种动物活到15岁以上的条件概率是（　　）。

A. 0.32　　B. 0.4　　C. 0.5　　D. 0.76

11.（　　）是指模型的误差项间存在相关性。

A. 异方差　　B. 自相关　　C. 伪回归　　D. 多重共线性

12. 样本判定系数R^2的计算公式是（　　）。

A. $R^2=\frac{ESS}{RSS}$　　B. $R^2=\frac{ESS}{TSS}$　　C. $R^2=1-\frac{RSS}{ESS}$　　D. $R^2=\frac{RSS}{TSS}$

13. 英国天文学家艾尔蒙多·哈雷在其（　　）的遗作《论复利》中，已经推导出了年金现值计算公式。

A. 1202年　　B. 1494年　　C. 1761年　　D. 1907年

14. 在（　　）中，证券价格充分反映了历史上一系列交易价格和交易量中所隐含的信息，从而投资者不可能通过分析以往价格获得超额利润。

A. 半弱式有效市场　　B. 弱式有效市场

C. 半强式有效市场　　D. 强式有效市场

15. 关于量化分析法的特点，叙述错误的是（　　）。

A. 量化分析法对使用者的定量分析技术有较高要求，很容易为普通公众所接受

B. 量化分析法所采用的各种数理模型本身存在模型风险，一旦外部环境发生较大变化，原有模型的稳定性就会受影响

C. 量化分析法对交易系统的速度和市场数据的精确度有较高要求，在一定程度上限制了其应用范围

D. 量化分析法具有使用大量数据、模型和电脑的显著特点

16. 常见的战略性投资策略不包括（　　）。

A. 买入持有策略　　B. 固定比例策略

C. 浮动比例策略　　D. 投资组合保险策略

17. 政府实施新的经济政策或发布新的法规限制了某些资产的使用，使得资产价值下降，这种损耗一般称为（　　）。

A. 经济性贬值　　B. 功能性贬值

C. 时间性贬值　　　　　　　　　D. 实体性贬值

18. 威廉姆斯提出的（　　）在投资分析理论中具有重要地位，至今仍然广泛应用。

A. 股利贴现模型（DDM）　　　　B. 资本资产定价模型（CAPM）

C. 套利定价模型（APT）　　　　D. 单因素模型（市场模型）

19. 零息债券不计利息，折价发行，到期还本，通常（　　）以内的债券为零息债券。

A. 半年期　　B. 1 年期　　C. 2 年期　　D. 3 年期

20. 债券的（　　）是使债券未来现金流现值等于当前价格所用的相同的贴现率，也就是金融学中所谓的内部报酬率。

A. 当期收益率　　　　B. 持有期收益率

C. 到期收益率　　　　D. 赎回收益率

21. 目前我国证券市场推出的权证均为（　　）。

A. 债券类权证　　B. 股权类权证　　C. 商业类权证　　D. 其他权证

22. 不属于按权证的内在价值分类的是（　　）。

A. 平价权证　　B. 高价权证　　C. 价内权证　　D. 价外权证

23. 国际上一般认为，发展中国家的偿债率的警戒线为（　　）。

A. 20％　　B. 25％　　C. 30％　　D. 35％

24. 温和的通货膨胀是指年通货膨胀率低于（　　）的通货膨胀。

A. 10％　　B. 15％　　C. 20％　　D. 25％

25. 衡量工业企业产品出厂价格变动趋势和变动程度的指数是（　　）。

A. 零售物价指数　　　　B. 生产者价格指数

C. 消费物价指数　　　　D. 国民生产总值物价平减指数

26. 长期资本是指合同规定偿还期超过（　　）年的资本或未定偿还期的资本。

A. 1　　B. 2　　C. 3　　D. 4

27. 关于通货膨胀对证券市场的影响，叙述错误的是（　　）。

A. 温和的、稳定的通货膨胀对股价的影响较小

B. 严重的通货膨胀是很危险的，经济将被严重扭曲，货币加速贬值

C. 通货膨胀不仅产生经济影响，还可能产生社会影响，并影响投资者的心理和预期

D. 政府往往绝不会容忍通货膨胀存在，必然会使用某些宏观经济政策工具来抑制通货膨胀

28. 相对强弱指标的英文简写是（　　）。

A. BLAS　　B. RSI　　C. DMI　　D. KDJ

29. 道氏理论中，不同种类的趋势最大的区别是（　　）。

A. 趋势持续期间成交量的大小

B. 趋势持续的方向不同

C. 趋势在不同的上升或下降预期中

D. 趋势持续时间的长短和波动幅度的大小

30. 证券投资技术分析以（　　）为分析对象。

A. 证券市场的总体变动趋势

B. 证券市场过去和现在的市场行为

C. 证券市场上各种信息

D. 证券市场数据和原始市场数据

31. 利用统计、数值模拟和其他定量模型进行的证券市场相关研究的一种方法是（　）。

A. 道氏分析法　　B. 技术分析法　　C. 量化分析法　　D. 基本分析法

32. 股权自由现金流贴现模型中的现金流是（　　）。

A. 总资本　　B. 权益价值　　C. 资产总值　　D. 现金净流量

33. 某投资者投资 10000 元于一项期限为 3 年、年息 8%的债券（按年计息），按复利计算该项投资的终值为（　　）元。

A. 10800.12　　B. 12400.12　　C. 12597.12　　D. 13310.12

34. 上年末某公司支付每股股息为 2 元，预计在未来其股息按每年 4%的速度增长，必要收益率为 12%，则该公司股票的价值为（　　）元。

A. 28　　B. 26　　C. 24　　D. 22

35. 可变增长模型中计算内部收益率用股票的市场价格代替股票期初的内在价值，估计的内部收益率代替实际内部收益率，同样可以计算出内部收益率。不过由于此模型较复杂，主要采用（　　）来计算内部收益率。

A. 回归调整法　　B. 直接计算法　　C. 试错法　　D. 趋势调整法

36. 下列各项中，属于发行条款中直接影响债券现金流确定的因素是（　　）。

A. 税收待遇　　B. 市场利率　　C. 银行利率　　D. 基准利率

37. 收益率与期限的关系随着期限的长短由正向变为反向，这是（　　）收益率曲线的特征。

A. 正常的　　B. 拱形的　　C. 双曲线　　D. 反向的

38. 债券估值的基本原理是（　　）。

A. 风险中性定价　　B. 自由现金流

C. 成本重置　　D. 现金流贴现

39. 投资者进行金融衍生工具交易时，要想获得交易的成功，必须对利率、汇率、股价等因素的未来趋势作出判断，这是衍生工具的（　　）所致。

A. 投机性　　B. 杠杆性　　C. 风险性　　D. 跨期性

40. 除交易所交易的标准化期权、权证之外，还存在大量场外交易的期权，这些新型期权通常被称为（　　）

A. 看跌期权　　B. 现货期权　　C. 期货期权　　D. 奇异型期权

二、组合型选择题（共80题，每题1分，共80分。以下备选项中，只有一项最符合题目要求，不选、错选不得分）

41. 证券研究报告按研究内容分类，一般有（　　）。

Ⅰ. 宏观研究　　Ⅱ. 行业研究　　Ⅲ. 策略研究　　Ⅳ. 公司研究

A. Ⅰ、Ⅱ、Ⅲ　　B. Ⅰ、Ⅲ、Ⅳ

C. Ⅱ、Ⅲ、Ⅳ　　D. Ⅰ、Ⅱ、Ⅲ、Ⅳ

42. 证券研究报告按研究品种分类，主要有（　　）。

Ⅰ. 股票研究　　Ⅱ. 基金研究　　Ⅲ. 债券研究　　Ⅳ. 衍生品研究

A. Ⅰ、Ⅱ、Ⅲ　　B. Ⅰ、Ⅲ、Ⅳ

C. Ⅱ、Ⅲ、Ⅳ　　D. Ⅰ、Ⅱ、Ⅲ、Ⅳ

43. 下列关于证券公司、证券投资咨询机构及证券分析师在证券研究报告中应履行职责的说法正确的包括（　　）。

Ⅰ. 建立健全相关的管理制度，加强流程管理和内部控制

Ⅱ. 遵循独立、客观、公平、审慎原则，加强合规管理，提升研究质量和专业服务水平

Ⅲ. 应当建立证券研究报告的信息来源管理制度，加强信息收集环节的管理，维护信息来源的合法合规性

Ⅳ. 应当从组织设置、人员职责上，将证券研究报告制作发布环节与销售服务环节分开管理，以维护证券研究报告制作发布的独立性

A. Ⅰ、Ⅱ、Ⅲ　　B. Ⅰ、Ⅱ、Ⅳ

C. Ⅱ、Ⅲ、Ⅳ　　D. Ⅰ、Ⅱ、Ⅲ、Ⅳ

44. 证券研究报告可以采用（　　）形式。

Ⅰ. 广告　　Ⅱ. 书面

Ⅲ. 电子文件　　Ⅳ. 电视媒体

A. Ⅱ、Ⅲ　　B. Ⅱ、Ⅲ、Ⅳ

C. Ⅰ、Ⅱ、Ⅲ　　D. Ⅰ、Ⅳ

45. 关于垄断竞争市场特征和生产者行为的说法，正确的有（　　）。

Ⅰ. 单个企业的需求曲线是一条向右下方倾斜的曲线

Ⅱ. 行业的需求曲线和个别企业的需求曲线是相同的

Ⅲ. 垄断竞争市场的产量一般低于完全竞争市场的产量

Ⅳ. 企业能在一定程度上控制价格

A. Ⅰ、Ⅱ、Ⅲ　　B. Ⅰ、Ⅱ、Ⅳ　　C. Ⅰ、Ⅲ、Ⅳ　　D. Ⅱ、Ⅲ、Ⅳ

46. 当社会总供给大于总需求时，政府可实施的财政政策措施有（　　）。

Ⅰ. 增加财政补贴支出　　Ⅱ. 实行中性预算平衡政策

Ⅲ. 缩小预算支出规模　　Ⅳ. 降低税率

A. Ⅰ、Ⅱ　　B. Ⅰ、Ⅳ　　C. Ⅲ、Ⅳ　　D. Ⅱ、Ⅲ、Ⅳ

47. 下列经济因素中，对长期总供给有决定性影响的有（　　）。

Ⅰ. 劳动　　Ⅱ. 价格总水平　　Ⅲ. 资本　　Ⅳ. 技术

A. Ⅱ、Ⅲ　　B. Ⅰ、Ⅲ、Ⅳ

C. Ⅱ、Ⅲ、Ⅳ　　D. Ⅰ、Ⅱ、Ⅲ、Ⅳ

48. 在社会总需求大于社会总供给的经济过热时期，政府可以采取的财政政策有（　　）。

Ⅰ. 缩小政府预算支出规模　　Ⅱ. 鼓励企业和个人扩大投资

Ⅲ. 减少税收优惠政策　　Ⅳ. 降低政府投资水平

A. Ⅰ、Ⅱ　　B. Ⅱ、Ⅲ　　C. Ⅰ、Ⅱ、Ⅲ　　D. Ⅰ、Ⅲ、Ⅳ

49. 根据凯恩斯的流动性偏好理论，决定货币需求的动机包括（　　）。

Ⅰ. 交易动机　　Ⅱ. 预防动机　　Ⅲ. 储蓄动机　　Ⅳ. 投机动机

A. Ⅰ、Ⅲ　　B. Ⅰ、Ⅱ、Ⅳ

C. Ⅱ、Ⅲ、Ⅳ　　D. Ⅰ、Ⅱ、Ⅲ、Ⅳ

50. 私人完全垄断一般有以下（　　）情形。

Ⅰ. 根据政府授于的特许专营

Ⅱ. 根据专利生产的独家经营

Ⅲ. 由于资本雄厚、技术先进而建立的排他性的私人垄断经营

Ⅳ. 初始投入资本较大，阻止了大量中小企业的进入

A. Ⅰ、Ⅱ、Ⅲ、Ⅳ　　B. Ⅰ、Ⅱ、Ⅲ

C. Ⅱ、Ⅲ、Ⅳ　　D. Ⅰ、Ⅱ、Ⅳ

51. 关于完全竞争市场的说法，正确的有（　　）。

Ⅰ. 所有企业都是价格的接受者

Ⅱ. 单个企业的需求曲线和整个行业的需求曲线相同

Ⅲ. 单个企业的需求曲线是一条平行于横轴的水平线

Ⅳ. 整个行业的需求曲线向右下方倾斜

A. Ⅰ、Ⅱ　　B. Ⅱ、Ⅳ　　C. Ⅰ、Ⅱ、Ⅲ　　D. Ⅰ、Ⅲ、Ⅳ

52. 在金融工具四个性质之间，存在反比关系的是（　　）。

Ⅰ. 期限性与收益性　　Ⅱ. 期限性与风险性

Ⅲ. 流动性与收益性　　Ⅳ. 期限性与流动性

A. Ⅰ、Ⅱ　　B. Ⅰ、Ⅲ　　C. Ⅱ、Ⅲ　　D. Ⅲ、Ⅳ

53. 关于 SML 和 CML，下列说法正确的有（　　）。

Ⅰ. 两者都表示有效组合的收益与风险关系

Ⅱ. SML 适合于所有证券或组合的收益风险关系，CML 只适合于有效组合

的收益风险关系

Ⅲ. SML 以 β 描绘风险，而 CML 以 σ 描绘风险

Ⅳ. SML 是 CML 的推广

A. Ⅰ、Ⅲ　　B. Ⅰ、Ⅳ　　C. Ⅲ、Ⅳ　　D. Ⅱ、Ⅲ、Ⅳ

54. 一般而言，资本资产定价模型的应用领域包括（　　）。

Ⅰ. 资产估值　　Ⅱ. 资金成本预算

Ⅲ. 资源配置　　Ⅳ. 预测股票市场的变动趋势

A. Ⅰ、Ⅱ、Ⅲ　　B. Ⅰ、Ⅲ、Ⅳ

C. Ⅱ、Ⅲ、Ⅳ　　D. Ⅰ、Ⅱ、Ⅲ、Ⅳ

55. 提高 EVA® 的方法有（　　）。

Ⅰ. 削减成本，降低纳税，在不增加资金的条件下提高 NOPAT

Ⅱ. 对于某些业务从事有利可图的投资

Ⅲ. 当资金成本的节约可以超过 NOPAT 的减少时，应撤出资金

Ⅳ. 调整公司的资本结构，实现资金成本最小化

A. Ⅰ、Ⅱ、Ⅲ　　B. Ⅰ、Ⅱ、Ⅳ

C. Ⅰ、Ⅲ、Ⅳ　　D. Ⅰ、Ⅱ、Ⅲ、Ⅳ

56. 公司现金流主要来自（　　）。

Ⅰ. 公司融资　　Ⅱ. 公司投资　　Ⅲ. 公司变更　　Ⅳ. 公司经营

A. Ⅰ、Ⅱ、Ⅲ　　B. Ⅰ、Ⅱ、Ⅳ

C. Ⅰ、Ⅲ、Ⅳ　　D. Ⅱ、Ⅲ、Ⅳ

57. 尽管财务报表是按会计准则编制的，但不一定反映公司的实际情况，如（　　）。

Ⅰ. 有些数据是估计的，如无形资产摊销等

Ⅱ. 流动资产的余额是按历史成本减折旧或摊销计算的，不代表现行成本或变现价值

Ⅲ. 报表数据未按通货膨胀或物价水平调整

Ⅳ. 发生了非常或偶然的事项，如坏账损失，可能歪曲本期的净收益，使之不能反映盈利的正常水平

A. Ⅰ、Ⅱ、Ⅲ　　B. Ⅰ、Ⅱ、Ⅳ

C. Ⅰ、Ⅲ、Ⅳ　　D. Ⅱ、Ⅲ、Ⅳ

58. 证券研究报告应当由（　　）进行合规审查。

Ⅰ. 证券业协会　　Ⅱ. 公司合规部门

Ⅲ. 研究子公司的合规人员　　Ⅳ. 研究部门的合规人员

A. Ⅰ、Ⅱ　　B. Ⅰ、Ⅱ、Ⅲ

C. Ⅲ、Ⅳ　　D. Ⅱ、Ⅲ、Ⅳ

59. 构成利润表的项目有（　　）。

Ⅰ. 应付股利　　Ⅱ. 未分配利润

Ⅲ. 营业利润　　Ⅳ. 营业收入

A. Ⅰ、Ⅱ　B. Ⅰ、Ⅳ　C. Ⅲ、Ⅳ　D. Ⅱ、Ⅳ

60. 计算市净率所需使用的数据包括（　　）。

Ⅰ. 每股净资产　　Ⅱ. 市销率

Ⅲ. 每股市价　　Ⅳ. 股息发放率

A. Ⅰ、Ⅱ　B. Ⅰ、Ⅲ　C. Ⅲ、Ⅳ　D. Ⅱ、Ⅳ

61. 反映公司偿债能力的财务比率指标是（　　）。

Ⅰ. 流动资产/流动负债　　Ⅱ.（流动资产－存货）/流动负债

Ⅲ. 营业收入/平均流动资产　　Ⅳ. 营业成本/平均存货

A. Ⅰ、Ⅱ　B. Ⅰ、Ⅳ　C. Ⅲ、Ⅳ　D. Ⅱ、Ⅳ

62. 关于应收账款周转率，下列说法正确的是（　　）。

Ⅰ. 应收账款周转率说明应收账款流动的速度

Ⅱ. 应收账款周转率等于销售收入与期末应收账款的比值

Ⅲ. 应收账款周转率越高，平均收账期越短，就意味着账款收回速度越快

Ⅳ. 应收账款周转率是企业从取得应收账款的权利到收回款项，转换为现金所需要的时间

A. Ⅰ、Ⅱ　B. Ⅰ、Ⅲ　C. Ⅲ、Ⅳ　D. Ⅱ、Ⅳ

63. 在沃尔评分法中，沃尔提出的信用能力指数包含了下列财务指标中的（　　）。

Ⅰ. 净资产/负债　　Ⅱ. 销售额/应付账款

Ⅲ. 销售成本/存货　　Ⅳ. 流动比率

A. Ⅰ、Ⅱ、Ⅲ　B. Ⅰ、Ⅱ、Ⅳ　C. Ⅰ、Ⅲ、Ⅳ　D. Ⅱ、Ⅲ、Ⅳ

64. 宏观经济分析主要探讨各经济指标和经济政策对证券价格的影响，其经济指标分为（　　）。

Ⅰ. 先行性指标　　Ⅱ. 同步性指标

Ⅲ. 滞后性指标　　Ⅳ. 稳定性指标

A. Ⅰ、Ⅱ、Ⅲ　B. Ⅰ、Ⅲ、Ⅳ　C. Ⅰ、Ⅱ、Ⅳ　D. Ⅱ、Ⅲ、Ⅳ

65. 根据投资决策的灵活性不同，投资决策可分为（　　）。

Ⅰ. 主动型策略　　Ⅱ. 被动型策略

Ⅲ. 战略性投资策略　　Ⅳ. 战术性投资策略

A. Ⅰ、Ⅱ　B. Ⅰ、Ⅲ　C. Ⅱ、Ⅳ　D. Ⅱ、Ⅲ

66. 债券投资策略种类比较复杂，通常可以按照投资的主动性程度，把债券投资策略分为（　　）。

Ⅰ. 消极投资策略　　Ⅱ. 积极投资策略

Ⅲ. 均值—回归策略　　Ⅳ. 动量策略

A. Ⅰ、Ⅲ　　B. Ⅰ、Ⅳ　　C. Ⅰ、Ⅱ　　D. Ⅱ、Ⅳ

67. 投资学中，通常把（　）之和称为名义无风险收益率，一般用相同期限零息国债的到期收益率来近似。

Ⅰ. 真实无风险收益率　　Ⅱ. 风险溢价

Ⅲ. 预期通货膨胀率　　Ⅳ. 债券必要回报率

A. Ⅰ、Ⅱ　　B. Ⅰ、Ⅲ　　C. Ⅰ、Ⅳ　　D. Ⅲ、Ⅳ

68. 影响期权价格的主要因素有（　）。

Ⅰ. 协定价格与市场价格　　Ⅱ. 权利期间

Ⅲ. 利率　　Ⅳ. 标的物价格的波动性

A. Ⅰ、Ⅱ、Ⅲ　　B. Ⅰ、Ⅲ、Ⅳ

C. Ⅰ、Ⅱ、Ⅳ　　D. Ⅰ、Ⅱ、Ⅲ、Ⅳ

69. 可转换证券的价值有（　）。

Ⅰ. 投资价值　　Ⅱ. 转换价值　　Ⅲ. 理论价值　　Ⅳ. 市场价值

A. Ⅰ、Ⅱ、Ⅲ　　B. Ⅰ、Ⅲ、Ⅳ

C. Ⅰ、Ⅱ、Ⅳ　　D. Ⅰ、Ⅱ、Ⅲ、Ⅳ

70. 按权证的内在价值，可以将权证分为（　）。

Ⅰ. 平价权证　　Ⅱ. 高价权证　　Ⅲ. 价内权证　　Ⅳ. 价外权证

A. Ⅰ、Ⅱ、Ⅲ　　B. Ⅰ、Ⅲ、Ⅳ

C. Ⅰ、Ⅱ、Ⅳ　　D. Ⅰ、Ⅱ、Ⅲ、Ⅳ

71. 一般来说，对股票市盈率的估计方法主要有（　）。

Ⅰ. 简单估计法　　Ⅱ. 市场决定法

Ⅲ. 回归分析法　　Ⅳ. 净率估值法

A. Ⅰ、Ⅱ、Ⅲ　　B. Ⅰ、Ⅲ、Ⅳ

C. Ⅰ、Ⅱ、Ⅳ　　D. Ⅰ、Ⅱ、Ⅲ、Ⅳ

72. 按持有人权利行使性质不同，权证可分为（　）。

Ⅰ. 认购权证　　Ⅱ. 认沽权证　　Ⅲ. 股本权证　　Ⅳ. 备兑权证

A. Ⅰ、Ⅱ　　B. Ⅰ、Ⅲ、Ⅳ

C. Ⅰ、Ⅱ、Ⅳ　　D. Ⅰ、Ⅱ、Ⅲ、Ⅳ

73. 宏观经济分析的意义有（　）。

Ⅰ. 判断证券市场的总体变动趋势

Ⅱ. 把握整个证券市场的投资价值

Ⅲ. 掌握宏观经济政策对证券市场的影响力度与方向

Ⅳ. 了解中国股市表现和宏观经济相背离的原因

A. Ⅰ、Ⅱ、Ⅲ　　B. Ⅰ、Ⅲ、Ⅳ

C. Ⅰ、Ⅱ、Ⅳ　　D. Ⅰ、Ⅱ、Ⅲ、Ⅳ

74. 主权债务危机产生的负面影响主要有（　）。

Ⅰ. 导致新的贸易保护

Ⅱ. 危机国财政紧缩、税收增加和失业率增加，社会矛盾激化

Ⅲ. 危机国货币贬值，资金外流

Ⅳ. 危机国国债收益率上升，筹资成本大幅度增加，甚至无法发行国债

A. Ⅰ、Ⅱ、Ⅲ　　B. Ⅰ、Ⅲ、Ⅳ

C. Ⅰ、Ⅱ、Ⅳ　　D. Ⅰ、Ⅱ、Ⅲ、Ⅳ

75. 宏观经济运行对证券市场的影响主要表现在（　　）。

Ⅰ. 企业经济效益　　Ⅱ. 居民收入水平

Ⅲ. 投资者对股价的预期　　Ⅳ. 资金成本

A. Ⅰ、Ⅱ、Ⅲ　　B. Ⅰ、Ⅲ、Ⅳ

C. Ⅰ、Ⅱ、Ⅳ　　D. Ⅰ、Ⅱ、Ⅲ、Ⅳ

76. 财政政策分为（　　）。

Ⅰ. 扩张性财政政策　　Ⅱ. 紧缩性财政政策

Ⅲ. 中性财政政策　　Ⅳ. 浮动性财政政策

A. Ⅰ、Ⅱ、Ⅲ　　B. Ⅰ、Ⅲ、Ⅳ

C. Ⅰ、Ⅱ、Ⅳ　　D. Ⅰ、Ⅱ、Ⅲ、Ⅳ

77. 正确地运用财政政策为证券投资决策服务，应把握的方面有（　　）。

Ⅰ. 关注有关的统计资料信息，认清经济形势

Ⅱ. 分析过去类似形势下的政府行为及其经济影响，据此预期政策倾向和相应的经济影响

Ⅲ. 关注年度财政预算，从而把握财政收支总量的变化趋势

Ⅳ. 在预见和分析财政政策的基础上，进一步分析相应政策对经济形势的综合影响

A. Ⅰ、Ⅱ、Ⅲ　　B. Ⅰ、Ⅲ、Ⅳ

C. Ⅰ、Ⅱ、Ⅳ　　D. Ⅰ、Ⅱ、Ⅲ、Ⅳ

78. 融资融券业务的积极影响主要表现在（　　）。

Ⅰ. 改变目前证券市场只能做多不能做空的单边市现状

Ⅱ. 增加资金和证券的供给，增强证券市场的流动性和连续性

Ⅲ. 将连通资本市场和货币市场，有利于促进资本市场和货币市场之间资源的合理有效配置

Ⅳ. 有利于提高监管的有效性

A. Ⅰ、Ⅱ、Ⅲ　　B. Ⅰ、Ⅲ、Ⅳ

C. Ⅰ、Ⅱ、Ⅳ　　D. Ⅰ、Ⅱ、Ⅲ、Ⅳ

79. 行业分析的主要任务包括（　　）。

Ⅰ. 解释行业本身所处的发展阶段

Ⅱ. 分析影响行业发展的各种因素

Ⅲ. 判断对行业影响的力度

Ⅳ. 预测并引导行业的未来发展趋势

A. Ⅰ、Ⅱ、Ⅲ　　B. Ⅰ、Ⅲ、Ⅳ

C. Ⅰ、Ⅱ、Ⅳ　　D. Ⅰ、Ⅱ、Ⅲ、Ⅳ

80. 上海证券交易所将上市公司分为（　　）。

Ⅰ. 工业　　Ⅱ. 地产业　　Ⅲ. 商业　　Ⅳ. 金融业

A. Ⅰ、Ⅱ、Ⅲ　　B. Ⅰ、Ⅲ、Ⅳ

C. Ⅰ、Ⅱ、Ⅳ　　D. Ⅰ、Ⅱ、Ⅲ、Ⅳ

81. 关于完全垄断型市场结构的特点，表述正确的有（　　）。

Ⅰ. 市场被独家企业所控制，其他企业不可以或不可能进入该行业

Ⅱ. 垄断者在制定产品的价格与生产数量方面的自由性是有限度的

Ⅲ. 产品有相近的替代品

Ⅳ. 垄断者不能够根据市场的供需情况制定理想的价格和产量

A. Ⅰ、Ⅱ　　B. Ⅰ、Ⅲ　　C. Ⅱ、Ⅳ　　D. Ⅲ、Ⅳ

82. 一般来说，行业的生命周期可分为（　　）。

Ⅰ. 幼稚期　　Ⅱ. 成熟期　　Ⅲ. 成长期　　Ⅳ. 衰退期

A. Ⅰ、Ⅱ、Ⅲ　　B. Ⅰ、Ⅲ、Ⅳ

C. Ⅰ、Ⅱ、Ⅳ　　D. Ⅰ、Ⅱ、Ⅲ、Ⅳ

83. 分析师在具体判断某个行业所处的实际生命周期阶段的时候，应综合考虑（　　）。

Ⅰ. 行业规模　　Ⅱ. 利润率水平　　Ⅲ. 产出增长率　　Ⅳ. 开工率

A. Ⅰ、Ⅱ、Ⅲ　　B. Ⅰ、Ⅲ、Ⅳ

C. Ⅰ、Ⅱ、Ⅳ　　D. Ⅰ、Ⅱ、Ⅲ、Ⅳ

84. 品牌具有产品所不具有的开拓市场的多种功能，主要包括（　　）。

Ⅰ. 品牌具有创造市场的功能

Ⅱ. 品牌具有联合市场的功能

Ⅲ. 品牌具有巩固市场的功能

Ⅳ. 品牌具有矫正结构失衡状态的功能

A. Ⅰ、Ⅱ、Ⅲ　　B. Ⅰ、Ⅲ、Ⅳ

C. Ⅰ、Ⅱ、Ⅳ　　D. Ⅰ、Ⅱ、Ⅲ、Ⅳ

85. 所谓“吉尔德定律”，是指未来 25 年，（　　）。

Ⅰ. 主干网的带宽每 6 个月增加一倍

Ⅱ. 主干网的速度每 6 个月增加一倍

Ⅲ. 主干网的带宽每 12 个月增加两倍

Ⅳ. 主干网的带宽每 12 个月增加三倍

A. Ⅰ、Ⅳ　　B. Ⅰ、Ⅱ、Ⅲ

C. Ⅰ、Ⅱ　　D. Ⅱ、Ⅲ

86. 证券投资技术分析的基本假设包括（　）。

Ⅰ. 证券价格沿趋势移动　　Ⅱ. 市场行为涵盖一切信息

Ⅲ. 历史会重演　　Ⅳ. 市场总体变动趋势好转

A. Ⅰ、Ⅱ、Ⅲ　　B. Ⅰ、Ⅲ、Ⅳ

C. Ⅰ、Ⅱ、Ⅳ　　D. Ⅱ、Ⅲ、Ⅳ

87. 证券市场中，（　）是技术分析的要素。

Ⅰ. 价格　　Ⅱ. 成交量　　Ⅲ. 时间　　Ⅳ. 空间

A. Ⅰ、Ⅱ、Ⅲ　　B. Ⅰ、Ⅲ、Ⅳ

C. Ⅰ、Ⅱ、Ⅳ　　D. Ⅰ、Ⅱ、Ⅲ、Ⅳ

88. 技术分析理论基础——道氏理论的主要原理包括（　）。

Ⅰ. 主要趋势有四个阶段

Ⅱ. 市场平均价格指数可以解释和反映市场的大部分行为

Ⅲ. 趋势必须得到交易量的确认

Ⅳ. 一个趋势形成后将持续，直到趋势出现明显的反转信号

A. Ⅰ、Ⅱ、Ⅲ　　B. Ⅰ、Ⅲ、Ⅳ　　C. Ⅰ、Ⅱ、Ⅳ　　D. Ⅱ、Ⅲ、Ⅳ

89. 头肩顶形态是一个长期趋势的转向形态，一般出现在一段升势的尽头，这一形态具有（　）的特征。

Ⅰ. 一般来说，左肩与右肩高点大致相等，有时右肩较左肩低，即颈线向下倾斜

Ⅱ. 就成交量而言，左肩最大，头部次之，而右肩成交量最小，即呈梯形递减

Ⅲ. 突破颈线不一定需要大成交量配合，但日后继续下跌时，成交量会放大

Ⅳ. 突破颈线需要大成交量配合，突破后继续下跌时，不一定需要大成交量

A. Ⅰ、Ⅱ、Ⅲ　　B. Ⅰ、Ⅲ、Ⅳ　　C. Ⅰ、Ⅱ、Ⅳ　　D. Ⅱ、Ⅲ、Ⅳ

90. 在涨跌停板制度下，量价分析基本判断为（　）。

Ⅰ. 涨停量小，将继续上扬；跌停量小，将继续下跌

Ⅱ. 涨停中途被打开次数越多、时间越久、成交量越大，反转下跌的可能性越小；同样，跌停中途被打开次数越多、时间越久、成交量越大，则反转上升的可能性越小

Ⅲ. 涨停关门时间越早，次日涨势可能性越大；跌停关门时间越早，次日跌势可能性越大

Ⅳ. 封住涨停板的买盘数量大小和封住跌停板时卖盘数量大小说明买卖盘力量大小

A. Ⅰ、Ⅱ、Ⅲ　　B. Ⅰ、Ⅲ、Ⅳ　　C. Ⅰ、Ⅱ、Ⅳ　　D. Ⅱ、Ⅲ、Ⅳ

91. 缺口技术分析理论中，缺口常可分为（　）。

Ⅰ. 普通缺口　Ⅱ. 突破缺口　Ⅲ. 持续性缺口　Ⅳ. 消耗性缺口

A. Ⅰ、Ⅱ、Ⅲ　B. Ⅰ、Ⅲ、Ⅳ

C. Ⅰ、Ⅱ、Ⅳ　D. Ⅰ、Ⅱ、Ⅲ、Ⅳ

92. 下列属于资产配置三大层次的是（　）。

Ⅰ. 全球资产配置　Ⅱ. 大类资产配置

Ⅲ. 行业风格配置　Ⅳ. 公司风格配置

A. Ⅰ、Ⅱ、Ⅲ　B. Ⅰ、Ⅱ、Ⅳ　C. Ⅰ、Ⅲ、Ⅳ　D. Ⅱ、Ⅲ、Ⅳ

93. 量化投资技术包括（　）。

Ⅰ. 量化选股　Ⅱ. 量化择时

Ⅲ. 股指期货套利　Ⅳ. 商品期货套利

A. Ⅰ、Ⅱ、Ⅲ　B. Ⅰ、Ⅱ、Ⅳ

C. Ⅰ、Ⅲ、Ⅳ　D. Ⅰ、Ⅱ、Ⅲ、Ⅳ

94. 常见的股票现金流贴现模型包括（　）。

Ⅰ. 零增长模型　Ⅱ. 可变增长模型

Ⅲ. 资本资产定价模型　Ⅳ. 不变增长模型

A. Ⅰ、Ⅲ　B. Ⅱ、Ⅳ　C. Ⅰ、Ⅱ、Ⅲ　D. Ⅰ、Ⅱ、Ⅳ

95. 中国证券市场表现与宏观经济背离的原因主要包括（　）。

Ⅰ. 国有成分比重较大　Ⅱ. 行政干预较多

Ⅲ. 投机性过高　Ⅳ. 机构投资者力量不够强大

A. Ⅰ、Ⅱ、Ⅳ　B. Ⅰ、Ⅲ、Ⅳ

C. Ⅱ、Ⅲ　D. Ⅰ、Ⅱ、Ⅲ、Ⅳ

96. 证券的绝对估值法包括（　）。

Ⅰ. 市盈率法　Ⅱ. 现金流贴现模型

Ⅲ. 红利贴现模型　Ⅳ. 市值回报增长比法

A. Ⅰ、Ⅱ　B. Ⅱ、Ⅲ　C. Ⅰ、Ⅱ、Ⅳ　D. Ⅱ、Ⅲ、Ⅳ

97. 有价证券作为虚拟资本的载体，其价格运动形式具体表现为（　）。

Ⅰ. 市场价值由证券的预期收益和市场利率决定

Ⅱ. 市场价值随职能资本价值的变动而变动

Ⅲ. 市场价值与预期收益的多少成正比，与市场利率的高低成反比

Ⅳ. 价格波动，既决定于有价证券的供求，也决定于货币的供求

A. Ⅰ、Ⅲ　B. Ⅱ、Ⅳ

C. Ⅰ、Ⅲ、Ⅳ　D. Ⅰ、Ⅱ、Ⅲ、Ⅳ

98. 就债券或优先股而言，其安全边际通常代表（　）。

Ⅰ. 盈利能力超过利率或者必要红利率

Ⅱ. 企业价值超过其优先索偿权的部分

Ⅲ. 计算出的内在价值高于市场价格的部分

Ⅳ. 特定年限内预期收益或红利超过正常利息率的部分

A. Ⅰ、Ⅱ　　B. Ⅰ、Ⅲ　　C. Ⅰ、Ⅲ、Ⅳ　　D. Ⅱ、Ⅲ、Ⅳ

99. 下列各类公司或行业，不适宜采用市盈率进行估值的有（　　）。

Ⅰ. 成熟行业　　Ⅱ. 亏损公司　　Ⅲ. 周期性公司　　Ⅳ. 服务行业

A. Ⅰ、Ⅱ　　B. Ⅰ、Ⅳ　　C. Ⅱ、Ⅲ　　D. Ⅱ、Ⅲ、Ⅳ

100. 资产价值估值的常用方法有（　　）。

Ⅰ. 重置成本法　　Ⅱ. 无套利定价

Ⅲ. 清算价值法　　Ⅳ. 风险中性定价

A. Ⅰ、Ⅱ　　B. Ⅰ、Ⅲ　　C. Ⅱ、Ⅳ　　D. Ⅱ、Ⅲ、Ⅳ

101. 在利率期限结构的分析中，下列关于市场预期理论的表述正确的有（　　）。

Ⅰ. 长期债券不是短期债券的理想替代物

Ⅱ. 在特定时期内，各种期限债券的即期收益率相同

Ⅲ. 某一时点的各种期限债券的收益率是不同的

Ⅳ. 市场预期理论又称无偏预期理论

A. Ⅰ、Ⅱ、Ⅳ　　B. Ⅰ、Ⅲ、Ⅳ

C. Ⅱ、Ⅲ、Ⅳ　　D. Ⅰ、Ⅱ、Ⅲ、Ⅳ

102. 计算债券必要回报率所涉及的因素有（　　）。

Ⅰ. 真实无风险收益率　　Ⅱ. 预期通货膨胀率

Ⅲ. 风险溢价　　Ⅳ. 持有期收益率

A. Ⅰ、Ⅲ　　B. Ⅰ、Ⅱ、Ⅲ

C. Ⅱ、Ⅲ、Ⅳ　　D. Ⅰ、Ⅱ、Ⅲ、Ⅳ

103. 按基础工具的种类，金融衍生工具可以分为（　　）。

Ⅰ. 信用衍生工具　　Ⅱ. 股权类产品的衍生工具

Ⅲ. 货币衍生工具　　Ⅳ. 利率衍生工具

A. Ⅰ、Ⅱ、Ⅲ　　B. Ⅰ、Ⅲ、Ⅳ

C. Ⅱ、Ⅲ、Ⅳ　　D. Ⅰ、Ⅱ、Ⅲ、Ⅳ

104. 国际证监会组织认为，金融衍生工具的风险有（　　）。

Ⅰ. 操作风险　　Ⅱ. 信用风险　　Ⅲ. 结算风险　　Ⅳ. 市场风险

A. Ⅰ、Ⅱ　　B. Ⅰ、Ⅱ、Ⅳ

C. Ⅲ、Ⅳ　　D. Ⅰ、Ⅱ、Ⅲ、Ⅳ

105. 在发达市场，为了规避股价波动的风险，投资者可选择的金融工具有（　　）。

Ⅰ. 股指期权　　Ⅱ. 股票期权

Ⅲ. 国债期货　　Ⅳ. 股指期货

A. Ⅰ、Ⅱ、Ⅳ　　B. Ⅰ、Ⅱ

C. Ⅱ、Ⅲ、Ⅳ　　D. Ⅰ、Ⅲ

106. 按照标的资产的不同，互换的类型基本包括（　　）。

Ⅰ. 利率互换　　Ⅱ. 货币互换　　Ⅲ. 股权互换　　Ⅳ. 商品互换

A. Ⅰ、Ⅱ　　B. Ⅰ、Ⅲ、Ⅳ

C. Ⅲ、Ⅳ　　D. Ⅰ、Ⅱ、Ⅲ、Ⅳ

107. 下列属于场外期权条款的有（　　）。

Ⅰ. 合约到期日　　Ⅱ. 合约基准日　　Ⅲ. 合约乘数　　Ⅳ. 合约标的

A. Ⅰ、Ⅱ、Ⅲ　　B. Ⅰ、Ⅲ、Ⅳ

C. Ⅱ、Ⅲ、Ⅳ　　D. Ⅰ、Ⅱ、Ⅲ、Ⅳ

108. 在正向市场上，如果投资者预期近期合约价格的（　　），适合进行熊市套利。

Ⅰ. 下跌幅度小于远期合约价格的下跌幅度

Ⅱ. 上涨幅度小于远期合约价格的上涨幅度

Ⅲ. 上涨幅度大于远期合约价格的上涨幅度

Ⅳ. 下跌幅度大于远期合约价格的下跌幅度

A. Ⅰ、Ⅱ　　B. Ⅰ、Ⅲ　　C. Ⅱ、Ⅳ　　D. Ⅲ、Ⅳ

109. Alpha 套利可以利用成分股特别是权重大的股票的（　　）。

Ⅰ. 停牌　　Ⅱ. 除权　　Ⅲ. 涨跌停板　　Ⅳ. 成分股调整

A. Ⅰ、Ⅱ、Ⅲ　　B. Ⅰ、Ⅲ、Ⅳ

C. Ⅱ、Ⅲ、Ⅳ　　D. Ⅰ、Ⅱ、Ⅲ、Ⅳ

110. 一般而言，企业的经理人员应具备的素质有（　　）。

Ⅰ. 良好的道德品质修养

Ⅱ. 从事管理工作的愿望

Ⅲ. 人际关系协调能力

Ⅳ. 专业技术能力

A. Ⅰ、Ⅱ、Ⅲ　　B. Ⅰ、Ⅲ、Ⅳ

C. Ⅰ、Ⅱ、Ⅳ　　D. Ⅰ、Ⅱ、Ⅲ、Ⅳ

111. 公司经营战略分析的特征有（　　）。

Ⅰ. 纲领性　　Ⅱ. 全局性　　Ⅲ. 趋势性　　Ⅳ. 长远性

A. Ⅰ、Ⅱ、Ⅲ　　B. Ⅰ、Ⅲ、Ⅳ

C. Ⅰ、Ⅱ、Ⅳ　　D. Ⅰ、Ⅱ、Ⅲ、Ⅳ

112. 在公司偿债能力分析中，通常使用（　　）衡量短期偿债能力。

Ⅰ. 存贷比率　　Ⅱ. 流动比率　　Ⅲ. 现金比率　　Ⅳ. 速动比率

A. Ⅰ、Ⅱ、Ⅲ　　B. Ⅰ、Ⅲ、Ⅳ　　C. Ⅰ、Ⅱ、Ⅳ　　D. Ⅱ、Ⅲ、Ⅳ

113. 公司调研是上市公司基本分析的重要环节，分析师通过公司调研需要达到的目的有（　　）。

Ⅰ. 深入了解公司可能面临的风险

Ⅱ. 核实公司公开信息中披露的信息

Ⅲ. 提高公司盈利预测模型中相关参数确定的准确性

Ⅳ. 通过与公司管理层的对话与交谈，深入了解公司管理层对公司未来战略的设想

A. Ⅰ、Ⅱ、Ⅲ　　B. Ⅰ、Ⅲ、Ⅳ

C. Ⅰ、Ⅱ、Ⅳ　　D. Ⅰ、Ⅱ、Ⅲ、Ⅳ

114. 现金流量表主要分（　　）产生的现金流量。

Ⅰ. 经营活动　　Ⅱ. 投资活动　　Ⅲ. 筹资活动　　Ⅳ. 管理活动

A. Ⅰ、Ⅱ、Ⅲ　　B. Ⅰ、Ⅲ、Ⅳ

C. Ⅰ、Ⅱ、Ⅳ　　D. Ⅰ、Ⅱ、Ⅲ、Ⅳ

115. 公司财务报表分析的一般目的是（　　）。

Ⅰ. 预测未来的发展趋势　　Ⅱ. 评价过去的经营业绩

Ⅲ. 确保规模经济的充分利用　　Ⅳ. 衡量现在的财务状况

A. Ⅰ、Ⅱ、Ⅲ　　B. Ⅰ、Ⅲ、Ⅳ

C. Ⅰ、Ⅱ、Ⅳ　　D. Ⅰ、Ⅱ、Ⅲ、Ⅳ

116. 在下列关于双重顶形态的陈述中，正确的有（　　）。

Ⅰ. 双重顶的两个高点不一定在同一水平

Ⅱ. 向下突破颈线时不一定有大成交量伴随

Ⅲ. 双重顶形态完成后的最小跌幅度量度方法是由颈线开始

Ⅳ. 双重顶的两个高点相差少于5%不会影响形态的分析意义

A. Ⅰ、Ⅱ、Ⅲ　　B. Ⅰ、Ⅱ、Ⅳ

C. Ⅰ、Ⅲ、Ⅳ　　D. Ⅰ、Ⅱ、Ⅲ、Ⅳ

117. 市场波动的趋势中，主要趋势的阶段包括（　　）。

Ⅰ. 累积阶段

Ⅱ. 市场价格达到低谷后出现的一个累积期

Ⅲ. 上涨阶段

Ⅳ. 市场价格达到顶峰后出现的一个累积期

A. Ⅰ、Ⅱ、Ⅲ　　B. Ⅰ、Ⅲ、Ⅳ

C. Ⅰ、Ⅱ、Ⅳ　　D. Ⅰ、Ⅱ、Ⅲ、Ⅳ

118. 一般说来，证券投资技术分析方法可分为（　　）等类别。

Ⅰ. 指标类　　Ⅱ. 切线类　　Ⅲ. 形态类　　Ⅳ. 波浪类

A. Ⅰ、Ⅱ、Ⅲ　　B. Ⅰ、Ⅲ、Ⅳ

C. Ⅰ、Ⅱ、Ⅳ　　D. Ⅰ、Ⅱ、Ⅲ、Ⅳ

119. 证券投资技术分析K线理论中，K线的主要形状包括（　　）。

Ⅰ. 光头阳线和光头阴线

Ⅱ. 十字形

Ⅲ. 光头光脚的阳线和阴线

Ⅳ. 一字形

A. Ⅰ、Ⅱ、Ⅲ　　B. Ⅰ、Ⅲ、Ⅳ

C. Ⅰ、Ⅱ、Ⅳ　　D. Ⅰ、Ⅱ、Ⅲ、Ⅳ

120. 关于多方与空方优势的衡量，说法正确的有（　　）。

Ⅰ. 上影线长于下影线，利于多方

Ⅱ. 上影线长于下影线，利于空方

Ⅲ. 下影线长于上影线，利于空方

Ⅳ. 下影线长于上影线，利于多方

A. Ⅰ、Ⅱ　　B. Ⅰ、Ⅲ　　C. Ⅱ、Ⅳ　　D. Ⅰ、Ⅳ

实战模拟试卷一参考答案

一、单项选择题

1. D	2. A	3. B	4. B	5. D
6. D	7. A	8. B	9. D	10. C
11. B	12. B	13. C	14. B	15. A
16. C	17. A	18. A	19. B	20. C
21. B	22. B	23. B	24. A	25. B
26. A	27. D	28. B	29. D	30. B
31. C	32. D	33. C	34. B	35. C
36. A	37. B	38. D	39. D	40. D

二、组合型选择题

41. D	42. D	43. D	44. A	45. C
46. B	47. B	48. D	49. B	50. B
51. D	52. D	53. D	54. A	55. D
56. B	57. C	58. D	59. C	60. B
61. A	62. B	63. C	64. A	65. A
66. C	67. B	68. D	69. D	70. B
71. A	72. A	73. D	74. D	75. D
76. A	77. D	78. D	79. D	80. A
81. A	82. D	83. D	84. A	85. A
86. A	87. D	88. D	89. A	90. B
91. D	92. A	93. D	94. D	95. D
96. B	97. C	98. A	99. C	100. B
101. C	102. B	103. D	104. D	105. A

106. D	107. D	108. C	109. D	110. D
111. C	112. D	113. D	114. A	115. C
116. A	117. B	118. D	119. D	120. C